HEYNE BIOGRAPHIEN

Zum Autor

Hermann Wendel, 1884 in Metz geboren, als Reichstagsabgeordneter der SPD von 1912–1918 und als engagierter Journalist und Verfasser historisch-politischer Werke bekannt geworden, starb 1936 als Emigrant in Paris.
Helmut Schuer, der Verfasser des Nachwortes, ist Privatdozent am Fachbereich Sprach- und Literaturwissenschaften der Gesamthochschule Siegen.

Hermann Wendel

DANTON

Revolutionär und Staatsmann

Wilhelm Heyne Verlag
München

HEYNE BIOGRAPHIE
12/166

Printed in Germany 1988
Umschlaggestaltung: Atelier Ingrid Schütz, München
Innenbilder: Archiv für Kunst und Geschichte, Berlin
Zeittafel: Dr. Hubert Fritz, München
Gesamtherstellung: Presse-Druck Augsburg
Bildteil: RMO, München

ISBN 3-453-02618-7

Inhalt

N'en croyez pas ni les diatribes virulentes de ses détracteurs ni l'enthousiasme non moins ridicule de ses partisans! Ce n'est pas un dieu, ce n'est pas un diable, c'est un homme et c'est l'homme que nous aimerions a mettre à nu devant les yeux de nos lecteurs.

Journal Français, 16. Novembre 1792

Geleitwort

Die Widmung des Buches könnte zu dem Glauben verleiten, es falle in das Fach Dichtung. Es tut es nicht. Es gibt gestaltete Geschichte, die sich, ohne die Mittel des Künstlers zu verschmähen, streng an die Regeln des Historikers hält.

Aber ohne innere Gesichte bleibt, trotz Knöpfen und Pfauenfedern, auch der Mandarin der Geschichtswissenschaft ein Stümper.

Hermann Wendel

Frankfurt am Main,
im Fructidor des Jahres XII der deutschen Republik

Den Manen Georg Büchners

I

Anstieg

(1759–1789)

Von Arcis-sur-Aube erstreckt sich nach Nord und Süd, nach Ost und West weit, zum Gähnen weit die Kreidechampagne, *la Champagne pouilleuse,* die Lausechampagne, endlose, spärlich gewellte, kahle Ebene, einer der unfruchtbarsten und verlassensten Striche Frankreichs. Da und dort als Ergebnis neuerer Aufforstung ein Bestand Nadelholz, das Stützbalken für Erz- und Kohlengruben liefert, alle Meile einmal ein paar ängstlich geduckte Häuser, sonst nichts als Fläche, Kreide, Wind. Das Städtchen im Mittelpunkt dieser Trostlosigkeit vermag nicht viel an Kraft, Freude und Schönheit aus seiner Umwelt zu ziehen; seine Sous-Préfecture ist abgebaut, es verfügt über etwas Strumpfwirkerei und das übliche Denkmal für die Gefallenen des großen Krieges, und wenn nach Ankunft eines Bummelzugs die beiden Hotelomnibusse, der des ›Maulesel‹ und der des ›Goldnen Apfel‹, vom Bahnhof stadtwärts schlendern, hemmt mancher den Schritt und wendet jeder den Kopf, zu sehen, ob sie heute nicht doch einen Reisenden mitbringen – solch eine Metropole ist Arcis-sur-Aube.

Aber erst in der zweiten Hälfte des achtzehnten Jahrhunderts – wie abgeschnitten von aller Welt, versponnen in seine Einsamkeit, umgeben von fast hörbarem Schweigen lag das bescheidene Nest da! Weil keine der großen Verkehrsstraßen es streifte, ließ keine Diligence, zum Pferdewechsel kurzen Halt machend, Hall und Hauch des Lebens da draußen zurück. Die Eilpost nach Paris ging den Sonntag morgen von Troyes ab, gut dreieinhalb Wegstunden südlicher, und dort kam auch freitags die Fernpost Basel–Paris durch und rasselte eilfertig der Hauptstadt zu, ohne Arcis in seinem Schlummer zu stören. Mit der Zahl seiner Einwohner den Tausend näher als den Zweitausend, mit seinen ungepflasterten, bei Regen sumpfgleichen Straßen, mit seinen Holzhäusern, von denen nur die stattlichsten durch Kalkbewurf den in der Kreidegegend seltenen Stein vortäuschten, mit seinen Ansätzen zu der auf Heimarbeit und Zwischenmeistersystem fußenden Strumpfwirkerei dämmerte es im lähmendsten Frieden der Provinz öde dahin.

Immerhin erschien es in einer Wüste, in der man die Stengel des kärglichen Buchweizens trocknete und als Brennstoff aufbewahrte, schon durch den Fluß als eine Oase. Rechts und links der Aube zog sich ein grüner Streifen Baum- und Buschwerk hin, und schwarze Kühe weideten in ergiebigem Gras. Eine Holzbrücke spannte sich über das Gewässer, und ein wenig oberhalb preßte ein Stauwehr die flache Flut in den Dienst einer Mühle, die zu dem nahe gelegenen Schloß gehörte. All das war Leben in einer Landschaft des Todes, und auch wenn ein Bauer dieses Strichs davon träumte, daß sich sein Nachwuchs aus dem Gröbsten heraufarbeite, faßte er Arcis als erste Etappe wohlwollend ins Auge.

Der Père Danton, der in Plancy, ein paar halbe Stunden aubeabwärts, den Pflug durch widerspenstige Scholle getrieben und lustig die Blumen auf dem Strohdach seiner Kate hatte wuchern lassen, hätte, wären ihm mehr Lebensjahre zugemessen gewesen, insofern lachen können. Denn sein Sohn Jacques gedieh als Sachwalter der Parteien vor der lokalen Feudalgerichtsbarkeit, als Procureur, in Arcis, und hatte, ohne ein großer Herr zu sein, keine Schwielen an den Händen, trug nie wie die armen Dorfteufel die Kleider auf der nackten Haut und nannte in der Rue de Vilette ein ansehnliches Haus sein eigen; nicht umsonst hatte er in zweiter Ehe Jeanne-Madeleine Camut heimgeführt, Tochter eines Bauunternehmers, dem doch etliche Silberbatzen in der Tasche klingelten. Wenn er an Festtagen in dem Heimatdorf, auf dessen Friedhof sein Vater schon seit 1733 lag, die Mutter besuchte: in königsblauem Rock, gelber Weste mit Silberknöpfen und Felbelkniehose, einen Kavaliershut mit silbernen Tressen zierlich unterm Arm, war sich ganz Plancy einig: dem Père Danton seiner hat's zu was gebracht!

Auch über dem Hügel der Mutter wuchs schon Jahr und Tag das Kraut, als am 26. Oktober 1759 dem Procureur ein Sohn geboren war. Eine neue Sprosse auf der Leiter, die aufwärts führte! Daß unerbittliche Scheidewand die Stände trennte, die darbenden und schwitzenden, fronenden und zinsenden, Bauern und Bürger, von den anderen, die in den Privilegien saßen wie der Vogel im Hanf, Adel und Geistlichkeit, das war von Königs und Rechts wegen so und würde in alle Ewigkeit so bleiben. Aber für die einzelnen fanden sich Schlupflöcher. Der Großvater noch Bauer, gehudelt und geplackt, in Plancy, der Vater schon zur Magistratur in Arcis gehörig, der Sohn, auf die Namen Jacques-Georges getauft, einmal Advokat in Troyes, vielleicht in Paris, und dessen Sproß – wer weiß, man hatte Beispiele, daß einer das de vor dem Namen und den Degen an der Seite trug, in der Sonne von Versailles, im Umkreis der Majestät, und der Urgroßvater hatte noch Mist geladen!

Im umhegten Pferch kleinbürgerlichen Behagens wuchs der Träger solcher Zukunftshoffnung auf, aber da man die Erziehung seiner ersten Jahre mehr ihm selbst und der Natur überließ, brach manches Abenteuer in seine Kindheit. Nach Champagne-Brauch war seine früheste Amme eine Kuh. Als er eines Tages gierig trinkend unter ihrem Euter im Freien lag, schoß ein losgerissener Stier herzu und stieß in brüllender Eifersucht das Kind fort, ihm mit dem Horn die Lippe schlitzend. Mit der Narbe blieben Groll und Vergeltungsdrang im Herzen des Kleinen: der Siebenjährige, auf der Weide einen Stier gewahrend, ging ihn mit einem Stecken an, doch das mächtige Tier trat ihn wie nichts zu Boden und zerstampfte ihm mit seinem Huf die Nase. Ein andermal trampelte eine ergrimmte Schweineherde über ihn hin, die er mit einer Peitsche hatte bändigen wollen, und die Pocken, alltäglich wie heute der Schnupfen, hinterließen in seinem breiten Gesicht Spuren wie von Hagelschlag.

Anzuhaben aber vermochte keine Unbill dem Abkömmling einer rotbäckigen und lendenstarken Ahnenreihe etwas; sein Großvater hatte acht Kinder, sein Vater in zwei Ehebetten elf erzeugt. Da jener schon mit dreiundvierzig, dieser gar mit vierzig Jahren starb, war es, als sei vom aufgesparten Mark und Saft beider auf ihn selber vererbt worden; mit breiten Schultern und Büffelnacken strotzte er von unbändiger Lebenskraft. Die Mutter, seit Februar 1762 bereits Witwe, wußte den Ungestümen auch dann nicht immer zu gängeln, als sie einem braven Leinenhändler namens Recordain die Hand zu neuem Bunde gereicht hatte. Am ehesten merkte der kleine Georges noch auf, wenn er auf dem Knie des Großvaters Camut saß und erklärt bekam: »Das ist ein A, sprich nach: A!« Aber in der Klippschule eines älteren Fräuleins, in der er sich im Lesen und Schreiben weiterbilden sollte, tat er nicht gut, so daß ihn die Erzürnte mehr als einmal überlegte. Der kleine Rousseau hatte unter der Rute der Mademoiselle Lambercier geheime Wonnen verspürt. Der kleine Danton, schon damals ihm sehr unähnlich, sträubte sich heftig gegen die Fuchtel und riß aus. Auch als ihn ein heimischer Schulmeister in die Mysterien des *mensa, mensae* einzuführen suchte, zog es der Ungebärdige oft vor, mit anderen Rangen durchs Grüne zu strolchen, am Gitter des Schloßparks in die Höhe zu klettern oder aber hinter einer Buschgruppe versteckt zu karteln trotz den Alten.

Am unwiderstehlichsten aber lockte ihn die Aube. Floß ihr Wasser auch so flach, daß die Algen am Grund wie sich schlängelnde Fische sichtbar waren, so verbreiterte sie sich unterhalb des Stauwehrs zu einem tieferen Becken. Hier im Hechtsprung in die Flut zu schnellen, mit kräftigem Arm durch die Wellen zu schießen, mit vollgepumpter Lunge so lange unterzutauchen, daß die Gefährten am Ufer schon das Gruseln anlief, war Lust, keiner vergleichbar.

In Troyes, wohin die Familie den Dreizehnjährigen zu höherem Studium schickte, würde er Ernst und Gesetztheit lernen. Wie riß der Bub aus Arcis Augen, Mund und Nase auf, als er zum erstenmal durch eines der sechs Tore in die Kapitale der Champagne einfuhr! Welch große, große Stadt! Zwar bestanden die meisten Häuser, da die leidige Kreide keinen Baustoff lieferte, auch hier aus Holz, verwittert, von Rauch und Alter geschwärzt, geradezu düster, aber höher ragten sie als daheim und waren ihrer so viele, so viele! Und was für lange und breite Straßen! Manche mit richtigem Pflaster! Und voller Menschen, die, ohne sich zu kennen und beisammen stehen zu bleiben, hastig aneinander vorbeirannten! Durch Krieg, Hungersnot und Steuerdruck war von Glanz und Größe der Stadt Mannigfaches abgeblättert, und auch die Einwohnerzahl entsprach nicht mehr der von einst, aber dreißigtausend Menschen auf einem Fleck war, so man aus Arcis kam, gewaltig, war verwirrend. Und was gab es mit einem Blick zu bestaunen, Frauentrachten, Ratsgewänder, Soutanen, Kutten, Uniformen – nicht umsonst sagte das Sprichwort, daß man durch keine Straße von Troyes gehen könne, ohne einen Priester oder einen Garde-du-Corps zu treffen.

Das Schwergewicht der Stadt, die ein Nebenfluß der Seine, der Cru Cordé, halbierte, lag nicht in dem geistlichen Viertel rechts, das mit Klöstern und Kirchen die gotische Kathedrale zum Mittelpunkt hatte, sondern in dem bürgerlichen Viertel links, das sich mit mehr Straßen und weniger Gärten um das weit jüngere Rathaus drängte. Seine Kraft aus dem Handel mit Stoffen und Tuchen saugend, war Troyes eine durch und durch bürgerliche Stadt, seine Adligen stammten statt von kreuzfahrenden Krautjunkern von reichgewordenen Großkrämern ab, die sich den Titel eines *Sécrétaire du roi* oder eines *Trésorier de France* gekauft hatten, und wenn ein Knabe bereits dafür ein Gefühl haben konnte, mußte in dieser Umgebung ein Hauch bürgerlicher Freiheit Dantons Stirn umwehen. Man war fromm, gewiß, unter dem mahnenden Geläut der Glocken von Sainte-Madeleine, Saint-Urbain, Saint-Remy und Saint-Jean-au-Marché, aber eine Niederlassung der Jesuiten hatte die Stadt ein Jahrhundert lang mit Eifer und Erfolg abgewehrt; am Widerstand ihrer freigesinnten Bürger bissen sich sogar der dreizehnte und vierzehnte Ludwig die Zähne stumpf, und jener François Pithou, der, 1621 abscheidend, Liegenschaften, Baulichkeiten und Barvermögen zur Gründung eines Kollegs stiftete, tat es unter dem Vobehalt, daß die Schule nie den Jüngern Loyolas in die Hände fallen dürfe.

Statt ihrer betreuten das *Collegium Trecense*, in dessen *Catalogus scolasticorum* der junge Danton nach ein- bis zweijährigem Aufenthalt im Kleinen Seminar eingetragen wurde, von Anfang an die Oratorianer. Eine Vereinigung von Weltgeistlichen, kannten sie weit weniger den Kadavergehorsam, der die Unteren den Oberen gebunden auslieferte, als die Gemeinschaften der Klostermönche, sondern erfreuten sich einer Verfassung mit einem Ordensparlament als entscheidender Instanz. So boten sie kein Spiegelbild der Staatseinrichtung. Seit 1614, Zeit des Aufkommens der Oratorianer, waren in Frankreich die Generalstände nicht mehr einberufen worden, blähte sich das unbeschränkte Selbstherrschertum der Könige: Der Staat bin ich!, lag die Nation mit einem Knebel im Munde, unfähig, gegen die Verwicklung in verhängnisvolle Kriege, die Aussaugung durch harte Steuern, die Vergeudung der öffentlichen Gelder die Stimme zu erheben, und »in dieser Zeit«, schreibt ein späterer Historiker des Ordens, »geben sich die Oratorianer eine Verfassung, die die Rechte aller aufs gewissenhafteste wahrt, die Oberen anhält, die Meinung der Unteren einzuholen und die Autorität zwingt, über ihre Handlungen periodisch Rechenschaft abzulegen und sich ihrer Gewalt vor einer höheren Gewalt zu entkleiden, die die der Kongregation selber ist, vertreten durch ihre Abgeordneten.« Die Statuten der *Oratorii Christi Domini Nostri Congregatio* eine Vorschule der Demokratie, falls Danton in jenem glücklichen, unpolitischen Alter Augen hatte, Politisches zu sehen!

Die Räume des Kollegs, das sich im bürgerlichen Viertel der Stadt, im Schatten der Kirche Saint-Remy, im Rechteck zwischen den Straßen de l'Eltville, des Buchettes, Maupeigné und du Bois erstreckte, füllte auch mitnichten der Muff dumpfer Frömmigkeit, obschon bei Unterrichtsbeginn Klasse und Lehrer auf die Knie fielen: *Veni, sancte spiritus*! und sonn- und festtags die Messe und einmal im Monat der Beichtstuhl Pflicht war. Stand der Gründer des Oratoriums, der Pater Bérulle, nicht in engen Beziehungen zu Descartes, dessen Grundsätze von Kirche und Königtum gleichermaßen verdammt wurden? Warf sich der Orden nicht zum Vorkämpfer des Jansenismus auf, der, religiöse und politische Fronde gegen die überlieferten Gewalten, als Wetterleuchten dem Gewitter der Revolution voranging? Gab nicht der Oratorianer Pater Quesnel seine ›Moralischen Betrachtungen über das Neue Testament‹ als kühn jansenistisches Manifest heraus, so daß die päpstliche Kurie mit der Bulle Unigenitus dazwischenfuhr? Schritt nicht der Bischof von Troyes, Poncest de la Rivière, noch 1743 gegen die Oratorianer hart ein, weil sie nach wie vor aus ihrem jansenistischen Herzen keine Mördergrube machten? Und wurden sie nicht gerade in der zweiten Hälfte des Jahrhunderts, nachdem ihnen die Austreibung ihrer alten Feinde, der Jesuiten, einen hallenden Triumph gebracht hatte, immer wieder verdächtigt, daß ›der Geist der Revolte und der Häresie‹ unter dem Dach ihrer Niederlassungen niste?

Bahnbrecher im Zeichen des Jansenismus, öffneten die Oratorianer auch in ihren Kollegs Tür und Tor der neuen Zeit. Latein und Griechisch mußte Danton feste pauken, aber größeren Wert legten die Patres auf Französisch und Geschichte, und ein beredtes, fast ketzerisches Zugeständnis an das Jahrhundert der Aufklärung war die Unterweisung in Mathematik, Experimentalphysik, Kosmographie, Mechanik und Anatomie. Besonderes Vergnügen bereitete Lehrern und Schülern am Schluß jeden Schuljahres die öffentliche Aufführung einer eigens gezimmerten Komödie oder Tragödie, alter Brauch, der wegen Wahl oder Verarbeitung des Stoffs schon manchen Strauß mit den Behörden heraufbeschworen hatte.

In der Pflege des Oratoriums fühlte sich Danton um so wohler, als er nicht zu den wenigen Internen gehörte, deren Tagewerk vom Aufstehen um fünfeinhalb Uhr früh bis zum Schlafengehen achteinhalb Uhr abends peinlich genau geregelt war. Als Kameralist oder Externer Kost und Bett bei einem Monsieur Richard findend, war er außerhalb der Schulstunden in seiner Freizeit wenig behindert. Machte sich der Siebzehnjährige wirklich, wie es nachmals einer seiner Jugendgefährten erzählte, im Juni 1775 auf, um zu Fuß nach Reims zu wandern und im altehrwürdigen Dom die Salbung Ludwigs XVI. anzustaunen? Auf jeden Fall trieb er sich munter in Troyes umher, erforschte die Stadt bis in den letzten Winkel, balgte sich mit Altersgenossen und hielt Maulaffen feil, wenn der Bischof Claude-Mathias-Joseph de Barral in goldglitzerndem Ornat, von würdigen Generalvikaren und Domherren umschart und von Weihrauch umduftet, zur Kathedrale wallte.

Aber wenn er trotz der Kenntnisse in Englisch und Italienisch, die er nebenbei erraffte, auf der Schulbank gelegentlich des Fleißes ermangelte, gar nicht faul zeigte er sich, wo es galt, die Wasserläufe, die Troyes kreuz und quer durchzogen, zu erproben. Die Kollegordnung verbot das Baden im Freien und der Vermerk *›doctus in aquis ludere‹* hinter dem Namen eines Schülers galt als Tadel; Danton pfiff darauf, sprang und schwamm, schwamm und sprang.

Noch beseligender freilich, in den Septemberferien – in die Ecke mit Homer, Sueton, Pindar und Theokrit! – den Nacken ins Kraut gewühlt, am Ufer der Aube zu liegen, den Ruch der Heimatscholle zu schlürfen und in den Himmel zu starren. Die Wolken zogen. Ein Häher schrie. Das Stauwehr rauschte.

Was soll aus dem Jungen werden? war eine Frage, die die Familie sehr bewegte, Mutter, Stiefvater, Großvater, den Onkel Posthalter in Troyes. Der Onkel Curé aus Baberey, der Ehren und Aussichten des geistlichen Standes werbend ausmalte, drang nicht durch. Auf diesen ungebärdigen Kopf eine Tonsur? Nein! Dafür füllte die Rechtspflege ihren Jüngern die Schüssel, namentlich in Paris; schön, mochte sich Georges in der Hauptstadt auf die Juristerei werfen! Georges gleich dabei, Bündel geschnürt und Ränzel gepackt – Gott befohlen, liebe Mutter! Vater, ade! Und da Monsieur Recordain sorgenvoll blickte, die Geschäfte lahmten, schlimme Zeitläufte, machte Danton eine unbekümmert großherzige Gebärde: Ach was, nimm mein väterlich' Erbteil! Stopf damit die Löcher! Was lag jetzt an dem Plunder, da sein Herz von Zukunftsdrang schwoll! Dreißig Livres und etliche Sous wurden ohnehin gespart, dank freundschaftlicher Beziehungen kostete ihm der Platz in der Botenpost nichts.

So fuhr, eines schönen Tages im Jahr des Herrn 1780, Georges Danton los, bald einundzwanzigjährig, mit leichtem Gepäck, hungrig, doch mit kräftigen Kinnbacken und scharfen Zähnen und voll einer großen Neugier auf das Morgen, die ihm Schauer über den Rücken trieb. Peitschenknall und Zungenschnalzen des Kutschers; Troyes, Nogent, Provins, Nangis, Brie Comte-Robert; der auf dem Bock fluchte bei häufigem Ruck: Es ist die belebteste und darum ausgefahrenste Straße des Königreichs! Danton achtete der Hopser und Löcher nicht und kaum der Orte, die zurückblieben. Die Hände hätte er ausstrecken mögen, Paris,

Paris

zu packen, sobald es unterm Himmelszelt auftauchte.

Ehedem waren es nur die Krautjunker, die der große Magnet Versailles von ihren Klitschen und Châteaus nach dem Mittelpunkt Frankreichs zog. Sie kamen auf ihren Kleppern angeritten, die jüngeren Söhne des Adels und auch die älteren, ihren betreßten Dreispitz unter den Dukatenregen zu halten, den der Sonnenkönig niedergehen ließ. Jetzt waren andere Zuzüglinge unterwegs, jede Woche, alle Tage, aus sämtlichen Landschaften und allen Gauen, rechte Roture, Bauernenkel, Bürgersöhne, auf nach Paris, dort ihr Glück zu machen, dort Geld zu machen, indem sie, keine Schmarotzer, mit ihrem Kopf arbeiteten. Mit der Unruhe ihrer Herzen mehrten sie die Unruhe der großen Stadt: Tropfen, die in eine volle Schale fielen und sie eines Tags zum Überfließen bringen mußten.

Als Danton, müde und leicht trunken von all dem Neuen, durch die Porte Saint-Antoine rollte, verschlug es ihm doch fast den Atem: das, mit fünfundzwanzigtausend Häusern und siebenmalhunderttausend Einwohnern, war, wogend, brandend, Schaumkämme aufwerfend, ein Dächermeer, ein Menschenozean, aber mit breiter Brust und starken Armen galt er als rüstiger Schwimmer.

Wellen hin, Wellen her – er würde oben bleiben!

Gefühl der Wärme kam im ›Schwarzen Roß‹ in der Rue Geoffroy-l'Asnier über ihn, Herberge derer aus der Champagne; Heimatlaute umschwirrten ihn, der Wind strich über die Kreidefläche, die Aube rauschte.

Dann pochte er, aufgenommen zu werden, entschlossen an die Kanzlei des Maître Vinot, Procureurs am Parlament.

»Also setzen Sie sich her und schreiben Sie diese Seite ab!«

Nach einem Blick auf die ersten Zeilen fuhr der Anwalt zurück: »Mensch, haben Sie eine Klaue!«

»Maître, ich bin nicht hergekommen, Kopist zu werden!«

Solche Keckheit entwaffnete. Danton fand in dem alten Hotel, das Vinot auf der Insel des heiligen Ludwig in der Straße gleichen Namens bewohnte, einen gedeckten Mittagstisch und nachts eine Bettlade und fraß die Jurisprudenz mit Löffeln, jüngstes und fröhlichstes Mitglied der Basoche, der Gilde junger Rechtsbeflissener, die eine eigene Judikatur besaßen, sich militärisch in Kompagnien und Regimenter gliederten und jedes Jahr, wenn sie im Hof des Justizpalastes ihren Maibaum gepflanzt hatten, mit Trommeln und Pfeifen voran die Stadt durchzogen. Ein ungebundenes Völkchen, stets zu Streichen aufgelegt, waren diese Clercs der *Procureurs du Parlement*, obwohl sie in gereimtem Lamento ihr mühevolles Tagewerk gar kläglich darstellten:

Beim Parlament ein armes Schreiberlein,
Entrissen früh und jäh des Bettes Schrein,
Darin es lag in süßen Träumerein,
Begibt sich sonder Lust zu den Kanzlein,
Beginnt mit seinen Urteilsschreiberein,
Frühstückt in aller Hast dazwischen klein,
Fährt emsig fort zu kritzeln bis um drein,
Speist dann bescheiden und mit wenig Wein,
Tunkt wiederum die fleiß'ge Feder ein,
Und läßt um zehne erst die Akten sein,
Schlingt hungrig magern Abendschmaus hinein,
Fällt unterm Dach in kalten Bettes Schrein,
Das nachlässig gemacht ist obendrein,
Schläft ein und glücklich ist's im Schlaf allein,
O Gott!, das arme, arme Schreiberlein!

Durch seine unleserliche Handschrift minder tauglich am Schreibtisch, ›hatte‹ Danton, wie es im Zunftrotwelsch hieß, ›den Justizpalast‹. Bald war er in dem weitläufigen alten Königspalais auf der Cité-Insel mit seinen Türmen, Höfen, Sälen, Vorzimmern, Gängen und Galerien wie zu Hause. Dies hier, jenes da erledigt, noch dort ein Aktenstück abgegeben, und freie Zeit tat sich auf, mit andern Basochiens in Schenken zu hocken, Schenkinnen um die strammen Hüften zu fassen, im Flüsterton ein Stelldichein zu verabreden. Manchmal klirrten die Rapiere im trotzigen Fechtturnier, manchmal bewog er seinesgleichen, zum Seineufer hinabzusteigen, wo er seine Schwimmkunst zeigen wollte. Die vielfältig gezackte Silhouette der Stadt lag vor ihm, hinter Mauern und Dächern schrägüber ragte ein Steinkoloß mit trutzigen Rundtürmen, sechs, sieben, vielleicht acht. Dantons Blick fragte. Die Bastille! sagte einer. Danton war schon im Wasser.

Mit offenen Sinnen nahm Herrn Vinots Clerc Paris in sich auf, magisch gewaltige Stadt, neben ihr schrumpfte Troyes zur Nußschale zusammen wie Arcis neben Troyes. Der aus der holzarmen Champagne Kommende sah staunend, wie ganze Wälder von Baumstämmen auf der Seine angeflößt, am Ufer gestapelt, eilends zersägt und als Brennstoff verkauft wurden. Der sich erinnerte, wie mühsam daheim für ein richtiges Steinhaus das Material herbeigeschleppt werden mußte, wunderte sich über das Baufieber, das in kurzem lange Häuserzeilen, ganze Straßen – und alles in Stein! – aus dem Nichts hervorzauberte. Und des abendlichen Dunkels auf den Gassen seiner Vaterstadt eingedenk, bremste er neugierig den Schritt, als er zum erstenmal gewahrte, wie der Laternenanzünder eine der neumodischen Öllampen heraborgelte, füllte, ansteckte und wieder hochzog, und sinnend blickte er zu dem Galgen empor, an dem die Leuchte mit leichtem Geklirr von Eisen und Glas hin- und herschwankte.

Dann wieder welch Getriebe und Geschiebe auf dem Pont-Neuf, Brücke, durch die der gesamte Verkehr der Stadt so gepumpt wurde wie das Blut durch die Herzkammern, welch Gelärm und Geschrei! Zwar schaute der Werber für das Königs Regiment, der, den Federhut schief, die Faust in die Hüfte gestemmt, auf- und abstolzierte, den jungen Athleten Danton nur wohlgefällig aufmunternd an, und der öffentliche Schreiber, der um fünf Sous für verlegene Kunden den schönsten Brief aufs Papier schnörkelte, saß stumm in seinem Kasten. Aber die Krämer, die auf der Brückenmauer ihre Waren ausgebreitet hatten, priesen durcheinanderschnatternd Pfefferkuchen, Spitzen, Leder an; auch alte Bücher gab es, er blieb stehn, in Kisten und Körben, Band für Band zwei Sous. Dazwischen schrien vorüberziehend Fischverkäufer, Austernhändler, Gemüsemänner; mit den Stimmen derer, die nach Kaninchenfellen und abgelegten Kleidern Begehr trugen, mischte sich der Ruf des Essigverkäufers, der auf zwei Rädern sein Fäßchen vor sich herschob – Töne vom Baß zum Falsett! Die Aufmerksamkeit zu erregen, quakten die einen, schnarrten die andern, miauten die dritten. Ein langgezogener schmerzlich klagender Ruf ließ Danton herumfahren: Aus rußgeschwärztem Gesicht grinste ihn ein Kaminkehrer mit weißen Zähnen freundlich an; Lastträger, Wasserträger, Kohlenträger, Gewühl; ein Moritatensänger begleitete sich selber auf krächzender Geige, ein Marktschreier pries Eisbärenfett gegen Haarausfall an, ein Blumenmädchen hielt Danton einen Veilchenstrauß unter die Nase: Wohlfeiler, Herr, als im Palais-Royal, wo sie sechs Livres kosten!

Palais-Royal? Treffpunkt der müßigen Welt, von dem Schweizergardisten ›Livreebediente, Dienstmädchen, Schüler, Straßenjungen, Arbeiter und Hunde‹ auszusperren hatten – auch dort schlenderte er unter den Arkaden an feinen Verkaufsbuden schaulustig dahin; ein Wachsfigurenkabinett, ein mechanisches Billard, ein Marionettentheater, eine junge Riesin aus Preußen – welche Wunderwelt! Er schmauste Waffeln und trank Cidre dazu. Nicht an Appetit gebrach es ihm, bei Beauvilliers oder La Barrière zu speisen, aber wie hätte er sich dorthin wagen sollen, wo die Suppe zwölf Sous, ein Bohnengericht das Doppelte und ein Hühnerflügel zwei Livres fünf Sous kostete!

Rein platonisch bummelte der mittellose junge Clerc auch durch den Tuileriengarten mit seinen Terrassen nach Place Louis XV. und Seine und seiner Allee, wo sich auf zwei Reihen Stühlen anmutig geputzte Damen unter Hüten à la tartare oder à l'espagnole der Bewunderung darboten. Er hörte eine Schöne mit Riesenmuff ein winziges Hündchen anflehen: Komm, Zémire, komm! Er lächelte über einen Stutzer, der auf seiner seidenen Weste Jagdszenen eingestickt trug und aus jeder ihrer unteren Taschen eine Uhrkette mit allerhand Geklunker bammeln ließ. Sonnenkringel zitterten auf dem Sand. Aus den Zweigen sprühte lieblichste Musik.

In den breiten Straßen, den pulsenden Arterien Rue Saint-Denis und Rue Saint-Honoré erschreckte den Neuling das Donnern der Fuhrwerke, das in den lebhaftesten Stunden des Tages sogar den Klang der Kirchenglocken auslöschte. Wagen, Karren, Fiaker, Kabrioletts, Diligencen, ein modischer englischer Whisky – alles rollte, sauste, spritzte dahin, Platz da! Platz da! Piqueure auf feurigen Rennern voran, Stallmeister, im Sattel federnd, hinterdrein, eine Karosse von Glas und Gold, glitzernde Lakaien auf jedem Trittbrett – ein Bruder des Königs schnob vorbei! Danton quetschte sich rasch an die Wand, von den Rädern nicht zermalmt zu werden, und starrte mit einer Falte zwischen den Brauen dem Gedröhn und Geflirr nach. Ganz gewiß, das Volk hatte hier nichts zu sagen; auf den kleinen Mann, der zu Fuß ging, nahm niemand Rücksicht; für Steige längs der Häuser war nicht gesorgt.

Auch strich er aufmerksam durch die Vorstädte, Saint-Marceau, wo es nach Gerberlohe roch und die Bièvre rot, blau und grün war von den Abwässern der Färbereien, oder Saint-Antoine, wo der Rhythmus der Sägen und Hobel aus den vielen Möbelwerkstätten drang. Einmal stieß er früh um vier auf einen düsteren Karren, der, mit zwölf Mann bespannt, aus dem Armenspital Hôtel-Dieu die Leichen des letzten Tags auf den Friedhof Clamart schaffte, eilig vorauf liefen ein Junge mit einer Klingel, ein zweiter mit einem langen Kruzifix, ein Priester in speckiger Soutane. Auch die

Seele wärmte nach solchem Spuk in der Dämmerung ein Becher heißen Milchkaffees aus der Blechkanne eines der fliegenden Händler, die den morgens ihrem Ziel zustrebenden Arbeitern für zwei Sous einschenkten.

So gingen Jahre hin, und eines Morgens stand, festtäglich angetan, Monsieur Danton im Vorzimmer von Maître Vinot, um Abschied von seinem Lehrherrn zu nehmen, in der Tasche das Diplom eines *Licencié en Droit*; die schwarze Advokatenrobe war schon bestellt. Allzuviel Kopfzerbrechen hatte ihm das Papier nicht gekostet. Wozu war Reims auf der Welt, Universität mit dem Ruf, ihre Brevets zu verschenken, nein, zu verkaufen; ganz offen sprach man davon, daß, wer als *Avocat du parlement* aufzutreten wünschte, in der Champagne- und Champagnerstadt für fünfhundert Livres die Berechtigung erwerben konnte. Aber gleichviel wie, Danton war, nachdem er vom April bis September 1784 in Reims Vorlesungen besucht hatte, jetzt einer der sechshundert Advokaten, die in Paris ihr Brot suchten oder sich nur ihres Titels freuten, und machte eine eigene Etude auf, Rue des Mauvaises-Paroles, in jenem übelriechenden, finsteren, alten Viertel rechts des Flusses, in schmaler Gasse mit ungleichen, geduckten, rauchgeschwärzten, feuchten, schwitzenden Häusern; stieß er das Fenster auf, strich der Blick über eine fantastische Dach- und Schornsteinlandschaft. Hohe Ansprüche durfte der Anfänger eben nicht stellen, die Klienten rissen ihm, obwohl er als erste Sache den Streitfall eines armen Schäfers gegen den Seigneur des Dorfes zu siegreichem Ende geführt hatte, nicht die Klinke ab, die Gelder von daheim tröpfelten nur, er aß bescheiden im ›Hotel de la Modestie‹, und um sich einmal nach Herzenslust den Wanst vollzuschlagen, bedurfte es schon eines Ausflugs nach Arcis zu den mütterlichen Fleischtöpfen.

Dafür hatte er Zeit zum Nachdenken. Wie er nie etwas als gegeben hingenommen und als unabänderlich empfunden hatte, so gärte jetzt die Gärung der Zeit mächtig in ihm. Von bäuerlichen Vorfahren, die im Wind der Champagne die

Augen zusammengekniffen hatten, um weit und sicher zu sehen, war ihm unbestechlich scharfer Blick vererbt worden; unmöglich, nicht zu erkennen, wie unheilvoll alle Dinge auf dem Kopf standen. Selbst der Ackerscholle blutnah, wußte er um das Netz feudaler Ausbeutung, das dem Landvolk über den Kopf gezogen war. Wohl breitete sich mit jedem Jahr das von feudalem Druck freie Grundeigentum mehr aus, aber daneben kümmerte der von mittelalterlichen Lasten niedergewuchtete Bauer dahin. Die Fische im Bach, der Wein in der Kelter, das Feuer im Backofen, der Wind im Mühlenflügel – von allem, für alles zinste er dem Edelmann.

Wie sich aber das Bürgertum, neue Klasse, wirtschaftlich mit kräftigem Ellbogenspiel vorwärtsarbeitete, zeigte jeder Gang durch die Straßen. Trotz Louvre, Tuilerien, Palais-Royal, Luxembourg und Palais-Bourbon, trotz der Prunkhotels der Conti, La Trémoille, Périgord, Mailly, Montmorency, trotz der Prachtbauten der La Rochefoucauld, Harcourt, Luynes, Croy war Paris eine Stadt des Bürgertums. Dem Bürgertum gehörten die Häuser, der Boden, auf dem sie standen, die Weinkellereien, die sich meilenweit unter der Erde erstreckten. Warenzüge auf den Landstraßen, Handelsflotten auf den Meeren, Gewerbefleiß in Fabriken und Manufakturen, Sklavenfron in den tropischen Kolonien – alles füllte dem Bürgertum die Taschen, und da auch die Rententitel der ungeheuren Staatsschuld in seinen Kassenschränken knisterten, beherrschte die Bourgeoisie als Geldmacht bereits den Staat.

Politisch aber war sie wie die Bauernschaft Null und Nichts. Zugunsten der steuerfreien Stände Adel und Geistlichkeit mit schwerer Abgabenbürde bepackt, steckten Bürger und Bauern zum Lohn im Pferch vollkommener Rechtlosigkeit. Recht des Bürgers? Ein Fremdwort in Frankreich! »Wenn ich«, meinte Mercier in seinem ›*Tableau de Paris*‹, »mich auf mein Recht als Bürger beriefe, brächte ich alle Welt bis zu den Munizipalbeamten zum Lachen.«

Aber dieses entrechtete Bürgertum, wohlhabend, selbstbewußt, machthungrig, zukunftsgierig, wie es war, schuf sich bereits in der Vorstellung eine Welt nach seinem Bilde. Da Danton krank, fiebernd daniederlag, stapelten sich auf dem Tisch neben seinem Bett dicke Bände. Von den Herren Diderot und d'Alembert herausgegeben, war die ›*Encyclopédie ou Dictionnaire raisonné des sciences, des arts et des métiers*‹ nur äußerlich ein Nachschlagewerk des allgemeinen Wissens, nach Stichworten geordnet. Danton wußte es und blätterte ungeduldig. Acapulco, Stadt und Hafen in Mexiko... nein, weiter! Acmella, Pflanze, auf Ceylon verbreitet... nichts, weiter! Agrotea, Name Dianas, weil... Unsinn! Aber hier unter ›Autorität‹ – was stand da über politische Autorität? »Kein Mensch hat von Natur das Recht erhalten, anderen zu befehlen. Die Freiheit ist ein Geschenk des Himmels, und jedes Individuum der gleichen Gattung hat das Recht, sich ihrer zu erfreuen, sobald es sich der Vernunft erfreut.« Der Leser atmete tief auf. War es nicht mit einem Schlag heller geworden in dem dürftigen Gemach, das in dämmernden Schatten lag?

Weiter: »Die durch Gewalt erworbene Macht ist nur Usurpation, und dauert nur so lange, wie die Befehlenden stärker sind als die Gehorchenden, so daß, wenn diese ihrerseits stärker werden und das Joch abschütteln, sie es ebenso mit Fug und Recht tuen wie der andere, der es ihnen auferlegt hatte.« Ja, so war es! Stärker zu werden, darauf kam es an! Danton lächelte, die Schläfen brannten ihm, gespannt suchte er weiter und fand oft unter harmlosen Kennworten den Stachel, der sich tief in seine Seele bohrte. ›Ungestraft‹, an sich ein gleichgültiges, nichtssagendes Partizip, aber: »Vergehen bleiben ungestraft, weil... oder weil der Schuldige sich dem Gesetz entziehen kann, entweder ... oder« – das war Frankreich! das war Frankreich! – »durch die unglücklichen Vorrechte seines Standes, seines Ranges, seiner Autorität, seines Ansehens, seines Vermögens, seiner Gönner, seiner Geburt.« Und ›Gesetzgeber‹: »Derjenige, der Gesetze erlassen oder abschaffen kann. In Frankreich ist der König der Gesetzgeber, in Genf das Volk.« Wer hielt da nicht inne und zog mit finsterer Stirn seine Schlüsse? Oder ›Volksvertreter‹: »... In einem despotischen Staate ist das Oberhaupt der Nation alles, die Nation nichts; der Wille eines einzelnen macht das Gesetz, die Gesamtheit ist nicht vertreten. So ist die Regierungsform in« Frankreich las Danton, ehe er das nächste Wortbild erfaßt hatte, aber statt dessen kam, den Zensor und sonst niemanden zu täuschen, Asien.

So fiel Flammensaat in ein nur zu empfängliches Herz. In der Tat, was war diese ›Enzyklopädie‹ für ein Kompendium klarer und kühner, kritischer und kämpferischer Philosophie, Botschaft der Revolte gegen himmlische und irdische Gewalten, mit feurigen Zungen gepredigt!

Mit ähnlich unbotmäßigen Gedanken fand Danton die Luft geschwängert, wohin er auch kam. Zwar blieben ihm die schöngeistigen Salons verschlossen, in denen die sieghafte Vernunft alles Überlieferte vor ihren Richterstuhl zog, aber auch in der Schenke, auf der Gasse zielte längst ehrfurchtsloser Spott nach der angestammten Obrigkeit, die dem Untertanen heilig sein sollte. MACL war über der Tür der brandversicherten Häuser zu lesen: *Maison assurée contre l'incendie;* Danton lachte so schallend, daß die Leute sich nach ihm umdrehten, als er die neue Deutung ins Ohr geraunt bekam: *Marie Antoinette cocufie Louis!* Nein, seit der Halsband-Affäre war mit der ›Österreicherin‹ kein Staat mehr zu machen, und das monarchische Prinzip selber hatte einen Knick.

Auch die Gespräche im ›Café Parnaß‹ waren manchmal nichts für Spitzelohren. An der Ecke der Place de l'Ecole und des Seine-Quais lag es dem Palais und dem Châtelet nahe genug, um ein rechtes Gerichts- und Juristenlokal zu sein, in dem Parteien, Anwälte, Huissiers, Schreiber, junge Rechtsbeflissene vor und nach den Sitzungen einkehrten. Oft schlürfte Danton hier nach Tisch seinen Kaffee und ergab sich dem Domino. Der Besitzer, François-Jérôme Charpentier, zuvorkommender Mann in mittleren Jahren, mit kleiner runder Perücke, in grauem Anzug, das Wischtuch unterm Arm, stand gern hinter dem Stuhl des jungen Advokaten und sah seinem Spiel zu. Bis der Hüne am Ende mehrerer Partien die Steine rasselnd zusammenwarf, dem

Patron wohlwollend auf die Schulter klopfte und an den Kassentisch trat, hinter dem die Damen Charpentier, Mutter und Tochter, ihn anlächelten. Den Ellbogen aufgestützt, plauderte Monsieur Danton dies und das, seine laute Stimme dämpfte sich zur Zärtlichkeit, wenn er von dem geliebten Tal der Aube zu schwärmen begann, und die dunklen, sanften Augen Antoinette-Gabriellens hingen in verstohlener Bewunderung an seinem Mund. Senkte er aber seinen Blick tief in den ihren, und das konnte nur eine Bedeutung haben, so lief schnell leichte Röte über das anmutige Gesicht des frischen, jungen Mädchens.

Innerlich wie äußerlich gradgewachsen, seelisch nicht vermurkst, überzeugt, daß honette Liebe zu honettem Ziel führen müsse, dazu des Zigeunerlebens in schlecht gelüfteten Kammern überdrüssig, klopfte Danton um so lieber als Werber beim Vater der Erkorenen an, als der Père Charpentier als gemachter Mann galt: er war an den Gewinsten der Steuerpacht beteiligt und hatte sein Schäfchen im trockenen, über 120000 Livres, dazu Café und Einrichtung, die auch auf 40000 geschätzt wurden – wohin man blickte, Aufstieg des Bürgertums!

Ihn willfährig zu stimmen, winkte Danton mit der Würde eines *Avocat aux Conseils du Roi.* Charpentier nickte, wußte aus seinem jahrelagen Verkehr mit Rechtspflegern Bescheid: die *Avocats aux Conseils*, dreiundsiebzig an der Zahl, ja, ja, feinste Blüte der Anwaltschaft! Als Sachwalter vor den verschiedenen königlichen Ratskammern, die bald als erste, bald als letzte Instanz entschieden, standen sie den Ministern, sogar der Krone näher als andere Anwälte. Ein *Avocat aux Conseils* war schon als ›Tischgenosse des Königs‹, Hofcharge, an der ein Schweif von Privilegien hing, ein begehrenswerter Schwiegersohn; bei solchem Familienzuwachs hielt man nicht die Hand auf der Tasche. Allerdings kostete es nicht wenig. Für den Titel, der vor fünfzig Jahren noch um viertausend Livres zu haben war, zahlte man zehntausend; dem Inhaber der Kanzlei kaufte man die Klientel ab; dazu Aufnahmegebühren und Sporteln, es läpperte sich zusammen, und nicht zu vergessen vier Pfund

Kerzen und zwölf Pfund Zucker, die nach altem Brauch jeder der Beamten der Zunft zu heischen hatte!

Da die Absicht des Maître Huet de Paisy, sich zur Ruhe zu setzen, günstige Gelegenheit bot, schoß Monsieur Charpentier im März 1787 Danton 15000 Livres in klingender Münze vor. Bürgschaft leisteten Tante und Nichte in Arcis und der Onkel Postmeister in Troyes ebenso wie für die 36000 Livres, die ein Fräulein Françoise-Julie Duhauttoir vorstreckte. Insgesamt 56000 auf geforderte 78000 Livres hinzählend, erwarb Danton die Anwartschaft auf den ersehnten Titel nebst Kanzlei. Dann noch ein bißchen Formelkram, Bittschrift, Besuche, die Bescheinigung, daß Kandidat guter Katholik sei, achselzuckend von dem Jünger Diderots eingeholt, und in feierlicher Versammlung ward er unter die Standesgenossen aufgenommen. Später wollte er sich erinnern, daß er in seiner lateinischen Ansprache über ›die moralische und politische Lage des Landes in seinen Beziehungen zur Justiz‹ revolutionäre Blitze geschleudert habe: *motus populorum, ira gentium, salus populi suprema lex,* und er schilderte die Bestürzung der alten Perücken.

Am 12. Juni 1787 hatte er die königliche Bestallungsurkunde mit Schnörkel und Siegel in Händen. Zwei Tage darauf läutete die Glocke von Saint-Germain-l'Auxerrois, die einst das Zeichen zur Bartholomäusnacht gegeben hatte, die Hochzeit des Monsieur Georges-Jacques Danton, *Avocat ez Conseils,* wie er es schrieb, mit der Demoiselle Antoinette-Gabrielle Charpentier ein. Aus Arcis war mit anderer Verwandtschaft die Mutter herbeigeeilt, hatte gerührt zugesehen, wie der Streusand bestätigend auf den ausführlichen Ehevertrag rieselte, und zeigte Stolz ob der Vornehmheit der Feier. Denn als Zeugen und Gäste kamen Procureurs, Räte, Advokaten, Notare, Bankiers, Kaufleute, kurz, bestes Bürgertum, Stern der Zukunft zu Häupten. Und man war fröhlich wie bei Menschen, die die Zukunft für sich haben, und trank auf das Glück des jungen Paares, auf seine Nachkommenschaft und auf den Tag seiner goldenen Hochzeit im Jahre? Richtig: 1837! Juni in Paris, wolkenlose Bläue des Himmels, der Enkel des ehrgeizigen Bauern von Plancy strahlte: ein Arrivierter!

Wie schnalzte er erst vor Behagen mit der Zunge, als er die Kanzlei seines Vorgängers in der Rue de la Tixeranderie, wieder auf dem rechten Ufer unweit seiner ersten Pariser Etappe, der Rue Geoffroy-l'Asnier, räumte und mit Hilfe seines Schwiegervaters auf dem linken Ufer seine eigenen vier Pfähle bezog! Stattliche Wohnung auf dem ersten Stock! Das Arbeitskabinett lag nach der Cour du Commerce, die erst unlängst durch altes Häusergewirr durchgebrochen war, und auch das Speisezimmer öffnete seine Fenster nach der gleichen Richtung. Glücksgefühl, in diesem einladenden Raum die Füße unter einen Tisch zu strecken, auf dem ein Huhn in fetter Brühe dampfte, weißes Brot lockte, roter Wein leuchtete, und das Tischtuch war noch ein ganz klein wenig feucht von der letzten Wäsche! Brave Gabrielle! Gute Gabrielle! Und er tätschelte ihr den festen, weißen Nacken – süße Gabrielle! – und im Alkoven des Schlafzimmers, das nach der Rue des Cordeliers schaute, hatte er Nacht für Nacht seine herzhafte Freude an dem glatten Kernfleisch des appetitlichen, jungen Weibes.

Bei seinen Kollegen war der neugebackene *Avocat aux Conseils* wegen der Aufgeschlossenheit seines Wesens gern gesehen; auch seine Clercs, von denen zwei, Jules Paré und François Desforgues, jener aus der Marnegegend, dieser aus der Normandie, mit ihm und durch ihn in die Geschichte eingehen sollten, hingen an ihm. Noch als *Avocat au parlement* war Paré Vorstand von Dantons Kanzlei. Ein anderer Berufsgenosse gleichen Titels arbeitete für Danton gelegentlich Schriftsätze aus. Von schmächtiger Gestalt, mit kurzem fliehenden Kinn, langer, messerscharfer Nase und stechenden Blicken wirkte Jacques-Nicolas Billaud – de Varenne nannte er sich nach einem Dorf in der Nähe seiner Heimatstadt La Rochelle – durch sein kaltes, zugeknöpftes Wesen nicht allzu anziehend, aber er zeigte sich fleißig und trat bescheiden auf; seine Frau Anna Angelika, geborene Doye aus Osnabrück, war von westfälisch rundlichem Reiz. Danton, der wußte, daß sein Mitarbeiter als Laienprofessor an dem berühmten Oratorianerkolleg von Juilly gelehrt hatte, betrachtete ihn mit einer gewissen Neugier, wenn Billaud einmal in offenherziger Viertelstunde seinen literarischen Ehrgeiz ausbreitete; quälender, unfroh stimmender Kummer seines Lebens, daß der kleine Anwalt kein großer Dichter sein konnte, aber mit all seinen Stücken hatte er so wenig Erfolg, wie mit dem 1781 unbarmherzig ausgepfiffenen, ›Die Frau, wie es sie nicht mehr gibt‹.

Fern und nah in französischen Gauen saß noch mancher Diener der Jurisprudenz, von dessen Bedeutung für das eigene Dasein Danton nichts ahnte.

In Paris selber trieb sich etwas bohèmehaft ein junger Pikarde um, Sohn einer nicht begüterten, doch angesehenen Familie aus Guise. Auf dem Pariser Lycée Louis-le-Grand ganz in der Welt der Griechen und Römer heimisch geworden, schrieb sich Camille Desmoulins, in dessen dunklen Augen Geist und Witz funkelten, seit 1785 *Avocat au parlement*, aber da den leicht Stotternden am Barreau keine Bombenerfolge erwarteten, kritzelte er in seiner Dachkammer Reimereien und harrte, leichtherzig und empfindsam, bis sein Stern aufging. Am sozialen Gegenpol der Juristerei trug, fast am selben Tage wie Danton geboren, ein junger Herr blauesten Blutes, den Polignac und Contades verwandt, die rote Robe des Generaladvokaten am Pariser Kriminal- und Zivilgerichtshof des Châtelet. Bestechend durch seine Leiblichkeit wie durch seine Geistigkeit, teilte der Feinschmecker am Tisch des Lebens die Mußestunden in seinem üppigen Junggesellenheim in der Rue Basse-du-Rempart zwischen der Bibliothek mit ihren viertausend Bänden aus allen Reichen des Wissens und dem gelbtapezierten, dämmrigen Boudoir, dessen Lotterbett vor riesigem Spiegel von so manchen galanten Dämchen und Damen Geheimstes erzählen konnte. Zuweilen lag der Gebieter dieser Herrlichkeiten auch in der Umgebung seines Schlosses Epone bei Mantes dem Waidwerk ob, falls er nicht im Grünen Epigramme feilte, aber der größte Stolz für Jean-Marie Hérault de Séchelles: er hatte das belebende Wort Diderots noch mit eigenem Ohr vernommen! Sechs

Jahre älter als Danton war ein schöner, stattlicher Mann, dem auf der Straße in Anet bei Dreux die Frauen heimlich nachblickten. In der Haltung an einen Kavallerieoffizier erinnernd, hatte Jean-François Delacroix in der Tat bei der Gendarmerie gedient, ehe er die Rechte studierte und Advokat wurde. Auch Joseph Westermann, als Sohn eines Wundarztes 1752 in Molsheim geboren, hatte erst den Säbel, dann die Feder geführt; von Esterhazy-Husaren wechselte er zur *Petite gendarmerie*, um, als Unteroffizier ausscheidend, sich 1775 als Advokat am *Conseil Supérieur* des Elsasses wiederzufinden. Freilich war wegen einer dunklen Angelegenheit, die nach Unterschlagung oder Diebstahl roch, unter den Roben seines Bleibens nicht; wieder nahm ihn ein Regiment, diesmal Royal-Dragons, gastlich auf. Von anderem Schlag als der Bruder Leichtfuß, schritt Pierre Philippeaux in Würde gehüllt einher, seit 1785 Anwalt am Présidial, dem niederen Gerichtshof, zu Le Mans; an Rousseau, Helvetius und Mably geschult, hatte er seinen Beruf aus Unabhängigkeitstrieb gewählt, genoß als ›*Avocat des gueux*‹, als ›Armenadvokat‹, die Verehrung der Bedürftigen weithin und grübelte mit gerunzelter Stirn über die Ursachen der Leiden des Volks.

In Grenoble wiederum fiel Antoine Barnave auf, Sohn eines Advokaten, selber mit neunzehn Jahren *Avocat au parlement*, weltmännisch, elegant, geschickt, bestrickender Plauderer, hübscher Junge, aber nicht an der Oberfläche haftend, sondern mit Heißhunger hinter allem Wissenswerten her und als Sproß einer Protestantenfamilie Neigung zur Opposition gegen die allerchristlichsten Könige im Blut. Minder glänzend begabt, wirkte Jérôme Pétion am Barreau zu Chartres durch ausgeglichenes Mittelmaß; gut aussehend, ehrenhaft, rechtschaffen, liebenswürdig nahm er durch kleine Tugenden für sich ein. Funken des Genies dagegen barg unter Beschaulichkeit des Gemüts Pierre-Victurnien Vergniaud, der als Advokat in Bordeaux nicht umsonst auf seinen großen Prozeß wartete. Nicht klein, kräftig, mit gewölbter Brust und breiten Schultern, braune Haare, eine dicke Nase, schwarze, lebhafte Augen und sinnlich aufgeworfene Lippen in blatternarbigem Gesicht, war er nicht nur ein Epikuräer, der ›Kastanien von Limoges und Wein von Saint-Emilion‹ zu schätzen wußte, sondern auch ein Schöngeist, der, ohne die erotische Abteilung seiner Bibliothek zu vernachlässigen, Seneca las und Winckelmann kannte; zur Weltliteratur zählte zum mindesten die ›Museumsgesellschaft‹ von Bordeaux eines seiner Poeme, das anhub:

Das Wasser fließen sehn, welch köstlich Glück!

Nicht minder haschte nach den Lorbeeren, die die Provinzakademien gutmütig verschwendeten, Bertrand Barère, 1775 als Zwanzigjähriger zum *Avocat au parlement* in Toulouse bestallt, groß, schlank, mit feinen Gesichtszügen, schmalgezogenen Brauen, ironischem Mund und schmeichlerisch sanften Augen zum Gefallen geschaffen, Gascogner mit der leichtesten Hand und der gewandtesten Zunge, dessen Gespräch den Eindruck einer Gavotte hinterließ, aber der Begriff Grundsatz fehlte in seinem Wörterbuch. Ein bißchen Noblesse vorzutäuschen, hing er seinem Namen nach einem Gut seines Vaters ein de Vieuzac an, und als er 1785 durch den Bund mit der erst zwölfjährigen Elisabeth de Monde geflissentlich in den Kleinadel des Landes heiratete, strahlte er, daß der Prinz von Rohan-Rochefort, Generalleutnant in den Armeen des Königs, mitsamt dero Gemahlin, der Prinzessin, der Trauung beiwohnte.

In Arras vertrieb sich ein anderer Advokat, mit Danton fast gleichaltrig, seine freie Zeit, indem er in der musischen Gesellschaft der Rosati am Ufer der Scarpe mehr bukolisch als sachkundig Wein und Liebe besang. Einer Angebeteten schickte er schüchtern eine Jagdbeute mit gereimtem Begleitbrief, zierlich und rokoko, der Herr Maximilien de Robespierre:

Sie werden sicher ob der Gabe lachen,
Weil sie so karg, und werden spöttisch sagen:
»Nur ein Poet kann solches Wild erjagen,
Und nur ein Jäger solche Verse machen!«

In Clermont-Ferrand erwarb zugleich ein Amtskollege, Dreißiger mit offenem Gesicht und breiter Stirn, durch Charakterfestigkeit und Güte viel Freunde; die ganze Auvergne kannte *›le bon monsieur Couthon‹*. Bekannt war, allerdings weniger günstig, in seiner Vaterstadt Grenoble auch Jean-Pierre Amar; aus vermögender Familie stammend, hatte er sich, erst *Avocat au parlement*, für 200000 Livres das Amt eines *Trésorier de France* für die Dauphiné gekauft, mit dem der persönliche Adel verbunden war. Nette Geschichtchen über ihn liefen um; er sollte die Nichte eines Pfarrers verführt und den Onkel mit vorgehaltener Pistole gezwungen haben, der Sünderin Absolution zu erteilen; neuerdings hinter einer sehr frommen Marguerite herpirschend, tänzelte er, um sie in sein Bett zu locken, mit dicker Kerze in der Hand in Prozessionen mit. Endlich erging sich in Pamiers, am Fuß der Pyrenäen, der Präsident des Présidial in idyllischen Zukunftsplänen. Er war schon in den Fünfzigern, Haar an den Schläfen ergraute, zu leben hatte er, 300000 Livres; bald würde Marc-Guillaume Vadier sich auf eines seiner Güter Bordenave, Peyroutet und Nikol zurückziehen, um Rosen zu züchten und unter alten Nußbäumen den geliebten Voltaire zu schmökern.

Desmoulins, Hérault de Séchelles, Delacroix, Westermann, Philippeaux, Barnave, Pétion, Vergniaud, Barère, Robespierre, Couthon, Amar, Vadier – wer kannte den andern? Wer kannte Danton? Aber schicksalhaft sollte Danton mit ihnen allen auf seinem Lebenspfad, mit einigen auch auf seinem Todesweg zusammenkommen.

Nicht daß er zwischen die beiden ersten Buchstaben seines Namens einen Apostroph tropfen ließ, um auf dem Firmenschild einen Adelstitel vorzutäuschen, brachte ihm Zulauf von Kunden. Danton oder D'Anton, gleichviel – ihm nutzte das juristische Geschick, mit dem er in seinen Prozessen, statt zu verdunkeln und zu vernebeln, den Stier bei den Hörnern packte. Erfolge bewirkten, daß sich die Akten in seinen Regalen häuften und seine Schreiber nicht faulenzen durften. Immer wieder aber erschlossen ihm die

Sachen, die er vertrat, tiefe Einblicke in Staat und Gesellschaft. Hoch und niedrig trugen ihm in seiner Kanzlei ihre Fälle vor, hier: der Präsident des Steuertribunals de Paul de Barentin, der Ludwigsordensritter Marquis de Clerc de la Devéze, die Brüder Annet de Langlade du Chayla de Montgros, dort: der Schneidermeister Accassat, der Kaffeebesitzer Boudray, der Goldschmiedgeselle Gauthier. Das Monopol des Adels auf die Offiziersstellen, die Belastung des Bodens mit Gewohnheitsrechten, der Unsinn der Zunftschranken – was immer am Leibe Frankreichs Wunde und Schwäre war, wurde Danton in seiner alltäglichen Praxis sinnfälliger als durch die schönste Theorie.

Mehr noch als die kleinen Ereignisse seiner Kanzlei drängten die großen Ereignisse der Zeit Dantons Sinn aus dem Juristischen ins Politische. Die Notabeln, in einer Stunde der Not versammelt, waren längst fruchtlos auseinandergegangen. Die Lawine des Staatsbankrotts, über ihnen dräuend, ja, schon heranrollend, zwang endlich die Machthaber, die Generalstände einzuberufen – für den 1. Mai 1789. Wahlen, seit eindreiviertel Jahrhunderten zum erstenmal Wahlen! Mit gewaltigem Flügelrauschen erhoben sich die *Cahiers de doléance*, zwanzigtausend, vierzigtausend und mehr. Was sie sagten, was sie klagten, stieg aus dem Herzen von fünfundzwanzig Millionen: Nieder mit der Willkür, dem Durcheinander, dem Chaos! Nieder mit der Feudalbarbarei, die, um die Rebhühner für die Herrenjagd zu schonen, Bauernacker zur Brache machte! Nieder mit der Käuflichkeit der Ämter, den Vorrechten, Privilegien, Mißbräuchen! Nieder mit der kontrollosen Verschleuderung der Staatsgelder! Nieder mit der Buntscheckigkeit der Steuergesetzgebung! Nieder mit den Binnenzöllen, die Waren vom Artois nach der Provence siebenmal trafen! Vor allem aber Schutz des Eigentums, Sicherheit des Erwerbs, Freiheit der Entwicklung! Darum millionenstimmig der Ruf nach einer Verfassung wie in England, wie in Amerika, nach einer Konstitution als Grund und Eckstein der Monarchie! Es war, mitten in der Anarchie, der Ruf nach der Ordnung, der bürgerlichen Ordnung.

Die Köpfe glühten vor Begeisterung, als die Generalstände zusammentraten, der Dritte Stand die Führung an sich riß, die Nationalversammlung neuer Zeit Bresche brach. Der Name Danton wurde weder genannt, als sein Distrikt seine Beschwerden zu Papier brachte, noch als das Aube-Tal die Wahlmänner erkor. Auch sah er sich in entscheidenden Tagen ganz aufs Private zurückgeworfen: am 25. April 1789 starb ihm sein einjähriges Söhnchen weg; sein Schmerz tobte; was war eine Familie ohne Nachkommenschaft!

Aber auch im Hintergrund blieb Danton aufmerksam, harrte seiner Stunde, hatte die Witterung des Tiers für das nahende Erdbeben. Pflegten die Hochgeborenen das Volk von Paris verächtlich als Frösche abzutun, er ahnte, daß die Frösche mehr konnten als quaken, und in allen Nerven zuckte es ihm am 12. Juli bei der Kunde: der König hat seinen Finanzminister Necker davongejagt! Das Volk, ahnungslos, daß Necker ein aufgeblasener Tropf war, hing an ihm; seine Entlassung war das Zeichen: die Kamarilla holt zum Schlage aus! Fremde Truppen vom Royal-Allemand, Royal-Croate, Schweizer Regiment Salis-Samade und wie die Soldknechte alle heißen, sind aufgeboten, auf Franzosen zu schießen!

Deshalb am Montag, dem 13. Juli: im Rathaus das Wahlmännerkomitee als neue Macht, Bildung einer Bürgermiliz beschlossen, ganz Paris in den Straßen, die Vorstädte im Anmarsch, der Schrei: Waffen! auf allen Lippen, Jagdflinten werden aus den Läden geholt, Piken eilfertig geschmiedet, die Barrièren brennen schon.

Und jäh: Hoch die Gardes-Françaises! Das berühmteste Regiment des Königreichs macht die Sache des Volkes zu der seinen! Jetzt kann es nicht fehlen!

An allen Ecken, auf allen Plätzen mahnen Unbekannte, über die die Erleuchtung kam, auf einen Stuhl gesprungen, auf die Schultern gehoben: Los! Drauf! Zugeschlagen! Zu den Waffen!

Auch in der Bibliothek des Klosters, nach dem die Rue des Cordeliers den Namen trägt, steht einer auf dem Tisch,

Arme ausgereckt, Fäuste geballt, Flamme schlägt über ein pockennarbiges Gesicht, in der Stimme dröhnt Erz der Sturmglocken: »Bürger, zu den Waffen! 15000 Briganten auf Montmartre geschart, in Versailles eine Armee von 30000 Mann bereit, sich auf Paris zu stürzen, uns abzuschlachten, eure Häuser zu plündern. Zu den Waffen! Zu den Waffen!« Die Hörer, hingerissen: Zu den Waffen! Hoch, Danton!

Am Dienstag, den 14. Juli 1789, fällt die Bastille.

In der Nacht von Mittwoch auf Donnerstag aber gürtet Danton sich einen großen Säbel um, setzt sich an die Spitze der eben formierten Bürgermiliz seines Distrikts, marschiert zu dem unschädlich gemachten Staatsgefängnis. Ein Wärter namens Soulès, von dem neuen Machthaber Lafayette mit der Hut der leeren Festung betraut, weigert den mit den Gewehrkolben Aufstampfenden den Einlaß, wird am Schlafittchen herausgeholt, in den Distrikt und von dort zum Hôtel-de-Ville geschafft; durch ein Spalier von: Hängt ihn! Hängt ihn! muß sich die Patrouille den Weg bahnen. Der ganze Spektakel ist eine leere Posse, ernst nur für den armen Teufel, den sie in Todesängste wirft – niemand weiß es besser als Danton, aber er brauchte sie, seine Lungen, seine Volkstümlichkeit, seine Macht über die Masse zu erproben; es klappte!

Gabrielle freilich liegt wach in der Dunkelheit, Tränen feuchten die Wimpern ihrer schönen braunen Augen. Wüßte sie, daß es nur die erste der vielen Nächte ist, da sie so schlaflos liegen wird, klopfenden Herzens – draußen eine Stille, unheimlicher als der unheimlichste Lärm, dann Getrappel eiliger Füße, ferne Schüsse –, sie weinte noch heißer und hemmungsloser in die Kissen.

II

Sammlung und Durchbruch

(1789–1792)

Paris glühender Kern des revolutionären Frankreich, der Distrikt der Cordeliers glühender Kern von Paris, und Danton die glühende Seele dieses Distrikts: so stand es nach dem 14. Juli 1789.

Mit allem Ungestüm, mit der Leidenschaftlichkeit, mit der er jauchzend im tiefen Wasser zu schwimmen, heißhungrig in eine Hammelkeule einzuhauen, brünstig sein Weib an sich zu pressen pflegte, sprang er in das politische Wellenspiel. Kein Nazarener, dem der Gedanke an das Glück der Menschheit Zähren entlockte, fühlte er dafür im Innersten, daß auf dem Vulkan, der sich im Juli aufgetan hatte, sein, des Vulkanischen, rechter Platz war. In dieser schneidend frischen Luft konnte er sich barhaupt ganz anders entfalten als in der lauen Temperatur des Gerichtssaals unter dem viereckigen Advokatenbarett. Er, Danton, ein Motor der Revolution, die Revolution ein Motor seiner selbst: wann jemals verschmolzen Mann und Aufgabe so in eins?

Schon am Tage vor dem Bastillensturm hatte er die Erfahrung gemacht, wie sein Wort mitriß. Geborener Redner, bedurfte er der Reibung an andern Menschen, um zu geben, was er zu geben hatte. In die Zelle seines Ich zurückgezogen, bedeutete er wenig oder nichts, am Schreibtisch war er eine Null, aber die Wärme des Familienkreises, die Zustimmung der Freunde, der Widerstand der Feinde – da begann sein Wesen Funken zu spühen.

Was die Menge an Danton bestach, war allerdings nicht das, was klug Beobachtende an ihm schätzten. Im Hirn des geschickten Advokaten, der noch Prozesse führte, bis 1791 die Neuordnung der Gerichtsbarkeit seine Kanzlei schloß, klärten sich rasch die revolutionären Tatsachen zu neuen Rechtsbegriffen und -formeln; er verstand die Dinge so zu entwirren, daß heute schon legal und legitim erschien, was gestern noch insurrektionell und kriminell gewesen war; er entwickelte sich zum Gegensatz eines Kronjuristen, zu einem meisterhaften Revolutionsjuristen, zu einem Sachwalter des Umsturzes, wie ihn gerade dieser Umsturz dringend brauchte.

Aber auf jeden wirkte die ungebärdige Kraft, die der Redner ausströmte, wenn er die Lungen voll Luft pumpte oder trotzig die Fäuste ballte. Ragender Wuchs, breite Schultern, wuchtige Gliedmaßen, regellose, bewegliche Züge, zurückgestrichenes Straffhaar über hoher Stirn, braunrote Gesichtsfarbe, die der Stubenluft spottete, unter dichten Brauen kleine, funkelnde Augen, die Freund und Feind in die Pupille zu starren wußten: ein Bauernsproß stand hier, ein Muskelmensch, ein Fleischesser, ein Lebensbejaher, der die Revolution liebte, weil sie gesteigertes, entfesseltes, höchst lebendiges Leben war. Er wußte um seine Kraft und ihre Wirkung, rühmte sich, kein blasser Abkomme privilegierter, entnervter Bastardrassen zu sein, trumpfte auf: »Die Natur hat mir die athletischen Formen und die rauhe Physiognomie der Freiheit als Mitgift gegeben!« War dieses Kraftgefühl für Danton bedenklicher Quell der Schwäche, da es oft zu Unterschätzung der Gefahr verführte, so verlieh es ihm doch auch sieghafte Stärke. Es stattete den Mann aus der Roture mit jener Selbstsicherheit aus, die sich bei der eben noch herrschenden Schicht, von des Königs Majestät bis zum jüngsten Leutnant in der Leibgarde, kläglich verflüchtigt hatte. Dieser unbefangene Koloß brauchte keine Minderwertigkeitsgefühle zu betäuben, ehe er sich der Öffentlichkeit darbot; die Sache, die der fröhliche Hüne vertrat, war kein Aufstand zitternder Sklaven, sondern Herren nahmen sich, was ihnen gebührte.

Hätte ein Blinder Danton auf der Tribüne, ohne ihn zu sehen, nur gehört, schon durch die Art der Rede wäre ihm die Art des Redners aufgegangen. Jeder architektonische Aufbau IA 2b, wie er in der Schule der Rhetorik eingepaukt wurde, fehlte. Während die Abgeordneten der Nationalversammlung schwarz auf weiß mitbrachten, was sie zu sagen gedachten, verschmähte er durchweg jede Vorbereitung; zwischen ihm und dem Impuls seines Wortes stand kein Blatt Papier. Gleich feuerflüssiger Lava warf er die Gedanken heraus, die ihn im Augenblick bewegten. Darum keine kunstvollen Perioden, keine langatmigen Wortfolgen, sondern kurze Reden, kurze Sätze, Hammerschläge, unter deren Gewalt der Stein splitterte.

In einer Zeit, die zu ihrem Aufputz die ganze Antike plünderte und sogar die Schöpfungen der Damenmode nach Rom und Korinth, nach Sappho und Kleopatra benannte, strapazierte er für seine Vergleiche das klassische Altertum nicht mehr als unumgänglich nötig. Dafür prägten sich seine plastischen Bilder ein, ob er nun den Gemeinderat ›die vorderste Schildwache der Freiheit‹ hieß, ob er von der Konstituante sagte, daß der Tempel der Freiheit nicht zum Asyl für die Förderer des Despotismus werden dürfe, ob er drohte, der Würgengel der Freiheit werde die Satelliten des Despotismus vernichten.

Die wenigsten widerstanden dem Klang dieser hallenden, rauhen Stimme, dem brüsken Zauber der ganzen Persönlichkeit. Die Gebildeten bestrickte das derb Animalische, der Erdgeruch, das Volkhafte dieses Kerls, der nach Erziehung und Stellung doch einer der ihren und mit Latein und Griechisch so gut gewappnet war wie sie, der Masse schmeichelte es, daß einer mit ihren Muskeln, ihren Appetiten, ihrer Stimme und, wenn es not tat, mit der Sprache der Gasse ein feiner, ein studierter Herr war und Schoßrock und Kniehose aus teurem Tuch, gestickte Weste und battistene Wäsche trug. Und Gebildete oder Masse, wie oft überkam die Hörer vor seiner etwas hemdsärmeligen Beredsamkeit das bannende Erschrecken des Weibchens, wenn es in der Brunstzeit das starke Männchen wittert!

Für einen kühnen Redner bot das Palais-Royal den offensten Tummelplatz. Noch immer war es die schwirrende, wirrende Stätte des Vergnügens, denn das Paris, das aus dem Kelch der Freiheit getrunken hatte, eine doppelt heitere, singende, tanzende Stadt, zog erst recht die Franzosen aus der Provinz, die Fremden aus dem Ausland magnetisch an – was für helle, freudige Farben waren Blau-Weiß-Rot neben dem schneeig kühlen Weiß des Lilienbanners! Namentlich seit die Spanne des Kornmangels im Herbst 1789 überwunden war, da das Pfund Brot ein

Sechstel des Arbeitslohnes wegfraß und vor den Bäckerläden die ersten Schlangen standen, glitt die Hauptstadt wie ein geschmücktes Blumenboot in das nur leicht bewegte Fahrwasser festlicher Fröhlichkeit. Mittelpunkt: Palais-Royal. Was immer man vorhatte: Ölbilder und Gravüren zu bewundern, sanfte Musik zu vernehmen, ein Rebhuhn, eine Robe, einen Reitsattel zu erwerben oder gar eine der kostbaren neumodischen Standuhren, die Sekunden und Mondphasen anzeigte, frische Austern zu schlürfen, sich durch eine erlesene Speisenfolge durchzuessen, sich im Schachspiel zu zerstreuen, dem beliebten italienischen Glücksspiel Biribi zu frönen, in ein duftend heißes Bad zu steigen, bei einem der galanten Kinder zu liegen, die ein besonderes Adreßbuch, ›*Calendrier des plaisirs*‹, verzeichnete – für alles war das Palais-Royal Markt, Treffpunkt, Herberge, Gelegenheit.

Aber seit dem 12. Juli 1789, da Camille Desmoulins, auf einem Tisch vor dem Café de Foy stehend, eine Pistole in jeder erhobenen Hand, die Bürger zu den Waffen gerufen hatte, haftete auch politische Überlieferung an diesen Arkaden. Zu den Wahlen für die Nationalversammlung war Paris in sechzig politische Einheiten, Distrikte, eingeteilt worden, das Palais-Royal galt als einundsechzigster Bezirk. Hierhin wirbelte der Wind jedes Gerüchts die aufgeregtesten Köpfe der Stadt, vornehmlich die Zuzüglinge von auswärts, die in keinem Distrikt Sitz und Stimme hatten. Hier schäumte und brodelte an unruhigen Tagen eine Volksversammlung in Permanenz. Hier kletterte, wer wollte, auf Stuhl oder Tisch, fuchtelte mit den Armen, schrie in die Menge. Hier wurden drohende Beschlüsse gefaßt und Sturmabordnungen zur Gemeindevertretung, zur Nationalversammlung entsandt. Von hier gingen elektrische Schläge aus, die die neuen Machthaber schmerzlich wie das Zipperlein in den Gliedern fühlten. Wer heraussprang, zu sprechen, wer sich hinstellte, zu hören, mußte darum gewärtig sein, unversehens die Kolben der Nationalgarde in den Rippen zu spüren. Das hinderte Danton nicht, wenn sich die Stunde ergab, im Palais-Royal die Distriktlosen, die

Unorganisierten mit der Gewalt seiner Rede aufzurühren; er galt als einer der Tribunalpräsidenten des Hochgerichts, das an diesem Fleck das Volk abhielt. Kein Jünger der Logotachygraphie, der eben aufkommenden Kunst, schneller zu schreiben als üblich, verzeichnete seine Worte, und kein Journal setzte sie am andern Morgen den Lesern vor, aber mit dem Winde verwehten sie deshalb nicht. Ein Elixier der Entschlossenheit, gingen sie den Massen ein, ihr Fieber nicht bannend, sondern steigernd bis zur Tatbereitschaft.

Glich das Straßenparlament im Palais-Royal eher einer Zusammenrottung als einer regelrechten Versammlung mit Einberufung, Satzung und Tagesordnung, so lag am äußersten Gegenpol die ›*Société des amis de la constitution, séants aux Jacobins*‹; Jakobiner war erst ein Spottname im Munde der Gegner, bis ihn, nach dem Muster der Geusen, die ›Verfassungsfreunde‹ stolz aufgriffen. Die eingefleischten Revolutionsfeinde stellten den Klub als eine Bande verruchter Königsmörder hin; Gemunkel ging, seine Mitglieder schwüren auf den Dolch, mit dem der Dominikaner Jacques Clément die Brust Heinrichs III. getroffen hatte, einen fürchterlichen Eid, die Monarchie zu zerstören. Solche Verleumdung impfte auf die Dauer der ahnungslosen Welt außerhalb der Grenzen Frankreichs die Schauervorstellung ein, Jakobiner seien wüste Gesellen mit roten Mützen, die in einem Lokal voll Tabaksqualm, zwischen Schnapspfützen am Boden, zu blutrünstigen Reden johlend nackte, haarige Arme schwenkten. In Wahrheit umfaßte die Gesellschaft, Nachfolgerin des nur aus Parlamentariern bestehenden Bretonischen Klubs, die Blüte des wohlhäbigen und gebildeten Bürgertums, außer Abgeordneten der Nationalversammlung Schriftsteller, Gelehrte, Kaufleute, Ärzte, Künstler, Anwälte; unter den vierzehntägig wechselnden Präsidenten der beiden ersten Jahre waren der Baron von Menou, der Herzog von Aiguillon, der Vicomte von Noailles, der Prinz von Broglie, der Vicomte von Beauharnais; armen Teufeln verbot schon die Aufnahmegebühr von zwölf und der Jahresbeitrag von vierundzwanzig Livres den Beitritt. Auf den Zusammenkünften erst im Refektorium, dann in der Bibliothek, seit Mai 1791 in der Kapelle des Jakobinerklosters in der Rue Saint-Honoré verlief alles durchaus gesittet parlamentarisch, und wenn an manchen Tagen politische Leidenschaft hohe Wellen warf, so mühte sich doch der Präsident, unterstützt von Sekretären und Saalordnern, noch aus der hitzigsten Rede und Gegenrede Ausdrücke fernzuhalten, denen der berühmte Diktionär der Akademie das Gastrecht geweigert hätte.

Die Sitzungen, die meist um sechs Uhr abends mit vier- bis fünfhundert Teilnehmern begannen, um gegen acht auf tausend anzuwachsen und, sacht verebbend, vor oder nach zehn Uhr zu enden, ahmten schon äußerlich das Parlament nach: in der Mitte der Längswand des rechteckigen Raums der Präsidentenstuhl, an der Wand gegenüber die Rednertribüne, dazu amphitheatralisch aufsteigende Bankreihen, Barre und Publikumstribüne. Barnave, der selbst auf den Metallknöpfen seines Anzugs die Losung des Klubs trug: *Vivre libre ou mourir!*, hatte die Satzungen entworfen, die von der ›Liebe zur Gleichheit‹ und dem ›tiefen Gefühl für die Menschenrechte‹ die Aufnahme abhängig machten. Als ›Priester und Missionare der Freiheit‹ sahen die Jakobiner ihre Aufgabe darin, bei einem Volk, das Jahrhunderte der Knechtschaft seelisch nicht so schnell zu verwinden vermochte, den rechten Bürgersinn zu wecken, einen öffentlichen Geist zu formen und die papierne Verfassung in Fleisch und Blut zu übertragen, indem sie Verfassungsmenschen schufen; im weitesten Bogen säten sie die neuen Gedanken aus, als sie den von Collot d'Herbois verfaßten ›Kalender des Vaters Gerhard auf das Jahr 1792‹ verbreiteten, der in leicht faßlichen Zwiegesprächen auch trägen Hirnen den Sinn der großen Staatsumwälzung nahebrachte. Manchmal, gleich einer Akademie von Philosophen und Nationalökonomen, erörterten sie Steuerfragen, sprachen über Nutzen und Schaden der Manufakturen, wendeten Erziehungsprobleme hin und her, befaßten sich mit der Lage der Wechselmakler und prüften Beschwerden über Verstöße gegen die Verfassung, in der Regel aber bereiteten sie den Gesetzesstoff für die Nationalversammlung vor. Da sich im Frühjahr 1792 schon ein Netz von 406 Tochtergesellschaften über ganz Frankreich spannte, von Brest bis Toulon, von Lille bis Bayonne, reichte der Einfluß der ›Verfassungsfreunde‹ weit; in ihrem Bureau liefen Adressen, Anträge, Anzeigen zuhauf ein; an ihrer Barre drängten sich Abordnungen von nah und fern. Die Jakobiner – für einfältige Gemüter war das so sehr letzte Instanz in allen irdischen Dingen, daß sogar von ihren Männern unzart behandelte Ehefrauen in die Rue Saint-Honoré klagen kamen.

Es dauerte eine Weile, bis auch Danton in diesem Kreise die Finger der Rechten hob: »Ich schwöre, frei zu leben oder zu sterben, den Grundsätzen der Verfassung treu zu bleiben, den Gesetzen zu gehorchen und Achtung zu verschaffen, aus allen Kräften zu ihrer Vollendung beizutragen und mich den Satzungen und Gepflogenheiten der Gesellschaft zu fügen.« Allzu häufig ließ er sich auch danach bei den Jakobinern nicht blicken, und zum Wort meldete er sich nicht oft, aber schon das erstemal, da er am 30. Mai 1790 auf die Rednerbühne sprang, ein paar wuchtige Sätze hinzuhauen, schwoll ob ihrer Heftigkeit bei einem großen Teil der Versammlung das Gemurr der Mißbilligung an; andere freilich klatschten. Wie seine Gestalt nicht zu übersehen war, so konnte, wo immer er sprach, sein Wort nicht überhört werden. Mit beidem zwang er sich auf.

Auf Schritt und Tritt streifte Danton auch außer seinem früheren Mitarbeiter Billaud-Varenne bei den ›Verfassungsfreunden‹ Männer des Gesetzes. Advokaten waren Pétion in Chartres, Merlin in Metz, Vergniaud in Bordeaux, Le Chapelier in Rennes, Louvet in Paris, Réal in Grenoble; ebenso Reubell, in der Nationalversammlung angestaunt, weil er den Juden das Bürgerrecht abstritt, in Colmar, Prieur de la Marne, dessen Rechtschaffenheit sprichwörtlich war: *Probe comme Prieur*, in Châlons, Couthon in Clermont-Ferrand; eine Erkrankung des Zentralnervensystems lähmte seine Beine und zwang ihn, sich auf zwei Freunde zu stützen, aber seine Logik blitzte klar, unerbittlich und messerscharf. Die Anwaltsrobe getragen hatte auch Anthoine, Vertreter von Saargemünd in der Konstituante, ehe er 1788 das Amt eines Lieutnant Général für Zivil- und Strafsachen am Bailli-Gericht von Bolchen übernahm, Roederer und Adrien Duport gehörten der Parlamentsjustiz als Räte an, und die elegante Silhouette Héraults de Séchelles, dem die Revolution sowohl Glaubenssache als auch Sinnenkitzel bedeutete, fehlte mitnichten.

Mit den Pandekten begonnen hatte selbst Jacques-Pierre Brissot, ein seitdem viel Umgetriebener, der in seiner Jugend fast unter die Benediktiner gegangen wäre, um Brot und Bücher zu haben, Verfasser eines Werks ›Über die Wahrheit oder Erwägungen über die Mittel, in allen menschlichen Wissenschaften zur Wahrheit zu gelangen‹, ein Faustulus, den sein Erkenntnisdrang unter dem Despotismus für zwei Monde in die Bastille gebracht hatte; stets unruhig von Gedanken, oft platt doktrinär, manchmal wirrköpfig, gab er seit dem Juli 1789 seinen ›*Patriote Français*‹ heraus und schlug seine beste Klinge für die Befreiung der Farbigen in den französischen Kolonien.

Militär war Menou wie Choderlos de Laclos, der als Hauptmann im Artillerieregiment Toul in dem grausamen Hohlspiegel seiner ›Gefährlichen Liebschaften‹ die ganze kalte Verderbtheit einer untergehenden Gesellschaft aufgefangen hatte. Alexandre de Lameth, der jüngste von vier sich öffentlich tummelnden Brüdern, war Offizier in der königlichen Armee, ehe er mit den amerikanischen Rebellen gegen die Briten focht, und Dubois-Crancé, genannt und beliebt als einer der Anreger des Eides im Ballspielhaus, hatte als Vierzehnjähriger seine Laufbahn in der berühmten Leibgardekompagnie der *Mousquetaires du Roi* angefangen.

Etwas wie Archivar war Claude Basire, Abgeordneter der Legislative, aber sein Herz hing außer an den Frauen an Physik und Geologie; als kostbarsten Besitz hütete er daheim in Dijon ein kleines Naturalienkabinett mit einem Kinderskelett, Versteinerungen und Mineralien. Zur Geschäftswelt zählte der Großbrauer Santerre, ein Mann von sorgfältiger Erziehung, wegen seiner Wohltätigkeit schon vor 1789 als ›Vater des Faubourg Saint-Antoine‹ gefeiert und mit dem immergrünen Lorbeer des Bastillenstürmers geschmückt, Cambon aus Montpellier, dem der Tuchhandel im großen zur Sachkunde auch in Finanzfragen verholfen hatte, und Isnard, den der Besitz einer Seiden- und einer Seifenfabrik im Département Alpes Maritimes nicht hinderte, jünglinghaft für Freiheit und Gleichheit zu schwärmen.

Unter den Ausländern im Jakobinerklub lenkte keiner so die Blicke auf sich wie Jean-Baptiste Cloots, der sich nach dem antikisierenden Brauch der Zeit den Vornamen Anacharsis zulegte. Sproß holländischer Handelsherren, die sich im Clevischen niederließen und den Reichsfreiherrntitel erhielten, hatte er als Knabe auf geistlichen Kollegs zu Paris an den Heilswahrheiten der Kirche zu zweifeln begonnen, als Jüngling auf der Militärakademie zu Berlin den soldatischen Despotismus verachten gelernt, als Mann in den Jahren vor der Revolution in den Salons und Cafés der französischen Hauptstadt die Aufmerksamkeit der Polizei auf sich gelenkt. Den Pariser Staub von den Schuhen schüttelnd, versprach er, wiederzukommen, wenn es keine Bastille mehr gebe. Er hielt Wort. Eine Natur, die sich in Ekstasen immer ganz, bis auf den Bodensatz ausschüttete, schäumte er über von Gedanken, Plänen, Entwürfen, Vorschlägen und Anträgen. Schwärmend nicht nur für die Volksherrschaft in Frankreich, sondern auch für die Verbrüderung der Menschheit, erschien er am 19. Juni 1790 mit einem Schweif von sechsunddreißig Ausländern an der Barre der Nationalversammlung, Preußen, Holländern, Briten, Russen, Polen, Italienern, Spaniern, Schweden, Schweizern, ja, allerdings angezweifelten Türken, Arabern und Chaldäern, und nahm als Sprecher des Menschengeschlechts, entrückt und entzündet für sie das Wort.

Auf wie vielen freien und offenen Stirnen glänzt im Zeichen der Jakobiner die Morgenröte des neuen Tags! Aber auch dunklere Burschen schlüpften unter wie François Chabot, aus der Kutte gesprungener Kapuziner, der in dieser Gesellschaft gut gebürsteter Röcke und geordneter Haartrachten übel auffiel, als er durch schmutzige Wäsche, nackten Hals und offene Brust den revolutionären Rauhbauz herauszubeißen begann.

Wie die Eiche über das Kleinholz ragte anfangs Gabriel-Honoré Marquis Riqueti de Mirabeau auch in diesem Kreise hervor, gleich stark durch dämonische Willenskraft wie durch konzentrierte Verstandeskraft. Aber nicht nur schüttelte der Sturm der Leidenschaft den Wipfel dieser Eiche, sondern an ihrem Mark fraß auch die Fäulnis. Seit es am 2. April 1791 mit Mirabeau zu Ende war, merkte man in den Debatten des Klubs am ehesten bei dem Namen Maximilien Robespierre auf. Der Sache hingegeben, seine Zeit nur zwischen Konstituante und Jakobinern teilend, zwingend durch Gedankenfestigkeit und Folgerichtigkeit, setzte sich der eifrige Jünger Rousseaus schon durch die Zähigkeit durch, mit der er immer wieder das Wort ergriff und es so leicht nicht losließ; schloß ihm die Geschäftsordnung die Lippen, so haderte er rechthaberisch und nörglerisch mit dem Präsidenten.

Sicher erkannte Danton in Robespierre einen ragenden Turm der Demokratie, einen Politiker, der ohne Heulmeierei eine Revolution zu Ende zu denken wußte, und gelegentlich tauschten sie bei den Jakobinern öffentlich Artigkeiten aus; einmal stellte sich Danton gar mit Schild und Speer vor den viel angegriffenen Advokaten von Arras, den »Despotismus der Vernunft« an ihm rühmend und »eine von der ganzen Revolution bestätigte Tugend«. Aber der eigenwillige Despotismus dieser allzu rechtwinkligen Vernunft und die übergeflissentlich herausgestrichene Tugend mochten ihm bisweilen auf die Nerven fallen. Blickte er in diese grünlich fahlen Augen – erinnerten sie nicht, weitvoneinanderstehend, an die einer Katze? – und sah er auf diesen schmalen Mund, der sich zu sanftmütigem oder sarkastischem Lächeln verzog, aber nie zu herzhaftem Lachen öffnete, so verspürte der sonst unbekümmert Stämmige ein leichtes Gefühl der Unsicherheit, und warm werden, nein, warm werden konnte er gewiß nicht mit dem unjungen, ewig korrekten Milchtrinker, der nur im Apfelsinenessen ausschweifte und das *Desipere in loco* des Horaz kaum je gekannt hatte.

Alles andere als entwurzelt oder wurzellos, im Gegenteil der Heimat verhaftet, mit der Familie verklammert, wirkte Danton auch öffentlich am liebsten dort, wo er den Rauch des eigenen Herdes noch erschnuppern konnte. Zufall der Wohnung teilte ihn jenem der sechzig Distrikte zu, der nach dem Kloster der Cordeliers oder Barfüßer hieß; von diesem weitläufigen Gebäude mit geräumigen Höfen und Gärten ein paar Schritt, und man war an der Cour du Commerce. Bei der munizipalen Neugliederung der Hauptstadt in achtundvierzig Sektionen im Frühsommer 1790 fiel der Bezirk in die des Théâtre-Français, aber der Name Cordeliers blieb obenauf, und auch die ›*Société des amis des droits de l'homme et du citoyen*‹, die die Überlieferung des Distrikts hochhielt, wurde gemeiniglich Klub der Barfüßer genannt. Ob Danton nun in der Versammlung des Distrikts, der Sektion oder des Klubs auftrat, hier hatte er den festesten Boden unter den Sohlen, hier kam sein Hang zum Greifbaren voll zur Geltung, hier schritt der Bauernenkel aus wie der Ackerer auf dem Feld, dessen Scholle sein Pflug wenden wird.

Manche Distrikte, wie die der Filles Saint-Thomas oder der Butte des Moulins, kamen dem Neuen mißtrauisch oder zögernd entgegen, die Cordeliers aber hatten sich Hals über Kopf an die Spitze der Pariser Bewegung gesetzt. Daß das Théâtre-Français seit 1782 auf dem Gebiet des Distrikts lag, half dazu einiges; durch die Schauspieler, die zum erstenmal Bürgerrechte genossen, drang freierer, ungebundenerer Ton in die politischen Zusammenkünfte. Die Mehrheit der Mitglieder gerade dieser Bühne freilich sehnte sich nach der Zeit zurück, da große Herren den Komödianten und lieber noch den Damen des Theaters goldgefüllte Börsen zuwarfen.

Obwohl es seit kurzem als Théâtre de la Nation firmierte, bedurfte es 1790 eines Drucks von außen, um ein revolutionäres Stück wie ›Karl IX.‹ erneut auf den Spielplan zu bringen. An diesem 24. Juli, da es zum erstenmal wieder über die Bretter ging, kam es im Parkett zu einer der üblichen Häkeleien zwischen Anhängern des Alten und des Neuen, von denen jene nach höfischem Brauch ihren Dreispitz abnahmen, während diese voll Bürgerstolz ihren runden Hut aufbehielten. Danton, angegangen, sein Haupt zu entblößen, nagelte sich seinen Chapeau mit einem Faustschlag auf den Kopf, trotzend: Er sitzt fest wie der Hut von Servandony! – so hieß einer der Türme von Saint-Sulpice. Darauf Spektakel, Einschreiten der bewaffneten Macht, Danton mußte aufs Hôtel-de-Ville. Wenige Monde später wanderte Talma samt denen seiner Kollegen, die die blauweißrote Kokarde mit Überzeugung trugen, auf das rechte Seineufer aus.

Weit mehr als das Theater machte die soziale Zusammensetzung seiner Bewohnerschaft den Distrikt zum blasenwerfenden Hirn des revolutionären Paris. Statt in den Faubourgs der Revolutionslegende, Saint-Antoine und Saint-Marceau, drängten sich die Arbeiter in Wahrheit am dichtesten in den Nordostvorstädten, aber wenn nach einer statistischen Aufstellung jener Jahre Théâtre-Français zu den acht Sektionen zählte, deren jede mehr als zweitausend Arbeiter beherbergte, so hatte sie doch ein eigenes Gepräge. Die gute Hälfte aller Pariser Proletarier fand in den verschiedenen Zweigen des Baugewerbes ihr Brot, an Zahl gleich hinter ihnen kamen die der großen Band-, Stoff- und Spitzenfabriken. Nur in der Sektion des Théâtre-Français gaben Arbeiter den Ausschlag, die unmittelbar dem Geist, der öffentlichen Meinung, der politischen Propaganda dienten: nicht weniger als siebenhundert von insgesamt 2200 verteilten sich auf die einundzwanzig Druckereien, von deren Besitzern Momoro, der ›erste Buchdrucker der Freiheit‹, am bekanntesten war. Diese Jünger der ›Schwarzen Kunst‹, gut entlohnt, geistig beweglich, aufs Lesen versessen, sich eher als Künstler denn als Arbeiter fühlend, wo gab es gärenderen Gärstoff, einen Distrikt wach und munter zu halten!

Verstärkt wurde die Wirkung durch die Zeitungen, die aus diesem wimmelnd belebten Quartier in alle Stadtteile flatterten. Die ›*Révolutions de Paris*‹, ein Blatt, das durch Klarheit des Stils und Folgerichtigkeit seiner Darlegungen die Gunst der Leser erwarb und in 15000, bald in 20000 Exemplaren abgezogen ward, gab Elisée Loustalot heraus, glühend uneigennütziger Kämpfer, von den Freunden wegen der Reinheit und Stärke seines Glaubens nur ›der Evangelist‹ genannt, mit siebenundzwanzig Jahren ins Grab sinkend, ehe noch die erste der großherzigen Illusionen des Jahres 1789 abgewelkt war. Stanislas Fréron, Sohn eines von Voltaire in die Unsterblichkeit gepeitschten Vaters, Stutzer und auch geistig kein Erbsenlöffler, da er Petrarca las und übersetzte, ließ unweit davon seinen mit viel Schwung und Schmiß geschriebenen ›*Orateur du peuple*‹ drucken, und in nächster Nähe von Dantons Wohnung stellte Guillaume Brune sein ›*Journal de la Cour et de la Ville*‹ zusammen, Verfasser einer ›Pittoresken und sentimentalen Reise durch mehrere westfranzösische Provinzen‹ ahnungslos, daß ihm das Schicksal noch einen Marschallstab von Frankreich und nach Waterloo einen jähen Tod von der Hand royalistischer Meuchler zugedacht hatte.

Auch Camille Desmoulins flog wie die Motte ins Licht dem Barfüßerbezirk zu. Ein Gemisch von Genie und Gamin, hatte er sich durch die grauen Wochenhefte seiner ›*Révolutions de France et de Brabant*‹ schon einen Namen gemacht; die Bildungsschicht verschlang seine Artikel, die prickelten wie süßer Sekt und wie dieser manchmal faden Nachgeschmack hinterließen. Den Generalprokurator der Laterne nannte er sich mit etwas blutigem Witz, aber woher dann den Titel nehmen für den Doktor Jean-Paul Marat? Mit seinen siebenundvierzig Jahren war er der älteste und auch erfahrenste unter dieser stürmischen Jugend. Genfer Calvinist, kannte er Frankreich und England, hatte, acht Jahre Arzt bei den Gardes du Corps des Grafen von Artois, neben Romanen philosophische und physikalische Werke veröffentlicht und sich auch mit Erfindungen und Entdekkungen abgeplagt, ohne Anerkennung zu ernten. Jetzt füllte er die Spalten des ›*Ami du Peuple*‹ mit seinen täglichen politischen Fieberanfällen. Wegen der grimmen Rücksichtslosigkeit, mit der er eine Katze eine Katze und Rollin einen Schuft hieß, von den Machthabern verfolgt und bedroht, hielt er es für am geratensten, sein Zelt bei den Cordeliers aufzuschlagen; seit November 1789 stand die Druckpresse seines Blattes, nur ein paar Häuser von Dantons Wohnung entfernt, in der Rue des Fossés-Saint-Germain.

Nicht nur Marat rühmte vom Distrikt der Cordeliers. »Daß sein Name als einer der festesten Stützen des Vaterlandes und seiner Söhne für immerdar in den Jahrbüchern der Revolution geheiligt sein werde«, auch Fréron nannte den Bezirk den »Schrecken der Aristokraten und die Zuflucht der politisch Unterdrückten der Hauptstadt«, und Desmoulins, der eigens in den ›unvergleichlichen Distrikt der Barfüßer‹ gezogen war, begeisterte sich: »Wären die sieben Weisen Griechenlands Mitglieder des Bezirks und umschlösse er alle Philosophenschulen, die Akademie Platos, die Gärten Epikurs, das Lyzeum des Aristoteles und die Stoa, seine Logik könnte nicht gesünder sein«; an jeder Straßenecke des Viertels zwischen Quai des Augustins, Rue de Condé, Rue de la Harpe und Rue de Vaugirard prangte für ihn in unsichtbaren Buchstaben das römische: *Via Sacra*. Auf ihren Ruf stolz wie auf eine zerschossene Fahne, erinnerten denn die Cordeliers selber gelegentlich daran: »Sektion des Théâtre-Français, vorher bekannt unter dem schrecklichen und berühmten Namen des Barfüßer-Distrikts.«

Verleumdungskunst der Feinde allerdings malte die Sitzungen des Klubs, der im Mai 1791, von der Stadtbehörde aus der *Aula Theologica* des Cordelierklosters ausgewiesen, in den Saal einer gelehrten Gesellschaft ›*Musée de Paris*‹ in der Rue Dauphine übersiedelte, in noch schwärzeren Farben als die der Jakobiner. Roussel d'Epinal verglich die dreihundert Teilnehmer einer Versammlung, die auf den amphitheatralisch angebrachten Bänken saßen, wegen ihres vernachlässigten und schmutzigen Äußern einer Zusammenkunft von Bettlern, und Chateaubriand, gewiß, daß er zwischen Amerika und Emigration, also 1791, drei- oder viermal die Cordeliers besucht hatte, schilderte sie ein volles Menschenalter später mit mehr Einbildungskraft als Gedächtnisstärke: auf abgehacktem Gebälk, wackligen Bänken, zerschlagenen Chorstühlen, Stümpfen von Heiligenstatuen hockend schmierige, verstaubte, besoffene, verschwitzte Kerle in zerfetzter Jacke, Pike auf der Schulter oder die nackten Arme verschränkt.

In der Tat nahmen die ›Freunde der Menschenrechte‹ auch Passivbürger auf, während zu den Distrikts- und Sektionsversammlungen nur Aktivbürger Zulaß hatten, deren Einkommensteuer dem Ertrag von mindestens drei Arbeitstagen entsprach, und den Jahresbeitrag von einem Livre vier Sous vermochten auch Minderbemittelte zu erschwingen. Handwerker, Krämer, ehrbare Kleinbürger, Leute ohne Kniehosen, also Sansculotten, als Chor, gut, aber nicht anders als den Jakobinern drückte die Bourgeoisie und ihre geistige Vorhut, die Bildungsschicht, den Cordeliers ihren Stempel auf. Kaufleute, Druckereibesitzer, Goldschmiede, Ingenieure, Naturforscher, nicht zu wenig Advokaten, darunter der gallige Buckel Buirette de Verrières, von dem es hieß, daß er den ›*Ami du Peuple*‹ schreibe, wenn Marats Feder müde sei, Munizipalbeamte, Richter, von denen Garran de Coulon zum Präsidenten des Kassationshofs aufsteigen sollte – das war der Kern des Klubs. Nur gab ein stärkerer Zusatz von Schriftstellern, Schauspielern und Künstlern der Gesellschaft einen leichten Beigeschmack von Bohème; auch Danton ordnete die Krawatte gern so, daß sie von dem untadelig bürgerlichen Tuchrock keck abstach.

Aber selbst einer der wenigen aus Dantons engerer Runde, der der klassischen Weihen entriet, Louis Legendre, war kein Habenichts, sondern ein großer Metzgermeister, der in der Rue des Boucheries-Saint-Germain seinen Stand hatte und munter im eigenen Kabriolett zum Vieheinkauf nach Poissy fuhr. Ein Mordskerl mit breitem Brustkasten und dröhnender Stimme, ohne Bücherweisheit, aber mit gesundem Menschenverstand und einer Flamme im Blut, hatte er am 14. Juli bei der Bezwingung der Bastille Wackeres geleistet. Die Abschiedsworte, die er Loustalot ins Grab nachrief, rückte Desmoulins wegen ihrer Erhabenheit in die Nähe des Demosthenes, und da Legendre mit der Treue einer Bulldogge an Danton hing, klang bei diesem ein Unterton von Zärtlichkeit mit, wenn er ihn seinen Leutnant nannte; man erzählte, beide Männer hätten sich zugeschworen, wer den andern in seinem Patriotismus erlahmen sehe, müsse ihn erdolchen.

Neben Desmoulins, Efeu an der Eiche Danton, neben den alten Bekannten Paré und Billaud-Varenne, neben Brune, Fréron und Momoro war der dicke Pierre-François Robert einer derer, denen die Tür auf dem zweiten Stock des Hauses der Cour du Commerce immer offenstand. Publizist, hatte er eine Publizistin geheiratet, Louise-Félicité Guinement de Kéralio, die wegen einer Geschichte der englischen Elisabeth und einiger mittelmäßiger Romane 1787 unter Robespierres Vorsitz in die Akademie von Arras aufgenommen worden war; jetzt gab das Ehepaar den ›*Mercure National*‹ heraus. Nicht minder gehörte dazu der Schauspieler und Schauspieldichter Fabre d'Eglantine. Woher der adlig klingende Beiname? Nun, hatte er nicht bei den Blumenspielen von Toulouse für ein Poem die wilde Rose aus Gold davongetragen? Hatte er? Eitle Prahlerei, die nur von der südfranzösischen Fantasie des Carcassoners zeugte! Dafür heimste er neuerdings zweifellose Erfolge mit seinen Zweckstücken ein, ›Die Philinte des Molière‹ und ›Der Aristokrat‹, doch überleben sollte ihn nur ein rokokohaft leichtes Trällerliedchen, einst in Maestricht aufs Papier geworfen, ›Es regnet, regnet, Schäferin!‹ Auf der Bühne spielend, für die Bühne dichtend, hatte auch Collot d'Herbois die ersten Kränze errungen, und sein neuestes Stück, nicht wie manches seiner früheren dem Calderon oder Shakespeare nachgebildet, aber den Zeitgeschmack treffend, ›Die patriotische Familie‹, wetteiferte nicht ohne Glück mit den jüngsten Komödien Fabres um den Beifall der Menge. Aber übertroffen wurden beide von Marie-

Joseph de Chénier, Bruder des begnadeten Lyrikers André. In Konstantinopel als Sohn des französischen Gesandten geboren und bei den Dragonern die Offizierslaufbahn beginnend, hatte er sich für manchen dramatischen Versuch gründlich auspfeifen lassen, bis im Jahre des Bastillensturms sein ›Karl IX.‹ als »das Werk eines freien Mannes, gewidmet einem freien Volke«, mächtig einschlug; er durfte sich rühmen, er habe der Muse der Tragödie

in ersten Tagen, da die junge Freiheit uns beglückt,
die patriotische Kokarde an die Stirn gedrückt.

Neben diesen dreien fand der Dr. Chevetel nur heimlich durch die Hintertür den Weg zu den Kulissen: seine Maitresse, Demoiselle Fleury, strahlte als Stern des Théâtre-Français.

Dickerer Luftschicht entstammte der Töpferssohn Pierre-Louis Manuel, mit Gottesgelahrtheit großgepäppelt, erst Studienpräfekt bei den Vätern des Ordens der christlichen Lehre in Nogers, dann Hauslehrer und Buchhandlungsgehilfe in Paris, von vergeblichen Anläufen verbittert, aber aufrichtig und ehrenhaft. Da er nicht im Alltag aufging, gab er 1792 die ›Briefe Mirabeaus an Sophie‹ mit einem Geleitwort heraus. Während François-Nicolas Vincent sich anfangs auf die Rechtswissenschaft geworfen hatte, um es weiter zu bringen als der Kerkermeister, dessen Sproß er war, führte Antoine François Sergent als Schüler Saint-Aubins den Pinsel und war gerade daran, eine Galerie ›Berühmte Persönlichkeiten der französischen Geschichte‹ auszumalen, als die Revolution ihn packte, für eine Weile auf den Präsidentenstuhl der Cordeliers hob und so selber zur geschichtlichen Berühmtheit machte.

Exotischer Hauch wehte um Claude Fournier l'Héritier, genannt der ›Amerikaner‹, denn seit 1760 hatte er Jahrzehnte in San-Domingo aus Zuckerrohr Schnaps gebrannt. Da sein Betrieb, angeblich durch die Schuld übelwollender Nachbarn, in Flammen aufgegangen war, lungerte er, klagend und fordernd, Jahre in den Vorzimmern des Marineministeriums herum, eine Entschädigung herauszuschlagen. Echter als bei diesem etwas zweifelhaften Gesellen, der die Revolution als Stunde der Abrechnung für seine privaten Forderungen leidenschaftlich begrüßte, war der Grundstoff der Begeisterung bei Gaspard oder Anaxagoras Chaumette, Sohn eines Holzpantinenmachers aus Nevers, der erst Schiffsjunge, dann Student der Chirurgie, auch der Physik, auch der Botanik gewesen war, ehe er 1790 in Paris auftauchte: mit langem, schlecht gekämmtem Blondhaar, ein Tuch statt einer Krawatte um den Hals, wie ein Dorfschulmeister ausschauend, ein ewig Unfertiger, aber er kannte das Volk und die Sprache, die ans Herz der Masse drang.

Mit zweien ihrer Abgeordneten stellte die Legislative, die im Oktober 1791 die Konstituante ablöste, Neulinge zur Runde. Edme-Bonaventure Courtois aus Troyes, Steuereinnehmer in Arcis-sur-Aube, ehe ihn sein Heimatdepartement ins Parlament schickte, war Danton als Landsmann aus der Champagne willkommen, aber eigensüchtig, aufs Geld aus, der Flasche in plumper Weise zusprechend, erschien er als der beste Bruder nicht. Besser gefiel Jean-François Delacroix, jetzt Generalprokurator-Syndikus des Departements Eure-et-Loir und stellvertretender Richter am Kassationshof, dem nur eins auf der politischen Bühne schadete, daß er das Wort so gar nicht in der Gewalt hatte.

Aber wer immer sich diesem lebendigen Schwarm einreihte, ward durch Dantons lärmende Jovialität gefesselt und gebannt durch die unbändige Kraft seines Willens. Wie oft brach eine Gruppe dieser führenden Cordeliers, vom braunen Bier in der Hortensien-Brauerei Santerres kommend, in der Rue Neuve-des-Fossés-Saint-Germain-des-Prés in das Café Procope ein, das, einfach gehalten, auch ohne große Spiegel und reiche Vergoldung durch die Glorie seiner Vergangenheit leuchtete. Hier hatte Voltaire seinen Schwarzen getrunken, Diderot mit den Enzyklopädisten Zwiesprache gepflogen, Beaumarchais auf das Ergebnis der Erstaufführung von ›Figaros Hochzeit‹ gewartet; Desmoulins feierte es als »die einzige Stätte, wo die Freiheit nicht vergewaltigt worden ist«. Im Procope spielte Danton mit seinem Anhang Domino; sein Bärenlachen wollte den Raum sprengen; bravo! schrie er über sieben Tische dem italienischen Inhaber Zoppi zu, als der eine Büste von Mucius Scävola, allen kaffeetrinkenden Freiheitshelden zum Vorbild, ins Lokal stellte. Manchmal ließ man mitten im Spiel die Steine liegen, wenn ein Bote eintrat und dem Führer etwas ins Ohr raunte, die eben noch lauten Stimmen senkten sich zum Geflüster; manchmal stürzte man eilends hinaus, Gefahr im Verzug, ein Gläschen Dijoner Cassis floß zäh auf die Tischplatte, eine Bavaroise, geschätzte Limonade, stand halb geleert.

Oft sah Danton seine Freunde auch unter dem eigenen Dach. Verliebt in seine Häuslichkeit – o Bibliothek mit Plutarch und Lukrez, Rabelais und Voltaire, Shakespeare, Ariost und der ganzen Enzyklopädie, o Alkoven mit Vorhängen aus geblümter Cretonne! – pflegte er gern einen beim Ärmel zu packen: »Komm heute auf einen Löffel Suppe zu uns; es gibt Huhn!« Auch noch spät abends brachte er zuweilen aus einer Sitzung der Cordeliers oder Jakobiner Gäste mit, da man eine wichtige Erörterung nicht in der Mitte abbrechen konnte; im Keller lag nicht umsonst, neben Bordeaux und Burgunder in Flaschen, Roter aus der Bourgogne im Gebinde und ein Fäßchen weißen Weins aus der Auvergne. Man redete und trank und lachte und verlor sich wohl auch aus der Gegenwart in Erinnerungen. Collot d'Herbois war bei den Oratorianern erzogen worden, Billaud-Varenne hatte im Kolleg Juilly unterrichtet; mit beiden vermochte sich Danton vergleichend und bestätigend über seine Pennälerjahre zu unterhalten: Eine treffliche Kongregation im Grunde, eben erst spielte sie in Troyes bei der üblichen herbstlichen Theateraufführung revolutionäre Stücke wie ›Die Nationalkokarde‹ und ›Paris gerettet oder die Eroberung der Freiheit‹! Fréron, zart, zierlich, mit feinen, verschlossenen Zügen, plauderte aus seiner Kindheit: Da sagte er als Sechsjähriger in Versailles zu Ehren seines Paten Stanislas Leszynski, Königs von Polen und Souveräns der Herzogtümer Lothringen und Bar, ein Carmen auf und wurde von den Töchtern Ludwigs XV., Adelaide,

Victoire, Louise, getätschelt. Oder er gedachte seiner Bohemezeit: Da drängten sich im Heim seines Mäzens, des Finanzmannes Bertin, die sehr gefälligen Schönen, und ihn selber kitzelte es manchmal, aus den Armen der Irma Laborde, die zehn Liebhaber auf einmal zu beglücken wußte, das Kloster aufzusuchen, in dem seine Schwester Therese keusch und katholisch erzogen wurde. Legendre war als Matrose zehn Jahre zur See gefahren; welche Schwänke und Abenteuer; was spann er für ein Garn! Fabre d'Eglantine hatte das Leben des Wanderkomödianten in Süß und Sauer durchkostet, Grenoble, Chalon-sur-Saone, Beauvais, Lüttich, Arras, Douai, Genf, Lyon – so viele Namen, so viele Anekdoten! Collot d'Herbois wußte Ähnliches zu erzählen. Besonders gepackt hatte ihn ein Erlebnis, das fünfzehn, sechzehn Jahre zurückreichte. Angers 1775, einer der häufigen Konflikte zwischen Militär- und Zivilgewalt, kurz und gut, eines Tages drangen, vom Übermut der Offiziere beordert, vierzig Soldaten mit geladenem Gewehr in den Saal der Opéra-Comique, Durcheinander, ein paar Schüsse, ein vierzehnjähriges Mädchen mit blonden Lokken lag weiß und tot in ihrem Blut. So etwas vergaß sich nicht, so etwas vergaß man ihnen nicht! Und während man noch erschüttert saß, funkte Desmoulins mit einem Witz dazwischen, und schließlich ging man nur auseinander, weil die Kerzen unwiderruflich niedergebrannt waren.

Als ›*Dame épouse du sieur Danton*‹ von allen ehrfürchtig behandelt, staunte Gabrielle zuweilen über diese ungezwungenen Symposien; schweifte ihr Blick von Fréron, der, mit weibischer Vorliebe für Schmuck, immer wie aus dem Ei gepellt aussah, zu Collot, der mit Bedacht schlaksig und schäbig daherkam, schüttelte sie über den einen wie den andern leicht den Kopf. Noch zaghafter und ängstlicher lauschte die sorgende Hausfrau dem dröhnenden Schritt der Weltgeschichte. An politisierenden Weibern hatte Danton nur mäßiges Wohlgefallen. Als die ›Amazone der Freiheit‹, Théroigne de Mericourt, die sich eines Tages im kurzen blauen Tuchkleid und Federhut, mit Reitpeitsche, Pistolen im Gürtel und Degen an der Seite, auch bei den Cordeliers feiern ließ, in der Vorstadt Saint-Antoine einen patriotischen Frauenklub aufmachte, sprach Santerre bei den ›Verfassungsfreunden‹ ganz aus Dantons Herzen: »Die Männer dieser Vorstadt finden lieber bei der Rückkehr von der Arbeit ihren Haushalt in Ordnung, als daß sie ihre Frauen aus einer Versammlung kommen sehen, wo sie nicht immer Sanftmut lernen.« Daß Gabrielle Sanftmut ausstrahlte, daß sie ihm häusliches Behagen schuf, daß sie aus der Küche stets leckere Gerichte hervorzauberte und nicht zuletzt, daß sie ihm zwei Knaben gebar, Antoine am 18. Juni 1790 und François-Georges am 2. Februar 1792, sicherte ihr mehr Anrecht auf seine Dankbarkeit und Liebe, als wenn sie wie Fräulein Chevallot, Schwester des Postmeisters von Varennes, die Jakobiner in patriotischem Eifer um eine Pike angegangen wäre.

Da Desmoulins eine Zeitlang im selben Hause der Cour du Commerce wohnte wie Danton, freundete sich Gabrielle mit seiner jungen Gattin an. Lucile, geborene Duplessis, ein kleines, zierliches, blondes Persönchen, war weniger hausbacken als Madame Danton, schüttete ihr romantisches Herz auf geheimen Tagebuchblättern aus und liebte den Luxembourg-Garten, wenn er menschenleer und einsam lag. Schwere Mühe hatte es gekostet, bis der vermögende Vater die Einwilligung zu der Verbindung mit dem Zeitungsschreiber gab; Trauzeugen dann: Pétion und Robespierre. Gabrielle lächelte gerührt, wenn Desmoulins ins Zimmer stürzte, wo die beiden Frauen plauderten, und unter Ausbrüchen des Entzückens: *Ma Lolotte! Mon rouleau!* Lucile in die Arme schloß, und als diese im Juli 1792 eines Knäbleins genaß, kam der kleine Horace-Camille zusammen mit dem jüngsten Danton zu einer Amme aufs Land.

Am schönsten aber war es, wenn mit Besuch aus Arcis, der Mutter Dantons und der Schwester Anne-Madeleine, verehelichten Menuel, ein beglückender Hauch des Aubetales durch die Zimmer der Cour du Commerce strich. Zärtlichkeit spann ihr Netz um diese natürliche Gemeinschaft. Der anderen Schwester Marie-Nicole-Cécile, die sich im Kloster de la Visitation zu Troyes unter dem Namen

Thérèse-Amédée dem Heiland angelobt hatte, wie ging es ihr? Und was machten die kleinen Menuels, Neffen und Nichten des Onkels Danton? Der siebenjährige Georges-Marie konnte sicher schon lesen? Und der um ein Jahr jüngere Georges-Martin? Und was die vierjährige Antoinette-Gabrielle, die auf den Namen der Tante getauft war? Und das Nesthäkchen Marie-Elisabeth?

Ach, und das ganze liebe Arcis? Manchmal zwickte und zwackte Heimweh den kernfesten Mann so, daß er stracks, mit oder ohne Gabrielle, einmal mit Desmoulins, einmal mit Delacroix, einmal ganz allein, in die Heimatstadt fuhr. Die Ackerkrume roch doch anders als die Pariser Gasse. Sein Blut floß in ruhigerem Rhythmus. Das Politische fiel von ihm ab, ein Privatmann blieb, Bauer der Champagne, in dem der Landhunger seiner Altvordern erwachte. So erstand er im April 1791 am Nordausgang des Städtchens, am Brückenplatz, ein stattliches Haus, einstöckig zwar nur, aber mit einer Front von neun Fenstern und mit einem Park, den er wie nur der zäheste bäuerliche Eigentumsfanatiker vergrößerte. Immer wieder erhandelte er von einem Nachbarn eine Wiese, einen Rain, eine Baumgruppe und ließ neue Käufe beim Notar eintragen, die seinen Besitz schließlich auf mehr als elf Hektar abrundeten. Die Ferme von Nuisement, vormals zur Abtei von Anceny gehörig, mit 73 Hektar Land, die er im März des gleichen Jahres steigerte, hatte es auch in sich, aber reineres Glück schenkte das Haus in Arcis, in das er Mutter und Schwager einquartierte. Er selbst, wenn es ihn unwiderstehlich zur Heimat zog, schlief im Alkoven eines kleinen Gemachs auf dem ersten Stock, das nur ein Fenster hatte, aber von diesem Fenster ergriff sein Blick die Wiesen, die Hecken, die Erlenbestände – und alles sein eigen! Warm durchrieselte es ihn, stand er morgens hier, und der Frühdunst waberte milchig über dem Gras, oder abends, wenn in der Kühle das Heu würziger zu duften begann.

Beugte er sich auf der andern, der Straßenseite, ins Freie, so vernahm er das Mühlenwehr seiner Kindheit, das zuweilen in den Traum seiner Pariser Nächte rauschte.

Wollte er, so war er mit ein paar Dutzend Schritten am Ufer des geliebten Flusses bei dem angepflockten Kahn und bückte sich nach dem Angelgerät. Oft raunte man sich bei den Cordeliers, den Jakobinern unruhig zu: Wo bleibt Danton? Schon Wochen fehlt er uns! Und er lag in seinem Boot auf der Aube in himmlischem Behagen, mit Genuß dem Fischfang hingegeben, wunschlos. Denn wie ihn immer wieder Anfälle grandioser Faulheit überkamen, gleich der Trägheit des Landmanns auf der Ofenbank in den arbeitsfreien Monaten, so lebte auf dem Grunde seiner ehrgeizigen Seele etwas von der Überzeugung, daß es des Menschen würdiger ist, auf einem Flußlauf unter Weiden gemächlich abzuwarten, bis ein Barsch anbeißt, als die vierundzwanzig Stunden des Tags in der Tretmühle der Pflicht zu verkeuchen oder Trugbildern des Ruhms und Reichtums nachzuhasten. War schon seine Pariser Häuslichkeit ein Bollwerk, hinter dem er sich gegen die nervenzermahlende Fron der Öffentlichkeit verschanzte, so diente ihm die volle Entspannung in Arcis erst recht als Kraftquell. Antäus berührte die Erde.

War Danton den Arcisern als Arciser lieb und vertraut, mußte anderwärts eine so herausfordernde Erscheinung mit solcher Durchschlagskraft des Wesens auch jene Gefühle auf sich lenken, die sich am Gegenpol der Volkstümlichkeit sammeln. Kein Schimpf, der nicht nach ihm geschleudert wurde. Für Mercier vereinte er die Beredsamkeit eines Lastträgers mit der Logik eines Briganten; für andere war er »der Lump Danton, den man ohne Bedenken allein auf sein Gesicht hin henken könnte«. Dafür hielten die Seinen unbeirrbar zu ihm. Die anderen Distrikte wechselten häufig ihre Präsidenten, er blieb. Dann trug ihm der Barfüßerklub die ewige Ehrenpräsidentschaft an, und früh gewöhnte sich sein Ohr an das stürmische *Vive Danton!* bei Banketten unter Gläsergeklirr und Trommelwirbel. Da im Juni 1790 die Taufe seines Sohnes Antoine Neugierige nach Saint-Sulpice lockte, wurde im revolutionären Hofstil des Distrikts der Kronprinz begrüßt: »Zittert, Tyrannen! Ein neuer Danton ward eben geboren, der ohne Zweifel den Spuren seines Vaters folgen wird... Die ersten Worte, die er stammeln wird, hat der stämmige Danton gesagt, müssen sein: In Freiheit leben oder sterben! Madame Dantons erste Sorge war, und sie vergaß ihre Schmerzen dabei, ihrem Sohn die Nationalkokarde anzuheften.«

Allgemein galt Danton als ›der Mann der Cordeliers‹. Auch wenn man sich vergeblich nach ihm umsah, sorgten seine Stellvertreter dafür, daß sein Geist über der Verhandlung des Distrikts, der Sektion des Klubs schwebte und daß die gefaßten Beschlüsse die Klaue des Löwen verrieten. Da selbst der mehr als kritische Marat von ihm nicht sagen konnte, was er von Robespierre sagte, daß er beim Anblick eines nackten Säbels erbleiche, erwarteten die Anhänger noch Großes von Danton. Im *›Orateur du Peuple‹* wandte sich Fréron an die Sektionen: »Ich prophezeie euch, daß Danton Frankreich retten wird, wenn ihr ihn in die Lage bringt, es zu retten. Ihr braucht Männer von großem Charakter, die sich vor euren Feinden zu entfalten wissen und die es verstehen, sie zum Zittern zu bringen. Ihr braucht Männer, die aufmerksam sind, die Schritte der Feinde zu beobachten, fähig, ihre Machenschaften zu durchdringen, begierig, sie zum Scheitern zu bringen. Wer hat besser als Danton diese schwierige und mühsame Aufgabe erfüllt?«

Und als sich nach Niederlegung des Stadtzolls am 1. Mai 1791 die Barrieren öffneten und lange Wagenzüge mit billigem Fleisch, Wein, Bier und Tabak übers Pflaster rollten, sang im lustigen Karnevalstreiben der Freiheit zu dem Rebensaft, der unentgeltlich aus den Fässern spritzte, das Volk:

Voulez-vous de sûrs moyens
Pour que cela dure?
Formez de bons citoyens
La législature!
Ne prenez que des Dantons,
Et toujours nous chanterons:
La bonne aventure au gué,
La bonne aventure.

Ja, Dantons müßt ihr wählen, dann kann's euch nicht fehlen! ... Aber der Bogen seiner Volkstümlichkeit spannte sich weiter als von Paris nach Arcis. Schon im Frühjahr 1791 kannte auch die weitere Provinz seinen Namen und wußte um seinen Einfluß auf die Hauptstadt.

In einer Zeit ohne politische Überlieferung, ohne politische Parteien, ohne politische Programme, da selbst die Wahlen zur Legislative fast ohne politische Aufrufe und Flugblätter vor sich gingen, mußte jedermann einen mehr oder minder schweren politischen Selbstverständigungsprozeß für sich durchmachen. Auch Danton empfing von niemandem fix und fertig eine politische Meinung. Von seinem Liebling Diderot hatte er gelernt, daß die Souveränität in einem einzelnen sitzen konnte und dann Monarchie genannt wurde oder im Volke saß und Demokratie hieß. Er war Demokrat. Wenn er sagte ›der Souverän‹, verstand er immer nur das Volk, und auch Begriffe wie ›Majestät des Volkes‹, ›Religion des Volkes‹, ›unsere heilige Revolution‹ waren ihm keine abgeklapperten Redensarten, sondern hatten in seinem Munde den reinen Atem eines Glaubensbekenntnisses.

Nicht wie die Adligen, die sich aus einer zusammenbrechenden Kaste zum Dritten Stand retteten, gelangte Danton zu seiner politischen Überzeugung. Der Sohn unscheinbarer Leute, der seine Vorfahren ins Dunkel der Jahrhunderte zurückverfolgen konnte, ohne je auf einen großen und glänzenden Namen zu stoßen, mußte einer Zeit leidenschaftlich zustimmen, von der Mirabeau meinte, daß der Mensch jetzt nach dem geschätzt werde, was er in dem kleinen Raum zwischen den Augenbrauen trage, und keinen Fingerbreit ließ er davon abmarkten, »daß kein Posten im Königreich einem einzelnen vorbehalten war, sondern für alle Bürger offen, die würdig seien, ihn zu bekleiden, und vor allem von einem freien Volk gewählt.« Wohl war er Bürger, ganz Bürger, aber an einer geschichtlichen Wende, da zu hundert Teilen Bürger sein nicht weniger hieß als zu neunzig Teilen Revolutionär sein. Darum verwarf er die

Ansicht, die Duport in der Nationalversammlung kundgab: »Die Revolution ist gemacht!« nein und abermals nein, sie war noch zu machen, sie bedurfte, wie Danton bei den Jakobinern betonte, einer Ergänzung, eines Zusatzes.

Ein Bildhauer vor einem Klumpen nassen Lehms, bereit, ihn mit nervigen Händen nach inneren Gesichten zu kneten, so stand Danton vor dem Staat. Über die politischen Abstraktionen Robespierres lächelte er und zuckte die Achseln über Marat, für den Politik eine Wissenschaft, etwas Ersitzbares und Erschwitzbares war. Nichts dergleichen! Auf die sichere Witterung für das Gebot der Stunde, auf das nie trügende Gefühl für die gegebenen Möglichkeiten, darauf kam es an, und von seinen Bauernahnen trug Danton die Weisheit im Blut, daß weder Berechnung noch Beschwörung zu neuer Aussaat die Scholle wendete, sondern einzig die Faust am Pflug, die das Eisen ins Erdreich trieb. Das de facto galt in Revolutionen, nicht das de jure!

Alle Welt hatte ja seit dem Bastillensturm erlebt, daß von nichts nichts kam. Selbst die infamen ›Rechtstitel‹, die die Bauern zwangen, nachts mit Stangen die Teiche zu schlagen, damit Froschgequak nicht den Schlummer hochgeborener Herren störe, fielen erst mit den anderen Feudalpflichten, als der rote Hahn auf dem Dach der Schlösser und Rittergüter krähte. Wollte man Wirkliches erreichen, mußten die Massen auf den Beinen sein. Aber die Massen waren unbeständig. Leicht flammten sie in diesen heißen Monden der Erregung auf und waren, mit Kettenspuren der Vergangenheit an der Seele, unberechenbar in ihrem Zorn. Wehe, wenn der heisere Ruf: An die Laterne! erscholl. Hatte nicht im Herbst 1789 ein Volkshaufe einen biederen Bäckermeister auf den vagen Verdacht hin, mit den Getreideschiebern unter einer Decke zu stecken, auf den Grève-Platz geschleppt und mir nichts, dir nichts gehängt? Als seine junge, schwangere Frau verzweifelt aus dem Haus lief, nach ihm zu suchen, strömte ihr auf der Notre-Dame-Brücke eine Menge entgegen, über die, auf eine Pike gesteckt, ein blutiger Kopf ragte; die Unglückliche, ihn erkennend, brach sterbend zusammen, das Kind in ihrem Schoß war tot. Aber raschen Aufwallungen folgten Abspannung und Gleichgültigkeit; bei den Jakobinern klagte man darüber und bei den Cordeliers. Leichten Blutes, waren viele Pariser zu sehr darauf aus, das kurze Leben zu genießen, als daß sie das Sisyphusrad der Politik hätten wälzen mögen. Andere, des Lesens und Schreibens unkundig, standen dumpf und stumpf vor den Zeitereignissen. Die Wahlen lockten nur einen Bruchteil, im Durchschnitt nicht mehr als ein Zehntel, der eingetragenen Wähler an; im Oktober 1790, als die Posten der Departementsverwalter, der Richter und der Geistlichen zu besetzen waren, gaben in den achtundvierzig Pariser Sektionen von 78000 Stimmberechtigten etwa 2000 ihr Votum ab.

Gegensätze, die allmählich im Dritten Stande aufkamen, trugen zur Lähmung des politischen Eifers bei. Da die Lobredner des Alten ohne Unterlaß die Revolution hinstellten als »Krieg derer, die haben, gegen die, die nichts haben«, klagte im Februar 1792 Pétion in einem Brief an den Abgeordneten Buzot, daß »die Bourgeoisie, diese zahlreiche und wohlhabende Klasse«, sich vom Volk abspalte, und predigte: »Die Bourgeoisie und das Volk zusammen haben die Revolution gemacht, ihre Einigung allein kann sie bewahren.« Auch Danton fühlte in jedem Nerv, wie sehr die Stoßkraft des 14. Juli der Willensgemeinschaft von Bürger, Bauer und Arbeiter entflossen war. Auch Danton hielt deshalb in bedrohlichen Lagen dafür, daß die Beseitigung allen Zwiespalts in der Revolutionsfront genüge, Frankreich zu retten.

Aber ob die Vernunft seine Leidenschaft zügelte, ob in seiner Brust Abschätzung der Wirklichkeiten, Staatsklugheit und sogar eine gewisse Bauernschlauheit neben dem revolutionären Drang ihren Rang behaupteten, wenn er sich in seinen großen Augenblicken hochreckte, und hinter ihm mit Weib und Kind, Haus und Heimat alle Bindungen des privaten Daseins versanken, brannte in dem Mann der Ratio eine fast mystische Flamme: der Glaube an die Bestimmung Frankreichs, da immer wieder die Planungen der Feinde zum Vorteil der Freiheit ausschlugen.

Dantons Neigung für das Greifbare spitzte seinen Kampf für die Revolution zunächst gegen die beiden neuen Pariser Gewalthaber Bailly und Lafayette zu: beide in Reichweite, in Flintenschußweite.

Von dem insurgierten Paris zum Bürgermeister erkoren, löste sich Jean-Sylvain Bailly aus stiller Gelehrtenstube los. Als Mathematiker und Astronom genoß er solchen Rufs, daß er Mitglied der drei großen französischen Akademien und vieler gelehrter Gesellschaften in Bologna, Göttingen, Harlem, Stockholm, St. Petersburg, Florenz und London war; von früher her lagen noch vergilbte Komödien und Tragödien in seiner Schublade. Der, stets gemäßigt und gemessen, die bloßstellende Mitarbeit an der Enzyklopädie vermieden und vom Hof für sein Wohlverhalten Titel und Pension empfangen hatte, zeigte in seiner neuen Würde erst recht die Schwäche und Eitelkeit seines Charakters. Geschmeidig, wo er nackensteif sein sollte, mit Ausbrüchen von Forschheit, wo Besonnenheit angebracht war, in jeder Lebenslage von sich, seiner Umsicht, seiner Milde, seinem Entgegenkommen hochbefriedigt, mit übertriebenem Gefühl für Gravität, die Aufmachung liebend – ach, wie viel leichter war es doch, die Geschichte der Wissenschaft von den Himmelskörpern zu schreiben, als ein paar Seiten Geschichte auf Erden anständig zu füllen!

Mit seinen zweiunddreißig Jahren um mehr als zwei Jahrzehnte jünger als der ältlich vertrocknete Maire, stand Marie-Joseph-Paul-Yves-Roch Gilbert du Motier Marquis de Lafayette an der Spitze der neugebildeten Bürgermiliz. Schon als Knabe hatte er eine Jahresrente von 120000 Livres zu verzehren, ritt als Jüngling im Offiziersrock mit dem Regiment Noailles-Cavallerie durch die Metzer Festungstore ins Freie, führte als Mann die Tochter des Herzogs von Ayen heim. Derart ganz mit dem Ancien Régime verwachsen, hatte der Herr Marquis den Grundstein zu seiner Volkstümlichkeit gelegt, indem er wie viele französische Edelleute am amerikanischen Unabhängigkeitskrieg gegen England teilnahm; die schönen Augen der Gräfin Simiane waren an diesem seinem lohnendsten Abenteuer nicht unschuldig. Als Schöpfer der Nationalgarde spielte Lafayette mit Geschick den Bürgergeneral und betonte an jeder Straßenecke die Unterordnung der Militärgewalt unter die Zivilgewalt, aber schon der Ehrgeiz kitzelte in dem schlanken Aristokraten Selbstherrlichkeitsgelüste wach.

Überdies stimmten Bailly und Lafayette, wenn auch von einem Strahl der jungen Freiheit beglänzt und für den Verfassungsstaat eingenommen, darin überein, daß der Julitag, der sie zur Macht emporgetragen hatte, Ziel und Ende der Revolution sein müsse; sie stellten ein Schild an die Wegkreuzung der Weltgeschichte: Halt! Wer weitergeht, wird erschossen!

Wie erst sahen die Werkzeuge aus, mit denen sie die neue Ordnung, jawohl! Ordnung aufzurichten und zu schützen gedachten! Da nur Aktivbürger mit jährlicher Steuerleistung von sechs Livres das Gemeindewahlrecht besaßen, also 150000 Pariser vom Einfluß auf ihr Municipium ausgeschlossen waren, bestand die dreihundertköpfige Stadtvertretung, der Generalrat der Kommune, aus Großbürgern und Gelehrten mit Renten und Ruhebedürfnis; nicht von ungefähr saß unter den Kauf- und Bankherren, Notaren und Advokaten, Professoren und Publizisten der Erfinder einer Feuerspritze: den revolutionären Brand zu löschen, nicht anzufachen, betrachtete diese behäbige und schwerfällige Versammlung als ihre Aufgabe.

Auch die Nationalgarde, sechzig Bataillone zu je fünf Kompagnien, jedes mit zwei Geschützen und einer Sektion Kanoniere, stark durchsetzt mit aristokratischen Offizieren, war eine Miliz von Eigentümern, um das Eigentum zu schützen. Nur Aktivbürger wurden eingereiht, schon die vier Goldfüchse, die der Bürgersoldat für seine Uniform aufwenden mußte, hielt Unbemittelte fern, ganz zu schweigen von den Besoldeten und kasernierten Kompagnien, die sich hauptsächlich aus den früheren Gardes Françaises ergänzten.

Bailly lau und flau, Lafayette flau und lau – immerhin hatte ihnen der Entschluß, die Sache der Revolution zu der ihren zu machen, ein solches Kapital an Volkstümlichkeit in den Schoß geschüttet, daß sie damit beliebig wüsten konnten. Für Bailly gaben, als er im Mai 1790 erneut zum Bürgermeister gewählt wurde, selbst in der Sektion des Théâtre-Français 478 von 580 Wählern ihre Stimme ab, und Lafayette blieb es unvergessen, daß er, den Pariser Stadtfarben Blau-Rot das königliche Weiß einfügend, die Nationalkokarde geschaffen hatte: »Sie wird den Weg um die Welt antreten!« Ritt der Hüter der Ordnung vor seinem Generalstab durch die Straßen, auf einem Schimmel, der offensichtlich bestimmt war, Legende zu werden, drängten sich männliche Backfische in heller Begeisterung herzu, um wenigstens den Gaul zu küssen.

Danton ließ sich weder von dem Pferde des Generals noch von dem Prunkwagen einschüchtern, der, mit Vorreitern und reichgalonierten Lakaien auf dem Schlag, den Bürgermeister ins Rathaus führte. Ihm war Lafayette ein ›Eunuch der Revolution‹ und Bailly nicht viel Besseres. Er nahm diesen geschwollenen Ädilen nicht ernst und verulkte seine Feierlichkeit wie am 26. Dezember 1789, da er mit einer Abordnung seines Distrikts vor dem Gemeindrat mit lebhaften Gebärden und rascher Stimme über die Ernennungsdekrete der Nationalgardenoffiziere Beschwerde erhob, die von ›*Monseigneur le Maire*‹ sprächen. Darauf Unterbrechungen: Falsch! Unerhört! Herzeigen! und Dantons scheinbar erschreckte Entschuldigung, oh, er habe sich nur verlesen. Aber innerlich lachte er, der Hieb saß.

Den Boden für Dantons Kampf schuf der Machthunger der Distrikte. Im April 1789 als Wahlkörperschaften eingerichtet, zeigten sie von Anbeginn das Bestreben, sich als möglichst unabhängige Gemeinden aufzutun – schon um der Revolution willen, denn sie wußten die Bezirke, in deren Gefäß unmittelbar der revolutionäre Drang des Volks brauste, besser zu hüten und zu wahren als die gesiebte, abgeklärte, durch Polstertüren von der Straße abgeschlossene Stadtverwaltung. Durch Einsetzung besonderer Ausschüsse, durch Pochen auf Rechte, die er gar nicht besaß, durch eifersüchtige Abwehr von Weisungen des Hôtel-de-Ville, die ihm nicht paßten, ging der Distrikt der Cordeliers den andern mit gutem Beispiel voran; Keimzelle eines Staats im Staate; gar nicht mehr im Scherz sprach man von der ›Republik der Cordeliers‹.

Über einer Grundfrage der Demokratie, ob ein Gewählter von den Wählern abhänge, Befehle empfangen müsse und abberufen werden könne, entbrannte im Herbst 1789 der erste Streit zwischen Rathaus und Distrikt. Danton hielt den Fuß beim Male, das Schlagwort von ›der neuen Aristokratie, der der Mandatsträger‹ störte die Köpfe auf, aber Bailly focht die Sache durch und bekam von der Nationalversammlung recht. Nur triumphierte am Ende doch Danton: die drei von den fünf Gemeindevertretern des Distrikts, die wegen Ablehnung des gebundenen Mandats ausgeschieden waren, wagten sich trotz des Entscheids der Konstituante nicht mehr in die Kommune, die, ob sie wollte oder nicht, schließlich ihre Stellvertreter anerkannte.

Nach den Vorpostengefechten die Schlacht. Im Herbst 1789 bestimmte die Nationalversammlung, daß jede Gemeinde und jeder Distrikt Notable-Adjoints zu wählen habe, denen bei einer Festnahme die Wahrung der Rechte des Verhafteten oblag. Die Cordeliers gingen gleich einen rüstigen Schritt weiter und setzten im Januar 1790 fünf ›*Conservateurs de la liberté*‹ ein, ohne deren Gegenzeichnung jeder Haftbefehl gegen einen Bewohner des Distrikts ungültig wäre. In der Luft lag ein Versuch des Châtelet-Gerichtshofs, sich, auf Grund eines Beschlusses vom vergangenen Oktober, Marats zu bemächtigen, der sich beizeiten in den Barfüßer-Bezirk geflüchtet hatte.

Eine Gestalt wie der Herausgeber des ›*Ami du Peuple*‹ ging Danton vielfältig wider den Strich. Mit einer Art mitleidigen Befremdens blickte der Hüne auf das kurzbeinige und kurzhalsige Männchen mit bleifarbener Gesichtsfarbe und graugelben Augen, das, unsauber und nachlässig gekleidet, sich durch sein unterirdisches Leben in Kellern bei den Ratten Flechten und Krätze zugezogen hatte. Wenn der überhitzte Fanatiker mit etwas fetter Stimme vom revolutionären Publizisten asketische Daseinsweise und stockernstes Pathos verlangte, schürzte

Danton nur ironisch die Lippen. Ehrliches Geständnis: »Marat als Menschen mag ich nicht!«, aber politisch schätzte er ihn als Schürer demokratischen Feuers, und unter seinen Schutz nahm er ihn um so bereitwilliger, als dabei mit Bailly und Lafayette ein Hühnchen zu rupfen war.

Auf dem Rathaus weiß man: Der Distrikt der Cordeliers hat Haare auf den Zähnen! und trifft seine Vorkehrungen.

22. Januar 1790. Ins Grau des Pariser Wintermorgens kleckst die Nationalgarde mit dem Blau ihrer Waffenröcke, dem Grün ihrer Kragen, dem Weiß ihrer Aufschläge Farbflecken; dreitausend Mann; Geschütze, die Kanoniere mit brennenden Lunten neben jedem Stück, richten ihr Maul auf die Rue des Fossés-Saint-Germain, in der Marat hausen soll; solch ein Feldzug, um ein Zeitungsschreiberlein zu haschen. Gleichwohl betritt der Rat des Châtelet, gefolgt von zwei Huissiers, mit einigem Zagen und Stottern das Hôtel de la Fautrière, wo der ›Volksfreund‹ sein Zimmer hat. Im Erdgeschoß gerät er in die Wachtstube des Distrikts; im Tabakrauch kartelnde Nationalgardisten, höhnische Gesichter.

Was, Verhaftung? Habt ihr die Zustimmung der ›Freiheitsschützer‹? Eine Treppe höher! Wer gibt?

Der Rat mit seinem Papier in der Hand tappt sich die Stufen hinan und prallt auf einen Riesen in Nationalgardeuniform, der den Kopf trotzig zurückwirft: Was beliebt den Herren?

Von der Straße schwillt Stimmenlärm. Aus allen Türen sind sie gestürzt, zu schauen, was ›das fremde Militär‹ will. Legendre eilt herbei, wie er am Hackklotz stand, in blutbefleckter Schürze: »Metzger heraus! Stände schließen! Waffen! Waffen!« Die Truppe sieht sich eingekeilt, den Kanonieren mit der Lunte ist nicht sehr wohl. Danton überall: droht hier den Mannen Lafayettes, beschwichtigt da die Seinen, setzt dort den Juristen mit bestechender juristischer Logik auseinander, daß der Haftbefehl, nach den Gepflogenheiten des alten Regimes ausgestellt, durch neuere Verordnungen überholt und ungültig sei. Also Beschluß der Distriktsversammlung: Nichts da! Abordnungen zum Kommandeur der Nationalgarde, Abordnungen zur Nationalversammlung, aber da am Spätnachmittag der Appell der Konstituante an den Bürgersinn der Bewohner des Distrikts einläuft und die Mahnung, den Vollstreckern der Gesetze keine Steine in den Weg zu legen, flaut der Lärm ab, die erregten Gesichter glätten sich, Legendre verschwindet, und Danton wird überschwenglich höflich: Bitte, die Bahn ist frei! Bitte, nach Belieben Haftbefehle zu vollziehen! Denn längst ist Marat über alle Berge, und müde, hungrig, beschämt rücken sie ab, Gerichtsrat, Huissiers, Nationalgarde, Geschütze.

Aber Dantons überlegene Taktik, die ihnen eine empfindliche Niederlage beigebracht hatte, dachten ihm die Machthaber heimzuzahlen. An diesem Freitag hatte er in der Distriktsversammlung ein Ventil der Entrüstung geöffnet: »Wenn wir uns nur von unserer Empörung beraten ließen, griffen wir sofort zu den Waffen und säuberten, Gewalt mit Gewalt vertreibend und nur das Kriegsrecht anrufend, unseren Distrikt von den Soldaten, die nur gekommen zu sein scheinen, sich seiner zu bemächtigen und uns Trotz zu bieten.« Aber eine Handbewegung staute den gefährlich tatbereiten Beifall, Vernunft fiel der Leidenschaft in den Arm: »Diese Soldaten sind unsere Brüder. Ein zu blinder Gehorsam gegen die Befehle unseres Chefs, nur das ist ihr Fehler. Wie wir für die Sache der Freiheit bewaffnet, ahnen sie nicht, daß sie dem Despotismus dienen, aber morgen werden sie darüber seufzen, wenn sie ebenso aufgeklärt sind wie wahre Patrioten.« Und der bewaffnete Aufstand des Distrikts, wen erzeugte er? Den Bürgerkrieg, den von der Gegenrevolution ersehnten Bürgerkrieg! Beschworen war die Gefahr blutigen Zusammenstoßes, das Zauberwort: *La Loi!* bannte aufgeregte Gemüter.

Doch beeideten nicht auch Spitzel, aus Dantons schäumendem Munde vernommen zu haben: »Was wollen diese Truppen? Wir brauchen nur die Sturmglocke zu läuten, um bald das ganze Faubourg Saint-Antoine, um mehr als zwanzigtausend Mann hier zu haben, vor denen diese

Soldaten erbleichen würden.« Obwohl der Distrikt diese Verleumdung gegen den ›sieur d'Anton‹ zurückwies, kam das Châtelet am 17. März mit einem Haftbefehl gegen ihn. Streich gegen Streich – die Distriktsversammlung antwortete mit einem zweifellos von Danton stammenden Beschluß, die Nationalversammlung anzugehn, weil solches Verfahren »den tyrannischen Despotismus an Stelle der Freiheit zu setzen drohe«, rief die übrigen Distrikte zur Abwehr auf und erfüllte vierzehn Tage lang ganz Paris mit dem Lärm um den Fall Danton. Da der Berichterstatter des Parlamentsausschusses, Anthoine, der Verfolgung widerriet, und die Konstituante sich scheute, glühendes Eisen anzufassen, geriet die Angelegenheit ins Stocken, um schließlich mit Abschaffung der Châtelet-Gerichtsbarkeit ganz im Sande zu verlaufen. Eine Spottschrift aber, »Großer Bericht über die große Schandtat des großen Herrn Danton, begangen in dem großen Distrikt der großen Cordeliers und über die großen Folgen selbiger«, schilderte mit viel Witz und Behagen, wie man zur Verhaftung des Cordelierführers achtzig Geschütze, dreißig Mörser und zweitausend Mann aufgeboten habe, die keinen Bürger des Distrikts zu Mittag oder zu Abend essen oder auch nur sprechen ließen, und wie um das Haus des Aufwieglers Sapeure auf den Dächern gesessen hätten, um bei einem Fluchtversuch durch die Luft die Stricke der Ballongondel mit ihren Beilen zu durchschlagen. Danton, an Ansehen und Volkstümlichkeit um mehrere Schuh gewachsen, hatte die Lacher auf seiner Seite, und mancher, der seinen grobkörnig gallischen Humor kannte, vermutete ihn als Verfasser der ›*Grande Motion*‹.

Im gleichen Monat Januar, in dem die Affäre Marat eine Affäre Danton gebar, faßte er durch seine Wahl in die vorläufige Kommune im Lager des Gegners festen Fuß, aber als er am 11. August von der Sektion des Théâtre-Français in die erste verfassungsmäßige Gemeindevertretung entsandt wurde, zeigten sich 42 Sektionen durch trübe Machenschaften gegen ihn aufgeputscht und weigerten ihm die nötige Bestätigung; er allein von 96 Gewählten fiel diesem Scherbengericht zum Opfer. Dafür gelangte er im Oktober in den Wahlmännerkörper, der ihn zu einem der 36 Administrateurs des Departements Paris erkor; entzückt feierte Fréron diesen ›Triumph des Patriotismus‹: »Jetzt haben wir nur noch den Wunsch, Herrn Danton als Generalprokurator des Departements zu sehen; seine Erleuchtung und seine Entschlossenheit rufen ihn auf diesen Posten.« Aber wenn er sich in der Kommune, wo er doch Bailly ins Weiße des Auges zu sehen vermochte, wahrscheinlich aus Mangel an Widerhall zurückhielt und nur im Juni auf den Antrag, das Haupt des Maire mit einer Bürgerkrone zu schmücken, mit Knütteln losschlug, war er auch im Departement als einem Kollegium großer Herren oder dicker Bourgeois fehl am Platz und kusch; lachend erklärte er, daß er unter den ›Eseln des Departements‹ keine Rekruten geworben habe.

Auch sah er in Lafayette, der die Bajonette hinter sich hatte, den gefährlicheren Widersacher. Zwar teilte er weder Marats krankhaftes Mißtrauen, der die Tabaksdosen mit dem Bildnis des ›Helden zweier Welten‹, von dem eitlen General freigebig verteilt, für Behälter geheimer Weisungen an Verschworene der Gegenrevolution hielt, noch Marats krankhafte Blutgier, der sich anheischig machte, dem ›teuflischen Motier‹ inmitten seiner ›Sklavenbataillone‹ das Herz aus der Brust zu reißen, aber er versäumte ungern einen Zug, den Befehlshaber der Nationalgarde mattzusetzen. Als der Distrikt Saint-Germain-l'Auxerrois, durch Gerüchte von der Abdankung Lafayettes in Sorge gestürzt, im Mai 1790 in einem Beschluß sagte: »Die Vorsehung hat ihn uns gegeben, möge ihn die Vorsehung uns erhalten!«, nahm die Antwort der Cordeliers, Dantons Handschrift verratend, für ihren Distrikt in Anspruch, daß er die Ratschlüsse der Vorsehung besser durchschaue, betonte, daß der Rücktritt des Generals keinen unersetzlichen Verlust bedeute, und wies die Bürger von Saint-Germain-l'Auxerrois sanft darauf hin, daß sie in blinder Begeisterung für Lafayette die Grundsätze der Gegenwart vergäßen, die keine Autorität kenne außer der vom Volk verliehenen. Es gefiel Danton immer wieder, die Franzosen zum Bewußtsein ihrer Menschenwürde und ihres Bürgersinns aufzurütteln; »bei einem wahrhaft großen Volke«, sagte er an anderem Tag, »darf es Rücksichten auf sogenannte große Männer nicht mehr geben«.

Da am 20. Juni 1791 die Jakobiner eine rückschrittliche Erklärung besprachen, für die Sieyès bei den ›Verfassungsfreunden‹ Unterschriften erluchst hatte, zog Danton Lafayette ins Spiel, der sich vor einem Jahr an ihn selber herangemacht habe, ihn zu Ähnlichem zu beschwatzen: »Er erinnerte mich daran, daß ich, der alle Glut für die Sache der Freiheit aufgewendet habe, durch eine Art Ostrazismus der Sektionen von öffentlichem Posten verbannt sei, während man Herrn Bailly wiedergewählt habe. Er meinte auch, daß er die Gesellschaft der Verfassungsfreunde bald mattsetzen werde. Ich erwiderte ihm, daß das Volk«, Kopf zurückgeworfen und mit dem Arm weit ausholend, »seine Feinde mit einer einzigen Bewegung wegfegen werde«.

Von dieser Sitzung gehen Danton und Desmoulins abends elf Uhr nach Hause, aus der Rue Saint-Honoré vorbei an den Tuilerien über den Pont-Neuf. Paris schläft. Die Straßen liegen verödet. Nur eine Patrouille der Nationalgarde begegnet ihnen und schaut ihnen forschend ins Gesicht.

Aber am folgenden Morgen gegen acht Uhr fährt Danton im Bett auf. Das ist nicht der gewohnte Lärm der Straße, Zeitungsverkäufer und rollende Gemüsefuhrwerke, eine Brandung schwillt dumpf, helle Schreie darüber wie Sturmvögel, hastiger Wirbel einer Trommel, Generalmarsch – Gabrielle, was ist? – Fenster öffnen sich, Zurufe über die Gasse: Der König ist fort! Der König ist fort!

Dantons erster Gedanke: Jetzt habe ich ihn! Nämlich Lafayette.

Die Leidenschaft blendet Danton. Der Hof haßt den Bürgergarden-Marquis als treulosen Überläufer ins Lager der Kanaille, und bei der Flucht der königlichen Familie hat er gewiß nicht die Hand im Spiel. Als am Abend zuvor die Hofdame de Tourzel in der Rue d'Echelle mit dem Dauphin und seiner Schwester, Madame Royale, auf die anderen Flüchtlinge wartet, fährt gerade Lafayette nach Hause; da berittene Fackelträger seine Equipage umgeben, erkennen ihn die angstvoll Harrenden, Schreck läßt ihren Atem stocken, die Tourzel verbirgt den Kronprinzen unter ihren Röcken.

Aber aus Danton spricht die Stimme des Volkes: dem General, der am Morgen des 21. Juni auf die Hiobsbotschaft hin zur Nationalversammlung eilt, fliegt es um den Kopf: Verräter! Verräter! Am gleichen Abend bei den Jakobinern bestürzte Gesichter, Raunen, Gerüchte, Unsicherheit. Es heißt, Minister und Abgeordnete wollen die Verfassungsfreunde aufsuchen. Danton als Nationalgardist mit dem Säbel an der Seite: »Meine Herren, wenn die Verräter sich hier einfinden, verpflichte ich mich Ihnen gegenüber, mein Haupt auf ein Schafott zu tragen oder zu beweisen, daß das ihre der Nation, die sie verraten haben, vor die Füße gelegt werden muß.« Saaltür auf, ein Haufe Abgeordneter, an ihrer Spitze bleich, rothaarig und etwas linkisch Lafayette. Danton? Von der Tribüne prasseln seine Fragen wie Flintenfeuer: Wie kommt es, Herr von Lafayette, daß dies? Herr von Lafayette, wie kommt es, daß jenes? Keine Illusionen, meine Herren, die Flucht des Königs ein ausgedehntes Komplott, Einverständnis der ersten öffentlichen Funktionäre: »Und Sie, Herr Lafayette, der Sie uns noch letzthin mit Ihrem Kopf für die Person des Königs hafteten, glauben Sie, Ihre Schuld zu bezahlen, indem Sie in dieser Versammlung erscheinen?« Blitze zucken. »Sie haben geschworen, daß der König nicht fortgehen werde. Entweder haben Sie Ihr Vaterland verkauft oder Sie sind blöd gewesen, für eine Person zu bürgen, für die Sie nicht bürgen konnten.« Schneidend: »Im günstigsten Fall haben Sie Ihre Unfähigkeit dargetan, uns zu befehligen.« Die Stimme senkend: »Aber ich will glauben, daß man Ihnen nur Irrtümer vorzuwerfen vermag.« Abermals laut: »Hinge die Freiheit der französischen Nation wirklich von einem einzigen Mann ab, sie verdiente die Sklaverei und Erniedrigung.« Fanfare: »Frankreich kann frei sein ohne Sie!« Mit Hammerschlägen einen Nagel in widerspenstiges Holz treibend: »Ihre Macht lastet auf den dreiundachtzig Departements. Ihr Ruf ist von einem Pol zum andern geflogen. Wollen Sie wahrhaft groß sein? Werden Sie wieder ein einfacher Bürger und geben Sie nicht länger dem gerechten Mißtrauen eines großen Teiles des Volkes Nahrung!«

Lafayette jedoch zuckt nur mit den Achseln, auf denen die dicken Goldepauletten baumeln, und wirft wie Almosen ein paar Worte hin, und schon erwächst ihm Unterstützung aus den Reihen der Gesellschaft und, von Beifall zugedeckt entschreitet er; so stark blendet noch Glanz seiner Volkstümlichkeit. Vergebens beschließen die Jakobiner am nächsten Tag, daß der General gehalten sei, auf Dantons Anklagen zu antworten; schriftlich entschuldigt er sich mit einem: Später!, das zu lesen ist: Nie!

Aber der Zeitpunkt kam, da Bailly nicht mehr die Stadt verwaltete und Lafayette nicht mehr die Nationalgarde befehligte, während Danton Stufen stieg: der 6. Dezember 1791 wählte ihn mit 1162 gegen 654 auf Collot d'Herbois fallende Stimmen zum Stellvertreter des Procureur Syndic der Kommune. Bürgermeister war Pétion, Procureur Manuel, beides seine guten Bekannten und für eine Wegstrekke politische Gesinnungsfreunde, mit denen sich arbeiten ließ. Allerdings erlaubte der Stellvertreterposten, der ein Jahresgehalt von sechstausend Livres abwarf, keine sonderliche Entfaltung seiner Persönlichkeit; richtig hervor trat er zunächt nur einmal, als er im folgenden April dem Antrag Manuels auf Entfernung der Büsten Baillys und Lafayettes aus dem Rathaus gegen eine schimpfende Mehrheit mit mächtiger Stimme beisprang, aber der Danton, den am 20. Januar 1792 der Maire mit der trikoloren Schärpe umgürtete und in sein Amt einführte, legte in einem rhetorischen Meisterwerk voller Untertöne ein starkes politisches und persönliches Bekenntnis ab.

Eingedenk jenes Ostrazismus, der ihn eineinviertel Jahr zuvor aus den Listen der Gemeindevertreter gelöscht hatte, schlug er triumphierend auf den Tisch, daß ihn jetzt die wahre, die unzerstörbare öffentliche Meinung, »die den

Verrätern keine Amnestie gewährt und deren oberster Gerichtshof die Urteile der Dummköpfe und die Dekrete der an die Tyrannen verkauften Richter kassiert«, aus seinem Versteck gezogen habe. Ablehnung des Amtes? Undenkbar, es ist ein vorgeschobener Posten in der Zeit der Gefahr. Aber, und sein scharfer Blick hakte an den Gesichtern seiner Kollegen, an einem nach dem andern, da seine Mitarbeiter das Recht hatten, seine politische Überzeugung kennenzulernen, hier! Paris wie ganz Frankreich zerfiel in drei Kategorien. Einmal die geschworenen Feinde jeder Freiheit, jeder Gleichheit, jeder Verfassung; »zu ihnen will ich nicht sprechen, ich will sie nur bekämpfen bis zum Tod«. Dann die glühenden Freunde, die festesten Stützen unserer heiligen Revolution; sie hatten ihn hierher gebracht; auch für sie kein Wort, »sie haben ihr Urteil über mich gefällt, nie werde ich ihre Erwartungen täuschen«. Die dritte Schicht, ebenso zahlreich wie wohlmeinend, wollte auch die Freiheit, fürchtete aber ihre Stürme; sie haßte nicht die Verteidiger der Freiheit, der sie selbst an bedrohten Tagen beistehen würde, aber sie verdammte oft ihre Entschlossenheit, die sie gewöhnlich für falsch angebracht oder für gefährlich hielt.

Folgte, aus politischen und persönlichen Gründen, geschicktes Werben um die Gunst dieser Lauen und Halben. Der als Gassendemagoge verschrien war, malte sich, Eigenlob nicht zu dünn aufstreichend, als Mann, der »das kalte Blut der Vernunft dem Feuer der Seele und der Festigkeit des Charakters zu einen wisse«, und stellte sich als besonnen Taktiker vor, der sich nur manchmal in Übertreibungen gefallen habe, um nicht schwach zu scheinen. Doch jetzt? Gesetzlichkeit um jeden Preis, nichts als Gesetzlichkeit, Gesetzlichkeit über alles!

Dann aber, mit Pauken und Trompeten und fliegenden Fahnen, die hinreißende Steigerung zum Schwur für das Volk, dessen Wille höchstes Gesetz sei: »Mein ganzes Leben habe ich diesem Volk geweiht, das man nicht mehr ungestraft angreifen und verraten wird. Ich werde, muß es sein, untergehen, um seine Sache zu verteidigen. Ihm meine letzten Wünsche, ihm das Verdienst! Seine Erleuchtung und sein Mut haben es aus der Erniedrigung des Nichts gezogen; seine Erleuchtung und sein Mut werden es ewig machen.« Die Tribünen rasten, fielen ein: Wir gehen mit Ihnen unter!, alles beugte sich erschauernd dem Gewitter dieser Rhetorik.

Taktik, derart die schwankenden Gestalten der gemäßigten Bourgeoisie zu beschwichtigen, mit denen er eine Lücke in der Revolutionsfront stopfen zu können glaubte, Taktik, sich in den folgenden Monden, wahrscheinlich um sie nicht vor den Kopf zu stoßen, ein Siegel vor die Lippen zu legen, aber Taktik im Dienst der Kräftesammlung, bis seine Stunde da war. Er fühlte, daß sie nahte. Er schloß nicht die Augen. Schuß neben die Scheibe auch jetzt die Mahnung des Gracchus Babeuf aus dem Vorjahr: »Brutus, du schläfst, und Rom liegt in Ketten!«

Da die Cordeliers der unmittelbaren Gesetzgebung durch das Volk zuneigten, teilte Danton nicht die scheue Ehrfurcht der Masse vor der Nationalversammlung. Sein ausgeprägter Tatsachensinn zeigte ihm, wo sie groß war und wo sie klein wirkte. Daß der Konstituante ach! so oft der feurige Odem der Revolution ausging, ihre Zusammensetzung, schreiend zeitwidrig nach dem 14. Juli, machte es klar. Schon die 291 Vertreter der Geistlichkeit und die 250 des Adels, die sich den 577 Abgeordneten des Tiers-Etat gesellt hatten, entfernten das Parlament weit von einem Spiegelbild der Nation. Aber auch daß der Bastillensturm die bestehende Gesellschaft bis in ihre dunklen Tiefen aufgewühlt und alle Unbehausten, Besitzlosen, vom Schicksal Verdammten an die Oberfläche geschleudert hatte, flößte dem Großbürgertum Besorgnis ein und dämpfte den Umsturzeifer der Versammlung. Vor der großen historischen Tat der gänzlichen und entschädigungslosen Befreiung des Bauern schreckte sie zurück; im Juni 1791 erinnerte sie ängstlich daran, daß es der Nation und ihren Vertretern, als sie am 4. August 1789 den Baum des Feudalismus fällten, nicht beigekommen sei, »die geheiligten und unverletzlichen Rechte des Eigentums anzutasten«, und reihte Kehrzehnt, Fruchtzins, Rebenzins, Pachtzins, Verkaufsgebühren und was als *agrier, arrage, reliefs, svètes* und *tierce* den Landmann belastete, unter die nicht erloschenen, sondern nur ablösbaren Pflichten ein. Die Bauern, aufgestürmt, pfiffen freilich auf dergleichen Dekrete.

Gründlicher packte die Konstituante den Verkauf der Kirchengüter an, die man zu Geld machen mußte, um das lebensgefährliche Defizit zu decken. Die ungeheuren Liegenschaften der Toten Hand, drei Milliarden Livres wert und mehr, gingen zu etwa fünf Sechsteln an die zahlungsfähige Bourgeoisie über; nur der Rest fiel in kleinen Losen an die Bauernschaft. Mit dieser gewaltigen Besitzverschiebung, einer der größten der Weltgeschichte, trieb die Revolution ihre Wurzeln vieltausendfältig ins Erdreich der ökonomischen Interessen. Wer immer Nationalgüter erworben hatte samt Anhang bis ins vierte und fünfte Glied, schlug sich fortan auf Tod und Teufel für den neuen Stand der Dinge; kam das Ancien Régime wieder, ade dann prächtiges Landgut mit Schloß und Turm, ade gelbes Weizenfeld, ade bescheidener Wiesenrain, wo jetzt die Schecke weidete! Auch die kleinen bedruckten Papierchen, Assignaten geheißen, Anweisungen auf die Nationalgüter, deren flotten Verkauf sie erst in Fluß brachten, auch sie banden breite Schichten mit der festesten Kette, der des Interesses, an die Revolution; wer Assignaten hatte, wehrte mit Zähnen und Nägeln der Gegenrevolution, deren Sieg seine Geldscheine zu Fidibussen entwertete.

Schon bald nach dem 14. Juli mühten sich Maulwürfe, durch die Verfassung die Macht zwischen dem König und einer bourgeoisen Oligarchie zu teilen, indem man zwei Kammern schuf und dem Monarchen das absolute, aufhebende Veto gegen ihm mißliebige Gesetze gab. Diese Pläne scheiterten. Statt dessen suchte die Konstituante die neue Ordnung auf eine geschlossene Masse von Groß- und Kleinbürgern, Bauern und gutbezahlten Arbeitern zu gründen, denn sie knüpfte das Stimmrecht an eine Steuerleistung im Wert von drei Arbeitstagen, die Wählbarkeit an die Entrichtung von fünfzig Livres Steuer und an Grundbesitz; nach dem Abbé Sieyès war der Staat eben ein Aktienunternehmen und die Steuerzahler die Aktionäre. Daß durch die Scheidung zwischen Aktiv- und Passivbürgern mehr als drei Millionen erwachsener, männlicher Franzosen zu rechtlosen Zaungästen der Politik entwürdigt wurden, bekümmerte auch Robespierre anfangs wenig. Danton dagegen, einer Schicht von Kopfarbeitern zugehörig, der jede Privilegierung der Großbourgeoisie Eintrag tat, ballte die Fäuste, sowie sich neuerdings Gemunkel um das Zweikammersystem anspann; gegen diese Machenschaften und für die Revolution, die er nach den Gesetzen der antiken Tragödie fortschreiten sehen wollte, erhob er sich im Juni 1791 bei den Jakobinern: »Nein, nein! Es wird immer Einheit des Orts, der Zeit und der Handlung geben, und das Stück geht weiter!«

Sicher fand es in Dantons Seele Widerhall, daß sich das revolutionäre Bürgertum der Nationalversammlung in seinen großen Stunden bis zur Höhe der Menschheit aufschwang; die ›*Déclaration des droits de l'homme*‹, die da verkündete: »Die Menschen werden frei und gleichen Rechts geboren und bleiben es«, entzündete ein Fanal, dessen Schein nicht ein Land, sondern eine Welt erleuchtete. Als die Konstituante im Herbst 1791 auseinanderging, durfte sie sich trotz allem stolzen Werkes rühmen: der Feudalismus ins Herz getroffen, die Königswillkür niedergelegt, des Volkes Wille zum Gesetz und das Gesetz zur höchsten Macht erklärt – in zwei Jahre war die Arbeit von zwei Jahrhunderten zusammengepreßt.

Die Legislative, von Danton schon im April stürmisch geheischt, berufen, die Aufgaben der Konstituante zu vollenden, zählte unter 749 Abgeordneten nur ein knappes Dutzend Adliger und ein weiteres Dutzend Großgrundbesitzer, dafür als Vertreter der Mittelklasse und des Kleinbürgertums Juristen und Beamte der revolutionären Selbstverwaltungskörper in überwiegender Zahl. Auch war sie – die meisten Deputierten unter vierzig, viele unter dreißig, ihrer sechzig weniger als sechundzwanzig Jahre alt! – ein

Parlament der Jugend, aber auch sie entsprach schon in ihren Anfängen nicht mehr der Stimmung des Volkes, da die Mehrzahl ihrer Wahlmänner vor der die Gemüter aufrüttelnden Flucht des Königs bestimmt worden war. Die Angst vor der Straße, die Mäßigung um jeden Preis, die Scheu vor den von Danton berufenen ›großen Mitteln‹ drückten dem Alltagsgesicht der Gesetzgebenden Versammlung ihr Gepräge auf.

Danton, öfters den Sitzungen beiwohnend, auf der allgemeinen Tribüne oder als Administrateur des Departements in besonderer Loge, auch wohl mit einer Abordnung an der Barre erscheinend, kannte den Parlamentsbetrieb in der königlichen Reithalle, in der einst Ludwig XV. auf einem Gaul hatte sitzen lernen, nicht nur von außen. Die auf der linken Seite Robespierre nahestanden, die Buzot, Dubois-Crancé, Prieur, Roederer und andere, waren ihm zumeist von den Jakobinern und den Cordeliers her vertraut. Hier saß auch ein ernster Mann mit den sanften Zügen des Menschenfreundes; in der Tat ein Apostel der Humanität, hieß er Dr. Guillotin.

Auch zu den Brüdern Alexandre und Charles Lameth, die mit Barnave und Duport eine Gruppe bildeten, leitete für Danton eine Brücke persönlicher Beziehung. Zu jenen Adligen gehörend, die sich zur Fahne des Dritten Standes gefunden hatten, entfalteten sie anfangs trotz einer etwas frivolen Eleganz so viel revolutionäres Draufgängertum, daß sie die Gunst der Arbeiter ebenso rasch erwarben wie den Haß der Königspartei. Rechts von ihnen zählten die Le Chapelier, Thouret und Rabaut Saint-Etienne, gute Klingen im Kampf gegen feudale Unterdrückung und religiöse Unduldsamkeit, immer noch zur Linken, während mit Mounier im Zentrum die Kumpanei der unsicheren Kantonisten, die Fraktion Zwar-Aber, begann.

Auf der Rechten verblüffte des großen Mirabeau kleinerer Bruder, der Vicomte, genannt Mirabeau-Tonneau, ein Zecher und Fresser, durch seine Falstaffhaftigkeit, blendete Cazalès durch die südlich zündende Gabe seines Worts, erregte der Heißsporn des unbedingten Royalismus, der aus einem Schusterhaus stammende Abbé Maury, immer wieder Skandal; unter der Soutane trug er zwei Pistolen, die er gern einem Gegner unter die Nase hielt, einem Redner spie er nach: »Der Elende ist Zuhälter der eigenen Frau gewesen!« und Barnave ging er auf der Tribüne rauflustig zu Leibe.

Für Danton hörte der Wille der Nation nicht auf, oberstes Gesetz zu sein, wenn das Parlament in Frage stand. Die Nation hatte die Abgeordneten in die Manège gesandt wie in eine vorderste Schanze; wehe dem, der fahnenflüchtig wurde! Als Gouy d'Arsy, der, erbost über die Verleihung der Bürgerrechte an die von freien Eltern geborenen Farbigen in den Kolonien, mit den andern Vertretern von San-Domingo aufs Mandat verzichtet hatte, arglos bei den Jakobinern erschien, rief Danton ob seiner ›Schandtat gegen die Nation‹ Pech und Schwefel auf ihn herab; kehrte jener der Konstituante den Rücken, hatte er auch bei den ›Verfassungsfreunden‹ nichts mehr zu suchen.

Die Nationalversammlung stand auch, zur Mehrheit geballt, über ihren einzelnen Mitgliedern. Wille der Nation, schön! Nichtabberufbarkeit der Abgeordneten, schön! Aber das gefährliche Recht, jene Deputierten, die, Erklärungen gegen die Verfassung unterzeichnend, auf den Bürgerkrieg hinarbeiteten, aus ihren Reihen auszustoßen und der Justiz zu überliefern, sprach Danton der Nationalversammlung unbedenklich zu. Nur scheinbar ging sein ›Leutnant‹ Legendre noch einen Schritt weiter, als er zur selben Zeit einem Abgeordneten klarmachte, das Volk brenne danach, mit Ochsenziemern die Leisetreter aus der Reithalle zu jagen, wie Jesus die Wechsler aus dem Tempel getrieben habe, denn Danton selbst scheute in entscheidenden Augenblicken nicht brutale Drohung mit Entfesselung des Acheron: »Die Nationalversammlung, möge sie zittern!«

Aber wie die Nation über der Nationalversammlung, so stand ihm die Nationalversammlung über den Ministern. Noch zwei Jahre nach dem Bastillensturm erschienen die Kabinettsmitglieder in erster Reihe als Beauftragte des Königs, da sie weder der Parlamentsmehrheit entstammten noch von ihrem Votum abhingen. Nicht nur Danton betrachtete sie deshalb als natürliche Feinde der Volkssache, sondern ganz allgemein war zwischen Abgeordneten und Ministern Mißtrauen gesät, aber der ›Mann der Cordeliers‹ setzte doch das Pünktchen aufs i, da er bei den Jakobinern Collot d'Herbois' Loblied auf ein zum Gesandten und *Ministre plénipotentiaire* ernanntes Mitglied der Gesellschaft schroff zurückwies: wer in das feindliche Korps, die Exekutivgewalt, eintrete, könne nicht mehr als Freund der Freiheit gelten.

Die Nation der Souverän, das Parlament Ausdruck des Willens der Nation und Träger eines Teils der Souveränität – aus dieser Voraussetzung galt es neue revolutionäre Folgerungen zu ziehen, indem Danton am 10. November 1790 an der Spitze einer Abordnung der Kommune die Konstituante zum Ministersturz anreizte; widerwillig genug hatte Bailly die Deputation, in der seinem grimmsten Gegner die Hauptrolle zugefallen war, an die Barre geführt. Sonder Gottes- und Menschenfurcht pochte Danton auf das Recht der Nationalversammlung, jederzeit den Rücktritt von Regierungsmitgliedern zu verlangen, und forderte im Namen des Volks »die sofortige, die unverzügliche Entlassung der Minister«; es waren ihrer drei, Champion de Cicé, der die Justiz, Guignard de Saint-Priest, der das Innere, und La Tour du Pin, der das Kriegswesen verwaltete. Vergeblich suchte die Rechte den gar nicht verschämten Redner niederzubrüllen, vergeblich platzte der Pistolen-Abbé Maury vor Wut, Dantons Lungen waren stärker, da er das Sündenregister der drei abspulte: Texte gefälscht, Gesetze zu spät ausgeführt, Feinde des Neuen in die Ämter geschoben, gegen die Verfassung verstoßen, gegenrevolutionäre Umtriebe gefördert – fort mit den Spießgesellen der Gegenrevolution! Beweise? Revolutionäre Logik konnte ihrer entraten. »Die Nation hat das Recht, denen ihrer Beauftragten, denen sie mißtraut, zu sagen: Ihr seid des öffentlichen Vertrauens allein durch die Tatsache unwürdig, daß ihr euch darauf versteift, Depositare meiner Interessen während des Prozesses zu bleiben, den ich gegen euch anstrenge!« Der Ruf nach einem Staatsgerichtshof, Verbrechen gegen die Majestät des Volkes abzuurteilen, schloß drohend diese drohende Rede.

Dantons Scharfblick entzogen sich die verschiedenen Brutnester der Gegenrevolution nicht. Unmittelbar nach dem 14. Juli flüchteten mit dem Bruder des Königs, Grafen von Artois, jene Aristokraten, denen der Luftzug der Freiheit einen Gehirnschnupfen brachte. Der Prinz von Hénin, der Graf von Vaudreuil, der Marquis von Blignac und Sprossen der Familien d'Harcourt, Duras, Villequier, Beauvau, Cambis, Lauzun, der ältesten des Königreichs, flohen vor dem sich mit Donnerschlägen ankündigenden neunzehnten Jahrhundert über den Rhein ins Mittelalter. Unter dem wohlwollenden Schutz der geistlichen Kurfürsten von Mainz und Trier schlugen sie ihre Zelte in Koblenz auf, um von hier gegen ihr umgekrempeltes Vaterland Ränke zu spinnen. Perverser Zustand, daß das blaueste Blut Frankreichs mit jeder Kanaille von Schneidermeister gleichgestellt war, konnte ja nicht dauern; Rausch, Taumel, Fieber war es und mußte vorübergehen.

Dieser Emigration, fern vom Schuß und aufschneiderisch, wie sie war, schenkte Danton keine übermäßige Aufmerksamkeit. Er vertraute zu sehr auf seine und des Volkes urwüchsige Kraft, um sich vor den Koblenzer Gespenstern zu ängstigen. Soweit die Frage nicht ins Fach der auswärtigen Politik fiel, reichten die Gesetze aus, die den Emigranten Todesstrafe androhten und ihre Güter zum Besten der Nation einzogen.

Fehlten schon unter den ersten Trupps jener, die Frankreich naserümpfend und empört den Rücken kehrten, Soutanenträger nicht, so machte die Enteignung des Kirchengutes einen erklecklichen Teil der Geistlichkeit über Nacht zu ingrimmigen Feinden der Revolution; Felder, Wiesen, Weinberge, Wälder, die schönsten im Lande, und alles mit einem Ruck dahin – wer wahrte da noch christliche Sanftmut! Aber zu schlau, sich wegen nichtig irdischer Schätze bloßzustellen, spitzte Rom seinen Widerstand auf die Zivilverfassung des Klerus zu, die die Oberhoheit des Staats über die Kirche begründete. Von allen Bischöfen – 143 an der Zahl, samt und sonders adlig! – schworen nur zwei, Talleyrand und Gobel, den verlangten Bürgereid, der Papst mischte sich unklug ein, und da die aristokratischen Hasser des Neuen, obwohl selbst oft voltairesche Glaubensspötter, dafür sorgten, daß die Mißstimmung der Kleriker auf die frommen Massen übersprang, glomm bald bedenkliches Feuer unter der Oberfläche. Alle Betschwestern zeterten gegen die konstitutionellen Priester. War nicht in der Vendée, als ein durch den Bürgereid entweihter Geistlicher die Messe las, der Teufel in Gestalt einer schwarzen Katze dem Tabernakel entfahren? Wehe, wehe!

In unpathetischer Weise glaubenslos und ohne jeden Hang zu Pfaffenfresserei, erlag Danton doch manchmal dem Kitzel, seinen jakobinischen Hörern zuliebe, einen politischen Gegner am geistlichen Gewand zu zupfen wie am 21. Juni 1791: »Der Priester Sieyès, der den Zehent verteidigt hat, der Priester Sieyès, der sich gegen die Umwandlung des Kirchenvermögens in Nationaleigentum gesträubt hat, der Priester Sieyès, der ein Gesetz zur Verwässerung der Preßfreiheit entworfen hat.« Vor allem aber faßte Danton die ganze Bewegung als Politikum und hinderte andere, sie leicht zu nehmen. Als im Frühjahr 1791 ein Geistlicher bei den Jakobinern das Treiben der Finsterlinge im Meurthe-Departement schwarz in schwarz malte – »unter den eidweigernden Priestern keiner, der nicht kalten Blutes die Eingeweide des Vaterlandes zerrisse, unter den Vereidigten viele ohne Treu und Glauben, die sich keine große Gewalt antäten, meineidig zu werden« – und als ein Beschwichtiger vorschlug: Zuständigkeitshalber Überweisung an den geistlichen Ausschuß der Nationalversammlung, schnellte Danton, mit einer Handbewegung die Einwände wegwischend, hoch: »Nichts, was das Interesse der Allgemeinheit angeht, entzieht sich der Zuständigkeit dieser Gesellschaft.« Zwei Sätze, klar und schneidend, und die ›Verfassungsfreunde‹ bestimmten Kommissäre zur Untersuchung des Falls.

Bösartiger noch bohrte die Gegenrevolution im Gebälk des Staates selber. Da die Justizpaläste nicht sofort ausgeschwefelt worden waren, klatschten die Urteile des Châtelet und anderer Kriminalgerichtshöfe dem erwachten Volk als Ohrfeigen ins Gesicht. Revolution? Wir werden's den Kerlen schon zeigen! Am 5. Oktober 1789, als das Volk die königliche Familie von Versailles nach Paris eskortierte, hatte die Fruchthändlerin Reine-Louise Audu, kouragiertes Weib, achthundert Frauen in Reih und Glied angeführt und war, Säbelhiebe nicht scheuend, bis zu Ludwig vorgedrungen. Für dieses Verbrechen ward sie in den Kerker geworfen, auf Wasser und Brot gesetzt, lag Jahr und Tag auf Stroh im Gefängnis des Châtelet und sah erst im September 1791 die Freiheit wieder – ein Beispiel für Hunderte! Nicht umsonst nannte die ›Gesellschaft der Verfassungsfreunde‹ die Gerichte die ›furchtbarste aller Aristokratien‹, die auf allen Formen ›unseres moralischen, materiellen, bürgerlichen und politischen Daseins‹ laste, und nicht als die einzigen klagten die Jakobiner von Vic über den ›*incivisme*‹, den Mangel an Bürgersinn in der Rechtspflege. Die vorrevolutionäre Gerichtsbarkeit als Quelle von Mißbräuchen brandmarkte Danton sogar als Advokat in Eingaben für Klienten, aber auch die Jusitz, die mit ihren Roben die Fenster gegen den Flammenschein des 14. Juli zu verhängen suchte, schonte er nicht; an der Barre der Nationalversammlung für den Gemeinderat sprechend, rieb er dem Justizminister, den auch ein Rundschreiben der Jakobiner beschuldigte, daß er eine große Zahl von Tribunalen mit Aristokratie verseucht habe, derb unter die Nase, daß er die erklärtesten Feinde der neuen Ordnung zu Staatsanwälten bestelle.

Ihr festestes Bollwerk jedoch hatte die Gegenrevolution in der Armee. Obwohl Dubois-Crancé schon Dezember 1789 in die Nationalversammlung den Gedanken geworfen hatte, daß jeder Soldat Bürger und jeder Bürger Soldat sein müsse, beließ sie es in der Heeresverfassung bei dem überkommenen System, Söldner befehligt von meist adligen Offizieren. Diese Junkersprossen machten aus ihrer

Abneigung gegen Verfassung und Parlament nicht das geringste Hehl, und mit steigender Sorge sahen die Vorkämpfer der Freiheit, wie sich das Schwert des Staates gegen das Herz des Staates zu kehren drohte. Was das Volk im Oktober 1789 in Marsch setzte, den König heimzuholen, war eine gegenrevolutionäre Orgie des Regiments Flandern und der Gardes du Corps in Versailles: die Offiziere verwünschten die Revolution, krähten die Königshymne, trampelten auf der trikoloren Kokarde herum. Danach kam immer wieder Kunde auch aus der Provinz, daß Offiziere, nicht selten auch aufgehetzte Mannschaften, sich gegen die Grundsätze, Abzeichen und Träger des konstitutionellen Frankreich Rüpeleien herausnahmen. Bis in Generalstab und Kriegsministerium saßen Gamaschenknöpfe, die die Zustände vor dem Bastillensturm inbrünstiglich herbeisehnten; der Marineminister Bertrand de Moleville legte als ausgekochter Gegenrevolutionär den tüchtigsten Offizieren nahe, den Dienst zu verlassen, um die Flotte unbrauchbar zu machen, und nach der mißglückten Flucht des Königs folgte das Offizierskorps ganzer Regimenter dem Beispiel der Emigration. Oft berieten die Jakobiner über Mittel, das Heer zu ›entaristokratisieren‹ und ihm einen neuen Geist durch neue Offiziere einzuflößen. Den Adel habe man abgeschafft, klagte Robespierre, und in der Armee bestehe er ruhig weiter, und Bécourt bestätigte: »Es gibt in der Truppe 1200 Aristokraten als Offiziere, niedere, höhere und Generale, alle im alten Stil, der von den Despoten geschaffen wurde... Man muß die Offiziere entlassen oder ihre Stellung so regeln, wie es durch die Zivilverfassung mit dem Klerus geschehen ist; wo nicht, ist die Revolution zum Teufel!«

Zeigten sich im Durchschnitt die Soldaten der Sache der Freiheit eher gewonnen als die Offiziere, bei denen nur die technischen Waffen, Artillerie und Genie, zuverlässig waren, so meuterte August 1790 in Nancy das Schweizer Regiment Château-Vieux, weil die Vorgesetzten der Mannschaft auf die Forderung, fälligen Sold auszuzahlen, mit Mißhandlungen antworteten. Gegen die Aufsässigen rückte der Marquis de Bouillé, Kommandierender in Metz, mit 3000 Mann Infanterie und 1400 Mann Kavallerie, fast alles deutsche Fremdtruppen, heran, drang in Nancy ein und entfesselte ein überflüssiges Gemetzel. Einundzwanzig der Soldaten wurden als Rädelsführer gehängt, einundvierzig für dreißig Jahre auf die Galeeren geschickt, dem strammen General von der erschreckten Nationalversammlung Lobsprüche dargebracht. Das Paris der Cordeliers und Vorstädte aber geriet in Raserei, und auf lange blieb Château-Vieux ein Losungswort derer, die mit Wut und Angst die Revolution ob der Zagheit des Großbürgertums wieder versacken sahen.

Schon im Mai 1790 schwang Danton bei den Jakobinern gegen die Konterrevolution im Heere die Brandfackel seiner wilden Beredsamkeit; Soldaten wurden wegen Bürgergesinnung schimpflich aus der Truppe ausgestoßen, ha, an ihrer Stelle würde er im Blut der Minister die Schande abwaschen. Im Fall des Regimentes Château-Vieux teilte er die Meinung der Cordeliers; Bouillé war ein Verräter, und die Aufrührer hatten sich um das Vaterland wohl verdient gemacht. Als im Frühjahr 1792 ein Gnadenerlaß die einundvierzig von den Brester Galeeren befreite und das Volk von Paris ihnen ein Fest rüstete, mühte er sich für diese Feierlichkeit; die Ketten, an die die Unglücklichen geschmiedet waren, wurden im Sitzungssaal der Jakobiner, Trophäen eines Sieges des Rechts, aufgehängt.

Im Januar des gleichen Jahres befaßten sich die ›Verfassungsfreunde‹ mit den ehemaligen Gardes Françaises, die in die besoldeten und kasernierten Kompagnien der Nationalgarde eingereiht worden waren, aber, weil der Revolution allzu anhänglich, jetzt entlassen, verfolgt und dem Elend überantwortet wurden; auch in die Linie stellte man sie trotz Mannschaftsmangels nicht ein. In der Sitzung erschien eine Deputation der Truppe, vom Präsidenten in Erinnerung an ihre Verdienste um das Gelingen des 14. Juli begrüßt: »Niemals habt ihr bei der Rückkehr von einer Schlacht ehrenvollere Narben vorweisen können; es sind die Narben der Freiheit!« Danton regte eine Petition in den

Sektionen an, den Eifer der gutgesinnten Bürger für die Gardisten anzustacheln.

Am folgenden Tag besprach die Gesellschaft einen Antrag, aus den Gardes Françaises eine Schutztruppe des Parlaments zu bilden, obwohl es über die Pariser Garnison verfügte und seine Zustimmung geben mußte, wenn anderes Militär sich auf mehr als dreißig Meilen der Hauptstadt nähern wollte. Den Vorschlag bekämpfend, wies Danton auf England hin, wo man Bajonette nur am Wohnsitz der Exekutivgewalt, des Königs also, bemerke: »Eine Zeit wird kommen, da die Bajonette nicht mehr die Augen der Bürger blenden... Denn solches vermag die Freiheit: daß jeder Bürger im Namen der Freiheit ohne Waffen befiehlt; dies das Ziel der Freiheit!« Auch ihm schwebte etwas vor wie Dubois-Crancés Gleichsetzung von Bürger und Soldat. Als im Februar 1792 eine Abordnung bei den ›Verfassungsfreunden‹ vom Präsidenten Basire ersucht wurde, die mitgebrachten Piken im Sekretariat abzugeben, deutete Danton auf die Trikolore hinter dem Präsidentensitz, der, Sinnbild der ›Einheit der freien Völker des Erdballes‹, seit kurzem Union-Jack und Sternenbanner gesellt waren: »Ich trage darauf an, daß zum Zeichen des unauflöslichen Bündnisses zwischen Heeresmacht und Volksmacht, das heißt, zwischen den Bürgern, die Bajonette und den Bürgern, die Piken tragen, eine Pike jeder dieser Fahnen hinzugefügt werde.« Geschah.

Emigration, Klerus, Justiz, Armee – Brennpunkt aller Feindschaft gegen die Revolution war doch der Hof.

Ein zäher Schwamm, auch durch die Hammerschläge des Schicksals nicht zu formen, verhielt sich der sechzehnte Ludwig vollkommen gleichgültig gegen alles, was außerhalb seiner Lieblingsbeschäftigungen, Jagd und Schlosserei, lag. Sein Tagebucheintrag vom 14. Juli 1789 lautete: Nichts. In den Ministerratssitzungen las er englische Zeitungen, schrieb Briefe, zeichnete gelangweilt Männchen, sprach von Reisen, wenn von der europäischen Politik die Rede war, von Landesbräuchen, wenn es um Probleme der

Diplomatie ging, von Ackerbau und Viehzucht, wenn die innere Lage erörtert werden sollte; verzweifelt bekannte sein Minister Montmorin, selbst wenn man mit dem König über seine ureigensten Angelegenheiten rede, scheine es, als berühre man Dinge, die den Kaiser von China beträfen. Auch fehlte diesem Monarchen jedes Gefühl für Würde. Als er im Juni 1791 nach seiner Flucht in die Tuilerien zurückgebracht war, nickte er den umherstehenden Nationalgardeoffizieren vertraulich zu: »Ja, ja, hab' 'ne Dummheit gemacht«, begrüßte seinen Kammerdiener: »Ah, da bist du ja wieder! Und ich, ich bin auch wieder da!«, ermannte sich dann: »Ein gebratenes Hühnchen, los!« Ein Hemmnis für die Revolution, war dieser Schwächling auch ein Hindernis für die Gegenrevolution; er ließ die Zügel schleifen.

Daß der König nur einen Mann habe, »nämlich seine Frau«, bemerkte Mirabeau schon früh. Den Dauphin bereits hatte die ihm angetraute junge Erzherzogin ans Gängelband genommen. Hübsch und gefallsüchtig, liebenswürdig und hochmütig, von schreiender Unwissenheit, auf Vergnügungen erpicht, in Nichtigkeiten aufgehend, den Hof mit der Welt verwechselnd, verstand die Königin außer dem Pharaospiel gerade die Harfe zu schlagen, ein Kabriolett zu lenken, Blumenbeete zu betreuen. Ein Buch kam kaum je in ihre Hand. Aber da sie der Macht über ihren Gatten inne ward und von leichtem Begriffsvermögen war, regierte sie bald das Land, wie die Dubarry es unter dem fünfzehnten Ludwig regiert hatte. Sie warf die Millionen wie Konfetti um sich, ließ Minister und Marschälle ernennen und trieb, von dem kaiserlichen Botschafter Grafen Mercy-Argenteau gelenkt, zwar nicht österreichische Politik in Frankreich, wohl aber habsburgische Politik am Bourbonenhof. Als der Bastillensturm mit seinen Folgen die Vorrechte des Throns bedrohte, regte sich in der Tochter Maria Theresias der monarchische Stolz, und da sie, nicht nur neben dem Mehlsack von König, eine leidenschaftliche Seele war, gab sie bald die Stichworte für den Kampf gegen das Neue aus.

In der abgrundtiefen Verständnislosigkeit für dieses Neue begegneten sich Louis und Marie Antoinette. Revolution, Freiheit, Recht, Gesetz, Verfassung – eine Sinnesverwirrung sonst getreuer Untertanen war es, wahrscheinlich hervorgerufen durch britisches Gold. Da hieß es durchhalten. Vergebens drängte Mirabeau, Royalist und Demokrat in einem, den König auf die Bahn der Revolution, um des Königtums und um der Revolution willen, vergebens stellte er ihm dar, daß er nur zum Bürgerkönig zu werden brauche, um den Umsturz zu hemmen und die Dynastie zu sichern – zum einen Ohr ging's herein und zum andern hinaus. Für den Hof war alles, was hochwollte, Kanaille, Marat, der auf dem linken Flügel Dolche schärfte, eine Kanaille, aber auch Lafayette, der auf dem rechten Flügel aus Milch, Honig und Lindenblüten einen sanften Revolutionstrank zu mischen suchte, eine Kanaille. Der Unterschied zwischen Feuillants oder gemäßigt Konstitutionellen und Jakobinern oder entschieden Konstitutionellen? Der zwischen Dieben und Mördern! Dieser wie jener harrte der Galgen, wenn man wieder obenauf war.

Schüttete die Königin Vertrauten ihr Herz aus, nannte sie die Verfassung eine Abscheulichkeit und fand sich von Ungeheuern umgeben, und als Ludwig am 21. September 1791 von der feierlichen Vereidigung auf die Konstitution ins Schloß zurückkehrte, ließ er sich schwer in den Sessel fallen: »Ach, Madame, alles ist verloren!« Denn auch dort, wo sich der Hof vor der Revolution verbeugte und der König die Maske konstitutioneller Heuchelei vorband, lief alle Taktik darauf hinaus, Zeit zu gewinnen, sich nicht unwiderruflich festzulegen und vollendete Tatsachen zu meiden.

Dabei war man sich in den Tuilerien bewußt, daß die Gefahr ebenso aus dem eigenen Hause wie von der Straße drohte. Denn stand Marie Antoinette mit den Brüdern des Königs, dem Grafen der Provence und dem Grafen von Artois, übers Kreuz, so war tödlicher Haß zwischen ihr und dem Haupt der jüngeren Linie, Herzog Louis-Philippe-Joseph von Orleans. Mit drei Millionen Livres Jahreseinkommen der reichste Mann Frankreichs, galt dieser beleibte Bourbone als Welt- und Lebemann. Englandschwärmer, begeisterte er sich für den Frack, den Klub, das Pferderennen; Neugier ließ ihn die Goldmacherei versuchen, in Bergwerke kriechen, mit dem Luftballon aufsteigen. Da eine ebenso schlaue wie niederträchtige Regierungskunst nach orientalischen Mustern schon den Fünfzehnjährigen auf den Geschmack der Ausschweifungen gebracht hatte, damit sich sein Feuer von ehrgeizigen Plänen ablenke, dienten dem übersättigten Fünfziger Mittel, von denen auch der Marquis de Sade nichts ahnte, zur Aufstachelung und Befriedigung der Sinne. Willensschwach, faul, unfähig, seine Aufmerksamkeit auch nur für ein paar Pendelschläge auf Ernstes zu sammeln, dünkte der Orleans doch durch seine Sucht nach Volkstümlichkeit dem Hof um so eher eine Gefahr, als er weiches Wachs in den Händen zweier Ratgeber war. Die Comtesse de Genlis, Marquise de Sillery, Schöngeist, Harfenistin, Romanschreiberin und mit ihren tausend glitzernden Gaben im letzten nur eine verhinderte Institutsvorsteherin, gewann als Maitresse solchen Einfluß auf den Herzog, daß er ihr wider alle Regel die Erziehung auch seiner männlichen Nachkommen anvertraute. Noch sicherer zu lenken wußte ihn bald der äußerlich kalte, verschlossene Seelenzerfaserer, der Choderlos de Laclos hieß.

Danton, hallo, Danton – wo war er besser am Platz als am 20. Februar 1790 in einer vierundzwanzigköpfigen Abordnung des Gemeinderats, die zu den Tuilerien pilgerte, Ludwig für das Geschenk seiner Marmorbüste ehrerbietigst zu danken! Während Baillys feierlich fade Phrasen rieselten: »Züge, die in unser Herz gegraben sind... geliebtes Bild... Vater des Vaterlandes...«, konnte Danton sich des Königs geistlosen Fleischkopf und träge Gestalt mit den schläfrigen Gebärden betrachten und dachte sich sein unehrerbietig Teil.

Aber hatte Danton überhaupt das Recht, der Majestät freimütig und unbefangen ins Gesicht zu sehen? In dem Konzert von Gehässigkeiten, das ihn umtobte, seit er sich einigermaßen rührte, erklang als ständigste und schrillste Note der Vorwurf der Bestechlichkeit. Danton? Der Kerl ist ja gekauft! Für die einen bezog er aus dem Geheimfonds der Zivilliste Unsummen, für die andern stand er im Solde des Herzogs von Orleans, für dritte nahm er dort und nahm er hier.

In der Tat flossen zwischen 1789 und 1792 die Bestechungsgelder wie vielleicht in keinem Abschnitt der Geschichte. Der Wahn des Hofes, daß die Revolution keine natürliche Bewegung, sondern durch den rollenden Sovereign erzeugt sei, empfahl den rollenden Louisdor als wirksamstes Gegengift. So war das *Atelier d'influence* ein lustig springendes Brünnlein der Korruption, Millionen und Millionen ergossen sich in nur zu willfährig geöffnete Taschen. Als erster bekam Mirabeau seine riesigen Schulden bezahlt, sackte sechstausend Livres monatlich ein und wurde nur durch seinen vorzeitigen Tod um die volle Million geprellt, die er nach Abschluß der Nationalversammlungsarbeiten erhalten sollte.

Bei den ›Verfassungsfreunden‹ behauptete Carra im Februar 1792, daß nicht weniger als 230 Abgeordnete der Legislative aus der königlichen Geheimschatulle geschmiert würden. Ja, um sogar die Tribünenbesucher der Nationalversammlung zu kaufen, warf man während der Konstituante drei Millionen Livres hinaus; ein kleiner Lumpazius wie Durand, nacheinander Advokat, Konsul und Direktor der Senegal-Kompagnie, brauchte Montmorin nur zuzuflüstern, mit 34000 Livres monatlich könne man sich in der Nationalgarde eine feste Stütze schaffen, indem man täglich für zwanzig Offiziere und Soldaten offene Tafel halte, und das Geld klimperte schon auf dem Tisch!

Da die Bestechungspraktiken niemandem verborgen blieben, war im politischen Kampf der Vorwurf der Bestechlichkeit stets zur Hand. Selbst der Heiligenschein des *L'Incorruptible*, der für seine Anhänger Robespierres Haupt umgab, hieß, sonst bedurfte es der Betonung nicht, Abwehr eines Verdachts, und geschützt war auch er nicht. Ein aristokratisches Spottlied auf Santerre höhnte:

Il faut ajouter à cela
Robespierre, Danton et Marat
Pour ruiner la France sans resource
Et tous quatre remplir leur bourse.

Außerdem sind noch da
Robespierre, Danton, Marat,
Damit Frankreich sich rettungslos ruinier',
Und die Taschen füllen sich alle vier.

Derselbe Santerre wurde bezichtigt, für eine Abfindung in bar eine vielbesprochene Beleidigungsklage gegen Lafayette zurückgezogen zu haben. Die ›*Révolutions de Paris*‹ warfen Isnard vor, daß er Geld vom Hofe empfange. Von Vadier, der in der Legislative gegen den König heftig vorgestoßen war und sich nach ein paar Tagen zurückgezogen hatte, behauptete Marat das gleiche, aber Marat selber, der von der Bedürfnislosigkeit eines Bettelmönchs und deshalb gegen Versuchung gefeit war, mußte sich in seinem ›*Ami du Peuple*‹ zehnmal, zwanzigmal und mehr gegen die Anschuldigung wehren, daß er seine Feder dem Herzog von Orleans, den Adligen, den Parlamenten, den Protestanten, den Priestern verkauft habe. Wer stand so hoch über dem Gewühl, daß ihn kein Dreckklumpen traf?

Danton gewiß nicht. Einer jener Kraftmenschen, die im Gefühl ihrer Stärke und Sicherheit den bösen Schein nicht scheuen, liebte er es – Kerl wie er! – mit kraftstoffligen Zynismen zu verblüffen: »Die öffentliche Meinung eine Hure, die Nachwelt Blech!« Er klopfte wohl auch einem Grünschnabel, der ihn anstaunte, ironisch auf die Schulter: »Heulen Sie ruhig mit uns Wölfen! Wenn Sie Geld gescheffelt haben, können Sie immer noch machen, was Sie wollen.« Solche Äußerungen, *pour épater le bourgeois*, gaben, wörtlich genommen, weitergetragen und vergröbert, den Gerüchten von Dantons Bestechlichkeit jede Nahrung. So behauptete Lafayette, der Hof habe Danton seinen *Avocat aux conseils* für 100000 Livres abgekauft, also 90000 Livres geschenkt, aber dieser sein erbitterter Feind nannte in einem Brief vom April 1792 neben Danton und Desmoulins auch Robespierre unter den Söldlingen des Hofs, und die

Advokatencharge, die 78000 Livres gekostet hatte, wurde durchaus gesetzmäßig und von der zuständigen Behörde im September 1791 für 79031 Livres abgelöst. Bertrand de Moleville, Minister Ludwigs XVI., erzählte, daß sein Kollege de Montmorin ihm den schriftlichen Beleg für die Auszahlung von 100000 Talern an Danton gezeigt habe, Dokument, das kein anderes sterbliches Auge sah, aber dieser gehässige Verkleinerer der Revolution fantasierte auch, Brissot, Condorcet, Pétion und andere seien von den Mulatten mit hohen Summen bestochen worden, um die Negersklaverei zu bekämpfen. Brissot wiederum reihte Danton unter die Stipendiaten des Herzogs von Orleans ein, aber im selben Atemzug tat er es auch mit Robespierre und Marat.

Auch widersprachen Dantons Vermögensverhältnisse zu sehr der Vorstellung, daß ihm Hunderttausende von Livres oder gar Ecus zugeflogen wären. Der Marquis von Sémonville und der Konstituanteabgeordnete Talon, beides anerkannte Agenten Montmorins und Geheimpensionäre der königlichen Schatulle, brachten Liegenschaften an sich, der eine für 800000, der andere für anderthalb Millionen Livres; Danton kam allezeit über eine bescheidene Wohlhabenheit nicht hinaus, die immerhin in hohen Einkünften seiner Advokatenzeit wurzeln konnte. Aber einer, der es wissen durfte, schrieb an einen, der es wissen mußte, Mirabeau an den Grafen de la Marck, Vertrauten des Hofs, am 10. März 1791 einen Brief, in dem der dürre Satz stand: »Danton hat gestern 30000 Livres bekommen.« Obwohl auch diese Behauptung, über das Woher und Wozu schweigend, noch etwas im Unbestimmten hing, reichte sie aus, um Dantons Gestalt zu diesem Zeitpunkt in unsicheres Zwielicht zu entrücken. Dieser große Beweger der Menschen war nicht nur, nach dem Sittenzeugnis, das ihm sein Landsmann Courtois im ›*Orateur Français*‹ ausstellte, »guter Sohn, guter Vater, guter Gatte, guter Freund, guter Bürger«, sondern es schlummerten auch andere Triebe in ihm; zum mindesten nahm er leicht, was andere schwer nahmen, und um nach den wie Kohlweißlinge umherflatternden Kassenscheinen des Hofs zu haschen, hätte er weniger Skrupel niederkämpfen müssen als mancher seiner politischen Freunde. Aber wenn Lafayette Mirabeau entschuldigte, er habe sich nur im Sinne seiner Meinungen bezahlen lassen, und selbst Jaurès ihn nicht als gekauften Lumpen wertete, so galt im schlimmsten Fall ähnliches für Danton. Gerade jener belastende Brief klagte über das weggeworfene Geld, da die Angriffe auf Mirabeau in der letzten Nummer der ›*Révolutions de France*‹ auf Danton zurückzuführen seien, und Verdächtiger des ›Mannes der Cordeliers‹ wie d'Annonville sagten rund heraus, daß Danton die vom Hof empfangenen Summen gegen den Hof, ja, zum Sturz des Thrones verwendet habe. Betrogene Betrüger, die Danton zu kaufen gedachten! In seinem nicht allzu bedenklichen Gemüt konnte er sich vielleicht lachend sagen: Wenn die Gegenrevolution ihr gutes Gold loswerden will, ist's besser, es fließt in die Kriegskasse der Revolution und in die Taschen der Revolutionäre! Aber er war deshalb nicht bestechlicher als ein Strom, in den man Goldstücke wirft. Denn er änderte seine Richtung nicht.

Wenn Desmoulins im Juli 1789 in Paris kaum zehn Republikaner entdeckte, war jedenfalls weder Marat darunter, der die sehr beschränkte Monarchie für die beste Staatsform hielt, noch Robespierre, der den ersten Artikel der Verfassung: »Die französische Regierung ist monarchisch« unwidersprochen durchgehen ließ. Auch Danton, obwohl sein Freund Robert seit Ende 1790 im ›*Mercure National*‹ für die Republik die Trommel rührte, beruhigte sich bei einer Staatsform, in der ein Monarch als ›der erste öffentliche Funktionär‹ vom Volkswillen abhing; Desmoulins faßte es noch schärfer, die französische Nation habe Ludwig die Ehre erwiesen, ihn zu ihrem ersten Polizeibeamten mit fünfundzwanzig Millionen Gehalt zu ernennen.

Was am Ende die Monarchie zur Republik abstürzen ließ, war nicht die Verbreitung republikanischer Meinungen und Losungen, sondern das Verhalten des Königtums, das sich selbst das Wasser abgrub. Aber auch die Einsicht, daß der Hof nicht fähig oder nicht willens sei, sich mit den neuen Verhältnissen abzufinden, legte den Gedanken, zur jüngeren Linie, zum Orleans, zu greifen, immer noch näher als die Republik, die auch nach Rousseaus Lehre nur für kleine Staaten paßte. Solcher Neigung kam der Hampelmann an der Strippe von Choderlos de Laclos entgegen, indem er um die Gunst der Masse buhlte. Als Abgeordneter des Adels von Paris war er zum Dritten Stande übergegangen; im Salon seines Schlosses Bellechasse schwatzte die Genlis auf Revolutionäre wie Pétion und Desmoulins ein und erregte auf der Gemäldeausstellung von 1791 Aufsehen, da sie sich mit der Tochter des Herzogs in phrygischer Mütze zeigte; ihr nachsichtiger Gatte, der Marquis de Sillery, arbeitete neben Laclos als Vertrauensmann des Orleanismus bei den Jakobinern. Ja, der siebzehnjährige Sohn des Duc, der Herzog von Chartres, der seine fast dreißig Jahre ältere Erzieherin Genlis in Schauern der Pubertät vergötterte, trat Oktober 1790 der ›Gesellschaft der Verfassungsfreunde‹ bei, und unmittelbar nach der Flucht des Königs war auch der Orleans selber Jakobiner unter Jakobinern.

Den Cordeliers haftete für ihre Gegner, mit Recht oder Unrecht, der Geruch an, in Bausch und Bogen Orleanisten zu sein. Erwog Danton wirklich den Plan, einen Ludwig durch einen Philipp zu ersetzen, so genügten die sachlichen, die politischen Gründe, ihn dazu zu bestimmen. Dieser Würdenträger der Freimaurerei, jeder Zoll eine Mittelmäßigkeit, willenlos, auf Gedeih und Verderb lenkbar – war er nicht der geborene konstitutionelle Monarch? Warum, da er sich der Revolution verschrieben hatte und sogar von Marat als Patriot mit der Seele eines einfachen Bürgers und als unantastbarer Verteidiger des Volks gefeiert wurde, sollte man es mit ihm nicht versuchen?

Aber nie und nirgends legte sich Danton so auf den Herzog von Orleans fest, wie er gegen Ludwig XVI. vom Leder zog. Als im Oktober 1789 der König zögerte, die Erklärung der Menschenrechte zu sanktionieren, und die Kunde von dem herausfordernden Gastmahl der Gegenrevolution in Versailles die Massen aufpeitschte, schlug der Barfüßer-Distrikt einen insurrektionellen Aufruf zur Tat an; Verfasser Danton; Dantons Ungestüm in den Fäusten der Männer und Frauen, die sich unter Trommelschall und Sturmgeläut, mit Piken, Flinten und Geschützen aufmachten, den Bourbonen zur Unterzeichnung zwangen, die ganze königliche Familie nach Paris unter die Aufsicht des Volkes holten, zweiter Sieg der Revolution, an Bedeutung dem Bastillensturm gleich!

Das Jahr 1790 verrann in leidlicher Ruhe. Die Erregung stieg erst wieder, als der religiös sehr empfindliche König die Priester, die sich gegen den Bürgereid sperrten, mit ungebührlicher Schonung behandelte. Am 17. April 1791 schickten die Cordeliers einem Grenadier der Nationalgarde einen Glückwunsch in die Kaserne de l'Estrapade, weil er als Posten an der Schloßkapelle den Monarchen, der die Messe bei einem nicht vereidigten Bischof anhören wollte, angeschnauzt hatte – bravo, bravo, Dupas! Am Tag darauf wittert das Volk in der Absicht der Königsfamilie, sich nach Saint-Cloud zu begehen, eine Generalprobe zur Flucht; Nationalgardisten weigern sich, der Kalesche das Hoftor zu öffnen, Tumult und Gedränge; Rufe: Dickes Schwein! Verdammter Aristo! Hoch der Herzog von Orleans! Und einige Grenadiere beißen schon die Patrone ab, das Pulver in den Lauf zu schütten. Steckt Danton dahinter? Auf jeden Fall stürmt er in die Generalversammlung des Departements, fällt Lafayette und Bailly in den Arm, die daran sind, den Belagerungszustand zu verhängen, und erzwingt eine mannhaft aufrechte Adresse an den König: »Kündigen Sie den fremden Nationen an, daß sich eine glorreiche Revolution in Frankreich vollzogen hat, daß Sie jetzt der König eines freien Volkes sind und beauftragen Sie mit Ausführung solch neuer Weisung Minister, die nicht eines so erlauchten Amtes unwürdig sind!«

Als am 21. Juni Ludwig mit seiner Flucht eine vollendete Tatsache schafft, die so viel entscheidet, prasselt bei den Cordeliers wie Feuer im dürren Reisig der Eifer für die Republik hoch. Sie erklären, daß ihre Gesellschaft »so viele

Tyrannenmörder wie Mitglieder enthält, deren jeder für sich geschworen hat, die Tyrannen zu erdolchen, die es wagen sollten, unsere Grenzen anzugreifen oder auf unsere Freiheit und unsere Verfassung einen Anschlag zu begehen«, sie tragen eine Adresse an die Barre des Jakobinerklubs, die die Abschaffung der Monarchie verlangt, und da in dieser monarchischen, weil der Konstitution fanatisch ergebenen Runde ein Entrüsteter das Schriftstück verbrecherisch heißt, schiebt Danton ihn mit beiläufiger Handbewegung zur Seite. Am folgenden Tag donnert er in der Rue Saint-Honoré gegen ›das Individuum, das als König der Franzosen bekannt ist‹. Wahl zwischen zweierlei: dieses Individuum ist ein Verbrecher oder im günstigsten Fall ein Trottel; ein Trottel kann nicht mehr König sein, aber ›kein Regent tut not‹, sondern ein Suspensionsrat von zehn bis zwölf Mitgliedern, durch die Departements zu bestimmen.

Ein Pronunciamiento für den Orleans? Mitnichten, denn für den wäre die Regentschaft das Sprungbrett, und Danton wiederholt am 3. Juli: »Wir brauchen keinen Regenten, sondern eine Haftverwaltung des erledigten Königtums.« Aber jetzt hebt die Regie der orleanistischen Königsmacher an; Laclos regt bei den Jakobinern an, gegen das Verbleiben Ludwigs auf dem Thron durch eine Massenpetition zu wirken. Lieber Himmel, vielen fällt das Herz in die Hosen, aber da Danton erst vorgestern noch einmal dick unterstrichen hat: »Ein Blödian oder ein Verräter, wer Louis wieder einsetzen will«, stößt er, den Vorschlag am 15. Juli unterstützend, mit großer Kühnheit weit in unbekanntes Gelände vor, das mit der Absetzung des Königs beginnt. »Wer nicht den Mut aufbringt«, meint er wegwerfend, »die Stirn des freien Mannes zu erheben, mag sich bei Unterzeichnung unserer Petition ausschalten. Haben wir nicht eine Abstimmung nötig, die unsere Gesellschaft säubert, *un scrutin épuratoire*? Hier ist's!«

Da preßt sich schon eine Abordnung vom Palais Royal an die Barre und fordert Zustimmung zum Beschluß, Ludwig XVI. nicht mehr als König anzuerkennen, fünf Kommissäre, neben Brissot und Laclos auch Danton, sollen eine entsprechende Petition für die Departements zu Papier bringen. Am folgenden Morgen ist sie, von Laclos entworfen, von Brissot niedergeschrieben; sie verlangt, »die Nationalversammlung möge im Namen der Nation entgegennehmen, daß Louis Seize am 21. Juni die ihm anvertraute Krone niedergelegt habe, und für Ersatz sorgen«; das Einschiebsel ›mit allen konstitutionellen Mitteln‹ läßt den orleanistischen Pferdefuß hervorgucken, da es die Bahn für die Regentschaft des Herzogs öffnet.

Am 16. Juli verliest Danton in grauem Anzug vor dem Altar des Vaterlandes auf dem Marsfeld die Urkunde mit schallender Stimme, die Cordeliers sind aufmarschiert, unter einem Banner: Freiheit oder Tod!, und jeder die Mitgliedskarte mit dem Strahlenauge, Zeichen der Wachsamkeit, sichtbar im Knopfloch. Viel Volk unterzeichnet.

Am nächsten Tag lockt eine neue Petition auf dem Marsfeld die Bürger an. Von Robert verfaßt, schmeckt sie unmittelbarer nach Republik; sie meidet zwar das Wort, heischt aber neben der Entthronung des Königs »Einberufung einer neuen konstituierenden Gewalt, um die Verurteilung der Schuldigen und vor allem die Errichtung einer neuen Exekutivgewalt zu betreiben«.

Aber die Konstituante, erschreckt durch diese Unruhe und Gärung, hat es satt. Gegen Hetze und Hetzer muß endlich scharf durchgegriffen werden. Selbst wer gezögert hat, denkt nicht mehr an Niederlegung des Thrones, als Barnave erläutert: »Geht die Revolution noch einen Schritt weiter, folgt auf der Linie der Freiheit die Vernichtung des Königtums und auf der Linie der Gleichheit die Vernichtung des Eigentums«. Um Gottes willen, durchgreifen! Selbst Robespierre winkt vorsichtig dem Republikanismus ab, er habe Abscheu vor einer Regierung, in der die Wühler herrschten.

In grauer Frühe des 17. Juli werden unter dem Altar des Vaterlandes zwei Gäuche hervorgezogen, politisch harmlose Voyeurs, die ein Loch in die Stufen gebohrt haben, den sich eintragenden Frauen pläsierlich unter die weiten Röcke zu lugen. Teurer Spaß; Geschrei: Sie wollten die Unterzeichner in die Luft sprengen!; sinnlos aufgestachelte Wut reißt sie in Stücke. In der Nationalversammlung vermögen jetzt die Böswilligen die Gutgläubigen von einem Volksaufruhr zu überzeugen. Der Präsident Treilhard ermuntert das Rathaus: Los!, Bailly entfaltet als vorgeschriebenes Zeichen des Belagerungszustandes die rote Fahne, Lafayette rückt mit der Nationalgarde aufs Marsfeld, Pelotonfeuer auf unbewaffnete Unterzeichner, arglose Zuschauer, nichtsahnende Spaziergänger. Marat übertreibt mit den vierhundert Leichen, die in die Seine geworfen worden seien, aber zu Dutzenden liegen die Toten da.

Am Abend dieser ›Bartholomäusnacht der Patrioten‹ schickte Alexandre de Lameth, mit dem Danton menschlich nicht schlecht stand, ihm dringende Warnung, gegen ihn und die übrigen Führer der Cordeliers werde zu einem Streich ausgeholt. Danton suchte erst auf einer Besitzung seines Schwiegervaters im nahen Fontenay-sous-Bois Unterschlupf, um sich dann nach Troyes und Arcis zu begeben. Ein Haftbefehl flatterte hinter ihm her, weil er am 21. Juni auf dem Wege zum Departement durch Brandreden: »Ihr habt recht, alle eure Führer sind Verräter und betrügen euch!« eine erregte Menge noch mehr aufgereizt haben sollte, aber die Jakobiner seiner Heimatstadt erklärten in der Presse, daß man, um Dantons Asyl zu verletzen, zuvor das Massenaufgebot des Arciser Distrikts zerschmettern müsse. Gleichwohl benutzte er die Gelegenheit, seinen Stiefvater, der in England neue mechanische Webstühle einkaufte, als Dolmetscher zu begleiten, und zu schauen, wie das Feuer der Freiheit auf britischem Herde flammte.

Im ›Französischen Patrioten‹ bedauerte Brissot, daß Danton Paris verlassen habe: »Fürchtete er einen Haftbefehl, das Gefängnis? Er, um ein großes Beispiel zu geben, mußte vorangehn. Wie leicht hätte Danton, mit Ketten belastet und zum Verhör geschleppt, die kleinen Ehrgeizlinge zermalmt, die er vielleicht unterstützt hat und die ihn heute verfolgen! Wie hätte er der Sache der Freiheit gedient!« Aber nicht Furcht vor Gift hielt Danton ab, sich in die Bresche zu werfen, sondern sein Klarblick und Wirklichkeitssinn. Wie der Wind blies, wurde auch der kühnste Segler auf Klippen getrieben. Der Abbé Fauchet hatte gut reden, schon Wochen zuvor: Die Tyrannen sind reif!, das Volk war noch nicht reif.

Denn keine Stimme des Widerspruchs, auch die Robespierres nicht, erhob sich in dem gegenrevolutionären Unwetter, das niederging. Noch am Tag des Gemetzels zog besoldete Nationalgarde mit Kanonen vor das Jakobinerkloster, um den Sitzungssal dem Erdboden gleichzumachen; die Nationalversammlung beschloß ein Gelegenheitsgesetz gegen Aufreizung zu Mord, Plünderung und Brandstiftung; der Untersuchungsausschuß der Konstituante verhaftete wild drauflos; der Justizminister kitzelte den öffentlichen Ankläger beim Tribunal des sechsten Arrondissements, der bereitwillig in dem Gerede, man habe auf dem Marsfeld Danton und Fréron zu Volkstribunen ausrufen wollen, den Knoten des ›Komplotts‹ fand.

Und alles zog die Köpfe ein. Die ›Verfassungsfreunde‹ lehnten die Verantwortung für die Petition auf dem Champ de Mars ab, ohne hindern zu können, daß ihnen die Mehrzahl der Abgeordneten samt den andern Anhängern Lafayettes und der Lameths eilends den Rücken kehrte und sich in der Gesellschaft der Feuillants zusammenschloß. Der Barfüßerklub salutierte mit saurem Gesicht die Verfassung. ›*Les Révolutions de Paris*‹ und ›*L'Orateur du Peuple*‹ legten ihre Druckpressen still. Fabre d'Eglantine schwor ab, je auch nur die Fußspitze zu den Cordeliers gesetzt zu haben, bei den Jakobinern eine Rolle zu spielen oder einer französischen Demokratie zuzuneigen. Wie er verbarg sich Legendre, während Brune und Momoro gefänglich eingezogen wurden. Neben Danton waren Desmoulins, Marat, Santerre, Fréron, Robert flüchtig. Erst die Amnestie vom 13. September endete die Treibjagd. Etliche Tage vorher aus London zurückgekehrt, sollte Danton im Wahlmännerkörper, dessen Mitglied er war, festgenommen werden, aber der Versuch untergeordneter Büttel, an dem Gefürchteten und Verhaßten ihr Mütchen zu kühlen, schlug lediglich ihm zum Triumphe aus.

Schmeckte die Mäßigung, mit der Danton in seiner Programmrede vom 20. Januar 1792 – Die Verfassung, nichts als die Verfassung! – dem konstitutionellen Königtum unter Umständen längere Lebensdauer zubilligte, als sie das despotische Königtum gehabt habe, fast wie eine Weisheitsfrucht der Flucht und Verfolgung, so war dieses Bekenntnis in Wahrheit an ein großes Wenn geknüpft. »Möge«, ereiferte er sich, »das Königtum sich endlich aufrichtig als Freund der Freiheit erweisen, die sein Souverän ist«, dann, nur dann galt das Wort von den Zukunftsaussichten der Monarchie. Auch verzog er schon vier Tage später bei den Jakobinern verächtlich den Mund, die Exekutivgewalt erwähnend, die Garden haben wolle, während ihr nur Lakaien zuständen.

Den ›Verfassungsfreunden‹ übergab im März eine Abordnung 1445 Livres, Ergebnis einer Sammlung der Tuilerien-Sektion für die Verurteilten des Regiments Château-Vieux; auch der Hof hatte 110 Livres beigesteuert. Der Vorsitzende dankte: »Die Gesellschaft wird das Opfer der Zivilliste in ihren Jahrbüchern bewahren«, und alles strahlte Wohlgefallen, als Danton auf die Tribüne sprang. Eingedenk vielleicht, daß die Cordeliers eine Spende von 208 Livres ›für bedürftige Patrioten‹, die ihnen von ausgesprochenen Gegenrevolutionären zugekommen war, verschmäht hatten, schleuderte er heftig in den Saal: »Wo nimmt die königliche Familie die Stirn zu einem solchen Almosen her? Wieso wagen Sie diese Unverschämtheit zu bestätigen? Wie, meine Herren, die ganze Nation hat die Unschuld der Soldaten von Château-Vieux verkündet, die ganze Nation verlangte Gerechtigkeit; die Einbeziehung dieser Soldaten in die allgemeine Amnestie mußte der Nationalversammlung abgerungen werden wie der Exekutivgewalt, und lange genug hat es gedauert, und jetzt sollten wir einem Almosen von 110 Livres Beifall zollen? Mein Antrag lautet: Zurückweisung!« Aber Gemurr begleitete die Rede des Störenfrieds, nicht nur, weil sich viele der im Vorjahr abgesplitterten Maßvollen von den Feuillants wieder zu den Jakobinern zurückgefunden hatten; auf keines anderen als Robespierres Wunsch, der bemerkte, was die königliche Familie privat tue, gehe niemanden etwas an, wurde Übergang zur Tagesordnung beschlossen.

Noch behauptete sich eben, trotz aller Einschränkung und Demütigung, der Königsgedanke als eine Macht. Nach dem ›*Almanach Royal*‹ auf 1792 waren seit der Weltschöpfung bis zur Entstehung der französischen Monarchie zwar 4422 Jahre, aber seitdem immerhin auch schon 1422 Jahre verstrichen, und das Haus Capet herrschte schon mehr als 800 Jahre. In welchen Sternen stand es geschrieben, daß die erlauchte Dynastie nicht noch Jahrhunderte regieren und ihren zweiunddreißig Königen weitere gesellen würde?

Da kam stoßend, was fallen sollte, der Krieg.

Nach der mißglückten Flucht des Königs schwoll die Emigration der Prinzen, der Adligen, der Priester und ihres Anhangs mächtig an. Die beiden Brüder Ludwigs, ›Monsieur‹ oder Graf der Provence und der Graf von Artois, hausten in ihrer Residenz Koblenz mit ihren Maitressen, Hofchargen und Pagen, mit Ministerien, Diplomatie und Armee wie in einem zweiten Versailles; der ganze militärische Mummenschanz, den die Revolution aus den Tuilerien gekehrt hatte, lebte hier mit Mousquetaires, Chevaulegers und Grenadieren zu Pferde, mit Kronenrittern, Torgarden und der Kompagnie des Heiligen Ludwig wieder auf. Da sie Waffen in der Hand hatten, schnaubte dieser Chor der Vorgestrigen Rache, aber obwohl sie bramarbasierten, daß die ganze Revolution beim ersten Kanonenschuß auseinanderstieben werde, setzten sie in Erkenntnis der eigenen Schwäche alle Hoffnung auf die Staaten, von denen sie zunächst ausgehalten wurden.

Bereits im Oktober 1789 beschwor der d'Artois Joseph II. als Kaiser des Heiligen Römischen Reiches teutscher Nation, nicht zu dulden, daß die schönste Monarchie der Welt in die schändlichste Demokratie verfalle: »Die Sache des Königs von Frankreich ist die aller Souveräne, die samt und sonders ein ähnliches Schicksal befürchten müssen«, und im folgenden Jahre warnte als heimlicher beglaubigter Botschafter Ludwigs XVI. bei den Mächten der Baron de

Breteuil in einer Denkschrift Kaiser Leopold II.: »Wird die Demokratie in ihrem so jähen wie furchtbaren Marsch nicht aufgehalten, so steht kein Thron mehr fest!«

Rasch, Fürsten Europas, den Feuerbrand ausgetreten, ehe die sprühenden Funken euer eigenes Haus in Brand setzen!

Wenn der Hof auch viele Tollheiten der Emigration um so eher mißbilligte, als in ihr Feinde der Königin und Verächter des Königs das große Wort führten, ging er mit ihr doch in dem einen einig, daß nur fremder Beistand der Krone der Bourbonen den alten Glanz wiedergeben könne. Der schwedische Graf Axel Fersen, der Marie Antoinettens Herz und Ludwigs Vertrauen besaß, preßte den Inhalt von hundert Gesprächen unter vier Augen in die Formel: »Niemals wird der König durch die Franzosen und ohne fremde Hilfe König sein.«

Fersens Herr und Gebieter, Gustav III., war aber der einzige gekrönte Don Quixote, den es gelüstete, für die Dulcinea des monarchischen Prinzips das Schwert zu ziehen; nur lag Schweden fern und bedeutete wenig; was half es, daß er König und Königin riet, wonach ihnen ohnehin der Mund wässerte: aus der Hauptstadt zu fliehen, die Nationalversammlung für ungesetzlich, ihre Mitglieder für vogelfrei zu erklären, alles auf den Stand vor der Revolution zu bringen und ›das Mördernest Paris‹ zugrunde gehen zu lassen, indem man sein Dasein vergaß! Die russische Katharina, die zweitausend Kosaken und sechstausend Kroaten für ausreichend hielt, das Ungeheuer der Revolution zu bändigen, hütete sich, durch orientalische und polnische Frage beschäftigt, auch nur einen Kosaken zu stellen. Karl IV. von Spanien, der Frankreich durch einen Pestkordon absperren wollte, ermangelte des Nervs jeder Kriegführung, des Geldes. Das Kabinett von St. James hoffte, wenn England sich aus den Händeln halte, auf trockenem Wege längst begehrte französische Kolonien wie San Domingo zu schnappen. Preußen sah die Schwächung Frankreichs durch innere Wirren nicht ungern, und ein heimliches Gefühl hochpolitischer Schadenfreude blieb selbst dem

Hause Habsburg nicht fern, das durch engste Blutsbande an die Frau in den Tuilerien geknüpft war. Als Anlauf zu einem Krieg gegen die Revolution erschien darum das Abkommen, das Leopold II. und Friedrich Wilhelm II. im August 1791 in Pillnitz unterzeichneten, um so weniger, als man allgemein wähnte, geschwächt und gelähmt werde Frankreich schon bei erstem ernstem Säbelgerassel klein beigeben.

Aber in Paris waren Kräfte am Werk, die dem Krieg keineswegs auswichen. Die Empfindung, daß ihre Staatsumwälzung ein europäisches Ereignis sei, verdichtete sich bei den Franzosen zu der schweifenden Sehnsucht, die Fesseln auch anderer Völker zu sprengen. In der ›Gesellschaft der Verfassungsfreunde‹ schwärmte Carra August 1790 von dem auserwählten Volk der Franzosen, »dem Messiasvolk, das von allen andern Völkern als Heiland erwartet wird. Wir müssen zu ihnen nicht die Fackel des Krieges und der Zwietracht, sondern des Geistes und der Freiheit tragen.« Im Sommer danach riefen die Cordeliers alle Völker der Erde auf, das Joch der Knechtschaft abzuschütteln, ihre Ketten zu brechen und frei zu sein. Nicht viel später ermahnte eine Adresse der Jakobiner die Nachbarvölker, die französischen Emigranten nicht bei sich zu dulden: »Euch erklären wir den Frieden, das Vertrauen, die Einigung, die Brüderlichkeit. Engländer, Belgier, Deutsche, Schweizer, Savoyarden, Piemontesen, Spanier, Soldaten aller Völker, die Franzosen und ihr bildet fürder nur ein einziges Volk, dessen Veruneinigung nicht mehr möglich ist.«

Die Despoten und mit dem freien französischen Volk anbinden? Pah! »Die Mächte müssen«, höhnte Brissot im Juli 1791 bei den Jakobinern, »den Krieg vermeiden, um die Berührung ihrer Völker mit dem revolutionären Frankreich zu vermeiden... Die Französische Revolution wird der heilige Herd sein, dessen Funken die Nationen entzünden, deren Herren sich zu nahen wagen.« Die Könige, erfuhr auch die Legislative von Vergniaud, würden zittern, daß der Tag der Schlacht die beiden feindlichen Heere zu einem

Brudervolk eine, und im Dezember war Brissot schon so weit, in seinem Blatt den ›heiligen Krieg‹ zu predigen, den Sühnekrieg, der das Antlitz der Welt ändern und die Standarte der Freiheit auf den Palästen der Könige, auf den Serails der Sultane, auf den Schlössern der kleinen Feudaltyrannen aufpflanzen werde. Für ›einen Krieg der Völker gegen die Könige‹ blies Isnard die Trompete: »Der Franzose ist zum auserwählten Volk des Weltalls geworden; seine Haltung muß seiner neuen Bestimmung entsprechen«, und ein Rundschreiben des Jakobinerklubs an die Tochtergesellschaften vom Februar 1792 sprach von den Nachbarvölkern: »Beeilen wir uns, diesen Opfern des Despotismus zu Hilfe zu fliegen; pflanzen wir die Freiheit allen Völkern ein, an die wir stoßen! Legen wir eine Barriere der freien Völker zwischen uns und die Tyrannen!«

Aber ob die Brissot, Vergniaud und Isnard das Schwert, das sie schwangen, mit den roten Rosen ihrer Befreiungsideologie kränzten, der Krieg war für sie zugleich eine rechnerisch nüchterne Frage der inneren Politik. Seit dem Rückschlag nach dem Gemetzel auf dem Marsfeld schleppte sich, mit der Kugel der Geschäftsstockung, Assignatenentwertung, Lebensmittelteuerung am Bein, die Revolution fast nur so hin, das Bürgertum war müde, die Volksmasse mürrisch. Beklommen klagte im Oktober 1791 Desmoulins bei den ›Verfassungsfreunden‹ über erlahmenden Eifer der Patrioten: »Wir waren minder laß unter dem alten Regime!« Aber Krieg – und mit einem Schlag war man des Unbehagens, der Lässigkeit, der Entnervung Herr! Aber Krieg – und die Leidenschaft der großen Schicksalstage riß die Bewegung mächtig voran! Aber Krieg – und das Werk der Revolution ward vollendet! »Das Heil des Vaterlandes«, hämmerte ein Rundschreiben der Jakobiner in die Köpfe, »hängt von einer einzigen, einer kräftigen Maßregel ab: der Krieg! Wir brauchen ihn, um die Verfassung zu sichern und unser Dasein als Nation zu festigen. Wir brauchen ihn, um unserer Revolution jenen imposanten Charakter aufzudrücken, der den Bewegungen eines großen Volkes geziemt!«

Ja, Krieg – waren von denen um Brissot nicht auch die hinter Lafayette zu gewinnen? Warum nicht? Erschien doch der Krieg als Mittel, stramme Manneszucht in das verlotterte Heer zu bringen. Als der neue Kriegsminister Comte de Narbonne, schneidiger Herr und durch leichte Boudoirsiege verwöhnt, seit kurzem Liebhaber der blaustrümpfigen Madame de Staël, Neckers Tochter, am 14. Dezember 1791 der Legislative die Aufstellung dreier Armeen zu je 50000 Mann unter Rochambeau, Luckner und Lafayette ankündigte, fügte er selbstgefällig hinzu, falls der Kriegsruf ertöne, »wird er für uns wenigstens das so ersehnte Signal der Ordnung und Gerechtigkeit sein«, jener Ordnung und Gerechtigkeit, gegen die schauerlich die Toten des Marsfeldes zeugten. Erwies sich das Glück als hold, wer weiß, so kehrte man an der Spitze sieggekrönter, kampferprobter Truppen zurück, um die Revolution, sagen wir, einzurenken.

Am Ende fand auch der Hof in den Plänen der Partei Brissots kein Haar mehr. Nicht nur kreuzte man so vor dem Winde und gewann Zeit, sondern man nährte auch die frevle Hoffnung, daß die Niederlage, die gewisse, unvermeidliche Niederlage Frankreichs, das Volk zerknirscht und bußfertig am Thron des wieder absoluten Königtums in die Knie zwingen werde. Deshalb sprach Ludwig am 14. Dezember in der Manege in seiner Erklärung gegen die emigrantenschützerischen Regierungen, die falsche Hand auf dem falschen Herzen, von der Wonne, König eines freien Volkes zu sein. Meer des Beifalls brauste um ein kleines Inselchen Schweigen auf der äußersten Linken.

Denn neben den Gemäßigten um die Lameths und Barnave, denen böse Ahnung sagte, daß der Krieg sie verschlingen werde, kehrte sich Robespierre mißtrauisch und verdrossen gegen die Absichten Brissots. Daß Lafayette eine Armee befehligte und daß der Hof der Kriegspolitik zustimmte, genügte, seinen Argwohn zu wecken. Wenn Brissot dartat, Frankreich brauche den Krieg zur Sicherung der inneren Ruhe, »denn die Unzufriedenen stützen sich nur auf Koblenz, berufen sich nur auf Koblenz, sind nur unverschämt, weil es ein Koblenz gibt«, erwiderte der Advokat von Arras: »Das wahre Koblenz liegt in Paris!« und ward nicht müde, dem Bruch mit den Mächten zu widerraten. Zehn Tage freilich, nachdem Ludwig am 20. April den von der Legislative fast einstimmig beschlossenen Krieg dem ›König von Böhmen und Ungarn‹ erklärt hatte, entschuldigte sich Robespierre, er habe sich niemals dem Kriege widersetzt, sondern nur gesagt, daß man sich zuerst der inneren Feinde versichern müsse.

Wie die meisten andern erhitzte sich Dantons Sektion für den Krieg, da sein Freund Legendre im Dezember 1791 an der Barre der Legislative deklamierte: »Volksvertreter, verfügt: Der Adler des Sieges und der Ruhm der Jahrhunderte schweben über euren Häuptern und den unsern! Wenn sich das Geschütz unserer Feinde vernehmen läßt, wird der Donnerstrahl der Freiheit die Erde erschüttern, das Weltall erhellen, die Tyrannen treffen!« Solcher Schwulst war nicht Dantons Stil. Fünf Tage später, als die Frage: Krieg oder nicht? die Jakobiner bewegte, klopfte er zwar Brissot mit dem Lob: Kräftiger Athlet der Freiheit! wohlwollend auf die Schulter als einem Manne, von dem man große Dinge erwarte und der die auf ihn gesetzten Hoffnungen nicht täuschen werde, aber sachlich näherte er sich Robespierre. Hinter seiner Stirn mochte die Überzeugung nisten, daß dem Zusammenstoß nicht auszuweichen sei, daß der jähe Durchbruch des Bürgertums durch die morsche Rinde der alten Ordnung sich über Europa fortpflanzen werde, daß das demokratische Frankreich und der feudal-absolute Rest des Erdteils nicht friedlich nebeneinander leben könnten, aber zunächst fragte er nach dem Wann und Wie des Kriegs: »Ich will, daß wir den Krieg haben, er ist unvermeidlich. Wir müssen den Krieg haben. Aber vor allem müßten die Mittel erschöpft werden, ihn zu vermeiden.« Denn was plante ›die Exekutivgewalt‹ mit dem von ihr begünstigten Krieg? War es nicht verdächtig, daß der König jetzt wegen der gleichen Emigranten vom Leder zog, denen er vorher kein Haar hatte krümmen wollen? Und Lafayette? Und die Minister? Und die Partei, die einen allgemeinen

Krieg auszubeuten gedachte, um Frankreich die englische Verfassung – mit einem Oberhaus! – zu geben, in der Hoffnung, sie bald durch die türkische zu ersetzen? Schwer fielen seine Worte, Warnung vor den Gefahren, inneren wie äußeren, des Abenteuers, Mahnung, vorher alles zu prüfen, alles zu erforschen, alles zu erwägen.

Gleichwohl hoffte noch im Januar die Gruppe Brissot-Madame Staël-Narbonne, Danton herüberziehen zu können, und da er fühlte, daß die Losung: Kein Krieg! in den Volksmassen ohne Widerhall blieb, verstummte er und wartete achselzuckend ab.

Krieg blies, ungeheurer Blasebalg, die revolutionäre Glut so an, daß sich Paris in einen einzigen weißglühenden Schmelzofen verwandelte: das neue Frankreich ging daraus hervor.

Aber die Partei, für die der Krieg der Trumpf im Spiel war, hatte einen zu kurzen Atem, um mit den Ereignissen Schritt zu halten. Brissot enthüllte die geheimsten und verwegensten Pläne seiner Politik, als er den Jakobinern begreiflich machte, man brauche große Verrätereien, darin liege das Heil, Frankreich habe noch eine starke Dosis Gift im Blut und bedürfe starker Entladungen, um es auszuscheiden. War aber wirklich das Ministerium aus Brissots Freunden, zu dem der Hof im März seine Zuflucht nahm, war das Kabinett Roland starken Entladungen gewachsen? Der ihm den Namen gab, Jean-Marie Roland de la Platrière, alter, vergilbter, trauriger Mann, mißtrauischer, kniffliger Verwalter, dürrer, nüchterner Puritaner, der seine Bürgerwürde zu wahren suchte, indem er in Schnür- statt Schnallenschuhen zu Hofe ging, auch im Politischen ein Geschöpf seiner um zwanzig Jahre jüngeren Frau Manon, war alles andere als der Führer in einer Zeit, da es galt, Eisenzähne zu säen. Den Duft einer anderen Welt in den Kleidern trug der Minister des Auswärtigen, der auch das Kriegsfach leitete, General Dumouriez. Blendende Erscheinung von der Haltung eines Chevalier des Ancien Régime, mit fünfundfünfzig Jahren jugendfrisch, tatenlustig, ehrgeizig, durch die Leichtigkeit seines Wesens bezaubernd, war dieser Abenteurer, Soldat und Diplomat durch keinerlei Vorurteil oder Überzeugung in seiner Selbstsucht gehemmt; er diente weder der Revolution noch dem Königtum, sondern nur sich selber. Zu der Truppe redete er die Sprache der Freiheit und erschien zum Jubel der ›Verfassungsfreunde‹ nach seiner Ernennung auf der Tribüne der Rue Saint-Honoré und verbrüderte sich unter rührender Umarmung mit Robespierre, aber mit seinesgleichen unter vier Augen schimpfte er die Nationalversammlung eine alte Metze, die man bald davonjagen müsse.

Die Kriegshandlungen gegen die österreichischen Niederlande, Ende April mit Vorstößen gegen Mons und Tournai beginnend, sich im Mai mit Gefechten an der Sambre fortsetzend und im Juni Courtrai zum Ziel nehmend, liefen sich bald tot; der Marschall Luckner zog sich unentschlossen und ängstlich wieder auf den Ausgangspunkt Lille zurück. Diese Enttäuschungen reizten die Wut der Massen. Was trug an den Fehlschlägen die Schuld? Verschwörung der Aristos, Verrat, ja, Verrat! »Der Hof konspiriert«, rief Réal den Jakobinern zu, »der Generalstab der Armee konspiriert, die Departements konspirieren, mit einem Wort: alles konspiriert!«, und Gensonné deutete auf den Quell des Übels: »Dieser Krieg hat nur den Anschein eines Krieges: die Männer, die ihn leiten, unterliegen dem Antrieb des Hauses Österreich!«

Das war keine Gespensterseherei! In aller Herzensunschuld, da Gott den Bourbonen Frankreich als Erbgut zugeteilt hatte, tat der Hof alles, die Erniedrigung des Landes, das war: die Erhöhung des Thrones zu beschleunigen. Hochverrat? Wieso nur? Die Revolution war Hochverrat gegen die Legitimität, jedes Mittel, die Revolution zu ersticken, also legitim! So liefen unaufhörlich durch geheime Kanäle die chiffrierten Billets der Königin, die den Feind über Stärke der französischen Bataillone und Pläne der französischen Heerführung aufs genaueste unterrichteten und aufmunterten: »Die Truppen leiden Mangel und sind in größter Unordnung.« Längst glich die ›Österreicherin‹

dem umstellten Wilde; außer Fersen auf der weiten Welt kein Mensch, sie zu stützen und zu schützen, denn was zählte schon der König, und ihre Umgebung hing den Mantel nach dem Winde, aber verstrickt in dynastischen Hochmut und religiösen Wahn täuschte sie sich gern über die drohende Gefahr; ihr Auge leuchtete, wenn sie die beruhigenden Briefe des schwedischen Grafen aus Brüssel las: Mut! Mut! Die Preußen kommen!

Die französischen Mißerfolge an der Front machten die eingefleischten Royalisten von Tag zu Tag frecher. Dantons ›Leutnant‹ Legendre erfuhr es: Grenadiere der Nationalgarde holten ihn von seinem Wägelchen und setzten ihm das Bajonett auf die Brust, weil er vor einer vorüberwallenden Prozession nicht den Hut gezogen habe; als die fromme Menge seinen Namen hörte, schwollen die Rufe: An die Laterne! und eine Furie schrie: »Stein her, damit ich die Blechdose mit der Schnur der Laterne aufbrechen kann! Welch Vergnügen, den Schuft zu hängen!«

Aber hitziges Fieber – Verrat! Verrat! – schüttelte die patriotischen Massen. Die Pike, seit dem Oktober 1789 fast verschwunden, kam wieder zu Ehren; man las Anweisungen zu ihrer Herstellung: der Schaft sechs Fuß, die Eisenspitze zehn Zoll lang.

Da Ludwig die Unterzeichnung des Dekrets, das gegen eidweigernde Priester Verbannung vorsah, auf die lange Bank schob, empfing er Mitte Juni von Roland ein Schreiben mit ernster Mahnung, das einen schrecklichen Ausbruch der herrschenden Gärung voraussagte, wenn nicht endlich der König durch verfassungstreues Verhalten das Vertrauen des Volkes wiedergewinne. Die Folge: Entlassung Rolands und zweier anderer Minister als Triumph der Gegenrevolution, die auf die Bajonette baute, und als Beweis, daß der Hof nicht einmal ein zahmes Kabinett der Revolution ertrug, daß Revolution und Monarchie sich auf die Dauer schieden wie Feuer und Wasser.

Erregung wuchs. Robespierre allerdings schwächte in gewundenen Sätzen die Bedeutung dieses Schrittes der Krone ab; das öffentliche Wohl hänge nicht an ein paar

Ministern, sondern an der Hochhaltung der Prinzipien, an der Entwicklung des öffentlichen Geistes, an der Weisheit der Gesetze, an der unbestechlichen Tugend der Volksvertreter, an der Macht der Nation selber und so weiter. Anders Danton. Schon im Dezember 1791, als der Krieg für die ›Verfassungsfreunde‹ so gut wie beschlossene Sache war, kündigte ein Mann mit Witterung, Mirabeaus Sekretär Pellenc, dem Grafen de la Marck brieflich an: »Es scheint, daß Danton dabei eine große Rolle spielen wird.« Jetzt fühlte, den Finger am Puls der Ereignisse, Danton selber: seine Stunde war da, Zeit, loszuschlagen! Die Schleusen auf, und die Volkskraft spülte den Thron hinweg! Sicher dachte das Pariser Bürgertum, das unter dreiundzwanzig Abgeordneten nur fünf entschlossene Jakobiner in die Legislative gesandt hatte, nicht durchweg oder nur überwiegend republikanisch, aber einer jener Augenblicke war, da eine entschlossene Minderheit die Sache einer zögernden Mehrheit zum Siege zu führen weiß. Am 13. Juni stand die Entlassung der Minister auf der Tagesordnung der ›Verfassungsfreunde‹. Danton richtete sich auf: Die Exekutivgewalt ist nur kühn geworden, weil wir zu schwach gewesen sind. »Ich mache mich anheischig, den Schrecken in einen verderbten Hof zu tragen.« Am folgenden Tag heischte er in kurzer, gedrängter Rede zwei große, wenn auch noch nicht republikanische Maßregeln: Steuerverteilung derart, daß die Abgaben der Minderbemittelten größtenteils auf die Besitzenden fielen, Erlaß eines Gesetzes durch die Nationalversammlung, das den König zwänge, sich von seiner Frau loszusagen und sie nach Wien zurückzuschicken.

Gleich darauf ein neuer Peitschenhieb für das Volksempfinden. Aus seinem Lager bei Maubeuge richtete Lafayette einen dreisten Brief gegen die ›jakobitische Partei‹ und für die ›Unversehrtheit der Königsgewalt‹ an die Legislative. Ob des drohenden Griffes an den Degenkorb: »Inmitten meiner tapferen Armee« schäumte am 18. Juni der Zorn bei den Jakobinern über; nach Desmoulins, Robespierre, Collot d'Herbois stand Danton auf der Tribüne, triumphierend,

Georges Danton.
Zeitgenössische Lithographie.

Der ›Schwur im Ballhaus‹ am 20. Juni 1789.
Lavierte Federzeichnung von J. L. David, 1791.

Die Erstürmung der Bastille am 14. Juli 1789.
Kupferstich von Duplessis Berteaux.

Gabriel Riquetti, Graf von Mirabeau.
Radierung von Henriquel-Dupont nach dem Gemälde von Delaroche, 19. Jahrhundert.

daß sein alter Widersacher endlich die Maske abgeworfen habe. Sein Antrag: den General an die Barre der Nationalversammlung zu laden; gehorche er nicht, so beweise er, daß er zu den Feinden übergegangen sei; im andern Fall sei er der Legislative und allen Patrioten auf Gnade und Ungnade ausgeliefert.

Zugleich enthüllte Danton seine Taktik: keine regellose Zufalls-Emeute, sondern ein Stoß, geführt von der organisierten Kraft des Pariser Volks, den Sektionen. Darum unterstrich er einen Vorschlag Fabre d'Eglantines, die Sektionen zum Aufmarsch vor der Legislative einzuladen. Jawohl, wir wollen nicht als eine Handvoll Wühler gelten. Massen heraus! Massen vor die Nationalversammlung!

Antwort gab der 20. Juni. Zehntausend Menschen, mit Piken, mit Gewehren, mit Knütteln, mit grünen Zweigen schoben sich an der Tribüne des Parlaments vorbei; ihre Haltung, ihre entschlossenen Gesichter sagten: Wir sind es müde! Diese Kundgebung trug auch den Schrecken in den verderbten Hof, flutete mächtig bis in die inneren Gemächer der Tuilerien, umbrauste das wehrlose und gedemütigte Königtum. Wählen Sie zwischen Koblenz und Paris! rief man Ludwig zu; der, seinen vielen Verstellungen eine neue hinzufügend, setzte sich eine rote Mütze auf; Marie Antoinette heftete man eine große blau-weiß-rote Kokarde an die Brust. Aber der Hof blieb unbelehrbar. Am folgenden Tage fuhr, die Vorgänge entrüstet darlegend, der König den Einwände machenden Maire cäsarisch an: Das ist nicht wahr! Schweigen Sie! Ziehen Sie sich zurück!; als Pétion mit seinen beiden Begleitern nach drei würdigen Verbeugungen draußen war, sahen sie sich an, und wie lachten sie dann!

Wohl gebar bei dem gemäßigten Bürgertum die Furcht vor der ›Anarchie‹ den Wunsch, die unehrerbietigen Manifestanten mit dem ›Schwert des Gesetzes‹ getroffen zu sehen, aber umsonst tauchte, von Grenadieren und Kanonieren umgeben, Lafayette in Paris auf und erschien am 28. Juni drohend an der Barre der Nationalversammlung. Obwohl ihre Mehrheit ihn deckte, empfand er, zwischen

Revolution und Monarchie wie zwischen zwei Stühlen, die Vergeblichkeit seines Kommens und eilte in sein Lager zurück, verfolgt von dem Verlangen der Jakobiner, daß Anklage gegen ihn erhoben werde.

Vom Hof verraten, von den Heerführern verlassen, mußte sich die Nation selber aufraffen. Eine hinreißende Rede Vergniauds, die die Verantwortung des Königs für die Bedrohung der Freiheit durch die fremden Mächte ins Helle rückte, mündete in die Forderung, das Vaterland in Gefahr zu erklären. Acht Tage später erstattete Hérault de Séchelles in der Nationalversammlung darüber einen Ausschußbericht, in dem noch einmal die Fahne des heiligen Krieges entrollt wurde: »Der Krieg, den wir unternommen haben, gleicht in nichts den gewöhnlichen Kriegen, die so oft den Erdball in Trauer gestürzt und zerrissen haben; es ist der Krieg der Freiheit, der Gleichheit, der Verfassung gegen eine Koalition von Mächten, die um so versessener darauf sind, die französische Konstitution zu ändern, als sie fürchten, daß unsere Philosophie und das Licht unserer Prinzipien bei ihnen eindringt. Dieser Krieg ist also der letzte von allen zwischen ihnen und uns.«

Nach dieser Rede beschloß die Legislative: *La Patrie est en danger!*

Am 23. Juli um sechs Uhr morgens löste die Alarmkanone des Artillerieparks auf dem Pont-Neuf drei Schüsse, die sich alle Stunden wiederholten. Generalmarsch rasselte durch die Straßen. Um acht Uhr setzten sich zwei Züge in Bewegung: Kavallerie mit Trompetern, Sapeure, Tambours, Musik, Nationalgarde, sechs Geschütze, Trompeterkorps, dann vier berittene Huissiers der Munizipalität mit Standarten, eingestickt auf der ersten: Freiheit, der zweiten: Gleichheit, der dritten: Verfassung, der vierten: Vaterland, zwölf Munizipalbeamte mit der dreifarbigen Schärpe, Notable, Gemeindevertreter zu Pferde, ein Zwischenraum, ein reitender Nationalgardist mit großer Trikolore, auf der zu lesen stand: *Citoyens, la patrie est en danger!*, sechs Geschütze, Nationalgarde und Kavallerie schlossen den Zug, der bald hier, bald da haltmachte. Trommelwirbel jedesmal, und ein Munizipalbeamter verlas mit lauter Stimme die Akte der Legislative, die das Vaterland in Gefahr erklärte. Das prägte sich jedem Hirn und jedem Herzen ein.

Auf der Place Royale, dem Parvis Notre-Dame, der Place Dauphine, am Théâtre-Français und an vier anderen Punkten waren Zelte aufgeschlagen; auf einer Tischplatte, die über zwei Trommeln gelegt war, zeichneten sich dort die Freiwilligen ein, fünfzehntausend in acht Tagen.

Am 11. Juli prophezeite Robespierre: »Wenn in einem Monat das Vaterland noch in Gefahr, wenn der Stand der Dinge nicht gänzlich geändert ist, wird man nicht mehr sagen dürfen: Die Nation ist in Gefahr!, man wird sagen müssen: Die Nation ist verloren!« Dennoch redete er nach wie vor einer Taktik der Gesetzlichkeit, der Vorsicht, des Abwartens das Wort. Ging er auch nicht so weit wie Brissot, der, seine eigene Politik schnöde verleugnend, mit einem Mal eine Änderung der Verfassung während des Kriegs für unzeitgemäß hielt, so faßte er doch nur einen Konvent, zu wählen auf Grund des allgemeinen und gleichen Rechts, ins Auge und entblößte sich nicht in der heiklen Königsfrage.

Danton aber war schon dabei, den Stand der Dinge gänzlich zu ändern. Er teilte die Meinung Legendres, der in den Jakobinerklub rief: Handeln, nicht reden! Ein allgemeiner Aufstand rettet das Vaterland! Er bereitete das Handeln vor, mannigfach. Pétion und Manuel etwa wurden durch die Rückwärtser des Departementsdirektoriums ihrer wichtigen Posten entsetzt. Sofort rührte sich Danton; auch sein Triumph, daß die Legislative den Beschluß trotz Bestätigung durch Ludwig aufhob, und ein Zug: Schach dem König! Denn unmittelbar danach, am 17. Juli, richtete die Kommune im Rathaus ein Zentralverbindungsbureau der Sektionen ein; Kinderspiel fortan, die achtundvierzig revolutionären Einheiten von Paris zu einer großen Einheit zusammenzufassen!

Auch auf eine andere organisierte Macht des Volkes fiel Dantons abwägender Blick, auf die Föderierten. Seit sich in den Anfängen der Revolution die verschiedenen Städte und Gemeinden im Zeichen der jungen Freiheit verbündet hatten, wurde jedes Jahr am 14. Juli, 1792 zum drittenmal, in Paris das Föderationsfest gefeiert, zu dem Nationalgarden aus dem ganzen Lande herzuströmten. Am Abend des 13. Juli schwirrte es bei den Jakobinern von den wildesten Gerüchten: Lafayette in Paris, nein, Luckner, ein Massaker der Patrioten, nein, eine Entführung des Königs geplant, in Meudon sind geheimnisvolle Karren mit Waffen und Schießbedarf beobachtet worden. Nach Desmoulins, Robespierre, Anthoine erhob Danton die Stimme zu alter Mahnung: Volk, man betrügt dich, mit Tyrannen verhandelt man nicht! Die Anwesenheit unserer Brüder aus den Departements muß die Herrschaft der Freiheit für die Ewigkeit begründen, oder die Freiheit ist verloren! Noch ist das Petitionsrecht nicht auf dem Marsfeld mit den Leichen derer eingescharrt, die man dort geopfert hat. Also senden wir eine Petition über das Schicksal der Exekutivgewalt – das hieß: die Absetzung des Königs! – an die Departements, und mögen die Föderierten schwören, nicht auseinanderzugehen, bis die Antwort des Souveräns, also des Volkes, eingelaufen ist.

Zur Not klang das noch gesetzlich, zielte aber darauf ab, eine klare, revolutionäre Situation zu schaffen.

Die Föderierten in der Hauptstadt angesammelt und entschlossen, zu bleiben – das allein stößt die Dinge weiter. Ein Direktorium ihres Zentralkomitees bildet sich, dreiundvierzigköpfig. Vorstädter, Proletarier? Kein Gedanke! Vaugeois, Großvikar des Bischofs von Blois, Professor Guillaume von Caen, Deberre von der Departementsverwaltung der Drôme, Publizist Simon von Straßburg, Abgeordneter Anthoine von Metz gehören ihm an, auch Santerre. Die Verbindung mit Danton hält Fournier, ›der Amerikaner‹, von der Sektion des Théâtre-Français aufrecht. Dieser Insurrektionsausschuß, der heimlich in einer Schenke des Faubourg Saint-Antoine tagt, entwirft einen genau ausgeklügelten Aufstandsplan. Aber die Förderierten, insgesamt nur fünf- bis sechstausend Mann stark, sind nichts ohne Paris.

Am 18. Juli überreicht ein sansculottischer Gärtner dem Präsidenten des Jakobinerklubs zu Beginn der Sitzung einen riesigen Blumenstrauß.

Von Tag zu Tag, von Stunde zu Stunde wächst die Erregung. Die Menschen schlafen mit Alpdruckträumen, scharen sich auf der Straße zu Knäueln, überschreien sich unter hysterischen Gebärden. An Rhein und Mosel zieht sich eine preußisch-österreichische Invasionsarmee zum Stoß ins Herz Frankreichs zusammen; der Herzog Karl Wilhelm Ferdinand von Braunschweig, berüchtigt als Soldatenverkäufer und Quäler Lessings, befehligt sie; er brüstet sich, am St.-Ludwigs-Tag, dem 15. August, in Paris zu sein.

Jedes Gerücht findet Gläubige zuhauf, jeder Schrecken verbreitet sich wie ein Steppenfeuer. Am 28. Juli wird der Aufruf bekannt, mit dem sich der Braunschweiger aus seinem Hauptquartier Koblenz an das französische Volk wendet, hochfahrender Emigranten- und Junkerjargon, schnarrende Drohung: ... »Anarchie hat in Frankreich aufzuhören, König muß Sicherheit und Freiheit und legitime Autorität haben, die ihm zusteht« ... »Nationalgarden, die gegen die Truppen der beiden verbündeten Höfe kämpfen und mit den Waffen in der Hand ergriffen werden, als Rebellen gegen ihren König und als Störer der öffentlichen Ruhe bestraft« ... »Einwohner von Städten, Flecken und Dörfern, die es wagen sollten, sich gegen die Truppen ihrer Kaiserlichen und Königlichen Majestäten zu verteidigen und auf sie zu schießen, sofort nach Kriegsrecht behandelt, ihre Häuser zerstört und niedergebrannt« ... »Stadt Paris angehalten, sich sofort und ohne Verzug dem König zu unterwerfen« ... »Ihre Kaiserlichen und Königlichen Majestäten machen für alle Ereignisse persönlich und gnadenlos haftbar alle Mitglieder der Nationalversammlung, des Distrikts, der Munizipalität und der Nationalgarde von Paris« ... »Wenn das Tuilerienschloß vergewaltigt oder überfallen wird, beispielhafte und ewig denkwürdige Rache, indem die Stadt Paris militärischer Exekution und gänzlicher Zerstörung überliefert wird!« WIR, von Gottes Gnaden!

Lähmender Schrecken soll von diesem Manifest ohne Scham ausgehen, es erzeugt kochende Wut. Die fremden Monarchen speien dem freien französischen Volk ins Gesicht, so besiegeln sie das Todesurteil der Monarchie in Frankreich.

Gewiß, nicht alle Franzosen sind Löwen. Als am 30. Juli die Alarmtrommel ertönt und viele Jakobiner aus ihrem Sitzungssaal stürzen, vermerkt ein Zweifelsüchtiger, daß es immer so sei: angeblich eilten sie zum Sammelplatz ihres Bataillons, um sich in Wirklichkeit zu Hause zu verrammeln. Aber wen jetzt nicht der Zorn zum Helden macht, den macht die Furcht zum Raubtier.

Am 30. Juli rückt, jubelnd begrüßt, das Bataillon Marseiller Freiwilliger in Paris ein, fünfhundert Mann mit zwei Geschützen, kühne Stirnen, dunkelbraun gebrannt vom achtundzwanzigtägigen Marsch durch die schönsten Gaue Frankreichs, unter roten phrygischen Mützen, Dolche und Pistolen im Gürtel, Flinten geschultert. Freiweg marschieren sie über den eingeebneten Platz, auf dem vor wenig mehr als drei Jahren die Bastille dräute, und horch! sie singen, eine neue Weise, die Augen leuchten und Fäuste sich ballen läßt, ›Kriegslied der Rheinarmee‹:

Allons entfants de la Patrie,
Le jour de gloire est arrivé.
Contre nous de la tyrannie
L'étendard sanglant est levé.

Wie hallt es wider von den Mauern, in den Herzen! Und den Kehrreim der Hymne, der Flügel wachsen sollen wie selten einer, singen die Pariser schon mit:

Aux armes, citoyens! Formons nos bataillons!
Marchons, qu'un sang impur abreuve nos sillons!

Am gleichen Tag reißen die Fäuste der Cordeliers die Schranke weg, die Aktiv- und Passivbürger scheidet; ein Beschluß der Sektion des Théâtre-Français, vom Präsidenten Danton gezeichnet, öffnet, »in Erwägung, daß nicht eine Klasse von Bürgern sich das ausschließliche Recht zur

Rettung des Vaterlandes anmaßen darf«, seine Arme weit den Bürgern, »die gemeinhin in aristokratischer Weise als *Citoyens passifs* bekannt sind«. Erster Einbruch der armen Volksschichten in die Welt der politischen Rechte, die Massen kommen in Fluß, die mit aufgekrempelten Hemdärmeln werden nicht mehr bloß Kanonenfutter sein!

Der Übermut der Aristos steht kopf. In Koblenz verteilen Ducs und Vicomtes die Posten des neuen Ministeriums unter sich und erbauen sich an der langen Liste der Revolutionäre, die nach dem baldigen Sieg zu rädern, und derer, die nur zu hängen sind.

Das Vaterland ist in Gefahr!

Flucht der Königsfamilie, möglich unter dem Schutz zuverlässiger Truppen, Marie Antoinette hat sie abgelehnt, stolz und unerschütterlich. Trügerische Stimmen in der Brust sagen ihr, daß der Triumph der Lilie über die Jakobinermütze nicht mehr fern ist. Man will kämpfen, die Kanaille zur Ader lassen.

Das Vaterland ist in Gefahr!

Die Tuilerien sind zur Festung ausgebaut, die Schweizer Regimenter aus ihren Kasernen in Courbevoie und de Rueil herangezogen, ein paar hundert Edelleute auch erbötig, für die Sache des Königtums und ihre eigene zu fechten.

Das Vaterland ist in Gefahr!

Eine Wolke der Gesichte und Gerüchte verdunkelt die Stadt. Feind naht, Vernichtung droht. Anthoine ruft: »Die Österreicher sind in Diedenhofen, vielleicht sind sie morgen in Metz!«

Das Vaterland ist in Gefahr!

Hilfe? Rettung? Absetzung des Königs, der durch seine Verbündeten, die Landesfeinde, Zerstörung von Paris ankündigen läßt!

Siebenundvierzig von achtundvierzig Sektionen verlangen am 3. August an der Barre der Nationalversammlung die Entthronung: »Ludwig hat seine Interessen von denen der Nation getrennt, wir trennen sie wie er!« Umsonst, auch die demokratischsten ihrer Abgeordneten, die zum erstenmal in der französischen Geschichte in Schutz und Schatten einer Verfassung ruhen, beseelt Scheu, die Axt an die Wurzel des selbstgepflanzten Baumes zu legen. Darum schlägt am nächsten Tage die Sektion des Gravilliers auf den Tisch: Wenn die Legislative Louis nicht abhalftert, tut's das Volk!

Das Volk, kein Cäsar macht jetzt Geschichte. Kein einzelner, sei er noch so willensgewaltig, schafft die Ereignisse. Aber quirlen Merlin de Thionville, Chabot, Basire immer wieder die Sektionen durcheinander, so flammt auch Dantons Feuer in ihnen. Sein Zutrauen, seine Kraft strömt, mit Zutrauen und Kraft begnadend, in andere über.

Dantons Freund Sergent und Panis, Administratoren des Polizeidepartements der Kommune, geben dem Marseiller Bataillon auf eigene Verantwortung Patronen aus. In der Nacht vom 4. auf den 5. August siedelt es heimlich aus dem Faubourg Poissonière in das Cordelierkloster über. In der Sektion lagert es hier, die mit Umsturzdrang elektrisch geladen ist, und bildet das Zentrum der Sturmkolonne.

Am 5. August ist Danton von der Szene verschwunden. Ehe er das große Spiel spielt, dessen Ausgang niemand weiß, breitet die Heimat noch einmal die Arme aus, und er wirft sich hinein. Im Ohr das Brodeln der zum Losbruch bereiten Hauptstadt, fährt er durch den sommerlichen Provinzfrieden der Champagne, preßt Mutter und Schwester an sich, hebt die kleinen Neffen hoch, verfügt beim Notar über dauernde Benutzung seines Hauses durch die Recordains und Menuels, geht durch die vertrauten Straßen, steht auf der Brücke, schaut in das Fließen der Aube und nimmt mit langem Blick von allem Abschied.

Am 9. August umfängt ihn wieder das revolutionäre Paris. Erste Kunde: gestern hat die Legislative die Anklage gegen Lafayette abgelehnt. Das stößt den Zapfen aus, flüssiges Feuer spritzt.

Drückende Schwüle des Tags, in den engen Gassen hängt übler Geruch und reizt die Nerven noch mehr. Aber der Abend kommt windstill und sternenklar.

An diesem Abend fällt zum erstenmal, seit es ein bourbonisches Hofzeremoniell gibt, das *Coucher du roi* aus.

An diesem Abend wählen die Sektionen Kommissäre, um sie auf ein Zeichen ins Rathaus zu senden: als revolutionäre Kommune von Volkes Gnaden!

An diesem Abend flüchtet Lucile Desmoulins, die mittags die Führer der Marseiller an ihrem Tisch gesehen hat, in ihrer Herzensunruhe zu den Dantons.

Gabrielle ist in Tränen, der kleine Antoine hängt verstört an ihrem Rock. Die Frauen umarmen sich tiefbewegt, begleiten dann die Schwiegermutter, Madame Charpentier, nach Hause; nur ein Weg von zehn Minuten.

Bei ihrer Rückkehr ist in der Cour du Commerce Hin und Her von eiligen Männern mit entschlossenen Gesichtern. Camille tritt mit einem Gewehr ein, Lucile sinkt ihm aufschluchzend an die Brust. Gabrielle blickt ängstlich auf ihren Georges. Die jedes Heben und Senken seiner Brauen kennt und deutet, merkt sein inneres Fieber. Den anderen scheint er ruhig, unbewegt, nur Kraft, in sich gesammelt, Muskel, zum Losschlagen gestrafft. Mit einem Gruß wie sonst verläßt er das Haus, zur Versammlung der Sektion nahebei, vielleicht auch, den Feuerbrand seines Worts noch einmal vor den Marseillern zu schwenken.

Gabrielle weint still vor sich hin. Über Lucile aber kommt es wie damals, als Camille endlich ihrem spröden, auf seine zwanzigtausend Livres Rente pochenden Vater die Einwilligung zur Heirat abgerungen hatte und, von Glück überflutet, vor ihr auf den Knien lag: sie lacht, lacht in jähen, schrillen Stößen, während ihr die Tränen über die bleichen Wangen laufen.

Danton ist wieder da, nickt neuen Besuchern zu. Die kleine Madame Robert überstürzt sich in unzusammenhängenden Reden. Der elegante Fréron, Kaninchen in diesem Kreis genannt, verliebt in Lucile, wie er es in ihre kokette, stattliche Mutter war, murmelt elegisch vor sich hin: »Ich bin des Lebens müde.« Danton mit verwundertem Blick an ihm vorbei, wirft seinen massigen Körper aufs Bett, entschlummert. Boten kommen und gehen, rühren ihn an die

Schulter, er hört im Halbschlaf, brummt etwas, schläft wieder ein.

Nach ein Uhr erreicht ihn der erwartete Ruf vom Rathaus. Ganz wach, springt er auf beide Füße und hinaus. Sein fester entschlossener Schritt verhallt in der Nacht.

Gabrielle und Lucile bleiben allein. Durchs Fenster, es muß schon auf drei gehen, tastet erster zager Schein.

Da: Auf! Auf! Auf! beginnt atemlos die tiefe Glocke des Barfüßerklosters Sturm zu läuten, die hellere Stimme von Saint-André-des-Arts fällt ein: Auf! Auf! Auf! Andere folgen, ein Geflacker von hastigen Tönen steht über Paris.

Unheimlich lebendig wird die Nacht. Aufpeitschender Wirbel des Generalmarsches fern und nah, Haustüren brüsk aufgestoßen, Rufe: *Vive la Nation!*, Waffengeklirr, Marschtritt. Die Sektionen marschieren.

Es marschieren die Sektionen Théâtre-Français, Gravilliers, Montreuil, Quinze-Vingts, Bonne-Nouvelle, Innocents, Gobelins, Lombards, Mauconseil, Croix-Rouge, es marschieren fast alle.

Gleich wird diesmal das Volk die rote Fahne entfalten, Zeichen: Jetzt sind wir Gesetz und Obrigkeit, jetzt verkünden wir den Belagerungszustand, jetzt schmettern wir Aufrührer gegen uns, den Souverän, nieder!

Zum ersten Mal weht die rote Fahne über einem Aufstand.

Da Danton im Rathaus anlangt, erscheint die Lage unklar und voller Gefahr. Die Tuilerien sind gerüstet, Schweizer Truppen, Gendarmen, Edelleute, Nationalgarde, ja, auch Nationalgarde. Ihr neuer Generalkommandant Jean-Antoine Galiot Marquis de Mandat hat neben Bataillonen, die sofort zum Volk übergehen werden, sichere Grenadierkompagnien unter sich, die mit den Bärenmützen, und ist zum Einsatz entschlossen. Geschütze auf dem Pont-Neuf sperren das rechte, das Tuilerienufer gegen die Sturmkolonnen des linken Ufers.

Im Hôtel-de-Ville tagen nebeneinander die legitime und die revolutionäre Kommune. Jene schüchtert Danton durch barsche Darstellung der Situation ein, diese ermutigt er; schon seine, des Procureur-Stellvertreters, Mitwirkung an ihren Beratungen gibt ihr einen Schein von Gesetzlichkeit. Sein Druck erzwingt zwei entscheidende Beschlüsse der alten Gemeindevertretung: die Geschütze auf der Brücke zurückzuziehen und Mandat zum Bericht aus dem Schloß herzubeordern. Im Rathaus schießt auf den Generalkommandanten ein Riese zu, gebietet: marsch, zur Kommune, sich verantworten! Es ist Danton. Der Marquis, etwas verächtlich: »Ich schulde nur der richtigen Kommune Verantwortung, die aus ehrlichen Leuten besteht!« Danton, wölfisches Funkeln in den kleinen Augen, fährt ihm fast an die Gurgel: »Verräter, sie wird dich gehorchen lehren, die Kommune, die das Volk rettet, das du verrätst, gegen das du mit den Tyrannen konspirierst!« Vor den Insurrektionsgemeinderat geschleppt, wird Mandat nach kurzem Verhör seines Amtes entsetzt; abführen! Draußen gerät er in einen Wirbel Volk, wird den Wachen aus den Händen gerissen; Kreuz hinter seinen Namen; erledigt. Den Befehl über die Nationalgarde übernimmt Santerre.

Damit ist der Verteidigung der Tuilerien das Rückgrat gebrochen.

Lucile kniet am offenen Fenster ihrer Wohnung und preßt das Gesicht ins Taschentuch, fühlt auf ihrem Haar Gabriellens Hand. Beide lauschen.

Längst schon ist es heller Tag. Da – ein Geknatter, als risse ein mächtiges Stück Seide mitten durch. Sie fahren zusammen, Lucile hebt den Kopf. Musketenfeuer! Der Sturm auf die Tuilerien hat begonnen.

Salven rollen. Jetzt dumpfe Einzelschläge – ach Gott! Kanonen! Kartätschen!

Die beiden Frauen sind weiß geworden, und da sie die Augen schließen, sehen sie das Gemetzel auf den Treppenstufen, in den Gängen, den Gemächern, hören sie das Wimmern der Verwundeten, das Röcheln der Sterbenden.

Wo ist Camille? Wo ist Georges? Gabrielle sinkt ohnmächtig um.

Noch vor Beginn des Kampfes ist die königliche Familie durch eine Allee voll welker Blätter in die Reithalle geflüchtet und hat sich unter den Schutz der Legislative gestellt. Die Versammlung, unentschlossen und bestürzt, nimmt nicht Partei. Erst als der Sieg des Volkes entschieden ist, rafft sie sich, von der Kommune unsanft vorwärtsgeschoben, auf und wirft, während Ludwig Capet, eben noch Allerchristlichste Majestät, aus der Loge des Tachygraphen stumpf zuhört, ihre Dekrete heraus: Suspension des Königs, Einberufung eines Nationalkonvents, Verkündung des allgemeinen und gleichen Wahlrechts!

Demokratie! Demokratie!

Abends steigt Danton schwer die Treppen in der Cour du Commerce hinan; den ganzen Tag hat er handelnd im neuen Brennpunkt der Macht, im Hôtel-de-Ville, verbracht, hat beraten, entschieden, befohlen; er ist müde wie ein Hund, taumelt aufs Lager und weiß nichts mehr.

Um drei in der Frühe rüttelt es ihn am Arm. Er fährt auf, stützt sich aufs Kissen. Desmoulins und Fabre stehn am Bett. »Steh auf, Danton, du bist Minister!«

Minister?

Ja, Minister!

Die Macht und das Schicksal Frankreichs liegen in seiner Hand. Er kleidet sich an, geht mit den beiden.

Gabrielle aber, die die Botschaft halb ungläubig vernommen hat, wandert im ersten Zwielicht aufgestört durch die Wohnung, in der sie so glücklich gewesen ist und die sie jetzt verlassen soll. Sie schaut in den goldgerahmten Spiegel über dem Kamin, rückt auf dem Tablett die handgemalten, porzellanenen Blumentassen zurecht, wischt über die Mahagonikonsole und streichelt zärtlich über einen der sechs mit grünem Atlas bespannten Armsessel, auf die sie so hausfraulich stolz ist. Alles Wärme und anheimelndes Behagen. Aber in dem großen kalten Prachtbau auf der Place Vendôme, wie wird es dort sein?

Gabrielle schauert fröstelnd zusammen und seufzt tief auf.

III

Höhe

(1792–1793)

Die Huissiers im Hôtel de la Chancellerie, bezopfte, gepuderte, wohlerzogene, leise Diener, geschult im Umgang mit gemessenen, unnahbaren, leisen Würdenträgern, schraken zusammen, als Frankreichs neuer Großsiegelbewahrer mit seinem Stabe eindrang, laut und lärmend, als sei das Justizministerium das Café Procope. Hallo Camille! Hallo Fabre! Hallo Robert!

Im Arbeitskabinett des Ministers warf sich Danton, besitzergreifend, wuchtig in einen Sessel, streckte die Beine aus, schaute sich um in dem hohen, getäfelten Raum mit Seidentapeten, goldgerahmten Spiegeln und bis zum Boden reichenden Fenstern, gewahrte auf dem Kamin eine Rokokostutzuhr, trat hinzu. Sie stand still, angehalten durch die Lufterschütterung der gestrigen Straßenschlacht oder nicht aufgezogen. Ihr Zeiger war, eine Lilie nachbildend, ein monarchisches Emblem. Danton lächelte mitleidig-verächtlich, schnipste mit Daumen und Zeigefinger leicht gegen das Zifferblatt, und der Zeiger flog weit ins Zimmer. Bourbonischer Zeiger, nie mehr wirst du die Stunde weisen!

Denn mit dem ersten Kanonenschuß, der im Kampf um die Tuilerien gelöst worden war, begann eine neue Zeit, ein neues Jahrhundert. Unsentimentale Sieger wischten über ein mehr als tausendjähriges Gottesgnadentum so gleichmütig mit dem Pinsel hin, wie über eine gegenstandslos gewordene Magazinschrift. Sie stotterten nichts von Versöhnung der Gegenwart mit der Vergangenheit. Sie pfiffen auf Überlieferung. Sie datierten die Vorgeschichte Frankreichs vom 14. Juli 1789, seine Geschichte vom 10. August 1792. Großes Aufwaschen hub an. Von ihren Sockeln stürzten die Standbilder der letzten Ludwige und auf dem Pont-Neuf sogar das Heinrichs IV., der doch an der Schwelle der Revolution der volkstümlichste König gewesen war. Die Adelswappen verschwanden von den Häusern und die Hoflieferantenschilder von den Läden. Die Straßennamen republikanisierten sich über Nacht: der Quai d'Orléans wurde zum Staden der Gleichheit, die St.-Ludwigs-Straße zur Rue Révolutionaire, die Rue de Madame zur Rue des

Citoyennes, der Carrefour de la Croix Rouge zum Kreuzweg der Roten Mütze, und das Justizministerium lag nicht mehr an der Place Vendôme, sondern am Pikenplatz. Nicht im unklaren darüber, wieviel bei Staatsumwälzungen auf die Form, das Äußere, das Sinnbild ankam, erinnerte Danton den Präsidenten der Nationalversammlung sofort an die notwendige Änderung des Staatssiegels und der Formel bei Urteilsverkündungen. Beschluß der Legislative: das Wappen stellt eine Freiheitsgöttin dar, bewaffnet mit einer Pike, überragt von der phrygischen Mütze, und Recht gesprochen wird im Namen der französischen Nation.

Aber niemand war weniger geneigt als Danton, bei Äußerlichkeiten zu beharren. Er hatte eine hohe Auffassung von seinem Amt: es sollte keine Aufsichtsbehörde über Paragraphenmühlen, sondern ein Organ der Wahrheit sein, berufen, die Nation aufzuklären. Seine Vorgänger aber hatten die Gerichte gegen die Volksgesellschaften, diesen ›festesten Wall der Freiheit‹, scharf gemacht, und durch die Richter ins Ohr der Masse träufeln lassen, daß Ludwig XVI. die Freiheit und die Verfassung liebe. Hier galt es auszumisten – scharfe Besen her! Er ernannte Fabre d'Eglantine zum Generalsekretär des Ministeriums, Desmoulins zum Sekretär des Siegels, Robert zum Chef der Sekretäre und berief Paré, Barère und Collot d'Herbois, während Robespierre mürrisch ablehnte, zu Mitgliedern des *Comité judiciaire,* weniger, weil er, oben angelangt, den Freunden die Leiter reichen wollte, als um mit Männern zu arbeiten, die schon vorher auf seiner Seite der Barrikade gestanden hatten.

Das Auskehren mußte sich bis ins Tribunal des kleinsten Nestes erstrecken. Dantons Rundschreiben an die Gerichte vom 19. August deutete scharf mißbilligend auf den mangelnden Bürgersinn vieler Richter; die des sechsten Pariser Arrondissements, die nach dem Gemetzel auf dem Marsfelde die Freiheitsfreunde, auch ihn selber, gejagt hatten, zog er am Ohr hervor; ihr Beispiel habe die Departements so angesteckt, daß der Ruf: Erneuerung der Rechtspflege! allgemein sei. Erster wesentlicher Schritt dazu war die bündige Entlassung aller königlichen Kommissäre oder öffentlichen Ankläger bei den Gerichten. Zuverlässiger Staatsanwälte bedurfte es, um das Regime der Freiheit und Gleichheit zu sichern. Mit den Grauköpfen, die ihr Leben lang im Namen einer Majestät Anklage erhoben und Recht gesprochen hatten, war nicht viel los; sie trugen das Lilienwappen ins Herz geätzt. Obwohl Danton, schwer und massig, wie ein guter Vierziger erschien, war er jung, noch nicht dreiunddreißig und überzeugt, daß für Revolutionen die Jahrgänge der Adernverkalkung nichts taugen. Strom von Jugend sollte den Augiasstall der Justiz ausschwemmen. »Die Liebe zur Freiheit kann nur in glühende Seelen eindringen«, schrieb er der Nationalversammlung, als er verlangte, daß man schon mit fünfundzwanzig Jahren zum Staatsanwalt ernannt werden könne.

Als am 22. September der Nationalkonvent Erneuerung aller Körperschaften der Verwaltung und Rechtspflege beschloß, trug eines der jüngsten Mitglieder der Versammlung, Tallien, auf Zulassung auch von Nichtjuristen zum Richteramt an. Beamter der revolutionären Kommune, hatte er als Clerc bei Notaren und Procureurs doch in die Juristerei hineingerochen, und durchweg Juristen waren es, die sein Antrag auf die Beine brachte. Chasset, früher Advokat in Villefranche, jetzt Richter am Kassationshof des Departements Rhône-et-Loire, schüttelte den Kopf: »Wer das Tribunal mit Männern ohne Fachkenntnis besetzen will, will statt des Gesetzes Willkür des Richters... Wer Richter sein will, ohne sich im römischen Recht, im geltenden Gewohnheitsrecht, in der Fülle der Verordnungen und in den juristischen Entscheidungen der Nationalversammlungen auszukennen, wäre ein Feind des Volkes, mehr, ein Schurke... Eine überschwengliche Freiheitsliebe könnte uns in die größten Wirren werfen... Wenn die Richter jemals die Gesetze ließen, um sich nur auf Laune und Willkür zu stützen, wäre nichts mehr sicher, weder was das Vermögen noch das Leben der Bürger angeht.« Goupilleau, Anwalt aus der Vendée, unterstützte ihn, Mathieu, aus den *Avocats au parlement* von Paris hervorgegangen, wollte das

Laienelement auf Strafsachen beschränkt wissen, weil dort die Gesetzgebung einfacher sei, Thuriot, erst Advokat, dann Richter und Danton nahe, meinte, wenigstens der Vorsitzende müsse die Rechtsprüfungen abgelegt haben, Lanjuinais, Bretone, mit siebzehn Jahren Doktor juris, Rechtsgelehrter von Ruf, Advokat in Rennes, schon unter dem Alten Regime bekannt durch eine Schrift gegen das feudale ›Recht des Taubenschlags‹, sprach für Überweisung an einen Ausschuß, ebenso Vergniaud, ebenso Kersaint, ehemals Graf und Geschwaderchef der Kriegsflotte. Sergent dagegen sprang Tallien bei, Osselin, trotz juristischen Studiums als Notar nicht zugelassen, verlangte, daß der ›Robinokratie‹ der Kragen umgedreht werde – was sagt jetzt Danton?

Danton war Minister der Justiz, Fachmann der Rechtskunde, in allen juristischen Sätteln gerecht, aber ein Bauer der Champagne aus seiner Ahnenreihe, in Mißtrauen gegen alles Advokatische verhärtet, schien zu reden, als er gegen die Männer, die ›mit Jurisprudenz beschmiert‹ seien, eine Rechtsprechung nach den einfachen Regeln des gesunden Menschenverstandes heischte. Chasset hatte angeführt, an ihn als Kassationsrichter kämen so viele Prozesse mit großen Formfehlern behaftet. Na also! Die waren doch das Erzeugnis von Fachleuten! Wie wenige wußten wirklich in den Kompendien Bescheid! Subalterne Köpfe saßen in den Gerichten, die statt über Gesetzeskunde nur über den Jargon der Rechtsverdreher verfügten – fort mit Schaden!

Vor allem aber bäumte sich der Revolutionär in Danton gegen die ›empörende Aristokratie‹ der Juristen auf; Gegenrevolutionäre, Stützen des alten Regimes waren sie durch die Bank; in den Aktenschränken des Ministeriums hatte er die Beweise zuhauf gefunden. Wenn darum jemand von der Rechtsprechung auszuschließen war, so nicht die Laien, sondern im Gegenteil die Juristen; an dem Privileg, das sie sich angemaßt hatten, krankte die Menschheit. Doch er bremste. Mochte das Volk ruhig auch jene ›*Hommes de loi*‹ zu Richtern wählen, zu denen es Vertrauen hatte, aber auch jeden sonst.

Auf die weinerliche Einrede, daß, wer kräftige Lungen habe, bei so überstürztem parlamentarischen Verfahren die Versammlung zu sehr unüberlegten Beschlüssen fortreißen könne, hörte der Konvent nicht und folgte Danton.

Mit Eifer auf das Ausfegen der Gerichtsgebäude bedacht, nahm Danton sein Amt in Einzelheiten und Kleinigkeiten leicht. Brauch war es, daß sich alle acht Tage die Präsidenten der Zivilkammern zur Besprechung unter Vorsitz des Ministers in der Chancellerie einfanden; am 16. August blieb Danton unsichtbar, am 23. erschien er für ein paar Minuten, kordial und jovial, dann Schluß. Akten? Unterschriften? »Fabre, mach du's!« Der seine ewige Schreibfaulheit als Abneigung gegen Federfuchserei in Taten heischender Zeit maskierte: »In Revolutionen schreibt man nicht!«, hatte seinen Namensstempel Fabre d'Eglantine anvertraut, der in vielem für den Großsiegelbewahrer die Geschäfte führte.

Nur nebenbei war ja Danton Justizminister. Die Huissiers merkten es und schlichen scheu auf den Zehenspitzen umher, wenn Robespierre, Marat, Sergent und Panis formlos sein Kabinett betraten und im hitzigen Hin und Wider die Stimmen lauter und lauter ins Vorzimmer schallten.

Danton griff nicht von ungefähr im Konzert seiner Regierungskollegen sofort zur ersten Geige. Während die Legislative die im Juni entlassenen Minister einfach durch Handaufheben wieder einsetzte, erhielt er unter den neu gewählten die meisten, 222 von 284 Stimmen, und hatte damit ausgesprochenermaßen den Vorsprung vor den andern. Die Mehrheit der immer noch behutsamen Versammlung hüstelte sicher bei manchen seiner Anschauungen etwas verlegen, aber was sie bewog, Danton zu erküren, enthüllte der lauterste aller Zeitgenossen, ein Denker von Rang, für den die Politik selbstloser Dienst an der Menschheit war. »Im Ministerium«, erläuterte Condorcet, »war ein Mann vonnöten, der das Vertrauen des gleichen Volkes besaß, dessen Bewegung eben den Thron umgestürzt hatte; ein Mann war vonnöten, der durch seinen Einfluß die sehr verächtlichen Werkzeuge einer nützlichen, ruhmvollen und notwendigen Revolution in Schach zu halten verstand. Überdies mußte es ein Mann sein, der durch seine Redegabe, seinen Geist, seinen Charakter weder das Ministerium noch die Mitglieder der Nationalversammlung erniedrigte, die mit ihm zu verhandeln hatten. Danton allein besaß diese Eigenschaften; ich wählte ihn und bereue es nicht.« Auch Brissot stimmte, von Fabre d'Eglantine auf die bevorstehende Wahl Dantons hingewiesen, freudig zu: »Es wird unsere Wiederversöhnung besiegeln.«

Im vorläufigen Vollzugsrat die Verkörperung des 10. August, der bevollmächtigte Vertreter dieser zweiten Revolution und die Brücke zur Straße: das war nach dem Willen der Legislative, das war in der Tat Danton. Stolz berief er sich auf »den für immer denkwürdigen Aufruhr des 10. August, diese heilige und tausendfach gesegnete Erhebung«, die alle Masken abgerissen und alle Augen ausgewischt habe, auf ›diesen so nötigen Zusatz zur Revolution des 14. Juli‹. Als ›Volksminister‹ fühlte er sich, als ›Revolutionsminister‹; er trumpfte auf, er habe sein Amt unterm Lärm des Geschützfeuers erhalten, mit dem die Bürger den Despotismus niederschmetterten, und etwas scheu schauten die andern Minister, ob nicht die Hand von Pulverschleim geschwärzt sei, die in das Rundschreiben an die Gerichte das Gelöbnis fügte: »An einem Posten, an den ich durch den glorreichen Entscheid der Nation gelange, an den ich durch die Bresche des Tuilerienschlosses komme, in einem Augenblick, da die Kanone auch die *ultima ratio* des Volkes ward, werden Sie in mir beständig und unveränderlich den gleichen Präsidenten dieser Sektion des Théâtre-Français finden, die unter dem Namen des Distrikts der Cordeliers so viel zur Revolution des 14. Juli 1789 und unter dem Namen der Marseiller Sektion so viel zur Revolution des 10. August 1792 beigetragen hat.«

Die Masse erkannte Danton auch rückhaltlos als den ihren an. Als er Freitag, den 11. August, auf der Tribüne der Legislative den Schwur leistete, begrüßte ihn von den Galerien stürmisch eine Menge in Waffen, mit Blut an den

Kleidern, Widerschein von der Erregung des Kampfes noch im Blick: das revolutionäre Paris, das seinem Hauptmann huldigte. In diesen Wochen konnte seine Rede die höchsten, die erhabensten Töne anschlagen; keine Spiegelfechterei, wenn er sagte, solche Zeiten dürften in den Seelen nur den gehobenen Empfindungen, der großherzigen Hingabe, allen Tugenden Raum lassen, aber daß sein Wort auch in die Gosse zu steigen vermochte, machte nicht den geringsten Teil seiner Macht über die Straße aus. Stoßen nicht einmal Vorstädterinnen auf ihn, ausgehungerte, arme Weibsen, mit schlaffen Brüsten, roten Augen, wirren Haarzotteln, weiß Gott nicht in Samt und Seide und nach Moschus riechend? Und vor ihnen stolziert dieser feine Herr, im guten Schoßrock, mit Schnallenschuhen, gemästet, und ist am Kriege schuld! Schmähungen, Flüche, gereckte, dürre Arme, gekrallte Finger. Da dreht er sich gelassen um, mustert sie von oben bis unten und donnert sie an: »Ihr Mistviecher! Ihr Hurenbäuche! Ihr Rotzvetteln!« Gebannt sich duckend, lauschen sie vertrauten Tönen, und plötzlich schlägt aus dem Schmutz Flamme auf: Danton redet zu ihnen von der gemeinsamen Sache, der jeder, hört ihr, opfern müsse; berührt, ergriffen, umgestülpt stehen sie offenen Mundes da, die armen Weibsen, überzeugt, daß jeder das Liebste, was er hat, dem Vaterlande geben müsse, also sie ihre Männer, also sie ihre Söhne. Sie wischen Tränen mit dem Saum eines zerfetzten Rockes ab. Hoch Danton!

Daß die Straße hinter ihm stand, verlieh ihm Autorität, nicht die Zustimmung der Legislative. Sie glich dem abnehmenden Mond, nicht nur, weil sie täglich mehr zusammenschmolz: am 8. August hatten über die Anklage gegen Lafayette noch 680 Abgeordnete abgestimmt, den Vollzugsrat drei Tage später wählten nur mehr 384, den Präsidenten am 2. September nur 257 von 745 Mitgliedern. Ein Rumpfparlament war sie ohne Würde und Ansehen, da sie sich, unentschlossen und schwankend, in der Stunde der Entscheidung hatte vergewaltigen lassen. Widerwillig gewährte ihr bis zur Wahl und bis zum Zusammentritt des

Nationalkonvents das Volk zur Abwicklung der laufenden Geschäfte einen Notstandskredit an Vertrauen.

In dem *Conseil Exécutif Provisoire* waren zwei der fünf Ministerkollegen Dantons nicht einmal Franzosen. Der Genfer Clavière, 1781 in seiner Vaterstadt als Führer der Demokratie zur Macht gelangt, 1782 gestürzt und nach Frankreich geflüchtet, hatte das Wohlwollen Mirabeaus genossen: »Seht diesen Kahlkopf, ich tue nichts, ohne ihn zu fragen.« Als Finanzminister arbeitsam und sachkundig, zäh und hartnäckig, oft nörglerisch und jähzornig, entbehrte dieser Bankmensch doch des Maßes, das eine Revolution erforderte. Statt der großen Zusammenhänge sah er stets nur Genf, in das er eines Tages triumphierend zurückzukehren gedachte. Neun Jahre nach ihm war Lebrun mit einer Abordnung Lütticher Patrioten nach Paris gekommen, in den Kreis um Brissot geraten und von Dumouriez an einen Posten im Ministerium des Auswärtigen geschoben worden. Da er jetzt das gleiche Ressort aus eigenem verwalten sollte, ging ihm die Arbeit wie immer flott von der Hand, doch bedurfte seine im Grunde untergeordnete Natur eines Herrn und Meisters und fand ihn in Danton. Vollends hilflos, schüchtern, schwerfällig tappte in einer Welt, in der der pythagoräische Lehrsatz nicht ausreichte, der Marineminister Monge umher: eine Leuchte der Geometrie, ein Dreierlicht der Politik.

Sein Kollege vom festen Lande, Joseph Servan, befehligte, nach einem Menschenalter Armeedienst, das Infanterie-Regiment 104, als er zum Kriegsminister im ersten Kabinett Roland ernannt wurde. Schon als Offizier verleugnete er nicht den Einfluß seines Bruders, der, *Avocat Général* in Grenoble, sich von den Enzyklopädisten angezogen fühlte; sein Buch über die Landesverteidigung, 1780 unter dem Titel ›*Le soldat citoyen*‹ gedruckt, strotzte von kühnen Vorschlägen über eine demokratische Umgestaltung des Heerwesens. Aber dem Unterrichteten und Fleißigen gebrach es schon wegen seiner Kränklichkeit an den festen Nerven und dem kalten Blut, um in der Gefahr die Dinge zu meistern; statt ihn anzuspornen, schreckten Schwierigkeiten ihn ab. Der Minister endlich, der dem Kabinett den Namen gab, Jean Marie Roland de la Platière, ein dürrer Quäker mit langen ungepuderten Haaren, kahler Stirn und der Gesichtsfarbe eines Leberleidenden, zog als gewissenhafter Prokurist im Hauptbuch der Revolution mit dem Lineal seine Striche; er war von sich eingenommen, weil er Deutschland bis nach Berlin, Österreich, die Schweiz und England kannte und an einem ›*Dictionnaire des Manufactures*‹ gearbeitet hatte. Seine Rechtlichkeit trug er wie einen Sonntagsnachmittagsausgehrock zur Schau; sprach er salbungsvoll von seiner Tugend und immer wieder von seiner Tugend, kitzelte es Danton jedesmal, ihm mit einem Fluchwort des Faubourg über den Mund zu fahren.

Neben Clavière, Lebrun, Monge, Servan und Roland ermangelte Danton durchaus der Eigenschaften, die in Gleichgewichtszeiten einen Minister zieren. Ausdauer, Beharrlichkeit, Pünktlichkeit, Sinn für geregelte Tätigkeit, Freude am Kanzleiischen – alles das fehlte ihm. Akten zu schichten, Akten zu wälzen, Aktenstaub zu schlucken, ermüdete ihn rasch; dann dachte er sehnsüchtig an einen Fluß, ein Boot, eine Angelschnur. Aber als Revolutionsminister in außergewöhnlicher Lage zahlte der Außergewöhnliche mit voller Münze, wo die andern verdutzt mit leeren Taschen dastanden. Von den andern war fast jeder ein Theoretiker, der ein System im Kopf trug und Literatur verfertigte; Danton, der tausendmal mehr aus dem Leben als den Büchern gelernt hatte, Theorien und Systemen abhold, war allein der Praktiker und mit Klarblick, Unterscheidungsvermögen, Wirklichkeitssinn, Witterung für Auswege, Zielsicherheit und Menschenkenntnis der geborene Staatsmann in einem Jahr, da die Dinge heillos durcheinanderpurzelten, eine Gestalt, in Wuchs und Wesen dieser großen Revolution ganz ebenbürtig. Was sich bei Durchschnittsbürgern auf verschiedene verteilte, verschmolz bei ihm zu mitreißender Einheit; Sehen, Erkennen, Wollen, Handeln!

So ausgestattet, schob Danton seine Kollegen spielend beiseite. Anerkennung seiner Vormacht, daß der Vollzugsrat zum erstenmal am 13. August zwei Uhr nachmittags im Justizministerium zusammentrat, aber auch als drei Tage später Roland durchsetzte, daß man fortan in den Tuilerien tagte und umschichtig jeder der sechs eine Woche lang präsidierte, blieb Danton, der formell erst am 9. September den Vorsitz übernahm, der leitende Kopf des Kabinetts. Monge, um seine stete Nachgiebigkeit gegenüber dem Justizminister zu rechtfertigen, stammelte wohl: »Wenn ich nein sage, läßt er mich hängen!«, aber nicht minder beugten sich die vier anderen diesem Willen, dieser Stimme, diesem wie Roederer es hieß, Doggengesicht, das sich zähnefletschend erhob, sowie einer widersprach. Doch sie widersprachen kaum. Was Madame Roland von einem Einzelfall sagte: »Man prüft wenig, erörtert nicht, unterzeichnet«, galt allgemein, und ihr eingeschüchterter Gatte schilderte ›das furchtbare Übergewicht‹, das Danton über ›die beschränkten Geister und schwachen Seelen‹ seiner Kollegen erlangt hatte. Ja, Danton machte die Vorschläge, die Beschlüsse, die Aufrufe, die Erlasse, er ernannte die Kommissäre für die Departements, erteilte ihnen die Weisungen, setzte ihre Ausgaben fest, stattete sie mit den nötigen Geldern aus; Inneres, Auswärtiges, Krieg, Marine, Finanzen – in jedes Fach griff er rücksichtslos ein. Jeder wandte sich an ihn, er beschied jeden.

Marat hinkte mit seiner Forderung, daß Danton die unbeschränkte Gewalt übertragen werde, hinter den Ereignissen drein: am 11. August Justizminister, war Danton, kaum, daß er sich auf seinem Sessel umgedreht hatte, der unbestrittene Diktator Frankreichs.

Nie war einem Staate ein Diktator nötiger.

Wenn Danton die Augen mit der Hand bedeckte, sah er in langen Kolonnen den Feind das ungeschützte Land überfluten. Am 19. August überschritt die Invasionsarmee bei Redingen die Grenze. Der Oberbefehlshaber, Herzog von Braunschweig, dachte nach den strategischen Anschauungen des Jahrhunderts die Franzosen nicht in offener Feldschlacht zu zerschmettern, sondern möglichst unblutig aus ihren Stellungen herauszumanövrieren. Aber seit den Ereignissen des 10. August juckte es Friedrich Wilhelm II., rasch nach Paris zu gelangen. Die dicke Majestät von Preußen fühlte sich bereits als Retter und Ritter der Bourbonen und kostete auf Vorschuß die Erkenntlichkeit Ludwigs, die Dankträne Marie Antoinettens aus.

So marschierten sie, ritten sie und fuhren sie auf den Lothringer Landstraßen, Regiment hinter Regiment. Da marschierten Grenadiere, Musketiere, Füsiliere, das schwere Steinschloßgewehr auf dem Buckel. Da ritten Dragoner, Kürassiere, Husaren in allen Farben. Da fuhren Sechspfünderbatterien, Mörserbatterien, zwölfpfündige Brummerbatterien. Da kamen Mineure und Pontoniere mit Brückentrains. Da folgten Kommandeurchaisen, Stabswagen, vierpfündige Brotwagen, Zelttragtiere, Bagagetragtiere. Da wimmelte es von Stäben, Auditoren, Feldpredigern, Regiments- und Kompagnie-Chirurgen, Profossen, Büchsenmachern, Trainknechten, Stallmeistern, Bereitern, Marketendern. Gut und gerne 42000 Preußen schoben sich da vorwärts; Richtpunkt: der Temple in Paris, in dem die Königsfamilie gefangen saß. Auch 6000 Hessen-Casseler zogen mit, und 15000 Österreicher operierten nördlicher, um später zu den Preußen zu stoßen. Überdies drangen 14000 Österreicher gegen den Rhein vor, gar nicht zu reden von den Emigrantenkorps, die mit Edelmanns-Kompagnien, Freiwilligen zu Fuß und zu Pferd, Ulanen und Feldgendarmerie großspurig auftraten, aber, schwach an Zahl und wenig taugend, im Hintertreffen blieben. Von den preußischen Offizieren wurden sie über die Achsel angesehen, und wer von den Söldnern Friedrich Wilhelms zu denken verstand, wie der Magister Laukhard, Gemeiner im Infanterie-Regiment Nr. 3 von Thadden, spuckte erst recht aus vor diesem ›Auswurf des Menschengeschlechts‹, diesem ›schändlichen und schrecklichen Ungeziefer‹.

Danton unterschrieb in diesen Tagen, Übereinstimmung mit der Urschrift beglaubigend, das Dekret des Vollzugsrats, das auf Beschluß des Konvents den ›*sieur Gille, publiciste allemand*‹, sonst auch Schiller genannt, zum französischen Citoyen beförderte, aber von einem anderen deutschen Publizisten im Gefolge des preußischen Heeres wußte er nichts. Ein ansehnlicher Herr in mittleren Jahren und wohl mehr als ein gewöhnlicher Kriegsberichterstatter, denn er hatte einen Diener, der ihn Herr Geheimrat anredete, und die feudalen Offiziere des Kürassier-Regiments, dem er sich angeschlossen hatte – hellziegelrote Aufschläge und Kragen, also Nr. 6 Herzog von Sachsen-Weimar – die Herren v. Schiebelstein, v. Weyrach, v. Werthern, v. Schierstedt, v. Wedell, behandelten ihn fast als ihresgleichen. Manchmal fuhr er in leichtem, offenem Wägelchen in einer Lücke der Marschkolonne, manchmal saß er zu Pferde und trabte mit den Kürassieren. Gelegentlich ritt er zu den Vorposten und blickte durch ein gutes Glas zum Franzmann hinüber; einmal erwischte er eine Nummer des Pariser *›Moniteur‹* und las nachdenklich die Drohung: Die Preußen können nach Paris kommen, heraus kommen werden sie nicht mehr!; ein andermal traf er im Gelände den österreichischen Gesandten in Berlin, Bekannten von früher, Prinz Reuß soundsoviel, und erzählte ihm ziemlich aufgeregt von neuen Erkenntnissen in der Farbenlehre; als sie sich trennten, winkte der Soundsovielte noch freundlich zurück: »Also au revoir, Herr von Goethe!«

Die Emigranten hatten wie oft – auf Parole d'honneur! – versichert, daß in dem ganzen königlich gesinnten Frankreich den Eindringlingen alle Herzen entgegenfliegen, alle Festungen sich öffnen, alle Linientruppen sich anschließen würden, und der Rest war eben Lumpengesindel, das nicht zählte. Enttäuschung der preußischen Aristos, als sich der Schwindel herausstellte, und obendrein der Wettergott die dreifarbige Kokarde zu tragen schien. Vom ewiggrauen Himmel goß es Tag und Nacht. Die Chausseen verliefen zu Sümpfen. Mühsam, unter gotteslästerlichen Kasernenhofflüchen kämpften sich die Kolonnen gegen kalten Sturm und peitschenden Regen voran, die Uniformen klebten klatschnaß am Leibe, im Morast der Straßen blieben die Schuhe stecken, sogar die Zeltschnüre verfaulten, die Bagage lag festgefahren irgendwo, mit der Verpflegung auf der

Etappenlinie von Berg an der Mosel haperte es täglich mehr.

Immerhin arbeitete man sich vorwärts. Am 20. August eingeschlossen, kapitulierte Longwy, ›das eiserne Tor Frankreichs‹, schon drei Tage später. Am 30. August richteten die Preußen ihr Geschütz auf die Wälle und Kasematten von Verdun.

Als in der Nacht vom 1. auf den 2. September ein Freiwilliger des Bataillons Maine-et-Loire seinen abgetriebenen Gaul über das Pariser Pflaster spornte, Meldung an den Vollzugsrat: Festung und Stadt Verdun schwer gefährdet!, sprang Funke in eine Pulverkammer.

Die Köpfe der Pariser fieberten noch vom 10. August. Daß Tausende beim Sturm aufs Schloß gefallen seien, glaubte man allgemein; man glaubte steif und fest an Verrat der Schweizer, die unter fraternisierenden Gebärden in eine arglose Menge gepfeffert hätten. Racha! Racha! Die revolutionäre Kommune klebte an die Mauern lakonische Mahnung und Verheißung:

SOUVERÄNES VOLK! SCHIEBE DEINE VERGELTUNG AUF!
DIE JUSTIZ, DIE EINGESCHLAFEN WAR, TRITT HEUTE WIEDER IN IHRE RECHTE EIN!
ALLE SCHULDIGEN WERDEN AUF DEM SCHAFOTT ENDEN!

Auf Drängen des Gemeinderats wurde für Verbrechen, die mit dem 10. August zusammenhingen, am 17. ein außerordentliches Tribunal eingesetzt; seine Urteile boten keine Berufungsmöglichkeit, waren sofort vollstreckbar. Vier Tage später erhob sich vor den Tuilerien auf der Place du Carrousel, jetzt Brüderlichkeitplatz, die neumodische Hinrichtungsmaschine, die man im April an einem armen Schächer zuerst erprobt hatte; bei Fackelschein fuhr ihr Messer um zehn Uhr abends einem Schreiblehrer, der als royalistischer Verschwörer verdammt worden war, ins Genick.

Die Kommune verfügte, daß zur Einschüchterung der einen, zur Beruhigung der andern, ›bis auf weiteres‹ die

Guillotine aufgeschlagen bleibe. Mancher, der von dem Beschluß nichts wußte und, heimkehrend, sich von der linden Luft der Pariser Herbstnacht die Stirn umschmeicheln ließ, schauderte zurück, da jäh und gespenstisch die Pfosten des Mordinstrumentes ein langes Rechteck aus dem gestirnten Himmel schnitten.

Aber um aufgespeicherter Volkswut zu genügen, arbeitete das Tribunal zu langsam, zu umständlich, zu rücksichtsvoll; siebenundzwanzigstündige, sechsunddreißigstündige Sitzungen; vorgestern ein zaghaftes Todesurteil, übermorgen wieder eins, dann ein Freispruch, abermals ein Freispruch – »Wir sind geleimt!« schrie die Straße und: Racha! Racha!

Die Kommune: »Wäre der Tyrann Sieger geblieben, ständen schon zwölfhundert Schafotte in der Hauptstadt, und mehr als dreitausend Bürger hätten das in den Augen des Despoten furchtbare Verbrechen, nach der Freiheit gestrebt zu haben, mit ihrem Kopf bezahlt, und das französische Volk, siegreich über die schrecklichste Verschwörung, Sieger über den schwärzesten Verrat, ist noch nicht gerächt!«

Am 27. August Leichenfeier für die Patrioten, die bei Erstürmung des Schlosses ›auf Geheiß des Tyrannen ermordet‹ worden waren; mitten im Garten der Tuilerien ein riesiger Obelisk mit der Inschrift:

Silence! Ils reposent!

Ochsen zogen einen Sarkophag; dahinter wurden die Statuen des Gesetzes und der Freiheit getragen; Witwen und Waisen der Gefallenen kamen in weißen Gewändern mit schwarzen Schleifen; Marie-Joseph Chénier sprach die Trauerrede; im Winde bauschten sich Banner, darauf zu lesen: »Beweint, Gattinnen, Mütter und Schwestern, den Verlust der von Verrätern Hingeopferten; wir, wir schwören, sie zu rächen!«

Dazu jetzt Angst, Furcht, Schrecken, Verzweiflung, Panik, und das Rachegelüst schäumt über. Wieder schwirrt Paris von Gerüchten: Lafayette im Anmarsch gegen die

Hauptstadt! Die Vendée im Aufruhr für das Königtum! Und die Ci-devants, wenn sie mit preußischen und österreichischen Bajonetten da sind, wehe dann der Freiheit! Wehe Frankreich! Wehe den Patrioten! Der Invasionsarmee, die in Wahrheit nicht sänftiglich auftritt, verwüstet, plündert, mißhandelt, fliegt eine Wolke von Greuelmärchen vorauf: die Barbarenhorden der Preußen brennen und morden nur, aber die Ulanen – meint man die der Österreicher oder der Emigranten? – die Ulanen schneiden jedem Munizipalbeamten, den sie zu packen bekommen, die Ohren ab und nageln sie ihm auf dem Scheitel fest!

Und Verrat drinnen und draußen! War nicht ein Bataillon Freiwilliger bei Diedenhofen von seinen Offizieren den Österreichern ausgeliefert und dann gezwungen worden, gegen das Vaterland zu fechten? Strotzen die Pariser Gefängnisse nicht seit kurzem von Royalisten, die nur auf den Abmarsch der Patrioten zur Front warten, um der Revolution den Dolch in den Rücken zu bohren? Frauen und Kinder dem royalistischen Mordgesindel überlassen? Bei Gott nein! Eine Broschüre geht von Hand zu Hand, »Großer Verrat von Louis Capet. Aufdeckung eines Komplotts der Aristokraten und eidweigernden Priester, um, unter Beihilfe der Räuber und Verbrecher in den Gefängnissen von Paris, in der Nacht vom 2. zum 3. dieses Monats alle guten Bürger der Hauptstadt zu ermorden.« Wer ist's, der nicht an diese Verschwörung in den Gefängnissen glaubt?

Und jetzt: Verdun vor dem Fall, die Straße nach Paris offen – hört ihr nicht schon das höhnische Pferdegewieher der preußischen Reiterei?

Am Abend des 2. September leuchten in Verdun die Fenster der Royalisten im festlichen Glanz, um den Einzug der Preußen geziemend zu feiern.

Am Abend des 2. September sind die Verkaufsbuden des Tuileriengartens erhellt und die Alleen von Spaziergängern, kokettierenden Frauen, spielenden Kindern belebt wie sonst.

Am Abend des 2. September schichten sich vor den Pariser Kerkern grausig die blutbesudelten Leichen.

In der Abtei beginnt es nachmittags auf Antrieb der Sektion Faubourg Poissonière und geht durch Tage, durch Nächte mit Entsetzen einflößender Monotonie in allen Gefängnissen weiter. Sachlich, nüchtern, fast leidenschaftslos mordet man in der Conciergerie und im Châtelet, in La Force und Bicêtre, in Carmes und in der Salpêtrière und wo nicht noch. Die Gefangenen werden in den Eingangsraum geführt: an einem Tisch, drauf Kerzen, Papiere, Pfeifen, Weinflaschen, ein Ausschuß, dem niemand sein angemaßtes Amt streitig macht. Kurzes Verhör, ein Wink, die Tür öffnet sich, draußen fällt das Opfer unter Säbelhieben und Pikenstößen.

Freisprüche gibt es auch, unter Umarmungen und ehrlichem Jubel: *Vive la Nation!* Den Herrn de Saint-Méard, der davonkommt, wundert die Aufmerksamkeit, mit der ihn seine Richter anhören; das Fräulein de Cazotte deckt ihren greisen Vater mit dem eigenen Leibe, und das Volk ruft nicht vergeblich den Würgern: Gnade! zu; die Marquise de Tourzel staunt bei der Unterhaltung mit den freiwilligen Henkern, daß sie, keineswegs vertiert oder bösartig, sich für Einwände der Gerechtigkeit und der Vernunft empfänglich zeigen.

Keine Zuhälter, Galeerensträflinge, Totschläger von Beruf sind ja am Werke, sondern ehrsame Kleinbürger: Fruchthändler, Spezereikrämer, Metzger, Hutmacher, Schneider, Schuster, Goldschmiede, Barbiere; durch Furcht um sich und ihre Familie tobsüchtig, glauben sie Dienst am Vaterlande zu verrichten. Zwischendurch gehen sie zu Muttern, ihren Pot-au-Feu zu löffeln oder sich mit einer Flasche Wein zu stärken; als freilich die Frau des Kupferplattenschleifers Cortay ihren Mann so heimkehren sieht, Flecken nassen Blutes auf den Kleidern, mit blutigem Säbel in der Faust, erhält die Schwangere einen inneren Stoß, an dem sie stirbt.

Auch bricht über dem viehischen Unternehmen die Viehsnatur des Menschen durch. Man mordet am Ende unterschiedslos, Verdächtige und Nichtverdächtige, Politische und Unpolitische, Greise und Kranke, Frauen und

Kinder; man mordet mit Lust und unter geilen Scherzen. Aus dem Gefängnis La Force wird die Lamballe, zweimal Prinzessin, durch Geburt und Heirat, auf die Gasse gestoßen und taumelt gefällt zu Boden. Die Lamballe – alle Welt erzählt, daß sie mehr als nur die Freundin der Königin ist, daß Marie Antoinette mit ihr trieb, was das ›deutsche Laster‹ heißt. Im Nu sind der Toten die Kleider herabgerissen; weiß und nackt liegt der Körper da, einer stößt ihm eine Pike zwischen die Beine: »Das liebkoste eine Königin!« Ein anderer reißt das Herz aus der aufgeschlitzten Brust, der abgesäbelte Kopf entfernt sich, auf eine Stange gesteckt, der Gefangenen im Temple gezeigt zu werden.

Zahl der Opfer? Mehr als tausend! Die Karren, die sie zu den Friedhöfen, zu den Steinbrüchen führen, hinterlassen auf dem Pflaster eine klebrige rote Spur.

Europa machte für diese Scheußlichkeiten Danton, Robespierre und Marat verantwortlich, die der Welt seit dem 10. August das brennende Dreigestirn am Himmel der Revolution waren.

Mit dem ›*Ami du Peuple*‹ hatte Europa vielleicht nicht ganz unrecht. Seiner Überzeugung treu, der Sache ergeben, fanatisch auf das Wohl der Allgemeinheit bedacht, aber nur ein aus dem Gleichgewicht Geratener sprach wie er mit der Selbstverständlichkeit eines asiatischen Folterknechtes vom Ohren- und Daumenabschneiden, vom Zungenspalten, Verbrennen und Pfählen, oder vergnügte sich in blutrünstigen Schilderungen: »Fünf- bis sechshundert abgeschlagene Köpfe hätten euch Ruhe, Freiheit und Glück gesichert; eine falsche Humanität hat euren Arm zurückgehalten und euch am Zuschlagen verhindert; sie wird Millionen eurer Brüder das Leben kosten. Eure Feinde brauchen nur einen Augenblick zu triumphieren, und das Blut wird in breiten Strömen fließen; sie werden euch ohne Erbarmen erwürgen und euren Frauen den Leib aufschlitzen, und um für immer unter euch die Liebe zur Freiheit zu ersticken, werden ihre blutbesudelten Hände das Herz in den Eingeweiden eurer Kinder suchen.« Mit jedem Monat wuchs die

Zahl der Köpfe, die, abgehauen, den Weg zum Glück der Nation pflastern sollten. Nach Bouillés Einschreiten in Nancy: »Heute genügten zehntausend abgeschnittene Köpfe kaum, um das Vaterland zu retten«, einige Wochen später: »Um euch vor dem Untergang zu bewahren, werdet ihr vielleicht gezwungen sein, hunderttausend Köpfe abzuschlagen«, dann wieder: »Vielleicht werden fünfhunderttausend Köpfe vor Jahresschluß fallen!«

Nicht immer meinte Marat wohl solche Mordfantasien wortwörtlich, denn er gestand Basire einmal: »Die Hand sollte mir eher verdorren, als daß ich schriebe, wenn ich sicher wäre, daß das Volk ausführte, was ich ihm gebiete.« Aber wie ging in der Masse, von der er selbst sagte, daß sie dumm und leichtgläubig sei, seine Saat auf!

Und welche aufstachelnde Wirkung, als er unmittelbar nach dem 10. August schon wieder den Argwohn gegen alles und jeden schürte und, Schaum vor dem Munde, weil er Lafayette auf Paris marschieren sah, aus seinem Blatt durch die Gassen schrie: »Pflicht des Volkes? Auf das Urteil der in der Abtei festgehaltenen Verräter drücken, die Gerichte und die Nationalversammlung einschließen, und wenn die Verräter weißgewaschen werden, sie samt dem neuen Tribunal niedermetzeln!« Aber warum warten, bis das Revolutionstribunal versagte? »Sicherer und weiser ist es, die Abtei zu erstürmen, die Verräter herauszuholen, hauptsächlich die Schweizer Offiziere und ihre Spießgesellen, und sie über die Klinge springen zu lassen. Narretei, ihnen erst einen Prozeß zu machen!«

Marat: die Septembriaden waren die Tat von seinem Gedanken.

Nicht zum Spaß nahm der Sicherheitsausschuß der Kommune, der in diesen Tagen antreibend statt hemmend eingriff, am 2. September den ›Volksfreund‹ in seinen unheilschwangeren Schoß auf. Unter dem Rundschreiben dieses Komitees an die Departements, das die ›unvermeidlichen Justizakte‹ mit der Notwendigkeit rechtfertigte, »durch den Schrecken die Legionen von Verrätern innerhalb der Mauern von Paris zurückzuhalten«, und die gesamte Nation aufforderte, sich des gleichen ›so notwendigen Mittels zum allgemeinen Wohl‹ zu bedienen, stand auch dieser Name: Marat.

Danton war kein Marat. Er brauste auf, aber seine Gutmütigkeit offenbarte sich oft. Nichts lag ihm weniger als kalte Rachsucht. Kenner seines Gemüts vermuteten, daß er unter Barschheit und Brüllerei seine innere Weichheit verbarg. Sein Konventskollege Jeanbon Saint-André, strenger Diener des protestantischen Gottes und kein nachsichtiger Richter, da Lanjuinais meinte, er habe mehr Galle im kleinen Finger als Marat im ganzen Körper, entdeckte in Dantons Physiognomie »Züge von Reinheit und selbst von Güte, die anziehend wirkten«, und Sergent bescheinigte ihm, in ruhigeren Zeiten seiner gedenkend, ein empfindsames Herz: »Kein Unglücklicher wandte sich vergebens an ihn.« In diesen August- und Septembertagen blieb Danton den Beweis nicht schuldig. Als Barnave in Grenoble verhaftet wurde, weil sich Zeugnisse für seine gegenrevolutionären Umtriebe gefunden hatten, ward einer seiner Freunde bei Danton vorstellig. Der, im Privaten dem: Leben und Lebenlassen! geneigt, war auch im Politischen kein blutdürstiger Hysteriker. Seine erste Regung: Laßt den armen Teufel laufen! Was kann er im Exil Großes schaden! Er sagte seine Hilfe zu, die freilich Barnave durch Starrsinn zunichte machte.

Auch für Adrien Duport, der im Loiret festgenommen war, ließ sich Theodor de Lameth von Choudieu zu Danton weisen, der zugänglich sei, wenn man die Gefühlssaite anstreiche. Danton legte sich um so eher ins Zeug, als er Duport persönlich kannte, verhinderte die Überführung des Gefangenen nach dem gefährlichen Paris der Metzeleien und verlangte vom Überwachungsausschuß der Kommune Schuldbeweis oder Freilassung. Aber da Fabre d'Eglantine dem Komitee aus dem Aktenschrank des Justizministeriums Belege für Duports Verbindung mit den Emigranten zugespielt hatte, richtete Marat an Danton ein gereiztes Schreiben; der: Was, mir will die Kröte drohen? mit Pétion ergrimmt in den Ausschuß: Ist Marat hier?

Jawohl, hier!, heftiger Zusammenprall, schließlich Marat, den Brief zerreißend: man müsse alles vergessen, und die pflichtschuldige Umarmung.

Für das, was in den Tiefen der Massenseele brodelte, hatte Danton genug Verständnis, um die Gefängnisschlächtereien kommen zu sehen. Vorbeugen konnte ihnen höchstens eine nicht schlappe revolutionäre Justiz, die dem wunden Volksempfinden Balsam bot. Schon als er am 11. August zum erstenmal vor die Nationalversammlung trat, erhob er weithin sichtbar ein Schild: »Dort, wo die Tätigkeit der Justiz beginnt, müssen die Rachegelüste des Volkes schweigen«, und anheischig machte er sich, die in die Reitbahn geflüchteten Schweizer gegen die entfesselte Wut der Menge zu schützen: »Ich werde mich an ihre Spitze setzen, und ich hafte für sie!« Seine Reden und Taten in diesen Tagen waren alle zugespitzt auf dies: Dem Volk muß volle Gerechtigkeit werden, sonst schafft es sich selber Gerechtigkeit – in unerwünscht furchtbarer Weise. Der Aufruf des Vollzugsrats an die Nation vom 25. August, der Zeile für Zeile die glühende Spur von Dantons Hirn offenbarte, sprach bedrohlich von Verrätern, ohne die der Kampf bald zu Ende sei: »Eure aktive Wachsamkeit wird unbedingt ihr Ziel durchkreuzen«, aber beschwichtigend: »Seid einig und ruhig! Erörtert in Besonnenheit eure Verteidigungsmittel! Entfaltet sie mutvoll und der Triumph ist gesichert.« Drei Tage später verglich er Frankreich einem Schiff in schwerer Seenot, da die Besatzung alles über Bord wirft, was sie dem Verderben aussetzen könne, und verlangte für die Kommune das Recht zu Haussuchungen, zunächst, um nach Waffen für den Heeresbedarf zu fahnden, aber zugleich forderte und erreichte er, um die unheilvolle Gewitterstimmung der Hauptstadt zu entspannen, die Öffnung der Tore, durch deren Schließung der revolutionäre Gemeinderat Paris von Frankreich abgeschnitten hatte. Und als der Gouverneur von Fontainebleau Luce de Montmorin am 31. August trotz schwerster Belastung vor dem Revolutionstribunal leer ausging, weil er nicht in böser Absicht gehandelt habe, fuhr es dem Justizminister blitzhaft durch den Kopf: Katastrophe ist dieser Freispruch bei der Erregung der Masse! Buchstabe des Gesetzes hin, Buchstabe des Gesetzes her – sofort ordnete er Wiederaufnahme des Verfahrens und Absetzung und Verfolgung des anscheinend parteiischen Anklagevertreters an.

Aber als die Mörder wüteten, tat Danton nichts, ihnen in den Arm zu fallen. Hatte er selbst den Willen, fehlte ihm doch die Macht. Die Nachricht von den Würgereien ließ Behörden und Körperschaften nicht unberührt. Die Kommune entsandte sechs Kommissäre in die Gefängnisse, um wenigstens die unpolitischen Häftlinge auszusondern, und im Auftrag der Legislative waren zwölf Abgeordnete unterwegs, um den Schlächtereien Einhalt zu gebieten, aber hier versagten die Trikolorenschärpen. Einem der Beschwichtiger sprang ein Kerl mit blutiger Klinge und wutfunkelnden Augen entgegen: »Mein lieber Mann, wollen Sie uns dumm machen? Wenn das verdammte Lumpenpack der Preußen und Österreicher nach Paris kommt, werden sie auch die Schuldigen erst aussuchen? Werden sie nicht kreuz und quer zuschlagen wie die Schweizer am 10. August, he? Ich bin kein Redner, ich mache niemanden dumm und sage Ihnen, daß ich Familienvater bin, ein Weib und fünf Kinder habe, die ich hier unter dem Schutze meiner Sektion zurücklasse, um selbst an die Front zu gehen, aber ich will nicht, daß unterdessen die Verbrecher, die in diesem Gefängnis sind, und denen andere Verbrecher die Tore öffnen werden, meine Frau und die Kinder abschlachten.« »Recht hat er«, schrie die Menge, »keine Gnade! Los! Weiter!« Bei solcher Stimmung blieb jede Mühe fruchtlos; einer der Kommissäre, der alte Dusaulx, dem es seinerzeit mehr Pläsir gemacht hatte, den Juvenal zu übersetzen, berichtete achselzuckend der Nationalversammlung: »Das Volk ist in einem Maße überreizt, daß es auf niemanden hört. Es fürchtet, betrogen zu werden.«

Da die Metzeleien andauerten, forderte die Legislative durch Dekret die Munizipalität, den Generalrat der Kommune und den Befehlshaber der Pariser Nationalgarde auf, »mit allen Mitteln zu verhüten, daß die Sicherheit der

Person und des Eigentums verletzt werde«. Von je einem Kommissär der Nationalversammlung wurde dieser Beschluß in jeder der achtundvierzig Sektionen verkündet, und Santerre beteuerte in einem Brief an den Maire Pétion, er werde seine Anstrengungen bei der Nationalgarde verdoppeln, »und ich schwöre Ihnen, daß, wenn sie in der Untätigkeit verharrt, mein Leib als Schild für den ersten Bürger dient, den man angreifen wollte«. Aber die bewaffnete Macht der Revolution blieb Gewehr bei Fuß und dachte so wenig daran, einzuschreiten, wie die unbewaffnete Menge, die den zwei-, dreihundert Würgern die Mauer machte. Diese Mauer durchdrang auch kein Danton; »keine menschliche Macht«, urteilte er später mit Recht, »vermochte diese Geschehnisse aufzuhalten.« Was er einzig konnte, war, zu einem Versuch seine Volkstümlichkeit einzusetzen, aber er wußte nur zu genau, wie schnell Volkstümlichkeit in solchen Fieberzeiten verdunstete, und das Kapital seiner Popularität mußte er auf Heller und Pfennig für aussichtsvollere Unternehmungen beisammen halten, als es die Rettung der ihm politisch gleichgültigen Gefangenen war.

Denn um ein Politikum ging es. Wo selbst wohlerzogene, gebildete, zartfühlende Frauen die Massakers als ›schreckliche Notwendigkeit‹ hinnahmen: »Die Preußen und die Könige hätten ebenso viel getan und noch tausendmal mehr«, verhüllte Danton nicht schaudernd sein Haupt, sondern sah den Tatsachen gelassen ins Auge. Sicher dachte er ähnlich wie sein Freund Basire, der im November den Jakobinern auseinandersetzte: »Eine Revolution ist stets etwas Häßliches in ihren Einzelheiten, ein Staatsmann muß sie in ihrer Gesamtheit und in ihren Folgen für die ganze Generation betrachten, und falls er sich durch den Anblick einiger privater Leiden berührt fühlt, wird er durch den Anblick des Allgemeinwohls entschädigt; in großen Krisen darf man nicht Harmonie und gute Ordnung verlangen.« Die Septembermorde fielen unter diese häßlichen Einzelerscheinungen; keine Heuchelei, wenn Danton bald die Ausdrücke ›beklagenswerte Begebenheiten‹, ›abscheuliche Ereignisse‹, ›schreckliche Gemetzel‹ auf die Lippen traten. Aber niemand war so sehr der Mann, die Revolution als Ganzes zu erfassen, wie er, und der Revolution als Ganzem vermochten diese ›schrecklichen Taten‹, die er weder gewünscht noch begünstigt hatte, zu dienen. Nicht etwa daß er an das Märchen vom Gefängniskomplott geglaubt hätte, wie Chabot, der es unnatürlich nannte, »während die wackersten Patrioten zu den Grenzen eilten, hier dem Stoß der Gefangenen ausgesetzt zu bleiben, denen man Waffen und Freiheit versprach, um uns zu ermorden«. Aber es galt, das Volk in revolutionärer Begeisterung gegen den äußeren Feind zu führen, und das Volk in seinem dumpfen Wahn brauchte und billigte die Massakers. Was war da besser? Daß unter seiner Wut ein paar hundert Aristos draufgingen oder daß die revolutionäre Begeisterung ein Loch bekam? Und konnte man zur Rettung von Royalisten Kartätschenschlünde gegen die auffahren, die morgen gegen die preußischen Kartätschenschlünde stürmen sollten? Die Untaten des September in ihrer Gesamtheit betrachtet, was waren sie für Danton? Er antwortete entschlossen: »Die Folgen einer Revolution!« und fügte hinzu: »Selbst wenn einzelne dabei ihrer Rache frönten, handelte es sich doch um ein Volk, das niemals die Hauptschuldigen hatte zur Rechenschaft ziehen sehen.«

Aber Danton ging noch einen verhängnisvollen Schritt weiter. Als kreisten von einem Vorfahren aus dem Midi ein paar Blutstropfen in den Adern des Mannes aus der Champagne, liebte er es, vor staunenden Zuschauern Gewichte zu stemmen, selbst wenn sie von Pappe waren, und wollte um alles lieber ein Kinderschreck als ein Kinderspott sein. Darum nahm er die Verantwortung für Greuel auf sich, für die er nicht mehr als jedes Mitglied des Vollzugsrats oder der Legislative die Verantwortung trug. Fast geflissentlich erschien er am 3. September zu einer Sitzung des *Conseil Exécutif,* naheliegende Gedankenverbindung nicht scheuend, in einem scharlachfarbenen Leibrock, wie er nicht mehr in Mode war; als Fabre d'Eglantine das Rundschreiben des Überwachungsausschusses mit dem Stempel des

Justizministeriums versandte und so der Anfeuerung zu neuen Morden einen offiziellen Anstrich gab, schwieg Danton, statt ihn anzunageln, und vor dem und jenem rühmte er sich gar, wenn die Rede auf den September kam: »Habe ich gemacht!«

Damit bot er dem Angriff der Gegner die ungedeckte Brust. Im Konvent rief man ihm zu, er habe die Septemberleichen zu einem Thron für sich schichten wollen, und Prudhomme stocherte in den ›*Révolutions de Paris*‹ nach: »Du schweigst, Danton!« Aber in diesem Schweigen war mehr Verachtung als Verlegenheit.

Solcher Angriffe durfte Danton auch lachen, weil er in den entscheidenden Tagen mehr auf die Grenzen als auf die Gefängnisse, mehr auf die äußere als auf die innere Gefahr geschaut hatte.

Was in der Stunde der Not aus seiner Stirn einen Kraftspeicher für ein ganzes Volk machte, war nicht zuletzt sein Patriotismus und sein Nationalgefühl. In seiner Vaterlandsliebe schwang eine leicht sentimentale Note mit; wenn er schmetterte: *La Patrie*, sagte in seinem Herzen leiser Widerhall: Die Heimat! und für einen Augenblick spürte er um die Schläfen den kühlen Wind, der ewig über die Kreidefläche der Champagne strich. »Ich gehöre«, bekannte er im Parlament, »nicht Paris an, ich bin in einem Departement geboren, zu dem ich stets mit Freude die Blicke wende«, und obwohl das karge Tal der Aube in nichts dem üppigen Garten um die Hauptstadt glich, empfand Danton für das Land, in dem er leiblich und geistig wurzelte, für das ganze Land die Zärtlichkeit, die im Rolandslied erklang:

Terre de France, mult estes dulz païs!

Aber Vaterland – das war nicht nur millionenmal die eigene Scholle. Bei den Deutschen, die in ihrer Erbuntertänigkeit von dergleichen nichts ahnten, mochte ein gelehrter Professor, Schlözer, die Vaterlandsliebe abtun: Gewöhnung der Kuh an den Stall, in dem sie immer gewesen ist, für Danton läuteten in dem Begriff Patriotismus alle Sturmglocken einer großen Revolution. Als, die Oriflamme der Bourbonen in der Kinderhand und den zarten Leib in Stahl gepreßt, die lothringische Jungfrau den Heerhaufen Karls VII. voraufgeritten war, spülte zum erstenmal eine Welle Nationalgefühl über Frankreich hin, aber bald versickerte sie wieder im Boden oder teilte sich in regionale Rinnsale. In der Stickluft des Absolutismus konnte die Nation ihrer selbst nicht bewußt werden. Ludwig XIV., von den Franzosen als von seinen Völkern sprechend, erklärte: »Die Nation bildet in Frankreich keine Körperschaft, sie beruht ausschließlich in der Person des Königs.« Noch im Jahre 1789 war Frankreich, wie Mirabeau höhnte, »eine zufällige Zusammenstückelung getrennter Völker«. Es gab eine bretonische und eine provenzalische ›Nation‹; bei Aufstellung der *Cahiers de Doléance* berief sich die Normandie auf die Charte ihres Herzogtums von 1315 wie Burgund auf Patente von 1483, die ihnen Sonderrecht um Sonderrecht einräumten, und das Beschwerdeheft der Gemeinde Morlaas warf die Frage auf: »Bis zu welchem Punkt dürfen wir aufhören, Béarneser zu sein, um mehr oder minder Franzosen zu werden?«

Die Revolution aber legte ruck und zuck die horizontalen und vertikalen Schranken nieder, die Frankreich und die Franzosen an der Einheit hinderten; sie kannte – fort mit der Ständeschichtung! – statt Adel, Geistlichkeit und Tiers Etat nur mehr gleichberechtigte Bürger. 1614, bei einem Vergleich der Stände mit drei Söhnen der Mutter Frankreich, hatte der Baron de Senecey nicht schlecht getobt, daß die Noblesse mit dem Pöbel in Verwandtschaft gebracht werde; jetzt ergänzte die Losung der Brüderlichkeit die der Freiheit und Gleichheit. Und fort mit der Buntscheckigkeit der Provinzen und Länder! Das Dekret vom 15. Januar 1790 teilte Frankreich nach den unromantischen Erwägungen der Vernunft in 83 Departements, jedes annähernd so groß und bevölkert wie das andere, jedes nach einem Flußlauf, einem Gebirgszug, einer Meeresküste genannt. Niemand war jetzt mehr zunächst Provenzale oder Béarneser oder Bretone, sondern Franzose, einer von fünfundzwanzig

Millionen Brüdern, die ein nationales Band umschlang. Fast alle empfanden, wie es Durand-Maillane, in Konstituante und Konvent wahrhaftig ein zahmer Umstürzler, beschrieb: »Die Revolution kam, und zum erstenmal kostete jeder von uns die Wonne dieser Fülle von Bindungen, die die Bürger an ihr Vaterland als an den Mittelpunkt all ihrer Zuneigungen knüpft.« »Seit wir ein Vaterland haben« wurde zur geläufigen Redensart und hieß: seit Juli 1789.

Dantons erstes Wort, nachdem er am 11. August vor der Legislative den Eid geleistet hatte, lautete: Die Nation! Auch sollte es die Einheit des Landes betonen, wenn sein Rundschreiben an die Gerichte das Komplott der Tuilerien von ›dem Mut der Föderierten der 83 Departements und der 48 Sektionen der Hauptstadt‹ ersticken ließ. Dick und deutlich stand auf seinem Programm ›die Einheit der 83 Departements‹, und da er am 25. September in der Nationalversammlung ausrief: »Frankreich muß ein unteilbares Ganzes bilden... Ich verlange die Todesstrafe für jeden, der die Einheit Frankreichs zu zerstören trachtet«, belebte sein Odem die Formel der *République une et indivisible,* die das Parlament in gleicher Sitzung annahm.

Dieses Vaterland schwebte, als Danton aufgerufen wurde, es mit breiter Brust zu decken, in schwerster Not. Nach dem 10. August flüchteten die fremden Gesandten aus Paris wie aus einer Pesthöhle. Ein Ring von ertötender Feindseligkeit legte sich um Frankreich; gerade mit Dänemark und Schweden vertrug man sich noch leidlich. Das Ansehen des Landes war so gesunken, daß selbst ruppige Zaunkönige wie der Fürstbischof von Lüttich ihm frech zu kommen wagten. Zur Abwehr der Invasion standen außer den Garnisonen nur 82000 Mann auf der Riesenstrecke von Dünkirchen bis Basel verteilt. Nichts zu sagen gegen die Artillerie, die beste Europas, sonst aber Durcheinander im Heer. Von den neuntausend Offizieren der Linie waren gut zwei Drittel desertiert und emigriert, auch ganze Regimenter, Sachsen-Husaren, Berchiny-Husaren, Royal-Allemand hatten sich mit Sack und Pack ins feindliche Lager geschlagen. Ausgebildeter Ersatz keiner. Die Freiwilligen von 1791 waren noch in der Formierung begriffen, die von 1792 guten Willens, doch ohne Zucht und Ordnung; das 12. Bataillon der Haute-Saône, am 15. August ausgehoben, setzte sich fast nur aus Knaben von dreizehn und vierzehn Jahren zusammen. Dazu fehlte es an Gewehren, an Pulver, an Blei, an Uniformen, an Hüten, an Stiefeln, an Zelten, an Pferden, an Futter, an Geld, es fehlte an allem. Und jeden Tag zeigte ein Blick auf die Karte Frankreichs, wie Preußen und Österreicher näher und näher rückten.

Vielleicht beschattete die bange Sorge manchmal auch Dantons Seele, aber dann wußte nur Gabrielle darum, die ihn nachts im Schlaf stöhnen hörte. Die Öffentlichkeit erfuhr nichts. In der Öffentlichkeit hob er stolz die Stirn, gewiß, daß er das Schicksal meistern werde: Im Anfang war die Tat! Dabei steckte nichts vom leichtfertigen Bramarbas in ihm. Der Aufruf des Vollzugsrates, sein Werk, behandelte das Volk nicht als Wickelkind, dem man Zuckerplätzchen reichen muß; er wies auf schwere Opfer, auf Häufung der Gefahren, auf den ganzen Ernst der Lage hin: »Wenn sie Herren von Longwy geworden sind, wollen sich die Feinde, Diedenhofen, Metz und Verdun bedrohend, einen Weg nach Paris bahnen. Sie können hingelangen.« Ja, das Manifest schloß, indem es heroisch einer Niederlage ins Auge sah: »Müßten wir selbst im Kampfe um die Freiheit untergehen, so nähmen wir wenigstens den Trost mit uns, daß früher oder später die Anstrengungen des großherzigsten der Völker alle Hindernisse und alle Tyrannen vernichten werden!« Auch drei Tage später in der Rede vor der Legislative keine Vertuschung, Verschleierung, Beschönigung, etwa: Longwy ist fest in unserer Hand!, nein, »unsere Feinde haben Longwy genommen«, aber dann eine Sprache voll Saft und Kraft, voll Mark und Murr: »Frankreich beruht nicht auf Longwy; wir haben noch Armeen« ... »Nur unter großen Krämpfen haben wir den einheimischen Despotismus in der Hauptstadt vernichtet, nur unter Krämpfen der Nation werden wir die fremden Despoten verjagen können« ... »Bis jetzt habt ihr den Scheinkrieg

Lafayettes gehabt, heute gilt es den Krieg der Nation gegen die Despoten. Es ist Zeit, zum Volk zu sagen, daß sich das Volk in Massen auf seine Feinde stürzen muß.« Fanfarenstoß, der die *Levée en masse* ankündigt.

Aber zu seiner ganzen geschichtlichen Größe erhebt sich Danton am zweiten Tage des September. Die Legislative gleicht mehr einem Kriegsrat als einem Parlament. Vor dem Gebäude der Reithalle, auf den Tribünen viele Uniformen neben dem bürgerlichen Rock. Manchmal springt ein bestaubter Reiter vor dem Eingang vom Gaul und verschwindet hastig im Innern. Die Abgeordneten bleich, erregt, scheinen ostwärts zu lauschen, ob nicht das Geschütz um Verdun zu hören ist.

An der Barre erscheinen: Bürger und Bürgerinnen von Saint-Cloud, den Eid auf die Freiheit und Gleichheit zu leisten und der Versammlung zu ihrem Mut und ihrer Entschlossenheit Glück zu wünschen, der Direktor der Nationaldruckerei: alle seine Arbeiter wollen sich zum Heeresdienst melden, eine Abordnung, die vorschlägt, daß die Kavallerie ihre Karabiner an die nicht berittenen Truppen abliefere, Kanoniere, die den Eid schwören.

Vorschlag des Wehrausschusses, zur Bespannung der Geschütze Postpferde heranzuziehen. Beschlossen; Dekret geht hinaus. Bericht des Militärkomitees: zwei vermögende Bürger wollen jeder auf eigene Kosten ein Freikorps von je 400 Husaren aufstellen. Beschlossen; Dekret geht hinaus. Und wie ist es mit der angeregten Überleitung der Kavallerie-Karabiner an die Infanterie? Beschlossen; Dekret geht hinaus. Dazwischen Wahl Héraults de Séchelles zum neuen Präsidenten.

Der grauköpfige Elsässer Rühl verliest einen Brief des Kommandanten von Metz, Versprechen, sich eher mit Garnison und Bevölkerung unter den Trümmern der Stadt begraben zu lassen, als sie dem Feind zu übergeben. Im Namen dieses wackeren Offiziers schwört der Abgeordnete der Freiheit und Gleichheit Treue bis in den Tod.

Schreiben, befriedigende, der Kommissäre, die Belfort und Besançon besichtigt haben, hört die Versammlung befriedigt an. Nachricht: Kurier von Straßburg, eben eingetroffen, hat unterwegs aus der Gegend von Verdun heftigen Geschützdonner vernommen.

Zwei Mitglieder der Pariser Munizipalität, an die Barre geführt, übermitteln Beschluß des Generalrats der Kommune: die Sturmglocke wird geläutet, die Alarmkanone gelöst und so die ganze patriotische Bürgerschaft von Paris und den Nachbardepartements aufgefordert, sich zum Abmarsch gegen den Feind auf dem Marsfeld zu sammeln.

Der elegante Präsident beugt sich vor: »Die Vertreter der Nation, bereit zu sterben wie Ihr, lassen Eurem Patriotismus Gerechtigkeit widerfahren, danken Euch im Namen von ganz Frankreich und laden Euch ein, der Sitzung beizuwohnen.«

Aber auch Kunde von Zaghaftigkeit und Mutlosigkeit zittert durch den Saal. Lasource erwähnt, in den Departements umlaufende Gerüchte witterten hinter der Waffenablieferung den Zweck, die Bürger wehrlos dem Feinde auszuliefern: »Umsonst rufen wir: Es lebe die Nation! Es lebe die Freiheit! Wir retten weder diese noch jene! Handeln wir, marschieren wir, aber sprechen wir zum Volk! Wir müssen den Generalmarsch in der öffentlichen Meinung schlagen!« Vergniaud, entflammt und entflammend, hingerissen und hinreißend, warnt vor den Miesmachern, die überall Entmutigung aussäen, die Wallungen des Patriotismus hemmen, Zwerge für Riesen halten und den Staub vor einer Ulanenabteilung für bewaffnete Bataillone, und die immer am Heil des Vaterlandes verzweifeln: »Möge Paris sich heute zu großer Energie aufraffen und diesem panischen Schrecken widerstehen, und der Sieg wird bald unsere Mühe krönen! Männer des 14. Juli und des 10. August, euch rufe ich an. Ja, die Versammlung darf auf eure Tapferkeit zählen!« Er verlangt, daß – denn die Zeit zu Erörterungen ist schließlich vorbei – jeden Tag zwölf Kommissäre der Legislative sich, beispielshalber, an den Erdarbeiten zur Aufwerfung eines befestigten Lagers vor Paris mit Schaufel und Hacke beteiligen. Beschlossen; Dekret geht hinaus.

An der Barre weitere Abordnungen, weitere Vorschläge: mechanische Wagen für den Krieg, Belohnung für Verbesserung des Schießpulvers, aber Stille und Hälserecken, als ein Brief des Kriegsministers vorgelegt wird. »Dumouriez schickt sich an, die Engpässe des Clermontois und die Schlucht von Autry zu verteidigen, betont die Notwendigkeit, ein großes Korps bei Châlons zusammenzuziehen, braucht allerdringendst zehn- bis zwölftausend Gewehre.«

Da steht schon, das Schreiben im Namen der Regierung zu erläutern, Danton auf der Tribüne. Zweihundertfünfzig weiße Stirnen heben sich zu ihm. Wie er den Kopf fast trotzig zurückwirft, erscheint er den einen von der Festigkeit eines antiken Römers, ein Tribun vor dem Volk, einem der Grachen gleich. Auch die ihn nicht eben mögen, schlägt seine wilde Miene in Bann, sein athletischer Wuchs, seine Gesten – schleudert er nicht Felsstücke, die Feinde darunter zu begraben? –, der rauhe Erzklang der Stimme, die mühelos bis in die fernsten Winkel dringt, an den Zyklopen der Fabel erinnert all das!

Danton spricht, wie immer frei, nicht wie die andern an einem Stück Papier klebend, spricht, im Flug des Augenblicks die Gedanken haschend, kurz, knapp, kaum drei Minuten. Der erste Satz schon eine Fahne, fest in den Boden gerammt, im Winde flatternd: überzeugende Ankündigung, daß das Vaterland gerettet wird.

»Alles ist aufgewühlt, alles setzt sich in Bewegung, alles brennt vor Kampfeslust«...

»Ein Teil des Volkes an die Grenze, ein zweiter hebt Verschanzungen aus, ein dritter, mit Piken, verteidigt das Innere der Städte.«

»Wir verlangen, um die erhabene Bewegung des Volkes leiten zu helfen, die Ernennung von Kommissären, die uns in diesen großen Maßregeln unterstützen werden.

Wir verlangen Todesstrafe gegen jeden, der den persönlichen Dienst oder Ablieferung seiner Waffen weigert.

Wir verlangen Entsendung von Kurieren in alle Departements, um sie über die beschlossenen Dekrete zu unterrichten.

Die Sturmglocke, die man läuten wird, ist kein Alarmzeichen, es ist das Angriffssignal gegen die Feinde des Vaterlands.

Um sie zu besiegen, meine Herren«, und seine Faust fährt wie ein Schwert nieder, »bedarf es der Kühnheit, abermals der Kühnheit, zum dritten der Kühnheit, und Frankreich ist gerettet!«

Danton ist häßlich, aber unter dem sengenden Gluthauch dieser Worte empfinden viele, plötzlich mit Zuversicht begnadet, mit Pierre-René Choudieu: Wie ist er schön! Niemals war er schöner!

Von den Abgeordneten wird der eine oder andere diesen Tag um dreißig, um vierzig Jahre überleben, aber noch als Greis mit wackelndem Kinn und schwachen Knien fühlt er einen unheimlichen Ruck im Innern, gedenkt er der Gebärde, mit der an jenem Septembersonntag des Jahres 92 Danton gleich Kanonenkugeln hinausgeschleudert hat: *De l'audace! Encore de l'audace! Toujours de l'audace!*

Millionen flößte Dantons wild sich bäumende Energie ein Lebenselixier ein.

Schon vorher hatten, die Rüstungen des Landes zu beschleunigen, Nationalversammlung und Kommune miteinander gewetteifert. Die Zeughäuser arbeiteten auch nachts, die Waffenfabriken standen unter Staatsaufsicht, Büchsenmacher und Händler mußten ihren Waffenbestand anmelden. Die Kirchen lieferten Glocken zum Geschützgießen, Sargblei zur Geschoßfabrikation ab. Die Eisengitter um Denkmäler dienten zur Herstellung der Piken, allgemeiner Waffe des gesamten Fußvolks noch hundert Jahre zuvor; wollte in Hannover selbst der junge Scharnhorst wieder das erste Glied der Infanterie mit dreizehn bis fünfzehn Fuß langen Piken ausstatten, so schrieb im revolutionären Paris ein Dragoneroberst a. D. Scott einen ›*Manuel du citoyen armé de la pique*‹.

Jetzt, als stände Dantons Entschlossenheit brutal anfeuernd hinter jedem einzelnen, verdreifachten, verzehnfachten sich die Anstrengungen. Die Begüterten häuften Geld und Gold, Uhren, Tabaksdosen, Ketten, Armbänder, Ohrringe, Edelsteine auf dem Altar des Vaterlandes, die Unbemittelten boten ihre Arme und ihre Brust an. Wo die Listen auflagen drängten sich die Freiwilligen. Auch Dantons Freund Delacroix ließ sich, obwohl er gerade der Nationalversammlung präsidierte, nicht von der Meldung bei dem berittenen Freikorps der Stadt Versailles abhalten. Jeden Tag rückten rund zweitausend Volontäre in der Richtung der Grenze ab, und alles atmete Zutrauen. »Die Heiterkeit«, schrieb eine klug beobachtende Pariserin, »und die Sorglosigkeit marschieren beim Klang der Trommel. Man sieht nur Föderierte, man hört nur Militärmusik. Die Straßen sind mit dieser ungeheuren Bevölkerung gefüllt, die immer zu dem Glauben verführt, das ganze Weltall sei in Paris, und allenthalben schreit man aus vollem Hals: Es lebe die Nation!«

Aber nur der kleinste Teil von Dantons aufrüttelner Tätigkeit vollzog sich vor aller Augen und Ohren. Als Longwy gefallen war und Verdun vorm Fall stand, drang der Angstruf: Paris verloren! von der Straße in die Legislative, von der Legislative ins Kabinett. Verzagtheit lähmte die Glieder des Vollzugsrates. Blaß und betreten standen sie im Garten des Ministeriums des Auswärtigen herum, als Kersaint, von Sedan zurück, berichtete: »In vierzehn Tagen ist Braunschweig so sicher in Paris, wie der Keil in den Kloben eindringt, wenn man darauf schlägt.« Roland lehnte in einem Schwächeanfall den Kopf an einen Baum, stammelte etwas von Verlegung der Regierung und der Nationalversammlung nach Blois, nach Tours, Servan stimmte bedrückt zu, kein Widerspruch, bis Danton, ein: Jammerlappen! verschluckend, sie mit dem Donnerwort: Hiergeblieben! an ihren Platz nagelte. Für ihn war Frankreich in Paris. »Ich habe meine siebzigjährige Mutter herkommen lassen«, schrie er die andern an, »ich habe meine zwei Kinder kommen lassen; sie sind seit gestern hier. Ehe die Preußen in Paris einziehn, soll eher meine Familie zugrunde gehn, sollen zwanzigtausend Fackeln Paris im Augenblick in einen Aschenhaufen verwandeln!« Den Ministerkollegen schien tückisches Funkeln unter seinen Brauen zu stehn, als er Roland drohend anfuhr: »Hüte dich, hüte dich, von Flucht zu sprechen! Das Volk könnte dich hören!« Sie kuschten und blieben.

Auch im Kriegsministerium packte die ungestüme Faust Dantons zu. Der kränkliche Servan sah ihm zu viel nach Philosophie, zu wenig nach frischer Entschlossenheit aus; er trat ihm auf die Hacken: Voran! Voran! Nicht minder war ihm der Famulus des Ministers, der Abgeordnete Lacuée, früher Hauptmann bei Dauphin-Infanterie, als Mitglied der Akademie zu Metz und Verfasser eines ›Handbuchs für den Offizier im Felde‹ blasser Theorie verdächtig; er saß ihm auf dem Nacken: Vorwärts! Vorwärts! Als, wie er selber sagte, eigentlicher »Generaladjutant des Kriegsminister« mischte er sich in alle Organisations- und Personalfragen dieser Zentralbehörde. Beamte mit zu geringem republikanischem Brustmaß wurden durch andere ersetzt, die er empfahl, und wo er an der revolutionären Zuverlässigkeit eines Mannes nicht zweifelte, saßen ihm Empfehlungen allzu locker. Sandte er die alte Garde seiner ›Barfüßer‹, darunter Momoro und Fréron, als Delegierte in die Departements, wo sie als Werkzeuge seiner tatsächlichen Diktatur wirkten, so nahm er auch gerne den Vorwurf hin, daß er die Armee ›mit Cordeliers vergifte‹, denn das hieß: er spornte das Heer, ihm den Feuertrank der Revolution eingießend, zur höchsten Leistungsfähigkeit an.

Eine Plage war es immer noch mit den royalistisch gesinnten Befehlshabern. Bei den Jakobinern wurde vor dem 10. August bewegliche Klage erhoben, daß manche Offiziere den Soldaten patriotische Blätter verboten und royalistische Zeitungen aufdrängten, und nach dem 10. August noch versicherte ein Vorpostenkommandeur seinem preußischen Gegenüber, daß er dem freien Frankreich und dem König diene, antwortete der Kommandant von Longwy den Belagerern, daß er im Namen der Nation und des Königs kämpfe, erklärte der von Verdun, zur Übergabe aufgefordert, er wolle nicht gegen seinen dem König, der Nation und dem Gesetz geschuldeten Treueid verstoßen. Gleich nach dem Umsturz wurden einige Generale abgesetzt. Lafayette, von einer Anklage wegen royalistischer Widerspenstigkeit bedroht, fiel auf der Flucht nach Holland den Österreichern in die Hand. Nicht ohne Genugtuung verzeichnete der Justizminister die Schritte, die er zur Verfolgung dieses seines alten Gegners anordnete – wie hatte sich das Rad gedreht!

Aber wenn Danton erkannte, daß die Ausmerzung aller nicht pupillarisch sicheren Offiziere zu große Lücken in die Armee reißen würde, so wollte er ihnen dafür genau auf die Finger gepaßt sehen. Als es galt, den General Montesquiou, dessen Unternehmungen in Savoyen man nicht durch seine Abberufung stören wollte, aufs Korn zu nehmen, trat Danton für ausgedehnte Vollmachten der Überwachungskommissäre ein und bekannte, einem Unterkommandanten des argwöhnisch Betrachteten geschrieben zu haben: »Wachen Sie über das Verhalten des Generals, beobachten Sie seine Bewegungen, und wenn er einen Schritt rückwärts tut, schießen Sie ihm eine Kugel durch den Kopf!«

Da Danton von allen höheren Chefs strategisch am meisten von Dumouriez erwartete, schanzte er ihm am 18. August den Oberbefehl über die gesamten Streitkräfte zwischen Dünkirchen und Montmédy zu. Nur sicher, unbedingt sicher, war auch Dumouriez nicht; er bedurfte der Aufsicht. Der Elsässer Westermann, am 10. August der Feldherr des Tuileriensturms, hatte sich eng an Danton angeschlossen; ihn, im September zum Adjutant Général oder Generalstabsoberst ernannt, teilte man Dumouriez zu, über dessen Haltung er vertraulich nach dem Pikenplatz berichten mußte. Später sandte Danton ihm noch zwei seiner Intimi, Billaud-Varenne und Fabre d'Eglantine, ins Lager nach, aber der General stellte sich nicht bloß. Als sei von Dantons Beredsamkeit auf ihn übergegangen, begeisterte er die Soldaten so für die ›heilige Freiheit‹, daß sie in Regengüssen das Ça ira sangen und lachten, aber zugleich hielt er strenge Mannszucht; Panik eines Truppenteils beim Angriff des Feindes ahndete er, indem er die Flüchtigen mit abgeschorenen Haaren und Augenbrauen aus Reih und

Glied stieß. Entschlossen, nur so weit mit der Revolution zu gehen, als sie seinen Ehrgeiz befriedigte, bezauberte er doch sogar den finsteren, galligen Jakobiner Billaud, indem er sich als ›Sansculottengeneral‹ vorstellte und beteuerte, alle seine Generale seien Sansculotten. Umsonst erhofften die Emigranten etwas von den zarten Banden, die Dumouriez mit der Baronin d'Angelle, Schwester des geistvollsten aller royalistischen Streiter mit der Feder, Rivarol, verknüpften. Als Anfang September einer ihrer Sendboten ihn mit verlockendem Angebot aufsuchte, las der General den Brief unbewegt durch, zerriß ihn in kleine Schnitzel und sagte eisig: »Ich werde mit Kanonenschüssen antworten.«

Obwohl Danton gern in endlose Beratungen des Ministerrats hereinfuhr: »Elendes Geschwätz! Ich kenne nur den Feind! Schlagen wir den Feind!«, dachte er nicht im Traum daran, sich in Guiberts ›*Essai général de tactique*‹ zu vertiefen, aus dem alle Revolutionsgenerale die Regeln der Kriegskunst kannten, und seinen Schatten über den Kartentisch der Strategen fallenzulassen. Aber er wurde gehört und sagte ja, als Servan Dumouriez' Lieblingsplan, die Eroberung der österreichischen Niederlande, durchkreuzte und den General anwies, Kellermann mit seiner Armee aus der Metzer Gegend heranzuziehn und das Land zwischen Marne und Maas zu verteidigen.

Der Argonnerwald, der das Maasbecken vom Aisnetal trennte und als Waldschranke zwischen der Ebene der drei Bistümer und der Lause-Champagne lag, wurde damit zur strategischen Stellung. Am 14. September beschloß Dumouriez, seine gesamten Streitkräfte bei Sainte-Menehould zu vereinigen und die Argonnenpässe bei des Islettes und la Chalade, die ›Thermopylen Frankreichs‹, zu halten. Zu diesem Ende rief er, Kellermanns harrend, die Bewohner der umliegenden Distrikte zum revolutionären Volkskrieg auf: »Ich werde die Sturmglocken läuten lassen, dann alle Flintenträger an den Waldrand und der Rest Verhaue aufwerfen!«

Am Abend des 19. September hatte Dumouriez sein Hauptquartier in Sainte-Menehould, Kellermann wenige

Meilen davon in Dampierre. Beider Truppen waren, nicht zuletzt durch Dantons Tatkraft, etwas ganz anderes als noch vier Wochen zuvor: Allerdings begannen hier und da die Generale schon auf eigene Faust das, was man später das Amalgam nannte, die Verschmelzung der jungen Freiwilligen mit den alten Linienbataillonen. Als der preußische Major von Massenbach unter der Parlamentärflagge in ein französisches Lager kam, staunte er baß: Statt regellosen Durcheinanders und zuchtloser Banden fand er wohlausgerichtete Zeltreihen, anstellige, Gehorsam gewohnte Soldaten und Offiziere, denen man anmerkte, daß sie ihr Handwerk verstanden; er mochte ähnlich empfinden wie Hardenberg im folgenden Jahr: »Nicht, wie man wohl anfangs sagte, Barbarenhorden, die aus dem Innern hervordrangen, sondern eine demokratische Armee in einer der Lage entsprechenden Organisation unter einer einheitlichen Leitung.«

Der ahnungslose Friedrich Wilhelm freilich fürchtete am gleichen Tag, an dem Dumouriez und Kellermann sich zum Widerstand entschlossen, der Gegner wolle ihm entwischen. Deshalb die Absicht, am 20. September bis an die Straße nach Châlons vorzurücken und den Franzosen die Rückzugslinie zu verlegen. Aber dem Vormarsch des preußischen Heeres geboten jäh die Kanonen Kellermanns Halt, der, sich an Dumouriez anlehnend, die Höhen um das Dörfchen Valmy besetzt hielt. Als sich mittags der dichte Nebel senkte, sahen die potsdamischen Junker etwas verblüfft den Feind in guter Haltung und günstiger Stellung vor sich. Diese – äh – Sansculotten, sie wollten doch nicht etwa der ersten Armee der Welt entgegentreten, den Preußen, aus der Schule des großen Friedrich, den lorbeergekrönten Siegern von Mollwitz, Hohenfriedberg, Roßbach, Leuthen?

Aber sie reißen nicht, wie erwartet, aus, als sich die preußische Infanterie, Gewehr im Arm, im Stechschritt wie auf dem Exerzierplatz in Bewegung setzt. Kellermann, Elsässer mit lückenhafter Kenntnis des Französischen, der *débuté* für *débutér, relâge* für *relâche* schreibt, ist nicht nur ein alter Haudegen, der schon im Siebenjährigen Krieg Pulver gerochen hat, sondern auch ein feuriger Patriot, dem die Freiheit das Herz höher schlagen läßt. Er reitet weit vor seine Kolonnen, springt vom Pferd, hebt den Hut mit dem dreifarbenen Federbusch auf der Degenspitze in die Höhe: Es lebe die Nation! und, begeistert aufgenommen, rollt das: *Vive la nation!* eine Viertelstunde die französische Front entlang. Ja, nicht zwei Heere, zwei Staaten, sondern zwei Zeitalter, zwei Weltanschauungen, zwei Gesellschaftssysteme stehen bei Valmy einander gewappnet gegenüber: dort Söldner aus aller Herren Ländern, geworben, gepreßt, geraubt, durch keine Idee, nur durch den Stock zusammengehalten, mit dem Grundsatz, daß der Offizier mehr zu fürchten sei als der Feind, zu Schießautomaten gedrillt, hier Freiwillige, zu den Fahnen geeilt, weil das Vaterland gerufen hat, sich bewußt, warum scharf geschossen wird, Kämpfer für Menschen- und Bürgerrechte: *Vive la nation!*

Fällt ein Strahl dieser Erkenntnis in die Seele des Herzogs von Braunschweig? Er starrt lange durch sein Fernrohr zu dem Gegner hinüber, wo die Musikkapellen das Ça ira spielen; dann setzt er das Glas ab und wendet sich zu seinem Stab: »Meine Herren, hier schlagen wir nicht!« Das Ganze halt, die Angriffsbewegung stockt, nur die Artillerie, vierzig französische, achtundfünfzig preußische Geschütze, feuert bis in die sechste Nachmittagsstunde weiter, aber die Mehrzahl der Kugeln bohrt sich unschädlich in den regenweichen Boden, die Verluste an Toten und Verwundeten, zusammen nicht fünfhundert, stempeln den Tag mehr zu einem Gefecht als zu einer Schlacht.

Die gewaltige historische Bedeutung des Ereignisses, daß das preußische Heer die Jakobiner nicht geworfen, daß der Absolutismus vor der Revolution den Schritt gehemmt, daß die republikanische Armee ihre Feuertaufe bestanden hat, begreifen am Abend, da ihre Truppen sich lautlos unbemerkt vom Gegner lösen, weder Dumouriez noch Kellermann. Aber am Ende dieses Tages, »an dessen Morgen man noch gedacht hatte, die sämtlichen Franzosen anzuspießen und aufzuspeisen«, geht Bestürzung im preußischen Lager um. Vor den lumpigen Jakobinern kehrt? Verdammte Schweinerei! In der Dunkelheit schließt sich ein Kreis, in dem nicht einmal ein Feuer brennt, um den Herrn von Goethe. Und da tut dieser erleuchtete Zivilist den Mund auf und spricht zu den betroffen schweigenden Gardejunkern: »Von hier und heute geht eine neue Epoche der Weltgeschichte an, und Ihr könnt sagen, Ihr seid dabei gewesen.«

Da der ehrgeizig empfindliche Kellermann, nach dem Erfolg von Valmy vor Selbstbewunderung ganz aus dem Häuschen, Dumouriez seine Stellung neidete, mußte Danton schlichtend zwischen beide treten. Ein, wenn er Glück mit sich selber hatte, großer Menschenbehandler, gab er Fabre d'Eglantine den Auftrag, die Eitelkeit beider Rivalen zu streicheln, indem diesem das Oberkommando, jenem der Marschallstab versprochen wurde.

Aber Valmy stellte Danton nicht minder vor politische Aufgaben. Gleich nach dem 10. August griff der Tatenfreudige auch im Ministerium des Auswärtigen nicht umsonst nach den Zügeln. Als Administrateur des Pariser Departements hatte er 1791 den Sohn eines der ältesten und vornehmsten Häuser Frankreichs zum Amtsgefährten gehabt, Charles-Maurice de Talleyrand-Périgord, bis eben konstitutioneller Bischof von Autun. Der elegante, witzige Hinkefuß mußte schon durch den gefälligen Zynismus, der auch mit den schwersten Dingen des Lebens leicht jonglierte, Danton für sich einnehmen; der hörte mit einer Art vergnügter Hochachtung, daß der siebenunddreißigjährige Kirchenfürst beim Föderationsfest von 1791 erst auf dem Marsfeld das Hochamt zelebriert, dann in einer Spielhölle zweimal die Bank gesprengt hatte. Als Talleyrand 1792 dem Marquis de Chauvelin, Botschafter in London, zugeteilt ward, blieb Danton in Fühlung mit ihm und ließ sich von dem im Sommer des Jahres Zurückgekehrten Leitgedanken der auswärtigen Politik entwickeln. Schon in früher Jugend gehörte der Sproß des Hochadels einer sozusagen bürgerlichen Philosophenschule an, die, die kommerzielle und industrielle Entwicklung Frankreichs vor Augen, in der Verständigung mit England den so notwendigen Frieden des Erdteils verbürgt fand. Später, unter dem Einfluß Mirabeaus, wurde ihm neben der Annäherung an Großbritannien ein Schutz- und Trutzbündnis mit Preußen zum Glaubensartikel. Auf Danton wirkten diese Grundsätze überzeugend: Auch er liebte England, hoffte auf England und strebte den Bruch mit England zu vermeiden.

Als darum nach dem 10. August der britische Botschafter Paris Knall und Fall verließ, widersetzte sich Danton der Abberufung des französischen Gesandten in London. Im Gegenteil drang er auf noch größere diplomatische Anstrengungen, England der Festlandskoalition fernzuhalten. Ende August ging, mehr oder minder in seinem Auftrag, der Abbé Noël an die Themse ab, der 1789 mit Condorcet die ›*Chronique de Paris*‹ geleitet hatte und zuletzt Abteilungschef im Ministerium des Auswärtigen gewesen war. Da Danton ihm den eigenen Stiefbruder Recordain und seinen zwanzigjährigen Neffen Mergez, beide aus Arcis-sur-Aube, als Kuriere mitgab, konnte er sicher sein, daß er schon durch sie über Noëls Bemühungen auf dem laufenden blieb.

Aber Anfang September traf ein Bekannter auch Talleyrand im Vorzimmer Dantons, im Reiseanzug, gestiefelt, in Lederhosen, mit rundem Hut, ein kleines Zöpfchen über den Kragen hängend. Nanu, wohin? Der Ex-Bischof blinzelte schlau: »Ich reise diesen Morgen mit einem Auftrag des Vollzugsrats nach London; ich warte auf meine Pässe, die Danton mir aus dem *Conseil Exécutif* mitbringt.« Durch den Entwurf eines Rundschreibens, das den Regierungen Europas die Ereignisse des 10. August mundgerecht machte, hatte er sich zwar bei den Republikanern eingeschmeichelt, aber er ging sehr gern zu einer diplomatischen Mission außer Landes. Nicht nur fühlte er sich nach dem Tuileriensturm unbehaglich, da schändliche Gassenbuben die Züge der Freiheit mit Blut und Schmutz verschmiert hätten, sondern er hatte auch Dinge auf dem Kerbholz, die, ans Licht kommend, ihm den gefährlichen Zorn dieser

›Gassenbuben‹ zuziehen mußten. Auch von ihm wurde Danton über den Stand der Dinge in England dauernd unterrichtet, so daß er besser Bescheid wußte als der Minister des Auswärtigen in Person.

Verlangte die Wahrung der englischen Neutralität zähe Arbeit auf lange Sicht, so schien mit Valmy die Gelegenheit da, den andern Teil des Talleyrand-Dantonschen Programms durch Sprengung der Koalition zu erfüllen. Aller Haß in Frankreich galt nur dem Hause Habsburg, das bezichtigt wurde, um der ›Österreicherin‹ willen diesen gegenrevolutionären Kreuzzug unternommen zu haben; alle Welt konnte sich nicht genug über das unerhörte, das unbegreifliche, das perverse Bündnis Berlins mit Wien wundern. Allenthalben erwartete man von der französischen Politik als das Selbstverständliche und Naheliegende, daß sie versuchen werde, Friedrich Wilhelm von Franz loszulösen und Preußen zum Bundesgenossen gegen Österreich zu gewinnen. Dieses Ziel vor sich, unterhandelte Dumouriez mit dem Herzog von Braunschweig, überzeugt, daß jeder so verbrachte Tag für Frankreich von Nutzen sei, da die preußische Armee unter den Wetterunbilden ungemein litt und durch Darmkrankheiten jämmerlich zusammenschmolz. Westermann, als Elsässer auch des Deutschen mächtig und in diese Gespräche mit hineingezogen, wurde zum Rapport nach Paris entsandt und entwarf vor Danton ein Bild der Lage. Das Kabinett beschloß, weiter zu verhandeln, und gab dem Militär einen Zivilagenten, Pierre-Vincent Benoît, mit, den Danton kurz vorher in England verwandt hatte. Westermann, armer Teufel, vom Leben umhergeschubst und mit Nasenstübern bedacht, fühlte sich, als er auf einmal mit den Granden Preußens auf gleichem Fuß verkehrte. »Ich war«, schüttete er in einem Brief an einen Straßburger Freund vom 3. Oktober sein Herz aus, »im preußischen Lager zur Tafel beim König von Preußen. Im Augenblick bin ich allmächtig. Was kann ich für Sie tun?«

Am Ende zerschlugen sich die Verhandlungen doch, da Friedrich Wilhelm über das Schicksal Ludwigs beruhigt sein wollte, aber die Preußen durften ihren am 29. September begonnenen Rückzug ohne größere Behinderung fortsetzen. Wenn ihre Gewalthaber Frankreich eilends zu verlassen wünschten, um bei der Teilung Polens nicht ins Hintertreffen zu geraten, war auch Offizieren und Mannschaften der ›militärische Spaziergang nach Paris‹ gründlich vergällt. In der ewig niederrauschenden Wasserflut zogen die Truppenteile gelockert, sich auflösend, auf morastigen Landstraßen gen Osten, Kavalleristen zu Fuß, Infanteristen ohne Waffen, die Zopfbänder waren aufgegangen, das Haar hing wirr um bleiche, schmutzige, struppig bebartete Gesichter, die Uniform deckte in bunten Fetzen kaum noch die Blöße, der Hut, geleimte Pappe mit dünnem Filzüberzug, glich aufgeweicht allem, nur keiner Kopfbedeckung: So wie jetzt die stolzen friderizianischen Soldaten aussahen, hatten sich die Berliner Weißbierspießer ungefähr die Sansculotten vorgestellt.

Wie Danton Dumouriez als den Durchschnitt überragenden militärischen Führer schätzte, so erkannte Dumouriez in Danton den politischen Führer von Format; alle Willens- und Tatkraft, deren der Vollzugsrat fähig war, fand der General hinter der Stirn dieses einen Mannes geballt. »Mein lieber Danton«, schrieb er ihm Ende September auf Gerüchte hin, »ich hatte eine schreckliche Angst, daß Sie das Ministerium verlassen; ich wäre darüber trostlos, denn Ihr Kopf ist mir dort vonnöten.« Als Dumouriez am 12. Oktober Paris aufsuchte, um fällige Lorbeeren einzuheimsen und die Zustimmung der Regierung für seine neuen Feldzugspläne zu erlangen, wußte er, an welche Tür er zuerst zu pochen hatte. Der kleine, wendige General, mit Sorgfalt gekleidet, reichlich gepudert, der im Gespräch lebendig und quecksilbern mit den Händen fuchtelte und schwarze Äuglein funkeln ließ, stach nicht nur äußerlich von dem meist gelassenen Hünen Danton ab. Doch sein kühnes, manchmal großsprecherisches Auftreten, seine mit guter Laune und gallischem Esprit gewürzte Rede, seine kalte Zuversicht mitten im tollsten Holterdiepolter, seine Gabe, die Stimmung einer Masse zu heben, näherten ihn dem Volkstribunen ebenso, wie seine Bereitschaft, an das eigene Ich nicht zuletzt zu denken. Danton, der gern die feierliche Maske abnahm und mit übertreibender Offenherzigkeit die Steifleinenen entsetzte, wie sollte er nicht einen Selbstverspotter vergnüglich finden, der eines Tages, nach einer Ausschußsitzung der Legislative, den stockernst ehrbaren Carnot erschütterte, indem er den Arm unter den seinen schob und lachend bemerkte: »Wir sind doch wirklich große Spitzbuben!«

Auch im Politischen ergaben sich manche Übereinstimmungen. Je rascher das republikanische Heer, das Custine befehligte, am Rhein vordrang, desto mehr wuchsen dem Gedanken des revolutionären Propaganda- und Befreiungskrieges Flügel. Als der Konvent am 28. September einen Bericht des Generals Montesquiou besprach, der nach Besetzung Savoyens anfragte: Soll das Gebiet das vierundachtzigste Departement oder eine Republik unter Frankreichs Schutz werden?, rissen widerstrebende Gefühle Danton hin und her. Die Propaganda war eine revolutionäre Macht, die Ausdehnung Frankreichs mehrte das nationale Ansehen, diente somit der Befestigung der Republik, aber auch der Friede, die ruhige Entwicklung, die Erschließung wirtschaftlicher Kraftquellen waren für die Befestigung des Systems nötig. So tat er, was er nicht gar so selten tat: Unter schmetternden Fanfarenstößen schlug er einen Mittelweg ein. »Wir haben«, erklärte er, »das Recht, den Völkern zu sagen: Ihr werdet keine Könige mehr haben. Die Franzosen können nicht dulden, daß die nach der Freiheit strebenden Völker sich gleichwohl eine Regierung geben, die ihren Interessen widerspricht, und daß sie uns durch Schaffung von Königen ohne Unterlaß neue Tyrannen zum Bekämpfen liefern.« Für die Galerie mit erhobener Stimme: »Der Nationalkonvent muß ein Generalinsurrektionsausschuß gegen alle Könige des Erdballs sein«, aber zugleich unterstützte er den bedachten Antrag Lasources, die Angelegenheit zu gründlicher Durchhechelung dem Ausschuß zu überweisen.

Als etliche Tage später die Trikolore über Speyer wehte, wie sie am 4. Oktober über Worms, am 21. über Mainz, am 23. über Frankfurt wehen sollte, verlangte er die Erklärung: Das Vaterland ist nicht mehr in Gefahr! Das entsprach seinem Kraftgefühl und, wie er dartat, der Würde des Volkes und der Nationalversammlung, aber mit dieser Formel, mit der er nicht durchdrang, wollte er auch verhüten, daß der Krieg unter dem Vorwand des gefährdeten Vaterlandes ins Endlose gehe. Als Wirklichkeitsmensch fürchtete er, daß sich die Revolution in allzu ungleichem Kampf erschöpfte, wenn sie auf der Bahn der Weltbefreiung von Schanze zu Schanze stürmte, und suchte zu hindern, daß der schäumende Trank über den Rand des Gefäßes floß und im Sand versickerte. Mit Dumouriez, mit dem er sich geflissentlich in der Oper und auf Diners zeigte, ging er in dem Ziel einig: Österreich niederzuwerfen, sich mit Preußen zu verständigen, England neutral zu halten, den Frieden Europas zu sichern und die internationale Anerkennung der Republik durchzusetzen. Der General, der in diesen Tagen hier und da und dort umhorchte und auf erschreckend viele Schwätzer stieß, sagte denn befriedigt zu Westermann: »Es gibt hier nur einen Mann, das ist Danton.«

Am 23. Oktober, drei Tage nachdem Dumouriez wieder zu seiner Armee abgereist war, verkündeten drei Geschützsalven auf den Festungswällen von Longwy, daß kein feindlicher Soldat mehr auf dem Boden der Republik stehe. Der 20. September hatte die Wende gebracht, bei Valmy war die Invasion zum Stehen gekommen: in Dantons Heimat! Denn hier war schon die Kreide-, die Lause-Champagne, »ein«, wie Goethe feststellte, »seltsames Land, dessen undankbarer Kalkboden nur kümmerlich ausgestreute Ortschaften ernähren kann«. Den Luftraum zwischen dem Kirchturm von Valmy und dem von Arcis durchschoß die Schwalbe in weniger als einer Stunde.

Die Verteidigung der Revolution gegen den äußeren Feind bewegte Danton am leidenschaftlichsten, also strebte er, einen Bruch in der inneren Revolutionsfront mit allen Mitteln hintanzuhalten. Frankreich mußte stark sein, und nur Einigkeit machte stark. Er zwang sich zu dem Glauben, daß es, wie es in seinem Rundschreiben an die Gerichte hieß, nach dem 10. August in Paris keine zweierlei Meinung gäbe, und daß es bald schon keine zweierlei Meinung in Frankreich geben werde. In Wahrheit klaffte bereits ein bedenklicher Riß. Die revolutionäre Kommune, von den Sektionen in der Nacht zum 10. August unter dem Geheul der Sturmglocken aufs Rathaus gesandt, fühlte sich als Retterin der Revolution. Mit Recht! Solange bei der Legislative die Entscheidung lag, gingen die Dinge lahm und lau. Erst als Paris die Sache in die Hand nahm, flutschte es. Darum erhob die Kommune im Dienst und zugunsten der Revolution den Anspruch auf die Diktatur.

Die Kommune war die Vertretung der Pikenmänner, der Sansculotten, der Tuilerienstürmer, derer in Holzschuhen und Hemdärmeln, ganz gewiß, aber doch eine Körperschaft der bürgerlichen Revolution. Arbeiter als Mitglieder gerade zwei, und zwar keine Lohnproletarier aus Fabrik oder Manufaktur, sondern ein Juweliergehilfe und ein Schustergeselle. Der Mehrzahl nach saßen auf ihren Bänken Advokaten, Friedensrichter, Magistratsbeamte, Schriftsteller, Ärzte, Architekten, Künstler, ein Mathematikprofessor, ein paar Lehrer sonst, dann Fabrikanten, Händler, Gewerbetreibende, Kaufleute aller Art. Was als soziale Kraft hinter ihr stand, war, aus Handwerksmeistern und Kraminhabern zusammengesetzt, das Pariser Kleinbürgertum, das durch seine ganzen Daseinsbedingungen der bärbeißigsten Demokratie zuneigte. Von dieser stürmischen Versammlung wurde der Maire Pétion in den Hintergrund gedrängt, weil die Schneide seines Messers nicht scharf genug war, und Robespierre auf den Schild gehoben, der sich von seiner Sektion, der des Vendômeplatzes in den Generalrat der Kommune abordnen ließ.

Unter seinem und Marats stachelndem Einfluß warf sich die Kommune, weit entfernt, nur Stadtbehörde sein zu wollen, zur unbeschränkten Regierung auf: Einkerkerung der königlichen Familie im Temple, Einstellung der royalistischen Blätter, Überweisung ihrer Druckpressen an die patriotischen Zeitungen, strenge Fremdenpolizei, Briefzensur auf der Post, Haussuchungen, Verhaftungen – alles verfügte sie souverän und von eigenen Gnaden. Da sie jeden Tag in fremde Machtbezirke eingriff, mußte ihr Gegensatz zur Legislative, die das Kainszeichen eines undemokratischen Zensuswahlrechts an der Stirn trug, bald offen ausbrechen. Die Nationalversammlung – pah! Taschereau schlug bei den Jakobinern vor, künftig Petitionen nur mehr an die Barre der Kommune zu tragen. Aber als der revolutionäre Gemeinderat den Journalisten Girey-Dupré vorlud, damit er sich rechtfertige, lud für ihren Teil die Legislative den Generalrat der Kommune vor und erklärte jenen Vorführungsbefehl für null und nichtig, und Brissot, zu dessen Anhängern Girey-Dupré zählte, warnte am 28. August, auf die Kommune deutend, vor einer Diktatur selbst von kürzester Dauer, da sie das Grab der Freiheit werden könne.

Unabhängig von den Brissotins fürchtete die Linke der Legislative, deren revolutionärer Instinkt die Notwendigkeit der nationalen Einheit und Geschlossenheit erkannte, daß die ungescheute Nebenregierung der Kommune in Stunden der Gefahr verwirrend wirken werde. Dantons Freund Thuriot wandte sich, bebend vor edlem Zorn, gegen den Versuch des Gemeinderats, das Ausnahmegericht vom 17. August in seine Gewalt zu bekommen; die Nationalversammlung solle sich entschlossen zeigen, eher zu sterben, als das Gesetz nur im geringsten antasten zu lassen! Gleichwohl gab sie nach, als an ihrer Barre Robespierre für die Kommune Widerspruch gegen das neue Direktorium des Departements Paris erhob, dessen Bildung die gesetzgebende Körperschaft am 11. August beschlossen hatte. Erst am 30. August ermannte sich die Legislative und dekretierte Auflösung des revolutionären Gemeinderats und Wahl einer neuen Munizipalität aus sechsundneunzig Mitgliedern binnen vierundzwanzig Stunden. Als an der Barre Tallien, Sekretär der Kommune, mit Protest und Verteidigung auf den Lippen erschien, antwortete Dantons Freund Delacroix als Präsident mit allem Nachdruck: »Die Bildung der provisorischen Kommune von Paris widerspricht den bestehenden Gesetzen; sie ist die Wirkung einer außerordentlichen und notwendigen Krise. Aber wenn die Gefahr vorüber ist, muß die provisorische Autorität aufhören. Wollen Sie, meine Herren, unsere schöne Revolution entehren, indem sie dem ganzen Lande den Skandal einer Kommune liefern, die sich gegen den Willen der Allgemeinheit, gegen das Gesetz auflehnt?« Darauf kam es der Kommune nicht an; Hohn und Haß brodelte in ihr: Sie hatte Frankreich, sie die Revolution gerettet, und jene, die nichts geleistet hatten, die ewigen Zauderer und Zögerer wollten sie jetzt zum Teufel jagen? Wie, und war etwa das Vaterland nicht mehr in Gefahr? Aber da sich diesmal hinter Tallien keine Volksmasse drängte, murrend und bereit, mit der Versammlung ein Hühnchen zu rupfen, hing der Beschluß des revolutionären Gemeinderats, nicht auseinanderzugehen, in der Luft. Am Ende besann sich auch die Nationalversammlung; statt den ungebärdigen Most auszugießen, schüttete sie Wasser hinein; ein neues Dekret setzte fest, daß sich die Kommune, wie sie nun einmal war, durch Zuwahl auf 288 Mitglieder zu ergänzen habe.

Ein zweitesmal richtete sich die Kommune während der Septembriaden als Regierung ein. Ihr Überwachungsausschuß riß im Sinne Marats, auf die gesetzgebende Versammlung pfeifend, alle Macht an sich; durch eine Weisung, gezeichnet Panis und Sergent, belud er sich zum Teil mit der Verantwortung für die Gemetzel. Aber der Rückschlag, den in der öffentlichen Meinung das Blutbad hervorrief, dämpfte die Selbständigkeitsgelüste der Kommune; in ihren eigenen Reihen kamen die Gemäßigten oben auf, und Pétion nahm wieder an Ansehen und Einfluß zu.

Danton zweifelte keinen Augenblick an der Wichtigkeit der Hauptstadt für die Bewegung. Paris – das waren, jederzeit mobil und marschbereit, etliche revolutionäre Armeekorps. Anfang September erschien der Dr. Chévetel mit geheimnisvoller Miene in der Chancellerie, Arzt, Freund aus dem Cordelierbezirk, glücklicher Liebhaber der Fleury, und flüsterte Danton von einer bedenklichen Sache ins Ohr, in die er mehr durch Zufall eingeweiht war: Bretagne... Marquis de la Rouarie... weitverzweigte Verschwörung... Erhebung dicht bevorstehend. Danton nahm die Anzeige nicht leicht, und da er Putsch und Bürgerkrieg jetzt weniger brauchen konnte denn je, ermächtigte er Chévetel sogar zu der Kriegslist, in seinem Namen die Verschwörer über das Schicksal des Königs zu beruhigen. Daß so der Boden der Provinz von einem inneren Feind ausgehöhlt wurde, war für ihn ein Grund mehr, der von Roland angeregten Abwanderung der Regierung zu widerstreben. In Paris bot er nicht nur dem Landesfeind die Stirn, in Paris, in Paris waren auch innerpolitisch die starken Wurzeln seiner Kraft.

Wenn Robespierre, um sie zu gewinnen, der Kommune schmeichelte, so schätzte auch Danton ihre Bedeutung nicht gering ein. Nicht nur saß er gewissermaßen als ihr Vertrauensmann im Vollzugsrat, sondern seine Sektion, die des Théâtre-Français, bildete auch, durch seine Jünger Billaud-Varenne, Fabre d'Eglantine, Robert und Chaumette vertreten, den revolutionären Gärstoff im revolutionären Gemeinderat: sie verlangte sofort nach dem 10. August, daß auf allen öffentlichen Akten wie auf den Knöpfen der Nationalgarde das Wort König durch Freiheit und Gleichheit ersetzt werde, verwandelte als erste ihr Nationalgardenbataillon in die bewaffnete Macht aller Bürger, rief als erste zur Verteidigung des Vaterlandes auf. Aber Danton wußte nicht minder genau: wenn sich mit Paris das Tuilerienschloß stürmen ließ, Frankreich war nur durch Frankreich zu retten. Darum spielte er weder die Kommune gegen die Legislative noch die Legislative gegen die Kommune aus, sondern suchte beide auf der Linie der Vaterlandsverteidigung zusammenzubringen. Dem revolutionären Gemeinderat überließ er die Haussuchungen, aber als am 4. September der Überwachungsausschuß seine Fangarme nach Roland und acht Abgeordneten ausstreckte, zerriß Danton unwillig den Vorführungsbefehl: Bis hierher und nicht weiter! Sicher war er zufrieden, daß die Entwicklung jene exaltierten Kommunemitglieder widerlegte, die von vornherein die Faust an der Gurgel des Nationalkonvents zu haben hofften.

Vom 5. bis 19. September wurden durch die Wahlmänner, die am 26. August aus allgemeinen und gleichen Wahlen hervorgegangen waren, die Abgeordneten zum Nationalkonvent bestimmt.

Wenn in Paris Robespierre am ersten Tage als erster der Liste ins Parlament beordert wurde, so erhielt er doch nur 338 von 525 Stimmen. Für Danton dagegen entschieden sich am 6. September 638 von 700 Wahlmännern; niemand vereinte so viel Stimmen auf sich wie er. Beredt und mit Erfolg warb er auch für seinen Generalstab aus dem Barfüßerdistrikt. Als ein leichtblütiger Mensch, der Musik hatte in sich selbst und die Gamaschenknopfweisheit: *Inter arma silent musae* mißachtete, trat er vor die Wahlmänner, eine Muse an jeder Hand: er half dem Dichter und Schauspieler Fabre d'Eglantine ebenso durch wie dem Maler Louis David, der das anerkannte Haupt einer klassizistischen Schule mit antikem Faltenwurf war; Prudhommes Journal warf ihm diese Begünstigung von Künstlern vor, die wenig zu Gesetzgebern geeignet seien. Außerdem hielten von den Cordeliers ihren Einzug in die Reithalle der Metzger Legendre und Camille Desmoulins, Billaud-Varenne, Collot d'Herbois und Manuel, Sergent, Robert und Fréron. Und wie hätte Marat fehlen können! Die ›*Révolutions de Paris*‹ empfahlen, man möge ihn wählen, wie man ein Stück Sauerteig in einen Backtrog werfe.

Die Departements, noch ganz im unklaren über den in der Hauptstadt entbrannten Widerstreit, bestätigten bei den Wahlen einfach den 10. August, indem sie Anhänger Brissots wie Robespierres unterschiedslos in den Konvent sandten. Auf die revolutionäre Einheitsfront bedacht, suchte Danton für Paris das gleiche zu erreichen. In seinem Sinn und wahrscheinlich seinem Auftrag mühte sich, um ›unwiderruflich die Freiheit und Gleichheit aufzurichten‹, sein Freund Delacroix, die Wahl von Pétion und Robespierre auf einer Liste durchzusetzen. Aber Paris versagte sich dieser Versöhnungspolitik: unter seinen vierundzwanzig Abgeordneten saßen nur zwei Gemäßigte. Dafür rächten sich die hinter Brissot, besetzten das Büro des Nationalkonvents nur mit ihren Leuten: Pétion Präsident, Brissot, Vergniaud, Condorcet, Rabaut Saint-Etienne, Lasource und Camus Sekretäre. Feierliche Eröffnungssitzung am 20. September, Hochstimmung eines leuchtenden Tages, aber sie alle, von dem einen Camus abgesehen, sollte in spätestens achtzehn Monaten gewaltsamer Tod hingerafft haben.

Die Galerie klatschte, als im Sitzungssaal zwei Abgeordnete Arm in Arm erschienen: der eine hieß gestern noch Herzog von Orléans, jetzt Joseph-Philippe Egalité, der andere war der Wollkämmer Armonville aus dem Marne-Departement. Aber beide wirkten als fremde Farbtupfen auf einem in der Grundfarbe andersartigen Stoff. Denn unter den 782 Deputierten waren die Ci-devants dünn gesät, und Armonville hatte nur einen proletarischen Parlamentskollegen, Noël Pointe, Arbeiter einer Waffenfabrik in Saint-Etienne, der von sich rühmte: Ich bin wirklich ein Teil des Volkes! In ihres Wesens Wesen aber war die Versammlung der lebende, siebenhundertundsoundsovielmal wiederholte Beweis, daß in Frankreich der Dritte Stand, das Bürgertum, die Bourgeoisie endgültig die Herrschaft angetreten hatte. Großkaufleute und Industrielle, wahre Rahmabschöpfer des neuen Standes der Dinge, blieben zwar im Hintergrund; Geschäfts- und Gewinngier zeigten sich in diesem Parlament nicht feigenblattlos. Dafür wimmelte es von Männern des Gesetzes jeder Gattung, den einzigen, die nach jäher Verabschiedung der vormals herrschenden Kaste sich im Räderwerk der Staatsmaschine auskannten, Advokaten vor allem, Advokaten und noch einmal Advokaten, berufenste Sachwalter der neuen Ordnung; dahinter eine Phalanx von Schriftstellern, Gelehrten, Ärzten, die Geistlichen nicht zu vergessen, zweiundfünfzig an der Zahl, darunter sechzehn Bischöfe.

Ja, das war Bürgertum, aber Bürgertum an der Schwelle seiner Macht, jung, unverbraucht, mit starkem Atem, vom Widerschein seiner geschichtlichen Aufgabe überglänzt, selbstsüchtig, wo es um die Wurst ging, unfähig, über den eigenen Schatten zu springen, aber nicht flau, nicht feig, nicht filzig, nicht fahnenflüchtig den eigenen Idealen, im großen zahlungsfähig und zahlungswillig, Bürgertum, das zu leben wußte und zu sterben verstand.

Der Konvent kannte nur Abgeordnete, keine Parteien. Partei setzte er mit Faktion gleich, und Faktion war Ergebnis einer Intrige und Vorläufer einer Diktatur. Jedes Mitglied war darum bereit, zu schwören, daß es aller Bindungen frei und einzig und allein sich selber verantwortlich sei. Pétion: Parteien bisher? Ja! Aber jetzt nach Abschaffung des Königtums, welches Interesse sollte sie da entstehen lassen?, Bancal des Issarts: Kein Wesen auf der Welt ist unabhängiger als ich, Fonfrède: Zu keiner Partei gehöre ich, ich bin nur meinem Gewissen und meinem Lande verpflichtet, Tallien: Wir bilden keine Partei, wir haben keinen Führer nötig. So dachten alle, und auch Danton rief freien Muts und guten Glaubens in den Konventssaal: »Auch ich bin ohne Partei und ohne Faktion ... Lassen Sie sich von der Idee durchdringen, daß es in einer Republik keine Faktionen geben kann!«

Deshalb schwellte nie erhabenere Genugtuung seine Brust, als wenn sein Wort den Konvent vom ersten bis zum letzten Abgeordneten mitriß. Da die Minister nicht auch Parlamentarier sein konnten, entschlug Danton sich beim Zusammentritt der Versammlung seines Amtes als Mitglied des Vollzugsrates; er führte lediglich die Geschäfte weiter, bis am 12. Oktober seinen Platz in der Chancellerie Dominique Garat einnahm. In jedem Betracht hielt es der Tribun für wichtiger, Abgeordneter zu sein, ausübender Teil des Volkswillens, Partikelchen der Souveränität der Nation, die ihm oberste Gewalt und Mutterschoß alles Neuen und Herrlichen war. Selbst das starke Individuum schien ihm nur wertvoll, soweit Säfte und Kräfte der Masse es nährten, soweit es Volk war: »Denkt daran«, mahnte er eindringlich den Konvent, »daß die Nation größer ist als ihr! Denkt daran, daß das wahre Genie im Volke selbst steckt!«

Die Vertretung dieses souveränen Volkes in der Manège beschloß am 21. September:

DER NATIONALKONVENT DEKRETIERT: DAS KÖNIGTUM IN FRANKREICH IST ABGESCHAFFT.

Kein Dutzend Worte, und das stolze Bourbonenwappen flog zerbrochen in die Aschenkiste, vierzehn Jahrhunderte kollerten hinterdrein. Am Abend wurde das Dekret bei Trompetenschall an allen Straßenecken verkündet, an Hunderttausenden von Fenstern flimmerten festliche Lichter.

Der Antrag, der Monarchie den letzten Stoß zu versetzen, ging von Collot d'Herbois und Grégoire aus, nicht von Danton. Auch in der kurzen Erörterung ergriff er nicht das Wort. Der ihm nahestehende Basire versuchte sogar die Entscheidung zu vertagen, weil eine mit der Wahrung der teuersten Interessen des Volkes betraute Versammlung nicht im Rausche des Enthusiasmus beschließen dürfe. Stimmte Danton mit Basire überein? Fiel ein Schatten des Zweifels über seine Seele, ob der Sturz des Königtums dem Willen der Mehrheit der Franzosen entspreche? Kam ihm die Ausrufung der Republik gerade an diesem Tage ungelegen, weil sie die Verhandlungen mit den Preußen zu stören drohte? Oder schwieg er ganz einfach aus Lässigkeit, weil das Rad auch ohne seinen Anstoß rollte, und der Beschluß des 21. September nur auf die Tat des 10. August das Siegel drückte?

Auf jeden Fall sperrte sich sein gesunder Tatsachensinn dagegen, an die Grundlagen der Republik rühren zu lassen, nachdem sie einmal stand. Am Ende hatte das Volk über die Verfassung zu befinden, die der Konvent ausbrütete, aber ein anderes war es, als am 16. Oktober Manuel plötzlich mit dem Vorschlag kam, das Konstitutionskomitee möge eine Volksabstimmung über die Frage Monarchie oder Republik vorbereiten. Cambon erweiterte den Antrag, ein dreiund-

Deklaration der Menschen- und Bürgerrechte
durch die Nationalversammlung am 26. August 1789.
Text in allegorischer Umrahmung auf einem
zeitgenössischen Gemälde.

Jean Paul Marat.
Holzstich nach E. Viollat, 19. Jahrhundert.

Ein Mann fordert das Volk auf, die Farbe
einer Kokarde zu wählen und zu den Waffen zu greifen.
Lithographie von Johann Nepomuk Geiger, 1860.

Der französische Dichter und Revolutionär
Philippe François Nazaire Fabre d'Eglantine.
Stahlstich nach einem zeitgenössischen Bildnis,
19. Jahrhundert.

achtzigköpfiger Ausschuß aus je einem Abgeordneten der Departements möge mit der Angelegenheit betraut werden, und Goupilleau sprach für Überweisung an den Gesetzgebungsausschuß. Nur Brissot widersetzte sich grundsätzlich einem Plebiszit, das Unsicherheit in die Öffentlichkeit tragen und den Namen Republik zweifelhaft machen müsse.

Auch Danton runzelte die Brauen. Angsthasen, die aus dem Munde des ›Souveräns‹ noch einmal hören wollten, daß ihr Tun keine Sünde war! Denen der 10. August, denen die Wahl des Konvents nicht genügte! Wortmeldung, Aufmerksamkeit. Man sage, wenn man nicht jetzt den Willen des Volkes über die Republik einhole, laufe man Gefahr, lange Arbeit auf zerbrechlicher und trügerischer Basis zu verrichten. Verächtliche Handbewegung: »Blendender, aber nichtiger Einwand! Bedenken Sie, daß die Republik schon bestätigt ist durch das Volk, durch das Heer, durch den Genius der Freiheit, der alle Könige verwirft!« vom Sturm des Beifalls dröhnte das Haus, die Zuhörer der Tribüne, aufgesprungen, jubelten. »Ist es demnach nicht erlaubt, in Zweifel zu ziehen, daß Frankreich eine Republik sein will und ewig sein wird, so wollen wir uns nur damit befassen, eine Verfassung, die die Konsequenz dieses Prinzips ist, zu schaffen. Wenn Sie sie dekretiert haben, wenn Sie durch die Erhabenheit Ihrer Debatte sozusagen die öffentliche Meinung dekretiert haben, dann wird die Verfassung rasch angenommen und die Eintracht aller Teile Ihrer Regierung wird ihre Dauerhaftigkeit verbürgen.« Kein Wort mehr, einstimmig wies der Konvent Manuels und Cambons Antrag zurück.

Doch der stärkste Wille vermochte nicht beieinander zu halten, was die Logik der Dinge in entgegengesetzte Richtung trieb. Der Widerstreit, begonnen, als Brissot für, Robespierre gegen den Krieg warb, fortgesetzt, als die Kommune gegen die Legislative aufstand, verschärfte sich im Konvent. Seinen rechten Flügel bildeten die Brissotins, die allmählich unter dem Namen Gironde zusammengefaßt wurden. Zwar stammten sie keineswegs alle aus dem südlichen Departement, das nach diesem Fluß hieß, oder auch nur aus dem Midi. Außer im Nordosten saßen sie ein wenig überall, in der Provence, der Bretagne, der Normandie, der Picardie, in Guyenne und im Limousin, aber in der Gironde, wie in den Departements Somme, Seine-Inférieure, Aisne, Haute-Vienne, Ardèche, Finistère und Jura machten sie die Mehrheit aus, und den rednerischen Akzent setzten ihrem Auftreten drei Advokaten aus Bordeaux, Vergniaud, Guadet und Gensonné auf.

Wenn die Girondisten damit Robespierres und Marats Anhang, der als der Berg, La Montagne, in die Geschichte einging, heftig und heftiger zusammenprallten, waren doch beide Richtungen der Revolution ergeben, beide Republikaner, beide Demokraten. Aber jene glaubten, die Revolution, im wesentlichen beendet, könne in den ruhigen Verfassungsalltag übergeleitet werden, diese erkannten, daß sich die Revolution noch in Kämpfen auf Leben und Tod durchsetzen müsse, und heischten für solche Ausnahmezeiten Ausnahmemaßregeln.

Am ehesten trat der Gegensatz beider Gruppen als Konflikt zwischen Departements und Paris an die Oberfläche. Ein sich genügendes Selbstverwaltungsgebiet, das alle Beamten aus sich heraus wählte und eines Vertreters der Zentralgewalt entriet, glich jedes Departement einer kleinen, fast unabhängigen Republik. Die Gironde schien nach amerikanischem Vorbild das Land noch mehr föderalisieren und Frankreich in ein loses Nebeneinander selbständiger Staaten verwandeln zu wollen. Sie spielte mit dem Gedanken, im Notfall, wenn der Feind Paris überwältige, eine Republik des Midi zu gründen, und lehnte aufs schroffste die vorherrschende Rolle von Paris ab, das der Berg immer wieder, so lange das Schiff der Revolution nicht im Hafen war, zum Träger der revolutionären Diktatur zu machen vorschlug; den Redner einer Abordnung an der Barre des Konvents, der im Oktober von der Hauptstadt Paris sprach, unterbrach der präsidierende Guadet ungehalten: »Ich mache Sie aufmerksam, Bürger, daß es in einer Republik keine Hauptstadt gibt.«

Departements gegen Paris, Provinz gegen Hauptstadt – dahinter barg sich, allerdings erst schwach erkennbar, noch ein anderer Gegensatz. Zwar trat das große Contra Armut: Reichtum noch nicht allzu scharf auf, denn die Assignatenentwertung, im Inland schon fünfzig Prozent betragend, zauberte eine hektische Röte auf die Wangen der französischen Wirtschaft; der Drang gerade des Auslandes, für das täglich im Kurs sinkende Papiergeld Sachwerte zu erhandeln, belebte Fabriken und Manufakturen und rief eine trügerische Prosperität, eine Scheinblüte von Handel und Industrie hervor. Sie schuf die Möglichkeit, daß als revolutionäre Losung der Begriff Vaterland Wohlhäbige und Habenichtse einigte; Patrioten waren beide, Patrioten waren alle, und ein Wort, wie das des Straßburger Simond bei den Jakobinern, der Soldat gehe ins Lager, um sich für den dicken Eigentümer töten zu lassen – wie war das erhört, da doch der Soldat fürs Vaterland starb! Auch unterschieden sich die leitenden Köpfe der Brissotins und Robespierristen nach Herkunft, Erziehung, Stellung und Vermögen kaum: hier wie da Männer der Rede und der Schreibe, Advokaten und Publizisten. Dennoch jubelten der Gironde die Schichten von ›Besitz und Bildung‹ zu, der Montagne die, so weder Geld hatten noch Latein konnten. Hinter jener stand die Bourgeoisie der großen, reichen Handelsstädte, hinter dieser das Kleinbürgertum der dichtbevölkerten Pariser Quartiere.

Zu den Sammelpunkten der Abgeordneten in Brissots Gefolgschaft gehörte das ›Komitee des Vendômeplatzes‹, wo Vergniaud an der Tafel der gastfreundlichen Madame Dodun präsidierte, das Rathaus mit dem immer mehr zur Gironde hinübergleitenden Pétion und nicht zuletzt der Salon der Madame Condorcet, aber stärkerer Magnet war seit geraumer Weile, wegen seines weiblichen Teiles, das Ehepaar Roland. Die Tochter des Pariser Graveurs Phlipon war von Kindesbeinen an dem Geiste ergeben; sie hatte nach ihren eigenen Worten nötig, zu studieren wie zu essen. Da sie schon früh für Jean-Jacques Rousseau, für die englische Verfassung, für alle neuen Freiheits- und

Menschheitsgedanken schwärmte, riß die Revolution sie unwiderstehlich hin; in ihr sah sie große Gelegenheit, ihr Sein herrliche Frucht tragen zu lassen. Noch aus der Provinz sandte sie dem ›*Patriote Français*‹ Artikel, die unter der Rubrik: Eine Römerin schreibt uns, erschienen. Als sie 1791 von Lyon nach Paris kam, gingen bald die Anhänger Brissots bei ihr ein und aus. Das erste Ministerium ihres Mannes mehrte ihren Einfluß, und im Herbst 1792 war sie vollends die politische Egeria derer, die deshalb immer häufiger auch Rolandisten genannt wurden.

In Wahrheit fehlte es Manon Roland an politischem Weit- und Scharfblick; ohne Sinn für das Mögliche, schwelgte sie zu sehr in heroisch-erhabenen Vorstellungen der Antike, um gegen das unvermeidliche Menschlich-Allzumenschliche einer Revolution duldsam zu sein, aber Feuer einer großen Seele, Licht eines klaren Verstandes, Zauber eines festen Willens, all das vereinigt in einem wohlgebildeten Weibe, wirkten mächtig auf die Männer und desto mehr, je weicher und nachgiebiger einer war. Schon als junger Student der Medizin war Lanthenas in die schöne Manon verliebt; als Konventsabgeordneter saß er immer noch zu ihren Füßen. Als Bancal des Issarts sie im Juli 1790 auf dem Gut Clos-la-Platière bei Villefranche zum ersten Male besuchte, schwang er sich, so bannte sie ihn, bei der Trennung tränenüberströmt in den Sattel. Den jungen entflammten Barbaroux aus Marseille zähmte sie mit einem Wimpernaufschlag, und François Buzot, der in der Konstituante stramm zu Robespierre gehalten hatte, brauchte, in den Konvent gewählt, nur ihr Fluidum zu verspüren, und es war um ihn geschehen. Sie, die am Ende ihres Lebens gestehen durfte, niemand habe weniger die Wollust gekannt als sie, und er, der bekannte, niemals habe die Ausschweifung seinen Sinn mit ihrem unreinen Hauch befleckt, fanden einander über Plutarch. Ihre Seelen küßten sich; sie trug ein Medaillon mit seinem, er eines mit ihrem Miniaturporträt um den Hals.

Die revolutionäre Einheitsfront wahren, umschloß für Danton auch den ernsten Versuch, sich mit seinen Ministerkollegen gut zu stellen. Er erschien bei den Rolands, im Ministerium des Innern in der Rue Neuve des Petits-Champs, leicht mißtrauisch, da ja doch wohl bei den Zusammenkünften in diesem Hause als einzige Erfrischung eine Wasserkaraffe und eine Zuckerdose auf dem Tisch standen, aber gewillt, sich wie der Onkel aus der Provinz zu geben, gutmütig, herzlich, entwaffnend: »Na, kann man sich zum Essen einladen? Was gibt's denn heute Schönes?« Ihm gebrach es an jeder Erfahrung mit Frauen dieser Art. Manon Roland, achtunddreißigjährig, wußte sich schön: groß, von kräftiger Gestalt, mit ausladenden Hüften und üppiger Brust, über einem ausdrucksvollen Gesicht mit sprechenden dunklen Augen ein Helm schwarzer Haare und eine Haut wie Milch und Blut. Weihrauch war sie gewohnt; Kniefall der Männer erwartete sie, die von Dumouriez *›vertueusement coquette‹* genannt wurde, wie einen schuldigen Tribut. So trat sie Danton entgegen, strahlte ihn an, ihrer Wirkung gewiß, und in den Tiefen der Seele, wo die uns unbewußten, nie entsiegelten Wünsche wispern und raunen, flüsterte etwas: Möchtest du mir an die Brüste greifen?

Manon war nicht der Blaustrumpf, wie sie Danton auf die Nerven fielen; gute Hausfrau, überschwengliche Mutter, verstand sie die Nadel so gut zu führen, wie die Feder, und ein Wort aus ihrem Munde wie dieses: »Ich möchte meine Bäume wiedersehen, nachdem ich soviel Dummköpfe und Schufte gesehen habe«, hätte auch bei Danton günstig widerhallen können. Aber da er im Innern auch die entfernte Möglichkeit ablehnte, mit Frauen zu schlafen, die zwischen zwei Liebesergüssen vielleicht vom Unterschied der englischen und französischen Verfassung zu plaudern begannen, verfing die Angel mit Widerhaken nicht; die Atmosphäre um beide hub nicht zu knistern an, und Dantons wohlwollendes Lächeln dünkte Madame Roland auf einmal die häßlichste Fratze. Er kam in diesem August noch jeden Tag, aber zwischen ihr und ihm war eine Wand von Eis. Bald fühlte er sich auch unbehaglich in dieser seltsamen Luft: da saß am Rokokoschreibtisch eine elegante Dame, mit gepflegter Hand zierlich den Gänsekiel in ein zierliches Tintenfaß tauchend, und um sie herum elegante Herren von zu gewollter Wohlerzogenheit, die es bei aller Zuvorkommenheit und Zurückhaltung dem Großsiegelbewahrer Frankreichs zu spüren gaben, daß sie seine laute Stimme und seine brüsken Gebärden ein ganz klein wenig plebejisch fanden.

Aber die persönliche Abneigung gegen Danton gerann bei Madame Roland erst durch politische Beimischung zum Gift tödlichen Hasses. Ein bißchen Augenmaß, ein wenig Scharfblick, eine Spur Einsicht, und ihre Verehrer und Anhänger konnten Danton nicht für den wilden Mann halten, als der er ihnen geschildert wurde, und durften ihn nicht mit Marat und Robespierre in einem Atemzug nennen, wie sie es gern taten. Gewiß, wenn er zürnte oder zu zürnen schien, fuhr, Ängstliche schreckend, zündender Strahl aus dunklem Gewölk: »Wir müssen«, donnerte er gegen die des Royalismus verdächtigen Generale, »uns schrecklich zeigen!«, und als ein zur Verantwortung an die Barre geladener Minister von vorgestern zwischen einem Gegenrevolutionär und einem Manne, der die Revolution nicht liebe, einen Unterschied heraustüfteln wollte, schmetterte Danton den Haarspalter nieder: »In der Sprache der Freiheit ist jeder Beamte, der die Revolution nicht liebt, ein Verräter!«

Prüfstein aber, Prüfstein gerade für die Gironde vermochte seine Haltung zur Eigentumsfrage zu sein. Der Aufstand der Pariser Vorstädte vom 10. August schlug seine Wellen auch über das flache Land: noch am gleichen Tage strich die Legislative ›Feudal- und Herrenrechte aller Art‹ ohne Entschädigung; waren dem Baum des Feudalismus die Äste schon vorher abgehackt, traf jetzt die Axt Wurzel und Stamm. Ebenso beschloß die Nationalversammlung zu keinem andern Zweck, als ›um die Kleineigentümer zu vermehren‹, Versteigerung der Emigrantengüter in kleinen Losen. Der Bauer bekam die ganze Freiheit und ein Stück Frankreich zu eigen; fortan folgte er entschlossen der Trommel, die Freiwillige zur Verteidigung des Vaterlandes rief, weil er triebhaft spürte, daß unter dem Huftritt der preußischen und österreichischen Reiter wieder sproßte, was zu seinem Nutzen eingescharrt war: die Feudalherrschaft.

Nur ein paar Wirrköpfe hausierten wieder mit dem ›Agrargesetz‹, der gleichen Aufteilung des Landes. Namentlich zwei Mitglieder der Kommune, Dufour und Dantons Bekannter Momoro, holten als Kommissäre in der Normandie den Entwurf einer neuen Erklärung der Menschenrechte aus der Tasche, in dem erschreckte Augen lasen: »Die Nation erkennt nur das industrielle Eigentum an und sichert ihm Schutz und Unverletzlichkeit, dem Eigentum an Grund und Boden aber nur so lange, bis Gesetze diesen Gegenstand regeln.« Wider dieses haltlose Geschwätz von Einspännern zögerte Zurückweisung aus verschiedenen Ecken nicht, aber die Erwerber von Nationalgütern steckten die Köpfe so beunruhigt zusammen wie die Grundbesitzer von alters: Was in aller Welt soll das heißen?

Auch in der Wirklichkeit wurde die Heiligkeit des Eigentums angetastet. Da Verkehrsmittel und Verkehrswege noch keine Verteilung des nötigen Brotgetreides zu gleichen Bedingungen über ganz Frankreich gestatteten, schwankte, je nach dem Departement, der Preis für einen Sester Weizen zwischen 25 Livres in Dantons Heimat, der Aube, und 63 Livres in Hautes-Alpes. Trotz guter Ernte zeigte sich auch hier und da Kornmangel. Einmal wurde mehr Weizen verbacken als vordem, denn war bislang für die Bauern helles Brot ein Luxus gewesen, so machte die Revolution den Durchschnittsfranzosen zum Weißbrotesser; was Pache 1799 für die Ardennen feststellte, daß neun Zehntel der Bürger besser untergebracht, eingerichtet und ernährt seien als ein Jahrzehnt früher, galt für das ganze Land. Daß, den Soldaten auch hierin dem Bürger gleichzustellen, auf Beschluß der Legislative das Kommißbrot, statt wie bisher mit starkem Roggenzusatz, nur mehr aus Weizenmehl hergestellt wurde, erhöhte ebenfalls Verbrauch und Nachfrage, während Erzeugung und Angebot sanken.

Lücken in der Schar der Feldbesteller als Folge der Einziehungen, mehr noch das Mißtrauen der Kornproduzenten gegen die sich entwertenden Assignaten verhinderten die genügende Beschickung des Marktes. So erhob sich bei den Jakobinern die Klage, unter dem Regime des Despotismus habe Frankreich das Brot nie so teuer bezahlt wie unter der Herrschaft der Freiheit; schon wurden Getreideschiffe auf der Seine von erbitterten Volkshaufen angehalten.

Da auch die Kornaufkäufer für die Armee vielfach auf verschlossene Scheunentore oder unverschämte Preisforderungen stießen, schuf eine Verordnung des Vorläufigen Vollzugsrats vom 4. September die Handhabe, widerspenstige Eigentümer zur Abgabe ihrer Vorräte an das Militär zu zwingen, und zwar zu einem von den Behörden festgesetzten Preis. Roland, der die Verfügung nicht unterzeichnet hatte, obwohl die Lebensmittelversorgung in sein Fach fiel, schlug ihretwegen gegen Danton Lärm und hatte dabei sicher die meisten Eigentümer hinter sich, die dieser Eingriff ins Eigentumsrecht in Sorgen warf.

Beunruhigung der Eigentümer aber widersprach der Bewegung, der Danton diente. Die große Umwälzung seit dem 14. Juli war eine Revolution nicht gegen, sondern für das Eigentum. Ihr Ziel: das bürgerliche Eigentum gegen absolutistische Willkür zu sichern, das bäuerliche Eigentum von feudalen Lasten zu befreien, dem Industrie- und Handelseigentum durch Niederlegung mittelalterlicher Schranken die Bahn zu ebnen, das Grundeigentum durch Zerstükkelung des Kirchen- und Emigrantenbesitzes zu vermehren. Wer der bürgerlichen Ordnung, der damals einzig möglichen, zum Durchbruch verhalf, begriff das Gebot der Stunde. Wer darüber hinaus gegen das Eigentum Drohworte schleuderte, verfälschte den Sinn der Revolution, fuhr hilflos mit der Stange im Nebel umher und nützte, ohne es zu wissen und zu wollen, der Gegenrevolution; nicht von ungefähr schlug Carra jeden, der vom ›Agrargesetz‹ zu reden wagte, als ›offenen Aristokraten‹, als ›Feind der Allgemeinheit‹, als ›auszurottenden Verbrecher‹ an den Pranger.

Geleitet von einem fast untrüglichen Instinkt für das Erreichbare und Nötige führte Danton schon im Rundschreiben an die Gerichte ›nicht die unmögliche Gleichheit der Güter, sondern eine Gleichheit der Rechte und des Glücks‹ als Programmpunkt auf, und in der ersten Konventsitzung am 21. September wandte er sich an die ›ausgezeichneten Bürger‹, die da fürchteten, daß ›glühende Freunde der Freiheit‹ durch Übertreibung ihrer Grundsätze dem Gesellschaftsbau schaden könnten. Keine Angst! Keine Unruhe! Keine Bestürzung! »Schwören wir jeder Übertreibung ab! Erklären wir die ewige Aufrechterhaltung jeglichen Eigentums, sei es territorialer, individueller oder industrieller Art!« Wie aus einem Mund rief der Konvent Beifall und beschloß mit kleiner Abschwächung des Vorschlags, daß Person und Eigentum unter dem Schutze des französischen Volkes ständen.

Auch in der Frage der Geistlichkeit war niemand weniger ein kleiner, kläffender Fanatiker als Danton. Zwar nahm der Verehrer Diderots das Alte und das Neue Testament nur als schöne Legendensammlung, und der Argwohn des an der Enzyklopädie Geschulten gegen die Klerisei stellte die Theologen mit den Juristen auf eine Stufe: »Die einen wie die andern haben ewig das Volk betrogen«, und vom religiösen Fanatismus sagte er, daß er wie das Wasser nur in die niedrigen Gebiete laufe und nur in knechtische und abergläubische Seelen falle. Erst recht sah er in den eidweigernden Priestern »einen der mächtigsten Hebel der Gegenrevolution«; Geistliche, die nicht Bürger sein wollten, Verräter waren sie, »die sich vom Schweiße des Volkes mästeten«.

Aber der seine gottesfürchtige Gabrielle nie zum Unglauben zu bekehren suchte, teilte keineswegs die platte Weisheit Manuels, daß die Priester an sich Urheber allen Unheils auf Erden seien, und hielt nichts von der verbissenen Religionsfeindschaft, in die sich die Kommune immer mehr verkrampfte. War sie schon im Juni gegen die Fronleichnamsprozession aufgetreten, so verfügte sie nach dem 10. August – *Ecrasez l'infâme!* – Schließung aller Klöster als

»Schlupfwinkel der Aristokratie« und Verwertung »aller bronzenen Kruzifixe, Notenständer, Engel, Teufel, Seraphime und Cherubime« der Kirchen zur Geschützfabrikation. Die Einziehung aller goldenen und silbernen Geräte in den Gotteshäusern dekretierend, folgte die Nationalversammlung am 10. September.

Vierzehn Tage vorher hatte sie bestimmt, daß eidweigernde Priester binnen zwei Wochen Frankreich zu verlassen hätten; zu Tausenden und mehr setzten sie, von der Verschickung nach Guyana bedroht, ihren Stab in die Nachbarländer.

Streichung des Kultusbudgets, das sich für 1793 auf 100 Millionen Livres bezifferte, war der nächste Schritt; ihn schlug Cambon am 13. November im Konvent vor – Sparsamkeit! Sparsamkeit! – und weiter: »Wer arbeitet, werde für seine Arbeit bezahlt, aber bezahlt von denen, die ihn verwenden!« Gegen Schluß des gleichen Monats erstatteten die Konventskommissäre Lecointe-Puyraveau, Maure und Biroteau Bericht über ihre Mission im Departement Eure-et-Loir. Teufel auch, war es ihnen übel ergangen! In Lebensmittelunruhen gerieten sie mitten hinein, Plünderung von Getreidespeichern, Ansammlung wütender Haufen, die Abgesandten wurden eingekeilt, geprügelt, gestoßen, bedroht und, die Axt über dem Kopf und die Pike auf der Brust, gezwungen, für Weizen und andere Lebensmittel Höchstpreise festzusetzen. »Unter den Vorwürfen, die wir zu hören bekamen«, erwähnte Lecointe, »sprach man viel von Priestern und Religion... Man scheute sich nicht zu sagen, daß der Konvent, der keine Priester mehr wolle und die Heller des Volkes stehle, dafür zahlen werde«, und Biroteau ergänzte: »Wenn schon der Antrag, die Besoldung der Priester zu streichen, solche Gärung erzeugt, welche Unruhe wird dann erst ein entsprechender Beschluß hervorrufen!« Gemurr einiger Abgeordneter überdröhnte Dantons Stimme: »Ruhe! Ausreden lassen! Ich werde die gleiche Meinung vorbringen!«

Nach Pétion stand er auf der Tribüne, nicht nur ein Mann aus Arcis-sur-Aube, der das Landvolk wie sich selber kannte, sondern auch ein Wacher, der mit Wirklichkeiten rechnete und Politik nicht mit Philosophie verwechselte. Er ahnte etwas von dem, was die scharfblickende Gattin des Abgeordneten Jullien damals in einem ihrer Briefe aus Paris besorgt aussprach: »Ich sehe eine Republik ohne Republikaner«; er begriff, daß der Konvent von einer entschlossenen Minderheit gewählt war: selbst das allgemeine und gleiche Recht brachte höchstens ein Fünftel der Stimmberechtigten an die Urne; am Tage dieser Verhandlung bemühten sich von rund 190000 Pariser Wählern gerade 11400 zur Bürgermeisterwahl! Warum also die Zögernden, die erst auf dem Wege zur Republik waren, durch Beschlüsse abschrecken, die der inneren Notwendigkeit entbehren? »Man wirrt Frankreich durcheinander durch die allzu übereilte Anwendung philosophischer Prinzipien, die mir teuer sind, aber für die das Volk, besonders das des flachen Landes, noch nicht reif ist«; noch einmal streifte er diese Grundsätze einer ihm teuren Philosophie: »Aber wenn der vom Schicksal Mißhandelte sieht, wie ein Reicher all seinen Neigungen nachgibt, all seine Wünsche befriedigt, während er selbst seine Bedürfnisse auf das Nötigste beschränkt, dann glaubt er, und diese Gewißheit ist Trost für ihn, er glaubt, daß sich in der andern Welt seine Genüsse im Verhältnis zu seinen Entbehrungen hienieden vervielfältigen werden. Lassen Sie ihm diesen Irrtum! Um zu ihm von Moral und Philosophie zu sprechen, warten Sie, bis er, aufgeklärt und überzeugt, die religiösen Begriffe in ihrem richtigen Wert abzuschätzen vermag... Bis dahin ist es ein Verbrechen, Majestätsbeleidigung gegen die Nation, dem Volk seine Ideen, seine Trugbilder nehmen zu wollen. Für meinen Teil kenne ich nur den Gott des Alls, der Freiheit, der Gerechtigkeit. Der Landbewohner fügt noch den Gottmenschen, den Erlöser hinzu, den er als heilig betrachtet, weil er ihm in der Jugend, in der Zeit der Reife und im Alter einige Augenblicke Glücks verdankt... Lassen Sie ihm seinen Irrtum, aber klären Sie ihn auf!« Eindringlich: »Sagen Sie dem Volk ohne Umschweife und klar und deutlich: Ihr behaltet eure Priester, solange ihr sie für euer Glück nötig braucht!« Noch eindringlicher schloß er: »Vertrauen, Klugheit, Festigkeit, und Sie werden die Republik retten!«

Konnte es für die Brissotins hundert Brücken zu dem Manne geben, bei dem politische Leidenschaft den Wagen voranriß, aber politische Besonnenheit auf dem Kutschbock saß, so hatte Danton doch für sie einen nicht auszumerzenden Hauptfehler: daß er überhaupt da war. Nicht unverdientes Glück, nein, Ausfluß irdischer und himmlischer Gerechtigkeit schien es der Gironde, daß ihr die Frucht des 10. August in den Schoß fiel. Hatte nicht der Ablauf der Ereignisse, der mit dem Tuileriensturm endete, mit der Entlassung ihrer Minister begonnen? Und das Bataillon der Marseiller, das nach ihrer Meinung den Sturmtag entschied, war es nicht von dem sprudelnd jungen Barbaroux nach Paris gebracht worden? Und meldete sich jetzt nicht Barbaroux mit lautem: Hier!, wenn die Vertrauten der Madame Roland aufgerufen wurden?

Auch die Konventswahlen bestätigten den Anhängern Brissots ihre Volkstümlichkeit. Carra in sieben, Brissot in drei, mehrere andere in je zwei Departements gewählt, während von der Linken einzig Robespierre eine Doppelwahl verzeichnete! Im Parlament hatten sie zwar von vornherein ebenso wenig die Mehrheit wie ihre Gegner. Die einen wie die andern waren Flügelgruppen; dazwischen lag die Mitte, die ›Ebene‹, die Hunderte von Abgeordneten, die von Fall zu Fall gewonnen werden mußten. Aber schon die ersten Abstimmungen gaben der Gironde das Heft in die Hand, und im Vollzugsrat war sie erst recht obenauf: Roland, Servan und Clavière, Minister im ersten Brissotin-Kabinett, waren von der Legislative durch einmütigen Zuruf in ihr Amt eingesetzt worden, und Lebrun und Monge trotteten so mit. Die Wähler girondistisch, der Konvent girondistisch, der *Conseil Exécutif* girondistisch, also Frankreich girondistisch, wenn man, ja, wenn man die eine Ausnahme in der Regierung übersah.

Aber die war nicht zu übersehen, hieß DANTON.

Ohne Danton dünkten sich die Brissotins allmächtig, ohne Danton wähnte sich Madame Roland Regentin des

Landes, und Danton bannten die schönen Augen der schönen Manon nicht, Danton wickelten die glatten Redensarten der andern nicht ein, Danton war im Ministerrat nicht zu überstimmen. Im Gegenteil! Wie Danton die Straße aufzubieten vermochte und das Ohr des Konvents hatte, so beherrschte er den Vollzugsrat.

Zum Teufel mit Danton!

Jedesmal flimmerte es dem Ehepaar vor den Augen, wenn sich wieder eine Gemeinde, eine Körperschaft, eine Behörde in einer Angelegenheit, die deutlich Roland betraf, an Danton, an Danton gewandt hatte, und wenn der Justizminister dem Kollegen des Inneren höflich das Gesuch weiterleitete: »Ich habe die Ehre, Ihnen den Brief zu übersenden, dessen Gegenstand ihre Verwaltung angeht«; abgefeimter, gemeiner Hohn schien das, der Kerl hatte sicher gegrinst, als er das schrieb, und Madame seufzte zum tausendsten Male: »Dieser wilde Tribun regiert, und wir sind unterdrückt.«

Als denn die Rolandisten zum Schlag gegen die Truppe der Linken ausholten, galt der Angriff nicht in letzter Reihe Danton. Hör es, Volk! Ein Triumvirat strebt nach der Diktatur! Robespierre, Marat und als dritter Danton. Robespierre, Marat, Danton! Feiner Plan, ihn und den ›*Ami du Peuple*‹ zusammenzukoppeln, denn Marat – der Name wirkte auf zahllose wie das rote Tuch auf den Arenastier. Mit Gift statt Tinte schrieb Brissot in seinem ›*Patriote Français*‹: »Der Feind aller guten Bürger, der Freund der Unordnung und des Gemetzels, der seine Ächtungslisten unter dem blasphemischen Namen ›Der Volksfreund‹ veröffentlicht, hat alle Minister darauf stehen, mit einziger Ausnahme des Herrn Danton.«

Am Abend des 2. September, da vor den Gefängnissen Säbel und Piken, Knüttel und Dolche arbeiteten, hatte Billaud-Varenne vor der Kommune ein ›Komplott‹ Brissots und seiner Anhänger aufgedeckt; sie wollten den Herzog von Braunschweig, Führer des gegen Paris rückenden Heeres, auf den Thron Frankreichs setzen! Niemand lachte, obwohl einzige Stütze der Anzeige ein Artikel Carras aus den ersten Tagen des Kriegs war, der den Braunschweiger als Freund freier philosophischer Grundsätze hinstellte. Sicher wußte Robespierre Bescheid, sicher wußte er, daß diese Denunziation in dieser Stunde die Denunzierten einer von Blut berauschten, nach Blut dürstenden Menge ans Messer liefern hieß, aber er hatte das Manöver unterstützt; der Drang zu vernichten, wer den gedeihlichen Fortgang der Revolution zu stören drohte, spülte bei dem kalten Rechner jede Hemmung weg. Zwar mißlang der Streich; Haussuchungen bei Brissot entdeckten nichts Belastendes. Die Absicht, Roland und einige Abgeordnete zu verhaften, scheiterte an Dantons entschiedenem Nein.

Aber Haß und Rachsucht schwelten, und Haß und Rachsucht flackern am 24. und 25. September im Konvent auf: Frontalangriff der Rolandisten gegen die Robespierristen. Aufgewühlte Menschen in aufgewühlter Zeit – wie strömen alle Empfindungen im Guten und Bösen über! Freudige Erschütterung über die Ausrufung der Republik raubt Grégoire, Bischof und Abgeordnetem, für Tage Eßlust und Schlaf, und selbst der Streusand, der auf Amtsschreiben und Aktenstücke rieselt, trocknet neben der Tinte echte Männertränen auf. Der Distriktsgeneralrat der von den Österreichern belagerten Stadt Lille berichtet von der Aufopferung der Bevölkerung: »Mehrere Arbeiter wiesen die Geldbeihilfe zurück und sagten, sie hätten noch für vier bis fünf Tage zu leben, nachher würden sie sich an uns wenden. Wir weinten!« »Auch wir«, antworten die Administrateurs des Norddepartements, »haben über eurem Briefe vor Bewunderung und Rührung geweint.«

So haben die Tage dieser Debatten harten Pulsschlag und Fieberröte auf den Wangen.

Kersaint bricht plötzlich los, anknüpfend an eine Bagatelle, Mitteilung Rolands über widerrechtliche Anhaltung eines Kuriers. Zum erstenmal gegen andere Abgeordnete der Appell an die Guillotine! »Es ist«, ruft der frühere Marineoffizier wie von der Kommandobrücke seines Schiffes herab, »Zeit, Schafotte für die Mörder zu errichten; es ist Zeit, sie für jene zu errichten, die zum Morde aufreizen.«

Jawohl, unterstützt Vergniaud, »Verbrechen werden in der Republik begangen, und die Gesetze genügen nicht«; jawohl, wiederholt Lanjuinais, »Gesetze gegen die Mörder haben wir, aber wir brauchen Gesetze gegen die Aufreizer zum Morde.«

Wer erklimmt jetzt die Tribüne? Wie heißt der Citoyen? Lebhafte Augen, verächtlich herabgezogene Lippen, Anflug von Schwermut auf der Stirn. Bei Gott, in dem blauen Rock, der roten Weste mit Aufschlägen, dem feingetollten Mousselinejabot und dem gepuderten Haar ist es weit eher ein Monsieur! François Buzot, statt wie sonst langsam und schleppend zu sprechen, ist, als spüre er den warmen Atem seiner Freundin im Nacken, feurig und beredt, läßt ohne Besinnen die Katze aus dem Sack, verlangt eine Parlamentswehr, gebildet aus den 83 Departements: »Ich fordere, daß der Nationalkonvent von einer so stattlichen Macht umgeben sei, daß nicht nur wir nichts zu fürchten haben, sondern daß auch die Departements über unsere Sicherheit beruhigt sind!« Genaues Gegenteil hat Marat in seinem Blatt geheischt: Tagungsraum des Konvents mit Tribünen, die dreitausend Bürger fassen, vollkommen ungedeckt und gänzlich ohne Wachen, »so daß die Abgeordneten ständig unter der Hand des Volkes sind und keinen anderen Schutz haben als ihren Bürgersinn und ihre Tugend«. Gegen Kersaint und Buzot erheben sich Basire, Tallien, Fabre d'Eglantine, Collot, auch Sergent: »Das Schwert des Gesetzes hat bisher nur die unglücklichste Klasse des Volkes getroffen«, vergebens, so gut wie einstimmig beschließt die Versammlung, durch sechs Kommissäre über die Lage in der Republik und in Paris berichten zu lassen, einen Gesetzentwurf gegen die Anstifter zu Mord und Totschlag einzubringen, die Aufstellung einer Parlamentstruppe aus den 83 Departements zu erwägen.

Anderntags Gegenangriff des Berges; Antrag, das Dekret über die Konventswache aufzuheben; Beschuldigung Merlins aus Diedenhofen, Lasource habe ihm gestern privat von einer Partei gesprochen, die nach der Diktatur strebe. Wer ist's? Karten auf den Tisch! »Ich bin bereit, den ersten zu erdolchen, der sich diktatorische Gewalt anmaßen wollte!« Lasource, protestantischer Pastor aus Castres, jung, gebildet, weltläufig, heißblütig, Rhetor, der leicht in Entrüstung verfällt, schlägt einen kleinen Haken, aber mit seiner etwas scharf akzentuierenden Stimme: »Ich werde, das erkläre ich laut, dafür stimmen, daß alle Departements zur Wache des gesetzgebenden Körpers beitragen. Ich fürchte den Despotismus von Paris... Der Einfluß von Paris muß auf ein Dreiundachtzigstel beschränkt werden, wie der jedes der anderen Departements... Ich glaube, daß es eine Partei gibt, die den Nationalkonvent dem Volk entfremden, ihn beherrschen und zugrunde richten will, die unter anderm Namen herrschen will, indem sie alle Gewalt der Nation in den Händen einiger Individuen vereinigt.«

Die Schatten der Septemberopfer geistern im Saal, der Name Robespierre fällt. Der Advokat von Arras wird gleich ein Plädoyer in eigener Sache halten, langatmig, weitschweifig, ermüdend, und wer seine harte Stimme hört, seine mechanischen Bewegungen sieht, den selbstgefälligen Katalog seiner Tugenden und Verdienste vernimmt: Ich... Ich... Ich..., der glaubt, was man erzählt, daß ihn in der Wohnung der Rue Saint-Honoré, wo er bei dem vermögenden Zimmerei-Unternehmer Duplay mehr als ein Sohn des Hauses verhätschelt wird, lauter gemalte, gestochene, modellierte Robespierres anschauen.

Welcher Tumult erst, als Marat auftritt! Sturm der Schreie und Drohungen reißt ihn fast über den Haufen: »Ich habe«, beginnt er kaltblütig, »in dieser Versammlung eine große Zahl persönlicher Feinde«, der Konvent springt auf, Fäuste sind geballt: »Alle! Alle!« gellt es. Aber der Volksfreund bietet der tosenden Empörung die Stirn, tut ruhig dar, daß er als einziger – übereinstimmend weder mit Robespierre noch mit Danton – eine Diktatur für nötig gehalten habe und warum. Die Wut wider ihn wächst. Anklagedekret gegen ihn wird gefordert, er, wieder auf der Rednertribüne, zieht eine Pistole aus der Tasche, setzt sie sich an die Schläfe: »Ich schösse mir eine Kugel in den Kopf, wenn das Dekret durchginge.« Herunter! heult der Saal, herunter!

Auch Robespierre verleugnet ›die unbedachten Redensarten eines überspannten Patrioten‹, derber, drastischer schüttelt Danton den ›Volksfreund‹ als Mann ab, der für die Republikaner sei, was der royalistische Heißsporn Royou für die Aristokraten gewesen sei. Gerechtigkeit zwar auch für Marat: »Ich schreibe diese Übertreibung den Quälereien zu, die er durchgemacht hat. Ich glaube, daß das unterirdische Leben, zu dem er gezwungen war, seine Seele angefressen hat.« Aber den Strich, den dicken Strich, der Marat von ihm, auch von den übrigen Pariser Abgeordneten trennt, zieht Danton; blicken die Freunde der Ordnung nicht schon zufriedener drein? Vier Tage vorher bereits hat er nach der ersten Gelegenheit gegriffen, mit einem ganz starken Bekenntnis zur Demokratie, zur Volkssouveränität ›die leeren Diktaturphantome, die ausschweifenden Gedanken an ein Triumvirat‹ ins Nichts zurückzuscheuchen. Der wochenlang, allerdings zur Rettung der demokratischen Revolution, die Diktatur ausgeübt hat, wiederholt und unterstreicht jetzt dieses Bekenntnis: »Gäbe es einen Verderbten, der despotisch über die Volksvertreter herrschen wollte, sein Kopf fiele in dem Augenblick, da ihm die Maske abgerissen würde.« Man ruft nach neuen Gesetzen? Gut! »Bringen wir ein Gesetz ein, das die Todesstrafe gegen jeden vorsieht, der sich für die Diktatur oder ein Triumvirat aussprechen sollte?«

Rasche Wendung nach der anderen Seite; dort sitzen jene, die vor dem Föderalismus Angst haben: »Man behauptet, daß es unter uns Männer gibt, die der Ansicht sind, Frankreich müsse zerstückelt werden. Bringen wir diese abgeschmackten Ideen zum Verschwinden, indem wir gegen ihre Urheber die Todesstrafe verkünden! Frankreich muß ein unteilbares Ganzes bilden ... Todesstrafe also gegen jeden, der die Einheit Frankreichs zu zerstören unternähme!« Honig ist der Vorschlag in den Ohren derer um Robespierre.

Nachdem so die einen wie die andern gehört haben, was sie hören wollen, also dem Redner günstig gestimmt sind, Dantons männlich kraftvoller Appell an beide, sein Ruf zur

Eintracht gegen den Landesfeind, der noch Verdun und Longwy besetzt hält: »Vernichten wir den Parteigeist, der uns ins Verderben risse! Heilige Harmonie, und die Feinde sind erledigt!«

Wer da glaubte, daß der Neuling auf dem Boden der Reithalle ausgleiten werde, gaffte. Wirklich, ein Meister parlamentarischer Taktik, nicht durch kleine Kniffe, Tricks und Ränke, die Dantons Charakter nicht liegen, sondern durch kluge Einsicht, durch warmherzige Hervorhebung dessen, was nottut, was zusammenschließt, was einigt, einigt, einigt.

Die Revolution selber spricht durch seinen Mund zu ihren tödlich verfeindeten Söhnen.

Aber am 29. Oktober fauchen sich die Leidenschaften aufs neue an, da Roland, weinerlicher Jeremias, das Hauptstück im Kleinen Katechismus der Gironde herbetet und, um die Departements gegen die Hauptstadt aufzuputschen, Paris als Räuberhöhle verflucht; er, der ehrliche Mann sagt's: »Die Verwaltungskörper machtlos, die Kommune despotisch, das Volk gut, aber getäuscht, die bewaffnete Macht ausgezeichnet, aber schlecht befehligt, das ist Paris!« Robespierre, im Bericht des Ministers herangezogen, erhebt, zum Präsidenten gewendet, den Arm. Sofort Gemurr und Zwischenrufe; abgekartetes Spiel der Brissotins, dem Verhaßten möglichst das Wort abzuschneiden. Da droht Dantons mächtige Stimme: »Präsident, sorgen Sie, daß der Redner das Wort behält! Auch ich verlange es nachher. Zeit, daß über all das jetzt Aufklärung geschaffen wird!«

Auch heute bebt in jedem Satz seiner Rede die Mahnung zur revolutionären Einigkeit: Schluß mit dem Mißtrauen unter den Abgeordneten, und wenn jemand die Schuld daran trägt, fort mit ihm! Abermals feierliche Absage an Marat: »Mit Freimut erkläre ich, daß ich seine Gemütsart kennengelernt habe, sie ist nicht nur vulkanisch und zänkisch, sondern auch ungesellig.« Voll Pathos die Beteuerung: »Ich bin fest entschlossen, eher zu sterben, als Ursache einer Entzweiung oder einer Tendenz zur Entzweiung in der Republik zu sein.« Über die Septembermorde: »Nie ward ein Thron zertrümmert, ohne daß seine Splitter einige gute Bürger verletzten. Nie ging eine vollkommene Revolution vor sich, ohne daß die ausgedehnte Zerstörung der alten Ordnung diesem oder jenem verhängnisvoll wurde.« Wenn man aber immer von Komplotten, von Diktaturanwärtern fabele, Namen nennen! Aufhellung! Aufhellung! »Ich erkläre, daß alle, die von der Faktion Robespierre reden, in meinen Augen entweder voreingenommen oder schlechte Bürger sind.« Sein Antrag: Erörterung von Rolands Bericht am nächsten Montag, damit Ankläger und Angeklagte Zeit zur Vorbereitung haben. »Dann werden die guten Bürger, die nur Erleuchtung suchen, die die Dinge und Menschen kennenlernen wollen, bald wissen, wem sie Haß schulden und wem Brüderlichkeit, die allein dem Konvent jenen erhabenen Gang zu geben vermag, der seine Laufbahn bezeichnen wird.«

Schon vorher ist eine Stimme erklungen: »Bitte ums Wort, um Robespierre anzuklagen.« Die in der Legislative gesessen haben, kennen den Rufer. Damals erschien er an der Barre der Versammlung, im Namen der Sektion des Lombards ein Dekret gegen die emigrierten Prinzen zu verlangen, und alles hatte die Hälse gereckt. Denn Jean-Baptiste Louvet war der Autor eines mehr als berühmten Romans ›Die Abenteuer des Chevalier Faublas‹, in dem philosophische Betrachtungen mit Auskleideszenen wechselten, und nach dessen Heldin Lodoiska alle empfindsamen Mütter ihre Töchter nannten. Man erwartete einen sieghaften, strahlenden Casanova zu sehen und war enttäuscht, da sich ein dürftiges, mageres, kurzsichtiges, kahlköpfiges Männchen in vernachlässigter Kleidung und mit linkischen Gebärden zeigte. Das gleiche Männchen zieht heute eine gut ausgefeilte Philippika aus der Tasche: Robespierre, ich klage dich an, lange Liste von Beschuldigungen, ich klage dich an, Robespierre.

Aber auch gegen Danton geht's. Erst ein paar Lufthiebe gegen seine Ausführungen ohne Namensnennung, dann Verwunderung, »daß Danton, den niemand angriff, aufgesprungen ist, zu erklären, daß er unangreifbar sei«, Erstaunen, daß Danton Marat verleugne, »als ob er sich seiner nicht in diesem großen Komplott bedient hätte, das existiert hat«, Hinweis, daß, wer Marats üble Gemütsart kennengelernt habe, »sich nicht ganz und gar freizukaufen vermag, indem er jetzt auf ihn zu verzichten vorgibt«. Danton regt sich phlegmatisch und ruft, als der Redner sich scheinbar scheut, den Jakobinerklub zu nennen, gutmütig: »Ich verlange, daß es Louvet erlaubt sei, das Übel zu berühren und selbst den Finger in die Wunde zu legen, das ist wichtig«, aber der Faublas-Verfasser hat die Lacher auf seiner Seite: »Ja, Danton, ich will es berühren, aber schreien Sie doch nicht schon vorher!«

Wieder packt Louvet bei dem Versuch, die Verantwortung für die Septemberereignisse mit aller Wucht der Montagne zuzuschieben, Danton an; Pétion habe nicht einschreiten können. »Warum? Weil die Pariser Behörde gefesselt war, weil Roland umsonst sprach, weil der Justizminister nicht sprach!« Ein drittes Mal, von Marats Brandschriften redend und Brissots Vorwurf aufgreifend, kehrt er sich unmittelbar zu ihm: »In diesen Plakaten bezeichnete man alle Minister als Verräter, einen ausgenommen, einen einzigen und stets denselben. Könntest du dich, Danton, vor der Nachwelt reinigen, diese Ausnahme gebildet zu haben!« Aber Louvets Pfeile fallen alle zu Boden: weder beschließt der Konvent Anklage gegen Marat, noch Untersuchung gegen Robespierre, und Danton sieht nur leicht erstaunt auf den Romanschreiber, der Ciceros Anklage gegen Catilina mit etwas leichter und leichtfertiger Beredsamkeit parodiert: er fühlt sich in der Tat unangreifbar; daß er vor wenigen Tagen bei der Präsidentenwahl, vom Berge aufgestellt, 207 Stimmen erhalten hat, nur 11 weniger als Guadet, der Kandidat der Gironde, bestätigt ihm sein Ansehen in der Versammlung.

Auch bei den Jakobinern, deren Boden heftigen Angriffen gegen die Brissotins günstiger war als der Konvent, hielt Danton sich zurück.

Der ›Gesellschaft der Verfassungsfreunde‹ war mit dem 10. August Machtfülle zugeströmt; um nicht von Erfolgsanbetern, Mantel-nach-dem-Wind-Hängern, Konjunktur-Revolutionären, ›August-Republikanern‹ überschwemmt zu werden, schloß sie sofort gegen neue Anmeldungen die Tore; der Klub, sich seit dem 21. September *›Sociéte des Jacobins, amis de l'égalité et de la liberté‹* nennend, war sich seiner Bedeutung als ›vorgeschobener Posten der Republik‹ bewußt; »hier«, rief Couthon aus, »wurde die Revolution vorbereitet, hier wurde sie gemacht, hier wurden alle großen Ereignisse vorbereitet!«

Nach außen erschien die Wichtigkeit der Gesellschaft vielleicht geringer; sie hatte durch ihre Mitglieder die Vorwerke der Staatsgewalt besetzt und ihren Schwerpunkt in Konvent und Kommune verlegt, aber wie Danton den Klub als Zweigstelle des Verfassungsausschusses des Konvents bezeichnete, dem er neben acht Rolandisten angehörte, so fühlte sich die *›Société des Jacobins‹* als Aufsichts- und Berufungsinstanz aller Behörden. Jeanbon Saint-André wehrte zwar einmal dem Anschein, als sei die Gesellschaft eine gesetzliche Autorität, aber kurz danach führte Dantons Freund Robert aus: »Man spricht alle Tage von der Partei der Jakobiner, dem Despotismus der Jakobiner, der Macht der Jakobiner. Ohne Zweifel bilden die Jakobiner eine Partei, ohne Zweifel sind sie eine Macht, ohne Zweifel üben sie einen Despotismus aus. Aber diese Partei ist die Partei des Volkes, die die Revolution des 10. August vorbereitet und ausgeführt hat. Aber diese Macht ist wiederum die Macht des Volkes, das sein Werk aufrechterhalten will. Aber dieser Despotismus ist der der öffentlichen Vernunft, die niemals einer Hand voll Ehrgeiziger, schlecht verhüllter Ränkespinner erlauben wird, ausschließlich die Wohltaten der Revolution zu genießen.«

Dumouriez denn, der eine feine Witterung für Machtverhältnisse hatte, der siegreiche, lorbeergekrönte, von dem Namen Valmy überglänzte General, wohin lenkte er seine Schritte, als er nach Paris kam? Höflich, den Federhut unterm Arm, zu den Jakobinern!

Auch sonst bot durch die Buntscheckigkeit der Erscheinungen an ihrer Barre die Gesellschaft nach wie vor ein Abbild der Nationalversammlung. Da marschierte eine Kompagnie Freiwilliger auf, Trommelwirbel, Schwüre, für Freiheit und Gleichheit zu sterben. Dann eine Kompagnie Farbiger, Kalbfell gerührt, der Präsident der Jakobiner: »Ein barbarisches Vorurteil trennte euch von den anderen Bürgern, das französische Volk hat seine Rechte zurückerobert und euch die euren zurückgegeben... Geht, Brüder und Freunde, die Phalanx der Freiheit zu stärken! Verteidigt eure Rechte, die auch die unseren sind, denn wir sind alle Brüder!«

Ein andermal sagte ein Dreikäsehoch unter dem gefühlvollen Schmunzeln der Jakobiner die Menschen- und Bürgerrechte auswendig her. Gendarmen beschwerten sich über ihre Offiziere, eine Abordnung ›Husaren der Freiheit‹ über den Konvent, der sich geweigert hatte, eine Bittschrift von ihnen entgegenzunehmen.

Aber auch eine Schauspielerin vom Théâtre-Molière, reizender Käfer, verlangte Schutz gegen einen Vertragsbruch ihres Direktors. Der Präsident, ganz Galanterie, erwiderte, daß die Unterdrückten in dieser Gesellschaft immer Verteidiger gefunden hätten, und daß sich die Jakobiner sicher das Vergnügen, die Demoiselle zu verteidigen, streitig machen würden. Wiederum blusterte sich an der Barre ein Hahnrei vor Entrüstung über seine ungetreue Frau, Schauer des Entsetzens rauschte durch die Versammlung, als er enthüllte, ein Jakobiner habe geholfen, ihm die Hörner aufzusetzen, aber dann runzelten sich mißtrauisch die Stirnen: Das ist ein Brissotin, der mit seiner Anzeige die Gesellschaft bloßstellen will!

Nicht minder erregten die Mitglieder manchen Skandal und manches Gelächter. Gleich nach dem Tuileriensturm protzte der Journalist Guiraut, Herausgeber des ›Logotachygraphe‹, Erfinder der ›Kunst, Wort für Wort so schnell zu schreiben wie die Rede‹, anscheinend nicht ganz nüchtern, mit dem Mut, den er vorgestern entfaltet habe. Teufel auch! er mit seinem Geschütz, möchte mal sehen, wer es ihm gleich täte! Heftigster Tumult. Er klammerte sich an die Rednertribüne, Präsident mußte sich bedecken und die Sitzung aufheben.

Ein paar Wochen später kletterte ein Vertreter der Tochtergesellschaft Périgueux auf die Tribüne, ohne den Kopf zu entblößen. Die einen im Chor: Hut ab! Hut ab! Die andern: Nein! Aufbehalten! Der von Périgueux, er kenne nicht die Vorschrift, aber er folge dem Antrieb der Natur und der Freiheit, die alles zu tun gestatteten, was einem anderen nicht schade. Der Präsident achselzuckend, eine Vorschrift gäbe es nicht.

Andern Tages erzählte Maure, Epicier aus Auxerre und eine der großen Kanonen des Jakobinismus, ein Abenteuer – oh, die Haare sträubten sich ihm. Nämlich es war so: als er gestern das Café Mirabeau verließ, wurde er von einer Straßendirne der Rue Saint-Honoré angehalten, sie machte ihm Vorschläge, man weiß schon, »aber«, Maure warf sich in die Brust, »Sie kennen mich genug, Citoyens, um zu wissen, daß ich ihren Lockungen zu widerstehen verstand. Ein Volksvertreter respektiert sich zu sehr, um seinen Charakter zu erniedrigen.« Lachen, Zurufe: Schon gut! Zur Sache! »Als die Dirne sah, daß ich ihre Anträge zurückwies, fragte sie mich in festem und schneidendem Ton: Bist du Patriot? Ja, erwiderte ich. Schön, bemerkte sie, dann wirst du bald aufgehängt. Warum? Weil alle Patrioten Verbrecher sind«, und Maure fügte, den Finger vor seiner erstaunten Hörerschaft hebend, hinzu: »Das läßt tief blicken!«

Empfanden sich die Anhänger Brissots im Jakobinerklub als Karpfen im Hechtteich, bestimmt, aufgefressen zu werden? Jedenfalls setzten sie zunächst noch die Wahl Pétions zum Präsidenten durch, aber daß ihm Mitte Oktober Danton folgte, zeigte Wendung nach links. Danton, ohne Sitzfleisch und Sinn für Stundenpläne, der sich in diesen Tagen auch der Würde und Bürde des Sekretäramts im Konvent entschlug, weil es ihn mit Schreibarbeit belastete, fiel als Vorsitzender auf; ein Mitglied murrte, daß er seit seiner Wahl erst einmal den Präsidentensitz eingenommen habe; gestern, anwesend und aufgefordert, zu präsidieren, habe er abgelehnt. Gleich fuhr dem Mahner Legendre über den Mund: »Danton ist ein guter Bürger, er liebt das Volk und wird stets dort sein, wohin ihn das Volk stellt.« Auch sonst war Dantons Ansehen bei den Jakobinern erheblich. Als ein Rundschreiben der Gesellschaft die Männer rühmend aufführte, die am 10. August am meisten dazu beigetragen hätten, die Sache der Allgemeinheit zu retten, setzte es Danton vor Robespierre an die Spitze; stets stand bei beispielhafter Erwähnung großer Patrioten Danton als erster oder doch unter den ersten da. Als Verleumdung im Munde der Brissotins wies Chabot die Behauptung zurück, Danton habe seine Prinzipien gemäßigt, um der öffentlichen Meinung zu gefallen.

Doch ob er gelegentlich an die heilige Pflicht erinnerte, den Ränkespinnern entgegenzuwirken, ›die die Republik feuillantisieren wollen‹, blieb er doch dem Kesseltreiben gegen die, wie Chabot sie nannte, ›*intrigaillons*‹ der Gironde fern. Fauchet wurde von der Gesellschaft ausgeschlossen, Brissot ausgeschlossen, Roland ausgeschlossen, Louvet ausgeschlossen, Lanthénas ausgeschlossen, andere ausgeschlossen – alles ohne Dantons Mitwirkung.

Alle Zurückhaltung im Dienst der Einigung nützte Danton bei der Gironde nicht ein Hunderttausendstel dessen, was ihm eine ärgerliche Aufwallung schadete. Als am 29. September Roland, Servan und Danton, zu Abgeordneten gewählt, ihre Portefeuilles niederlegten, antwortete Buzot mit dem Antrag, der Konvent möge Roland und Servan bitten, ihren Posten zu behalten, bis die Abgeordneten hinreichend Personenkenntnis erworben hätten, ihnen würdige Nachfolger zu geben; Ohrfeige für Danton sollte es sein, daß er seinen Namen unterschlug. Danton aber hatte es im Gefühl, wo Buzot sterblich war und parierte den Streich: »Niemand läßt Roland mehr Gerechtigkeit widerfahren als ich, aber ich sage: Wenn ihr schon eine Einladung an ihn richtet, so vergeßt Madame Roland nicht, denn alle Welt weiß, daß Roland in seinem Ressort nicht allein war. Ich, in dem meinen, war allein!« Einige lächelten, andere murrten, riefen etwas Entrüstetes, aber der, dem der Hieb galt, saß weiß bis in die Augen und zitternd: Was, meine Göttin wagt der Hund...!

Jeder neue Tag näherte bei der Angebeteten Buzots den Haß gegen den ›Verbrecher‹ Danton. Sie hatte eine Öldruckvorstellung von ihm, sah ihn in ihren Wachträumen als ›Chef der Horde‹ mit dem Dolch in der Faust, wie er mit Stimme und Gebärden einen Mördertrupp aufreizte, aber sie, die mit zusammengebissenen Zähnen keusch war, weil sie keusch sein wollte, erhitzte sich auch an Bildern der Laster, in denen dieser Zügellose sicher sardanapalisch schwelgte.

Danton selber half dazu, daß sich die Gerüchte von der Wüstheit seines Lebens auch außerhalb des Boudoirs der schönen Manon verbreiteten. Er verspürte keinerlei Lust, aus dem blutfrischen Kerl, der er war, einen hölzernen Heiligen der republikanischen Kirche zu machen. Heuschrecken und wilder Honig, ein härenes Gewand? Er lachte: sein Fall war das nicht.

Seine Haltung machte ihn zu einem ›Grandseigneur des Sansculottentums‹, und so wenig wie früher setzte er, in dessen Mund ›Kleiner Hundsfott‹ ein Kosename war, im engen Zirkel die Sprache auf die hohen Stelzen, die Robespierre stets gebrauchte. Er redete, wie ihm der Schnabel gewachsen war; er ließ sich gehen; es gefiel ihm auch, durch gewagte, durch noch gewagtere Behauptungen die Tugendmaske auf das Gesicht seiner Tischgenossen zu zaubern. Saßen ein paar Abgeordnete beim Mahle, das Essen gut, der Wein gut; da fing Danton an, zu fantasieren: Jetzt sei an ihnen die Reihe, das Dasein zu genießen, jawohl: Die Prachthotels, die ausgesuchten Speisen, die Gold- und Seidenstoffe, nicht zuletzt die Frauen, die man erträumt – Zungenschnalzer! –, alles gehöre denen, die die Macht erobert hätten, oder etwa nicht? Eine Revolution? Eine Schlacht mit Teilung der Beute nach dem Sieg und durch die Sieger! Und er weidete sich an der Verlegenheit der übrigen, ihrer Verblüffung, ihrem Streben, innerlich von ihm abzurücken. Romme, der als Präzeptor eines russischen Fürsten am Zarenhof auch in der Nähe der libertinen Katharina seine Grundsätze kalter Sittenstrenge nicht eingebüßt hatte, verbarg seine Mißbilligung am wenigsten: das ginge doch zu weit! Da, johlend, sich aufs Knie klatschend, platzte Danton los: »Aber meint ihr denn, ich könnte nicht, wenn ich mich der Menge geselle, Sansculotte sein wie jeder andere? Glaubt ihr, ich könnte nicht wie jeder andere meinen Hintern den Vorübergehenden zeigen?« Und wider schwiegen die Gefährten betroffen.

So nistete sich der Glaube an Dantons Ausschweifungen auch dort ein, wo man ihm nicht übel wollte. Die nicht das Maß für seine Größe hatten und vor dem Daimonion in seiner Brust zurückschraken, nahmen vertrauensvoll hin, was über seine Lasterhaftigkeit getratscht wurde. Mußte nicht ein Kraftkerl wie der ganze Nächte außerhalb des ehelichen Alkovens durchhuren? Vielleicht tat er es, aber trotz allen Gemunkels wußte niemand etwas Rechtes, und daß niemand etwas Rechtes wußte, sprach gegen die Vermutung.

Denn von vielen derer, die im Rampenlicht standen, wußte man manches, von einigen alles. Robespierre freilich war für Frauen von einem solchen Zauberkreis der Unnahbarkeit umgeben, daß man sich boshaft zuzwinkerte, er teile mit den Haremswächtern des Morgenlandes die Haupteigenschaft; er begnügte sich mit dem Angeschmachtetwerden durch seine *filia hospitalis,* die etwas trockene Eleonore Duplay, und dem süßlichen Weihrauch, den ihm seine ›*Dévotes*‹, Revolutionsfrömmlerinnen, eifrig spendeten. Auch war nicht jeder ein Ritter Toggenburg, wie Dantons Freund Merlin, der um das Fräulein Charpentier aus Metz erst vergebens warb und sie – nun erst recht! – heiratete, als sie durch die Pocken grausam entstellt und erblindet war. Immerhin führte Marat mit einer jungen Bäuerin aus dem Saône-et-Loire-Departement, Simone Evrard, die verehrend zu ihm aufblickte, auch ohne Stempel des Standesamts die ehrbarste Kleinbürgerehe, und von all den Gluten, die der Herzog von Orléans in seinem langen, leeren Wüstlingsleben in sich geschürt hatte, war jene, in der der Bürger Philippe Egalité jetzt für die geist- und gemütvolle Frau von Buffon flammte, wohl die reinste. Den Abgeordneten Choudieu dagegen, ansehnlichen Dreißiger, einst Zögling der Metzer Artillerieschule, fesselte eine fast Professionelle, Etta Palm, als Baronin von Aelder auftretend, die, groß und gut gewachsen, ihre achtundvierzig Jahre leicht verbarg und wahrscheinlich im holländischen Spionagedienst dem Männerfang oblag. Auch Basire, kaum daß er ihren Salon in der Rue Favart betreten hatte, lag zu ihren Füßen; während der Septembriaden schrieb er ihr: »Wenn mich etwas tröstet, Sie nicht zu sehen, so ist es der Gedanke, daß die häßlichen Bilder, deren herzzerreißendes Schauspiel wir dieser Tage hatten, nicht Ihre schönen Augen befleckten«, und später schmachtend: »Streuen Sie einige Blüten auf mein Dasein!« In welchem herrlichen Hotel der Rue de Richelieu die Maitresse Barères, die Schauspielerin Demailli wohnte, war ebenso Stadtgespräch wie die Liebesabenteuer, deren Duft Hérault de Séchelles nach wie vor einsog. Er, von dem André Chénier spottete:

Bekannt als Cicero beim Schwarm der jungen Rechtsbeflissnen und als ein Schöngeist bei den leichten Dämchen

begleitete als seine ›Sultanin Favorite‹ Madame de Sainte-Amaranthe gern auf die Zuschauertribüne der Nationalversammlung, obwohl ihre Wohnung Palais-Egalité Nr. 50 fast zu den verrufenen Lokalen gehörte. Ihr Mann, Kavallerieleutnant, der die dreizehnjährige Marquise de Saint-Simon geheiratet hatte, ließ sie nach rascher Verschleuderung ihres Vermögens mit zwei Kindern sitzen und endete in Madrid als Fiakerkutscher. In Paris erst von dem Prinzen von Conti, dann von dem Vicomte de Pons ausgehalten, zog sie als Vierzigjährige den jungen verführerischen Elegant Hérault an, aber ob er die volle Gunst nur der Mutter oder auch der blendenden Tochter Emilie genoß, blieb im dunkeln. Dafür hatte auch Suzanne de Morancy, in Knabentracht durchgegangene Frau eines Provinzadvokaten, Anspruch auf sein Herz und seinen Geldbeutel.

Für Vergniaud war Julie Candeille, Opernsängerin und Schauspielerin, die damals nicht ohne Erfolg auch nach dem Kranz der dramatischen Muse langte, eine blonde Augenweide, während sich Marie-Joseph Chénier, Dichter und Konventsmitglied, von seiner Madame de la Bouchardie, einem, wie es schien, reizlosen und dummen Geschöpf, fast willig anspucken und mißhandeln ließ; wie oft lockte Lärm der Schimpferei und Schlägerei aus dem Schlafzimmer der beiden die Nachbarn ans Fenster! Inniger vertrug sich Louvet mit der ›Lodoiska‹ seines Romans, die den Juwelier Cholet im Palais Royal geehelicht hatte, um sich wieder ihrem berühmt gewordenen Jugendanbeter leidenschaftlich an den Hals zu werfen.

Fabre d'Eglantine blieb flatterhaft wie als Wanderkomödiant; er schrieb auch jetzt neben leichten, das Busentuch lüftenden Liedchen sentimentale Romanzen:

J'ai perdu ma brunette!
J'ai perdu mon trésor!
J'ai perdu ma Laurette!
Et je respire encore!

Polizeinotorisch, daß er ungeachtet seiner flüchtigen Neigungen mit der Citoyenne Caroline Rémy vom Théâtre Montansier zusammenhauste. Dem grimmen Vadier betreute eine große, stramme Provenzalin mit dunklen, leuchtenden Augen, Jeanne Ferrand, Tisch und Bett; zuweilen war der grauköpfige Voltairianer auch mit seinen Konventskollegen Voulland, Amar und Julien als Gast in Barères verschwiegenem Landhaus zu Clichy, wo leichtgeschürzte Schöne die Gesellschaft desto mehr belebten, je später es wurde.

Sogar von einem der jüngsten Abgeordneten, der wegen der fast mädchenhaften Anmut seiner Züge ebenso auffiel wie wegen seines engen Anschlusses an Robespierre – hieß er nicht Louis-Antoine de Saint-Just? –, sickerte durch, daß ihm eine Notarsfrau aus Blérancourt, die anziehende Madame Thorin, nach Paris gefolgt sei; auf Tugend zu bedacht, um mit ihr die Wohnung zu teilen, hatte er sie in der Rue

Saint-Honoré im Hotel des Tuileries, dem Jakobinerklub gegenüber, untergebracht und speiste jeden Abend mit ihr bei seinem Sekretär Gateau.

Aber von Danton, was wußte man von Danton? Nichts! Welchen Frauennamen nannte man in Verbindung mit Danton? Keinen! Das Gerücht, der Herzog von Orléans habe seine Geliebte, jene junge, blonde, schlanke, zierliche Marguerite-Françoise de Buffon, zum Justizminister geschickt, damit sie ihn durch lockenden Augenaufschlag, durch Girren und nötigenfalls durch mehr für die Prätendentenpläne ihres Liebhabers gewinne, mehr als ein Gerücht war es doch nicht.

Fester auf die Moral Dantons loszudreschen erlaubte den Gegnern seine Finanzgebarung als Minister. Die Legislative hatte dem Vollzugsrat am 28. August zwei Millionen Livres für außerordentliche und geheime Ausgaben zur Verfügung gestellt, so daß auf jedes Ministerium vierhunderttausend entfielen. Vor dem Ausscheiden aus seinem Amt legte Danton am 6. Oktober über seine *Dépenses extraordinaires* Rechenschaft ab, doch Cambon, kein Anhänger Brissots, nur als freiwilliger Schatzmeister der Republik auf Pfennigfuchserei aus, vermerkte vier Tage später im Konvent, daß dem Finanzminister 20000, dem Kriegsminister 65882, dem Minister des Innern 23000 Livres ausgezahlt worden seien, dem Marineminister überhaupt nichts, aber »der Justizminister hat zu drei Malen eine Summe von 100000 Livres dem Fonds entnommen, insgesamt 300000 Livres, so daß dieser Minister etwa ein Sechstel des zu Geheimzwecken bestimmten Fonds ausgegeben hat.« Schlecht gelaunt setzte Cambon hinzu, daß das Verfahren des Justizministers jeder Ordnung in der Buchführung entbehre, daß die Bewilligung von zwei Millionen für den Vollzugsrat sinnlos gewesen sei, daß man es bei den bis heute verbrauchten Beträgen bewenden lassen solle und daß jeder Minister über seine Geheimausgaben dem *Conseil Exécutif* Rechenschaft schulde. In seiner Erwiderung erkannte Danton den Spartrieb Cambons lobend an, betonte aber, daß, was jener vorschlage, schon im Vollzugsrat geschehen sei. Außergewöhnliche Ausgaben? Gewiß, aber die Umstände waren auch außerordentlich, »das Vaterland war in Gefahr, und wie ich es oft im Conseil gesagt habe, Rechenschaft waren wir über die Freiheit schuldig und darüber, über diese Freiheit haben wir Ihnen gut Rechenschaft abgelegt«. Allein der erwartete Beifall blieb aus. So fuhr er fort: »Ich erkläre, daß ich dem Vollzugsrat über meine Tätigkeit im einzelnen Rechenschaft abgelegt habe, und ich glaube nicht, daß sich über mein politisches Verhalten irgendein Zweifel erhebt.« Aber die Versammlung schwieg auch jetzt. Danton fügte, von der Tribüne abtretend, noch hinzu: »Im übrigen unterstütze ich den Antrag Cambons.« Entsprechender Beschluß des Konvents.

Ganz gewiß hatte in den Wochen der Entscheidung der Justizminister tiefer in den Dukatentopf greifen müssen als seine Kollegen zusammen, weil er sie alle fünf an Aktivität überflügelte, tat nichts, hier entdeckten seine Gegner die lindenblattgroße, ungeschützte Stelle zwischen seinen Schulterblättern, wo ihr Speer eindringen würde. Mit welcher Selbstgefälligkeit breitete Roland am 18. Oktober seine Abrechnung vor der Versammlung aus: jede Livre, jeder Sou, jeder Heller gebucht, kein I-Punkt, der nicht an seinem Platz stand. Der Rolandist Rebecqui beziehungsvoll: »Ich stelle den Antrag, daß alle Minister so Rechnung legen wie Roland«, Monge, den Gegensatz zum Justizminister, ohne ihn zu nennen, unterstreichend: »Ich erkläre, daß ich keinerlei außerordentliche oder geheime Ausgaben gemacht habe.« Danton preßte seinen Unwillen über dieses Pharisäertum nieder, als er dartat, daß der Vollzugsrat nach einem Dekret der Legislative nur im Ganzen rechenschaftspflichtig sei, und daß eine Reihe von Geheimausgaben der Öffentlichkeit unmöglich mitgeteilt werden könnten. »Als der Feind sich Verduns bemächtigte, als die Bestürzung sich unter den besten und mutigsten Bürgern ausbreitete, sagte uns die Legislative: Spart nichts, werft das Geld hinaus, wenn es sein muß, um das Vertrauen zurückzugewinnen und ganz Frankreich einen Auftrieb zu geben! Das haben wir getan. Wir waren zu außerordentlichen Ausgaben gezwungen und, das gestehe ich, für die Mehrzahl dieser Ausgaben haben wir keine gesetzliche Quittung. Alles ging eilig, alles geschah mit Überstürzung. Sie haben gewollt, daß die Minister gemeinsam handelten, wir haben es getan, und das ist unsere Abrechnung.« Feindseliges Gemurmel begleitete seine Worte und verstummte auch nicht, als er ausrief: »Zehn Millionen mehr ausgegeben, und kein einziger Feind wäre vom französischen Boden entkommen!« Sprang Cambon ihm bei, für geheime Ausgaben dürfe man allerdings keine öffentliche Abrechnung verlangen, so beteuerte Roland etwas gleißnerisch, weit entfernt, Geheimausgaben seiner Kollegen für das Gemeinwohl zu mißbilligen, billige er sie sogar, nur von der Rechenschaftslegung im Kabinett wisse er nichts, da sei er nicht dabei gewesen. Immerhin wollte die Versammlung schon zur Tagesordnung übergehen, als neues Öl ins Feuer floß. Henry-Larivière, der Revolutionshaß mühsam unter dünner republikanischer Haut verbarg, sprach von Verschleuderung des Volksvermögens, Camus von einem Anklagedekret gegen die Minister, die die Staatsfinanzen vergeudet hätten, und der Konvent beschloß, daß der Vollzugsrat sich über die Rechnungslegung seiner Mitglieder zu äußern habe, und zwar binnen vierundzwanzig Stunden.

Der *Conseil Exécutif* beeilte sich nicht. Als Danton darum am 26. Oktober, für einen an der Barre erschienenen Sprecher der Kommune sich einmengend, einen Ordnungsruf bezog – wer war der Zwischenrufer? Danton? –, schoß es sofort wie aus der Pistole aus dem Mund eines Brissotins: »Verlange Erklärung des Vollzugsrats, ob auf Grund des unlängst beschlossenen Dekrets jeder Minister über die Verwendung der Summe für außerordentliche und geheime Ausgaben Rechenschaft abgelegt hat.« Verärgert suchte Danton nach den Hornissen, die höhnisch sein Gesicht umsummten, zu schlagen; er hob die Stirn: »Ich unterstütze diese Forderung und werde, wenn es nottut, über mein ganzes Leben Rechenschaft ablegen. Aber ich sehe, daß man die guten Bürger erbittert verfolgt.« Murren in der Versammlung, Beifall auf den Tribünen, Rufe: Das ist eine Kabale!, Tumult, und der Konvent schnitt Danton durch Übergang zur Tagesordnung das Wort ab.

Am 7. November aber bestätigten Lebrun, Clavière und Monge als Dantons Kollegen in einem Schreiben an das Parlament klipp und klar, daß zwei Minister aus freien Stücken getan hätten, was erst nachher das Dekret vom 10. Oktober forderte, nämlich: »Der Justiz- und der Kriegsminister hatten, im Begriff ihr Amt niederzulegen, dem vorläufigen Vollzugsrat in seiner Sitzung vom 6. Oktober vorgeschlagen, über ihre Geheimausgaben zu berichten. Beide gaben über die Verwendung der Fonds im einzelnen Kenntnis unter Beifügung verschiedener Quittungen und Belege, die jedes der anwesenden Mitglieder prüfen durfte.«

Freilich half diese Entlastung Danton nicht viel. Nicht nur sudelte ein feiler Geselle, Roch Marcandier, ehemals Privatsekretät von Desmoulins, im Auftrag oder mit Unterstützung der Rolands ein Pamphlet, ›Geschichte der Raubmenschen‹, zusammen, in dem Danton als Oberhaupt der Septembermörder und die Taschen mit gestohlenem Geld und Gut vollgepfropft erschien, sondern nach wie vor begrüßten auch die Abgeordneten der Gironde diesen ihren Kollegen, wenn er die Tribüne erstieg, im Chor mit lautem: Die Abrechnung! Die Abrechnung! Daß er Staatsgelder veruntreut habe, daß große Summen ihm und seinen Freunden zugeflossen seien, glaubten seine Hasser um so fester, als unter den von ihm angeführten Ausgaben 30000 Livres an Santerre für Herstellung von Piken standen – was gingen den Justizminister die Piken an!

Aber das unanfechtbare Zeugnis Lebruns, Clavières, Monges? War erpreßt von der Angst vor Danton! Dabei folgte die Mehrheit der Nationalversammlung der Gironde, und in einem Paris, das in diesen Wochen die Abschaffung des Ausnahmegerichts vom 17. August erlebte, und von dessen Carrouselplatz längst die Guillotine verschwunden war, durften sich im Monat November ganz andere Leute bedroht fühlen als rolandistische Minister. Der Ruf Buzots nach einer Parlamentsmiliz hatte auch ohne Beschluß des Konvents Tausende und Tausende von Föderierten nach der Hauptstadt gebracht, die keineswegs dem ›Triumvirat‹ zujubelten. Sie zogen durch die Straßen, Dragoner zu Pferde, Säbel in der Faust, Trompeten voran, girondistische Marseiller und Nationalgardisten, und brüllten ihr mordlustiges: Kopf ab!

La tête de Marat, Robespierre et Danton
Et de tous ceux qui les défendront –
O gué!

Jawohl, Marats, Robespierres und Dantons Kopf – juchhe!

Danton focht die Hetze um so weniger an, als ihn dieser Winter für Wochen von Paris entfernte.

Als Dumouriez endlich für seinen Lieblingsplan, den Feldzug gegen die österreichischen Niederlande, freie Hand hatte, führte er ihn mit Entschlossenheit und Glück durch. Die Österreicher, die sich am 6. November vor den Toren von Mons stellten, warf er bei dem Dorf Jemappes in einem siebenstündigen erbitterten Kampf; der General selbst attackierte an der Spitze von Husaren und Jägern unter den Klängen der Marseillaise; ein rechter republikanischer Sieg mit Ça-ira-Gesang und *Vive la liberté*-Geschrei öffnete den Franzosen ganz Belgien bis zur Maas. Acht Tage später zog Dumouriez im Triumph in Brüssel ein. Gent, Lüttich, Namur, Antwerpen fielen wie reife Früchte.

Aber während Paris in Jubel schwamm, und der Minister Lebrun seinem jüngsten Töchterchen die Vornamen Jemappes-Dumouriez gab, schoß zwischen dem siegreichen Feldherrn und dem neuen Kriegsminister Zwietracht in die Höhe. Als Servan im Oktober, schwach und krank, das Ministerium verließ, folgte ihm auf Empfehlung der Rolands ihr Schützling Jean-Nicolas Pache, aber kaum in Amt und Würden, drehte er sich dem Berge zu. Schweigsam, kalt, unbewegt und unantastbar, erzwang sich der ehemalige Hauslehrer Achtung und ging vor allem daran, seine

Behörde gründlich zu republikanisieren. Die Beamten, die aus Haß gegen den neuen Stand der Dinge Sand ins Räderwerk gestreut und das Kriegsministerium zum Bollwerk der Gegenrevolution gemacht hatten, flogen von heute auf morgen. Neben fähigen, der Revolution ergebenen Offizieren zogen erprobte Jakobiner in die Schreibstuben ein. Wie der Brigadegeneral Meusnier die rechte Hand des Ministers im Militärischen war, so übte der Chef der Materialbeschaffungsabteilung, Jean-Henri Hassenfratz, sonst den meisten Einfluß aus; Chemiker von Ruf, Mitglied der revolutionären Kommune des 10. August, gefiel er sich in sansculottischen Verkehrsformen; an der Tür seines Amtszimmers hing ein Schild: Hier duzt man sich!

Was die neuen Leute im Ministerium Dumouriez am ehesten vorwarfen, war die Art, wie er die Verpflegung seiner Armee eingerichtet hatte. Ein Privatunternehmen, die Gesellschaft Masson-d'Espagnac, versorgte das Heer mit Pferden, Sätteln, Wagen, Futter, Nahrung, Hemden, Schuhen, Uniformen: Millionengeschäfte, und ihr Nutznießer, der Abbé Marc René Sahuguet d'Espagnac, der nicht erst seit gestern den Kurszettel besser und lieber las als das Brevier! Schon vor dem Bastillensturm die Sache des Dritten Standes ergreifend, danach eifriges Mitglied des Jakobinerklubs, beliebter Gast bei den Gelagen Héraults de Séchelles, durch ihn oder durch Desmoulins auch mit Danton bekannt, verfügte er über die nötigen Beziehungen, um den Krieg zur milchenden Kuh zu machen. Dumouriez war mit ihm zufrieden. Die Firma verdiente, aber sie lieferte, und der General spuckte Gift und Galle, als die Herren in Paris am 5. November eine ›Einkaufsdirektion‹ gründeten, der künftig die ganze Belieferung des Heeres vorbehalten war: Gegensatz zwischen dem Prinzip der Reglementierung und dem freien Spiel der Kräfte! Als der Konvent gar dem Abbé samt dem Generalintendanten und dem Generalzahlmeister der Armee Dumouriez zur Verantwortung an seine Schranke lud, klagte ein am 30. November verlesener Brief Westermanns das Kriegsministerium offen an, schuld an der Verzögerung des Vormarsches zu sein, da die Lieferungen stockten und selbst die Soldgelder unpünktlich einliefen. Die Versammlung, ungewiß, wem sie glauben sollte, beschloß ohne Säumen fünf ihrer Mitglieder, Camus, Danton, Dubois-Crancé, Gossuin und Delacroix, zur Untersuchung nach Belgien zu schicken.

Während Dubois ausfiel, Camus und Gossuin noch am selben Tag reisten, rollten Danton und Delacroix am Abend des 1. Dezember auf der Landstraße nach Saint-Quentin ab. In Belgien vereinigten sie sich mit ihren Kollegen; Sekretär der Kommission war ein Landsmann Dantons aus Arcis, der Jurist Ludot, Ersatzabgeordneter des Departements Aube.

Ließen die Mißstände bei den Heereslieferungen mit ihren schlimmen Folgen den Konventskommissären wenig Muße, so zwang sich ihnen doch auch das Politische sehr bald auf. Die Eroberung Belgiens stellte Frankreich vor die schwere Frage: Was nun? Mit Jemappes wuchsen dem Gedanken des Befreiungskrieges neue Schwingen: Niederwerfung aller Tyrannen des Erdballs, die Weltrepublik, der ewige Friede! Grégoire schwärmte vom Anbruch eines neuen Jahrhunderts: »In Europa wird es weder Festungen noch Grenzen, noch fremde Völker mehr geben«, Hérault de Séchelles sah in verzückter Schau den Thron der Freiheit auf dem Mont Blanc errichtet, Brissot jubelte über den »Kampf auf Leben und Tod zwischen Freiheit und der Tyrannei«: »*Novus rerum nascitur ordo!*«, und am 19. November beschloß der Konvent einstimmig im Namen der französischen Nation, allen Völkern, die ihre Freiheit wiedergewinnen wollten, brüderliche Hilfe zu leisten. Das Dekret war in alle Sprachen zu übersetzen.

Aber wenn eine Proklamation des Generals Dumouriez von der Grenze aus den Belgiern zurief: »Wir betreten euer Gebiet, um euch beim Pflanzen des Freiheitsbaumes beizustehen«, so blieb ihr zumeist der günstige Widerhall aus. Kein Fleck des Erdteils kannte einen ähnlich reichen, mächtigen, üppigen Klerus wie die österreichischen Niederlande; die Domkapitel, Klöster und Abteien waren die eigentlichen Herren des Landes. Die Masse der Bevölkerung, eingeschneit in Unwissenheit und Frömmelei, hing unter dem gängelnden Einfluß der Geistlichkeit unerschütterlich am Alten, an den alten Formen, den alten Bräuchen, den alten Privilegien; die Schlagworte der Freiheit, Gleichheit und Brüderlichkeit prallten an zolldicken Brettern vor den Köpfen ab. Zwar hatte eben erst eine Unabhängigkeitsbewegung gegen das Haus Habsburg das Land aufgewühlt, aber dieser Kampf galt den kirchenfeindlichen Reformen Josephs II. und war eine Revolution, damit alles so bleiben sollte wie es gewesen war. Daß die Österreicher von dem französischen Besen aus dem Lande gekehrt wurden, ließen sich die Belgier gefallen, aber von der französischen Verfassung wollten sie nichts wissen und wurden vollends rabiat, als die Befreier begannen, den Befreiten die Assignaten zum Nennwert aufzunötigen und sie durch Kontributionen zu den Kriegskosten heranzuziehen. Mochten sich überall die offensten und unruhigsten Köpfe der Einwohnerschaft zu Volksvereinen und Freiheitsklubs nach Pariser Muster zusammenfinden, die dicke Mehrheit bekundete bei den Wahlen zu den Selbstverwaltungskörpern: Vormacht der Kirche, undemokratische Verfassung der Städte und Provinzen, ganz gleich, wir geben nichts von dem preis, was wir haben!

Harte Nuß schrie nach scharfen Zähnen: die Belgier gegen ihren Willen unter französischer Oberhoheit behalten – das verstieß gegen einen der heiligsten Grundsätze, den die Konstituante geweiht hatte: keine Eroberungen! Die Belgier sich selber überlassen – dann wurde sonder Zweifel ihr Land kein Bollwerk der Freiheit vor den Toren Frankreichs. Da aber die Republik zu ihrem Gedeihen vor allem andern der Sicherheit bedurfte, warum sollte man nicht doch – Not bricht Eisen – Belgien auch ohne Zustimmung seiner Bewohner nach französischem Muster modeln? Seinen eigenen Gesetzen folgte wie stets der Krieg, und, einmal angestoßen, rollten die Dinge von selber weiter. War es nicht billig, daß der Krieg den Krieg ernährte? Daß die Bevölkerung befreiten Landes für ihre Befreiung zahlte? Und die märchenhaften Liegenschaften des belgischen Klerus, warum sollten sie dem Schicksal entgehen, dem das Kirchenvermögen in Frankreich verfallen war?

Daß die Losung des Kreuzzugs für die Freiheit Straße und Lager revolutionär aufrüttelte, nahm Danton für sie ein. Den Jakobinern präsidierend, begrüßte er Dumouriez am 14. Oktober: »Möge die Pike des Volks das Szepter der Könige zerbrechen, und mögen die Kronen vor der roten Mütze fallen, mit der die Gesellschaft Sie geehrt hat«, und als Ende des Monats eine Abordnung von Savoyen im gleichen Saale paradierte, unter kriegerischer Musik und einem Banner mit den Inschriften: Weltrepublik! und: Den Franzosen, Befreiern der Völker, die dankbaren Savoyer!, empfing Danton sie mit dem Wunsch, daß ›beide Nationen‹ bald nur eine bildeten. Vier Wochen später Beschluß des Konvents: Vereinigung Savoyens mit Frankreich und Dantons Jubel: »Ohne Zweifel wird uns das französische Volk stets zustimmen, wenn wir ihm ähnliche Eroberungen machen.« Auf den Zwischenruf: Keine Eroberungen! faßte er sich schnell: »Es ist die Eroberung der Vernunft; mein Ausdruck war nicht unklar.«

Vollends in Belgien überkam es Danton wie ein Rausch. Äußerlich erschienen die Parlamentsvertreter bei den Armeen als Bürger unter Bürgern; sie trugen noch nicht die Tracht, die David für sie entwarf, blauen Schoßrock, gelbe Lederhosen, Stulpenstiefel und runden Hut mit dreifarbigem Federbusch, blauweißrote Schärpe um den Leib geschlungen und Degen an schwarzem Wehrgehenk, aber umkleidet waren sie mit den höchsten Machtvollkommenheiten. Danton und seine Kollegen bekamen das Recht, wen immer abzuberufen, zu ersetzen oder zu verhaften; auch der Oberkommandierende, neben ihnen war er nichts.

Und welcher Wirbel von Eindrücken! Die ersten unerfreulich: die Landstraßen, die er fuhr, übersät mit Freiwilligen, die nach Ablauf ihrer Verpflichtungszeit, unbekümmert um die Fortdauer des Krieges, heimwärts strebten, dann schlimmer Mangel an Kleidung und Nahrung bei den Truppen, aber auch viel Zuversicht und gute Laune. In

Lüttich wurde er Zeuge, wie zerlumpte Soldaten, wahrhafte Ohnehosen und barfuß, das Maul der eben angelangten Vierundzwanzigpfünder begeistert küßten, weil sie in dem schweren Geschütz ein Unterpfand des: Vorwärts! sahen. Mitten in dieser großen Gärung, unter dem Wehen der siegreichen Trikolore, im Verkehr mit den republikanischen Generalen, umringt von den Soldaten der Freiheit – und er überall der Erste: Platz, Platz für den Kommissär des Konvents! – fühlte er sich von der Morgenluft eines neuen Weltentags angeweht. Seine Lungen weiteten sich, seine Brust wölbte sich herausfordernder noch als sonst.

Tage, da er den Geist der Geschichte selbst am Zipfel des Mantels zu packen glaubte, krönte er sie, wie Paris klatschte, durch Nächte, in denen ausgelassenes Weibergekreisch das Gluckgluck des Weins in den Gläsern übertönte? Auf jeden Fall flog seine Sehnsucht oft zurück: Brief aus der Cour du Commerce lief ein, Gänsekiel her: »Der Kurier, der mir Deine Zeilen überbracht hat, mein liebe Gabrielle, geht in dieser Minute ab, und ich habe nur einen Augenblick Zeit, um Dich wissen zu lassen«, warm wurde es ihm ums Herz, »welche Freude ich beim Empfang Deiner Nachricht empfand.« Gabrielle, schnelle Gedankenverbindung: Arcis, Haus, Garten, Wiese, die Zuflucht! »Vergiß nicht den Versand meiner Bäume nach Arcis zu überwachen«, Ulmen rauschten, er sah den grünumbuschten Landsitz des alten Charpentier bei Paris, »und Deinen Vater zu veranlassen, die Einrichtung seines Hauses in Sèvres zu beschleunigen.« Wann streckte er dort wieder einmal im Gras alle viere von sich, entbunden, in Behagen, mit Gabrielle und den Kindern? »Küsse tausendmal meinen kleinen Danton! Sag ihm, daß sein Vater versuchen wird, nicht mehr lange adda-adda zu sein!«

Auch boten sich ihm die Gelegenheiten, wo er sich großmütig zeigte wie ein satter Löwe. In einer Stadt des besetzten Belgiens zitterte ein nicht rechtzeitig geflüchteter Emigrant vor der Stunde der Entdeckung: Rouget de l'Isle, Sie kennen mich gut! Helfen Sie mir! Als Hauptmann bei der Armee haben Sie Einfluß! Der war bereit, beschwor

Camus, aber der starre Jansenist schüttelte ärgerlich seinen Kahlkopf. Also, da alle Stricke reißen, zu Danton! Rouget de l'Isle? Nachdenklich sah, während der andere erzählte, Danton auf die Lippen, die zuerst die Worte der Marseillaise geformt hatten und jetzt vielleicht Segenswünsche für Ludwig Capet formten; er erriet, welche Überwindung den jungen Idealisten die Bittstellerei vor dem verschrieenen Tribunen kostet. »Schön«, sagte er dann, »aber warum laufen Sie erst zu den Betbrüdern? Warum kommen Sie nicht gleich zu den Septembriseurs?« Und fertigte den Paß aus.

In Namur trat derweil sein Freund Delacroix, auch scherzhaft aufgelegt, bei dem Bischof ein und begrüßte den ehrwürdig klapprigen Greis sachlich: »Monsieur, wir kommen, um Ihnen die Erlaubnis zum Heiraten zu geben.« Auch Lüttich und Aachen fielen in den Bezirk, in dem sich Danton und Delacroix umzutun hatten. Gehörte jenes als Fürstbistum nicht zu den österreichischen Niederlanden, sondern zum Heiligen Römischen Reich, so war dieses freie Reichsstadt. Ein verhocktes, verzopftes Patrizierregiment hatte sich hier durch die Jahrhunderte erhalten, aber als am 16. Dezember die Franzosen einrückten, berief sich der Bürgermeister auf das ›*gouvernement libre, purement démocratique et populaire*‹ der Stadt, freilich vergebens. Am 3. Januar 1793 kassierte General Dampierre die alten Gewalten, Großen und Kleinen Rat und was daran hing.

Am selben Tag holperten die Chaisen mit den vier Kommissären des Konvents über das schlechte, ausgefahrene, schmale Endstück der Straße Lüttich – Aachen und rollten durch die Tore in die Stadt. Mit scharfem Blick gewahrte Danton die Zeichen wirtschaftlichen Verfalls, scheu-frech sich herumdrückende Bettler in Scharen, Winterschmutz vor den Häusern gehäuft. Er stand sinnend auf dem Markt, wo sich die Schandsäule erhoben hatte, Denkmal der Schmach für den Führer der Protestanten im städtischen Glaubenskrieg zweihundert Jahre zuvor und somit für die Evangelischen überhaupt: Die Franzosen hatten sie umgestürzt und am selben Fleck einen Freiheitsbaum gepflanzt, auf dem eine rote Jakobinermütze steckte. Auch in den Dom trat er, und vielleicht setzte er sich mit unehrerbietigem Gesäß auf den plumpen Marmorthron, auf dem so viele deutsche Kaiser Krone, Szepter und Reichsapfel empfangen hatten.

Als ihm in dem jungen Franz Dautzenberg, Herausgeber des ›Aachener Zuschauer‹, einer der rheinischen Revolutionsschwärmer und Franzosenfreunde übern Weg lief, fühlte er ihm den politischen Puls, ihn anherrschend: »Hier muß man keine Revolution von Milch und Honig machen, sondern von Blut, verdammt, wie wir's in Paris gemacht haben.« Dautzenberg nicht verlegen: »Aber in Aachen ist das Klima anders!« Worauf Danton: »Also muß man es anheizen.«

Sänftiglicher dünkte es die Aachener, daß der Konvent 60000 Livres für die Bürger der Reichsstadt bewilligte, Entschädigung für Plünderung durch französische Soldaten.

Ließ sich Danton die erste Nummer des ›Aachener Zuschauer‹ aus dem neuen Jahre übersetzen, erfuhr er daraus von dem Jubel des Volkes, der am Silvesterabend die Errichtung eines größeren Freiheitsbaumes auf dem Markt und die Rede des General Dampierre begrüßt hatte; auch sah er dreifarbene Kokarden an den Hüten und erlebte am 8. Januar die Gründung eines Jakobinerklubs. Mußte er also von der Neigung der Aachener für die Frankenrepublik angenehm berührt sein, so entzückte ihn die Franzosenfreundschaft der Lütticher noch ganz anders. Die Bürger dieser großen, gewerbefleißigen, von Steinkohlengruben umgebenen Maas-Stadt und die des ganzen Bistums unterschieden sich gründlich von dem Rest der Belgier; freigeistig und fortschrittlich waren sie und ihres französischen Blutes eingedenk.

Zum Teil Niederschlag von Dantons Lütticher Eindrükken war der Bericht der Kommissäre über die belgische Frage, den Camus am 11. Dezember nach Paris brachte. Nach viertägiger Verhandlung ließ sich der Vollzugsrat überzeugen, und aus dem Mund Cambons, der das Beispiel

Belgiens in den Vordergrund rückte, vernahm der Konvent am 15. Dezember die Grundsätze des unerbittlichen Revolutionskriegs und der revolutionären Vormundschaft Frankreichs über die Völker, die für die Freiheit noch nicht reif seien. »Wenn die Völker, zu denen die Heere der Republik die Freiheit tragen, nicht die nötige Erfahrung haben, sich ihre Rechte zu erobern, müssen wir als revolutionäre Gewalt auftreten und das alte Regime zerstören, das sie in Sklaverei hält.« Aber mehr! »Erste Sorge muß sein, als Pfand für die Kriegskosten das Vermögen unserer Feinde einzuziehen, also das des Fiskus, der Fürsten, ihrer Förderer, Anhänger, Parteigänger, freiwilligen Satelliten, der Laiengemeinden und das aller Spießgesellen der Tyrannei.« Und wiederum: »Den Völkern, die ihre privilegierten Kasten behalten wollen, muß gesagt werden: Ihr seid unsere Feinde! Als Feinde wird man sie behandeln, da sie Freiheit und Gleichheit nicht wollen.« Beifall donnerte wie Kanonensalven hinter den entscheidenden Sätzen her.

Beifallssalven begrüßten das Dekret, das dem Beschluß des 19. November Klauen und Zähne gab:

> In den von den Heeren der französischen Republik besetzten Ländern werden die Generale sofort im Namen der französischen Nation verkünden: die Abschaffung der bestehenden Steuern und Abgaben, des Kirchenzehnten, der Feudalrechte, der dinglichen oder persönlichen Knechtschaft, der Jagdvorrechte, des Adels und allgemein sämtlicher Privilegien.
>
> Sie werden dem Volk erklären, daß sie ihm Frieden, Hilfe, Brüderlichkeit, Freiheit und Gleichheit bringen.
>
> Sie werden die Souveränität des Volkes und die Beseitigung aller bestehenden Obrigkeiten verkünden und das Volk sofort zu Wahl und Einrichtung einer vorläufigen Verwaltung in Urwählerversammlungen zusammenrufen.

Aber siehe da den Pferdefuß der revolutionären Diktatur:

> Der Vollzugsrat wird Nationalkommissäre ernennen, die sich sofort an Ort und Stelle begeben, um sich mit der vom Volk ernannten provisorischen Verwaltung zu verständigen über die Maßregeln der gemeinsamen Verteidigung, über die Mittel zur Bekleidung und Ernährung der Armeen der Republik und zur Bezahlung der von den Truppen gemachten Ausgaben.

Daß wie die Schale die Nuß diese Verordnung die Angliederung Belgiens umschloß, erkannte niemand schärfer als ihr Urheber: Danton.

Aber was Frankreich mit Belgien machte, ging noch einen Dritten an: England.

Das Kabinett von St. James schaute nach wie vor der Revolution aufmerksam, aber müßig zu. Das Land, dessen Kapitalismus eben in seine Flegeljahre kam, brauchte den Frieden, um in aller Stille den Weltmarkt zu erobern, und gerade unter diesem Gesichtswinkel erschien die Umwälzung in Paris zwiefach als Gottesgeschenk. Je mehr Frankreich sich durch die inneren Wirren schwächte, lähmte und verblutete, desto rotbäckiger gedieh die Wirtschaftsmacht Old-Englands. »Wenn ich«, frohlockte ein wohledles Mitglied des Hauses der Gemeinen, »die Karte Europas betrachte, sehe ich einen leeren Fleck, der ehemals Frankreich hieß.« Die Gesichter in London wurden zum erstenmal länger, als die Republik mit federnder Kraft aufschnellte; nicht lieblich widerhallte der Kanonendonner von Jemappes an der Themse.

Als die Revolution machtvoller ausschritt und die Fahne des Propagandakriegs entfaltete, stieg der Verdruß: Was soll das? Burke, der seit Jahr und Tag wie ein Prophet des alten Bundes Pech und Schwefel auf das revolutionäre Paris herabrief, grollte: »Frankreich wird nicht eher zur Ruhe kommen, bis es aus dem ganzen Weltall eine Republik gemacht hat. Mit dem Säbel in der Faust, wie Mohammed zum Koran bekehrte, versucht es gewaltsam, alle Nationen zur Erklärung der Menschenrechte zu bekehren.« Und gegen ansteckende Gedanken schützte keine Insellage.

Den großen Umschwung in der Haltung Englands aber bewirkten Frankreichs Pläne auf Belgien. Da es seit dem Erlöschen des Hauses Burgund, seit drei Jahrhunderten, Grund- und Glaubenssatz der englischen Politik war, Brabant niemals den Franzosen zu überlassen, den Rivalen nicht am andern Ufer des Kanals zu dulden, urteilte im Oktober 1792 der französische Gesandte in London, Chauvelin, durchaus scharfsichtig: »Pitt scheint entschlossen, uns eher den Krieg zu erklären, als uns in Ruhe die Eroberung Brabants vollenden zu lassen. Er glaubt, daß wir daran denken, eines Tages Belgien der französischen Republik anzugliedern. Er glaubt ferner, daß wir entschlossen sind, dann Holland aufzurühren und durch Ausdehnung bis zum Meer über das nasse Element eine Macht zu gewinnen, die England auf immer zur Nichtigkeit oder zur entschiedensten Unterlegenheit verurteilte.« Die französische Flotte im Hafen von Antwerpen? Undenkbar für jeden Briten! Als daher der Konvent den Belgiern die seit dem Frieden von Utrecht gesperrte Schelde zur Schiffahrt freigab und die Revolutionierung Belgiens in Erwägung zog, spannte London, erwartend, daß der nächste Streich Holland gelten werde, den Hahn der Pistole. Das Dekret vom 15. Dezember machte, insoweit es die Angliederung Belgiens vorbereitete, den Krieg mit England unvermeidlich.

Den Krieg, den Danton vermeiden wollte! Er hatte 1791 in London geweilt, sprach Englisch, in seiner Bibliothek standen dreiundzwanzig Bände Adam Smith', ein achtbändiger Shakespeare, Johnson in sieben und Pope in sechs Bänden, acht Jahrgänge des ›*Spectator*‹, die ›Clarissa‹ Richardsons, Robertsons Geschichte Amerikas und Geschichte Schottlands im Original, sogar der Don Quichote, Plutarch und Virgil auf englisch. Aber Urfranzose, Vollblutfranzose, der er war, ermangelte er des Verständnisses für das, was der britischen Nation als Lebensfrage auf dem Festlande erschien. Noch weniger enthüllte sich ihm, daß mit dem Streitfall um Belgien, um Antwerpen, um Holland der große Kampf der beiden bürgerlichen Staaten Europas um den Weltmarkt begann.

Vor allem überschätzte er die Kräfte in England, die Frankreich auf der Haben-Seite buchen konnte. Manchmal leicht geneigt, zu glauben, was zu glauben ihm in den Kram paßte, vernahm er mit Wohlgefallen den Bericht seines Londoner Agenten, daß England am Vorabend einer revolutionären Bewegung stehe, und in nicht langem dem Bastillensturm ein Towersturm folgen werde. Sicher hatte die französische Revolution bei den englischen Demokraten freudiges Echo gefunden. In London, in Manchester, in Birmingham, in Dublin, in Belfast, überall bildeten sich Gesellschaften, Vereine, Klubs, die immer wieder durch Toaste bei Banketten, durch Adressen an die Pariser Nationalversammlung, durch Abordnungen an der Barre des Konvents ihre Sympathien mit der neuen Ordnung in Frankreich bekundeten, ja, Ende November machte sich die Konstitutionelle Gesellschaft der Hauptstadt anheischig, wöchentlich tausend Paar Schuhe für die Soldaten der Freiheit nach Calais zu liefern.

Als lebendes Beispiel dieser hochherzigen Gesinnung hatte Danton Thomas Paine vor Augen, der, obwohl er Französisch nicht einmal radebrechte, dem Konvent angehörte; wie er gegen seine Landsleute einst die Unabhängigkeit Amerikas verteidigt hatte, verteidigte er jetzt die Französische Revolution gegen sie; sein Werk ›*The rights of man*‹ war Gruß an die Gegenwart, da die Menschheit ins Mannesalter trete und die Toga virilis annähme, und Ruf an die Zukunft der Abrüstung und des Weltfriedens. Daß Paine nur für eine Minderheit seines Volkes sprach, entging Danton; er begriff nicht, wie sehr es dem Nationalstolz auch der britischen Linken ins Gesicht schlug, wenn Grégoire als Präsident des Konvents einer Deputation englischer Demokraten die Möglichkeit ausmalte, daß die französischen Phalangen siegreich am Rhein, an der Schelde, am Var und an der Isére, zur Rettung der englischen Demokratie den Ärmelkanal überschritten. Er blies sogar Seifenblasen in die Luft: komme es trotz allem zum Krieg, werde sich das englische Volk von seiner Regierung trennen.

Aber auch das Schicksal des Königs spielte in die Beziehungen Frankreichs zu England hinein.

Den Temple, in dem die Bourbonenfamilie gefangen saß, umbrauste der Ruf der Straße, die die Gestürzten vor den Schranken des Gerichts sehen wollte. Die nach dem Tuileriensturm gefundenen und die später im ›Eisernen Schrank‹ entdeckten Papiere ließen an der Schuld Ludwigs nicht den Schatten eines Zweifels. Ohne Unterlaß hatte er,

1790, 1791, 1792, die fremden Höfe aufgereizt, das französische Volk mit Waffengewalt zur Räson zu bringen, und im Krieg versucht, die nationale Verteidigung zu lähmen und die Niederlage Frankreichs herbeizuführen; wenn je, so waren hier die Tatbestandsmerkmale des Hoch- und Landesverrats erfüllt.

Da die juristische Frage ausschied, blieb es eine rein politische Frage, was man mit Louis Capet anfangen sollte. Bei den Jakobinern wurde schon Ende August der Wunsch laut, das Königspaar noch vor Zusammentritt des Konvents abzuurteilen, und wenn die Revolution ein großes Beispiel geben, die Royalisten einschüchtern, Europa verblüffen wollte, waren in der Tat die ersten Wochen nach der ›zweiten Revolution‹ für den Prozeß am günstigsten. Da statt dessen die Gironde unentschlossen und verlegen das Verfahren immer wieder hinausschob, nährte sie manche Hoffnung auf Rettung Ludwigs bei seinen Anhängern.

Ende Oktober wagte sich Theodor de Lameth aus der Emigration nach Paris, stieg die zwei Treppen in der Cour du Commerce hinan, läutete und wurde von Madame Gabrielle – jung, hübsch, sanftes Wesen, stellte er in Eile fest – zu Danton geführt. »Ah, woher des Wegs?« »Von London.« »Sind sie verrückt, mir das zu sagen? Wissen Sie, daß Todesstrafe darauf steht?« »Ich weiß«, lächelte Lameth und, den Stier bei den Hörnern packend, suchte er Dantons Herz für den König zu rühren, seine Tugend, seine Güte. »Oft erscheint«, unterbrach ihn Danton ungehalten, »Schwäche als Güte, als Tugend!« Aber Lameth ließ nicht locker und wagte die Entführung des Königs aus dem Temple vorzuschlagen. Danton, darüber hinhörend: Er halte es für nützlich, den König der Lage zu entziehen, in der er sich befinde. »Ich werde mit Klugheit und Kühnheit dazu beitragen, was ich kann, ich werde mich aussetzen, wenn ich Aussicht auf Erfolg sehe, aber wenn ich jede Hoffnung verliere, dann, das sage ich Ihnen offen, werde ich unter denen sein, die ihn verurteilen, denn ich will nicht, daß mein Kopf mit dem seinen fällt.« Lameth erstaunt: »Warum die letzten Worte?« »Um aufrichtig zu sein«, schloß Danton mit Nachdruck, und Lameth verschwand.

Entsprach das Zwiegespräch, wie Lameth es erst nach Jahrzehnten Wort für Wort, Satz für Satz zu Papier brachte, auch nur annähernd den Tatsachen, so ließ sich Danton in dieser großen politischen Frage doch nicht durch Mitleid mit einem Schuldigen zu unbedachtem Versprechen hinreißen. Ihn bestimmten einzig politische Erwägungen: Rücksichten auf England. Chauvelin berichtete im September an Lebrun, und Danton las es ohne Zweifel, daß selbst die wärmsten Anhänger der französischen Revolution die Tötung des Königs als eines der für die Freiheit verhängnisvollsten Ereignisse betrachteten. Miles, ein der Verständigung mit Frankreich sehr geneigter Brite, machte klar, daß die Schonung Ludwigs und der Seinen die Vorbedingung zur Anerkennung der französischen Republik durch England sei. »Aussicht, mit den Engländern wieder anzuknüpfen«, meldete auch Dantons Agent Noel, »besteht nur, wenn die Königsfamilie geschont wird«; er hielt diese Erkenntnis für so wichtig, daß er Benoit eigens nach Paris schickte, um sie den Machthabern mit Nachdruck beizubringen. Das war Ende Oktober. Vielleicht gab an jenem Tage Benoit bei Danton Lameth die Klinke in die Hand, so daß der Emigrant den Tribunen, was das Schicksal des Bourbonen anging, in nachdenklicher und empfänglicher Stimmung antraf.

Aber ob Danton auf der Linie seiner Zusage etwas tat und was er tat, entzog sich auch Lameths Kenntnis. Als am 6. November Valazé dem Konvent über die Verfehlungen Ludwigs berichtete und die Meinungen geteilt waren, ob der Rapport zu drucken oder erst durch weitere Urkunden zu ergänzen sei, sprach Danton für die Drucklegung, einiges Allgemeine hinzufügend. Unverletzlichkeit der Könige? Auch die Völker seien unverletzlich. Es gäbe keinen Vertrag ohne Gegenseitigkeit. Und wenn der ehemalige König die französische Nation habe vergewaltigen, verraten, verderben wollen, sei seine Verurteilung in der ewigen Gerechtigkeit begründet. Gerecht, ja; ob auch politisch zweckmäßig, darüber schwieg sich Danton hier aus. Aber der Konvent zollte seinen starken Worten Beifall.

Da die Kommissäre in Aachen Weisung des Konvents erreicht: einer von ihnen zum Bericht nach Paris! und Danton mit Delacroix am 12. Januar von Lüttich abfährt, hat ein Jahr gewaltiger Entscheidungen begonnen. Der Gang der Begebenheiten zwingt in Belgien zu einer Politik, die Krieg mit England bedeutet. Damit fallen die Rücksichten für Schonung Ludwigs, und Danton wird sich, unterwegs in den neuesten Nummern des ›*Moniteur*‹ den Prozeß Capets durchfliegend, wieder ganz bewußt, was es heißt, den letzten König aufs Schafott zu schicken. Es heißt, einen mit Blut gefüllten Graben ziehen, über den kein Steg in die Vergangenheit zurückführt, es heißt also, die Nation unbarmherzig vorwärts treiben, immer vorwärts! Ein großes Exempel, Delacroix, eine historische Stunde, ein europäisches Ereignis!

Doch als Danton am Mittwoch, dem 16. Januar, die Reithalle betritt, platzt er nicht mitten in die Abstimmung über das Urteil, sondern – er traut seinen Ohren kaum – in die lebhafte Erörterung einer Bühnenangelegenheit. Die Kommune hat ein Stück Layas ›Der Freund der Gesetze‹ verboten, weil seine gegenrevolutionären Spitzen seit vierzehn Tagen im ›Théâtre de la Nation‹ von einem royalistischen Parkett beklatscht wurden, aber das Publikum verlangte es gestern abend unter großem Tumult; Santerre, mit bewaffneter Macht erscheinend, wurde – Hoho, der General Bierschaum! – ausgelacht und verhöhnt. Darüber jetzt Hin und Her der Meinungen und im Hintergrund der alte Gegensatz zwischen Kommune und Nationalversammlung; Guadet hängt der Katze die Schelle um: »Der Gemeinderat hat sich die gesetzgebende Macht angemaßt; man muß ihn schon beim ersten Schritt aufhalten; heute verbietet er Theaterstücke, morgen wird er Druckschriften verbieten.« Immerhin, Gezänk und Läppereien in dieser Stunde! Und Danton, die Lippen in Hohn verziehend: »Ich glaubte, Bürger, eine Tragödie, ganz Europa zur Schau, sollten Sie aufführen; ich glaubte, heute sollten Sie das Haupt eines

Tyrannen fallen machen, und eine elende Komödie ist es, was Sie beschäftigt.«

Auf den Galerien beugt man sich vor: Sieh da, Danton ist wieder zurück! Die besondere Zuschauertribüne unten im Saal füllen Damen im schönsten Putz, mit Trikoloren bebändert, auf Erregungen gierig; ihre Freunde unter den Abgeordneten schicken ihnen aus dem Kammerbüfett Eis, Orangen, Liköre; auch diese Damen murmeln befriedigt: Ah, Danton!

Noch dreht sich die Debatte im Kreise. Sind Abgeordnete bedroht worden? Berät der Konvent, das Messer an der Kehle? Hat man die Stadtbarrieren geschlossen? Und was ist's mit den Kanonen von Saint-Denis? Gironde und Berg geraten aneinander, die Damen in der Loge kommen, scheint's, auf ihre Kosten, bis Danton die Versammlung zur Sache, zur wichtigen Sache ruft.

Die Gironde, die vom Königsprozeß politisches Magendrücken hat, macht neuen Vorstoß. In den letzten Sitzungen ist die Schuld Ludwigs bejaht, der Appell an das Volk abgelehnt worden. Jetzt verlangt Lanjuinais für das Urteil die Zweidrittelmehrheit der Stimmen. Danton, mit ein paar Sätzen, bringt den Antrag zu Fall: »Wenn man mit einfacher Mehrheit über das Los der gesamten Nation entschieden, wenn man mit einfacher Mehrheit die Republik errichtet hat, staune ich, daß man über das Schicksal eines einzelnen, eines Verschwörers, unter anderen Formen befinden will.«

Um vier Uhr morgens erst beginnt mit Namensaufruf der Entscheid über die Frage: Welche Strafe hat Louis, vormals König der Franzosen, verwirkt? Das Departement Haute-Garonne eröffnet. Mailhe: den Tod, Delmas: den Tod, Projean: den Tod; andere Vorschläge, Einkerkerung, Verbannung; manche begründen lang und breit, manche lassen nur die beiden Wörtchen fallen: *La mort!*

Für Paris leitet Robespierre mit der Erklärung, er liebe in klarliegenden Fragen die lange Rede nicht, eine lange Rede ein; ihr Ausklang: Ich stimme für den Tod. Danton, kurz und zusammengedrängt wie meist: »Ich gehöre nicht zu diesen Staatsmännern, die nicht wissen, daß man nicht mit den Tyrannen verhandelt, die nicht wissen, daß man die Könige nur auf den Kopf trifft, die nicht wissen, daß man von den Königen Europas nur durch die Gewalt unserer Waffen etwas erwarten darf. Ich stimme für den Tod des Tyrannen.«

Collot d'Herbois, Billaud-Varenne, Desmoulins, Legendre, Sergent, Robert, Fréron, Fabre d'Eglantine – alle votieren wie er. Erhöhte Aufmerksamkeit, als der Bürger Egalité, vormals Herzog von Orléans, aufgerufen wird: »Einzig mit meiner Pflicht beschäftigt, überzeugt, daß alle, die die Souveränität des Volkes angetastet haben oder in der Folge antasten werden, den Tod verdienen, stimme ich für den Tod.«

Donnerstag abends, nach zermürbender sechsunddreißigstündiger Sitzung, verkündet Vergniaud unter tiefem Schweigen das Ergebnis: 387 für den Tod, 334 für Einkerkerung, Verbannung oder bedingte Todesstrafe: »Ich erkläre im Namen des Nationalkonvents, daß er gegen Louis Capet die Todesstrafe ausspricht!«

Am Abend des 19. noch eine namentliche Abstimmung über den Aufschub der Hinrichtung, 310 Abgeordnete sind dafür, Dantons Nein springt wie eine stählerne Kugel in die Waagschale, die sich mit 380 *Non* neigt.

Am Montag, dem 21. Januar 1793, sieht ein nebliger, regnerischer Morgen die Guillotine zum erstenmal auf dem Revolutionsplatz, dicht bei dem Sockel, auf dem bis eben das Standbild des fünfzehnten Ludwig prunkte. Hier fällt zehn Uhr vierundzwanzig, während die Trommeln wirbeln und Zehntausende von Kehlen ein fanatisches: *Vive la République!* ausstoßen, das zu Reims gesalbte Haupt weiland Seiner Majestät König Ludwigs XVI.

Niemand erfaßt die gewaltige Sinnbildlichkeit dieses Aktes stärker als Danton, da er zehn Tage später dem Konvent zuruft: »Ihr habt den Königen den Krieg erklärt, Ihr habt ihnen den Handschuh hingeworfen, und dieser Handschuh war der Kopf eines Tyrannen!«

Die Folgen stürzen hervor wie Wasser durch aufgezogene Schleusen. England weist den diplomatischen Vertreter Frankreichs aus; Neapel, wo eine Schwester Marie Antoinettes die Krone trägt, tritt der Koalition bei; in Spanien übernimmt der Revolutionshasser Godoy aus dem Bett der Königin heraus die Geschäfte.

Republik, der Ring schließt sich! Republik, wehre dich! Krieg, Krieg, Krieg – nichts anderes ist jetzt in jedem Atemzug der Revolution.

Nur dessen bedarf es, und Danton reckt sich zu der ganzen nationalen Energie auf, die im September Frankreich vorangepeitscht hat. Er fühlt sich wie nie auf der Höhe seiner Umsicht und Tatkraft. Er schüttelt seine revolutionäre Löwenmähne.

Was in anderer Zeit, bei anderen Menschen Bramarbasieren wäre, in dieser Lage und bei diesem Manne klingt es nicht hohl. Am 16. Januar, bei Mitteilung des Präsidenten, ein Schreiben des spanischen Gesandten sei eingelaufen, wittert Danton Einmischung in den Prozeß, in die inneren Angelegenheiten der Nation: »Wäre alle Welt meiner Ansicht, man beschlösse sofort den Krieg gegen Spanien... Unsere Republik nicht anerkennen und ihr Gesetze diktieren wollen!... Immerhin mag man ihn anhören, diesen Ambassadeur, aber möge die Antwort des Präsidenten würdig des Volkes sein, dessen Organ er ist; möge er ihm sagen, daß die Sieger von Jemappes nicht den Ruhm verleugnen werden, den sie erworben haben, und daß sie zur Austilgung aller gegen uns verschworenen Könige Europas die Kraft finden werden, die sie schon zum Sieg geführt hat!«

Fünf Tage später, die belgische Frage streifend, zum Konvent: »Fürchtet nichts von der Welt! Wir haben die französischen Soldaten gesehen; jeder einzelne glaubt zweihundert Sklaven aufzuwiegen. Eine solche Entschlossenheit, ein solcher Republikanismus beseelt die Armee, daß, wenn man zu dreihundert Mann sagte: Ihr müßt zugrunde gehen oder gegen Wien marschieren! sie erwiderten: Wir gehen in den Tod oder nach Wien.«

Am 22. Januar verliest Delacroix seinen Bericht über Belgien; eine Abordnung aus Mons bittet für die Provinz Hainaut um Aufnahme in die französische Republik als fünfundachtzigstes Departement. Die Sitzung des letzten Januartages beginnt mit einem Brief des Bürgermeisters von Lüttich an den General Miranda. Bei dem Namen Liège horcht Danton auf; aha, von 9700 Abstimmenden haben sich 9660 für die Vereinigung mit Frankreich erklärt; im ganzen Lütticher Gebiet, in den Städten Verviers, Visé, Dinant, Waremme und in den Landgemeinden, wird es auch ohne französische Nachhilfe ebenso kommen. In den anderen Teilen aber lärmen nur die Klubs: Anschluß! Anschluß!; in die aufgelegten Nein-Listen wagt sich unter dem drohenden Blick der französischen Gewalten niemand einzuzeichnen; üble Posse ist's.

Danton jedoch, nur die aufrichtige Franzosenfreundschaft der Lütticher im Kopf und sich über das Muß der Angliederung Belgiens im reinen, läßt sich durch den gehörten Brief beflügeln; stehenden Fußes heischt er »im Namen der Kommissäre des Konvents in Belgien« ein Dekret über die Vereinigung des bisherigen Fürstbistums mit Frankreich, wie eben eines über die »vormalige Grafschaft Nizza« beschlossen ward: »Ich verlange nichts von Ihrem Enthusiasmus, aber alles von Ihrer Überlegung, alles im Interesse der französischen Republik.« Unmögliche Politik eines großen Volks, einem anderen Volk die Freiheit zu schenken, ihm entsprechende Verfassung und Einrichtung zu geben und es sich dann selber zu überlassen! Gerechtigkeit und Menschlichkeit fordern diese Vereinigung, der Mann aus dem Volk, der Bauer in Belgien will sie... Von dieser Vereinigung hängt der Triumph der Freiheit im eigentlichen Belgien ab, denn sehr geschickt stellen es die Anhänger des alten Regimes hin, als wolle Frankreich keine Vereinigung; nur weil die Schwächlinge an dieser Vereinigung zweifeln, findet die österreichische Partei in Brüssel Zulauf... Die Kunde von der Angliederung Lüttichs wird aus allen Teilen Belgiens ähnliche Petitionen hervorrufen... »Dann werden wir die französischen

Gesetze einführen, dann wird der Boden der Freiheit von den aufsässigen Priestern und Aristokraten gesäubert werden, und nach dieser Säuberung werden wir reicher an Menschen, reicher an Schätzen sein; dann werden wir wahre Republikaner haben; dann wird Europa sehen, daß unsere Grundsätze keine Wahngebilde sind.«

England? Vage Handbewegung. Er spürt: in England nehmen die Dinge ihren Lauf; nichts mehr zu verderben; vor zehn Minuten erst hat Lasource von »dem Krieg, den wir mit England haben werden«, wie von einer mathematischen Gewißheit gesprochen, und schließlich ist England mit elf Millionen Einwohnern und einer der französischen kaum überlegenen Kriegsflotte noch keine Weltmacht. Danton mag Brissots Meinung teilen, England wolle, wie es vor einem Jahre Österreich versucht hat, Frankreich hinhalten, inzwischen selber rüsten und zu gelegener Stunde losbrechen; besser, ihm zuvorzukommen. Er glaubt, man vermöge die Briten durch rasche Schläge, Besetzung Hollands, Kaperung der holländischen Flotte, einzuschüchtern; er glaubt an die Zauberwirkung vollendeter Tatsachen; aus dem einen Satz über England: »Die Freiheit wird auch bei diesem Volke herrschen«, blitzt sogar Hoffnung auf, die Masse in den Vereinigten Königreichen werde ihren Gewalthabern die Gefolgschaft weigern.

Danton senkt nicht verzagt die Stirn, als am folgenden Tag der Konvent England den Krieg erklärt. Es ist das Selbstverständliche. Wer ahnt, daß dieser Krieg zwanzig Jahre rasen, wer ahnt, was er verschlingen wird!

Aber wie immer, wenn Danton nur lohende Leidenschaft scheint, zügelt ihn kühle Überlegung. Fast ein Jahr zuvor, im Februar 1792, hat Dumouriez in einem Feldzugsplan Frankreich eine Verteidigungsstellung überall dort zugewiesen, wo Bergketten, Meere, große Ströme natürliche Hindernisse bilden, und Angriffsbewegungen bis zum Rhein im Norden und zu den Alpen im Süden vorgesehen. Im November wiederum hat Talleyrand in einer Londoner Denkschrift an Lebrun vor der Politik der Eroberungen und Vorherrschaftsgelüste gewarnt, die der absoluten Monarchie zustehe, nicht der Republik. Das Gebiet Frankreichs genüge seiner Bevölkerung und dem gewaltigen wirtschaftlichen Aufschwung, den der Genius der Freiheit befruchten werde. Also Verbindung mit Savoyen, Belgien, Lüttich zu gemeinsamer Verteidigung und im übrigen Hauptaugenmerk auf die Entfesselung der wirtschaftlichen Kräfte: »Nach einer Revolution muß man der Industrie neue Wege weisen!«

Jener Plan wie diese Denkschrift spiegeln sich in Dantons Kopf, da er am 31. Januar die Losung der natürlichen Grenzen ausgibt: »Die Grenzen der Republik sind von der Natur gezogen. Wir werden sie alle in den vier Windrichtungen erreichen: Rhein, Ozean, Alpen. Dort müssen die Marken unsere Republik sein, und keine Menschenmacht wird uns abhalten, sie zu erreichen.«

Nur Fanfare? Nur Angriffssignal? Nur Vorwärts? Nein! Mit dieser Parole sagt Danton auch dem Trugbild des Propagandakriegs ins Endlose Ade. Er betont das ›Grenzen‹ mindestens so wie das ›natürliche‹. Weise Beschränkung verhindert Stoß ins Blaue, Verpuffen der republikanischen Kräfte. Die natürlichen Grenzen und halt! Frankreich als Republik eingegliedert in das europäische Staatensystem, stark, blühend, im Frieden alle Kraft auf Erschließung seiner inneren Reichtümer gerichtet – das zieht als Traum über Dantons Stirn.

Aber mehr denn je tut not: Einigkeit im Innern. Die Hinrichtung Ludwigs hat die Welt herausgefordert. Ganz Europa steht bald in Waffen gegen die Republik. Gefühl ungeheurer Verantwortung legt den Führern das Kommando: Schließt die Reihen! auf die Lippen. Nicht nur ein mystischer Melancholikus aus dem Lager der Gironde wie Bancal des Issarts mahnt, jetzt müßten Eigensucht, Haß und alle entzweienden Leidenschaften fallen: »Ein allgemeiner Ruf der Brüderlichkeit und Freundschaft ertöne vom einen Ende Frankreichs bis zum andern!«, sondern auch ein Akkumulator revolutionärer Energie wie Saint-Just erkennt die Notwendigkeit des Zusammenschlusses:

»Vergeßt euch selbst! Die Revolution befindet sich zwischen einem Triumphbogen und einer Klippe, an der wir alle zerschellen würden. Euer Interesse gebietet, daß ihr euch nicht spaltet, was immer auch die Meinungsunterschiede sein mögen; die Tyrannen lassen die Unterschiede zwischen uns nicht zu. Entweder siegen wir alle oder wir gehen alle zugrunde!«

Mehr noch fühlt Danton den Beruf, den Ausgleich der Gegner herbeizuführen, die Revolutionsfront lückenlos zu machen. Die Aufgabe lockt um so eher, als sich im Prozeß gegen den König die Gironde ohne inneren Zusammenhang gezeigt hat. Viele haben für Einschließung, dann für Aufschub der Hinrichtung gestimmt, einige ihrer Haupthähne wie Buzot, Brissot, Vergniaud, Pétion, Lanthenas für die Todesstrafe mit Klauseln, andere wie Barbaroux, Boyer-Fonfrède, Carra, Chambon, Gensonné, Isnard, Lasource, Rebecqui mit dem Berg für den Tod schlechthin.

Am Nachmittag des 20. Januar rennt ein früherer Leibgardist Ludwigs, Deparis, in einem Restaurant des Palais-Egalité einem Abgeordneten: Du hast für den Tod des Königs gestimmt! einen Säbel in den Leib. Der Täter entwischt ungehindert, der Verletzte, Lepeletier-Saint-Fargeau, atmet nur mehr ein paar Stunden. Abkömmling einer der reichsten und angesehensten Magistratsfamilien, 1785 selbst zum Präsidenten des Pariser Parlamentshofs ernannt, ist Lepeletier mit seinem Freund Hérault de Séchelles in die Revolution hineingeglitten. Ein lauterer und selbstloser Charakter; nur Scheelsucht sagt ihm das Wort nach: »Wer sechshunderttausend Livres Rente hat, muß entweder in Koblenz oder auf dem Gipfel des Berges sein.«

Ihrem Märtyrer rüstet die Republik die eindrucksvollste Totenfeier. David hat für diesen 24. Januar die Regie. Der schwarzverhangene Sockel der Statue Ludwigs XIV. auf dem Pikenplatz trägt ein Gerüst, auf dem der Leichnam aufgebahrt ist, bis zu den Hüften nackt, die Todeswunde allen sichtbar. Um Mittag naht unter einem Baldachin von Schweigen der ganze Nationalkonvent; Vergniaud besteigt den Sockel und drückt dem Gemeuchelten eine Krone von

Eichenlaub und Immortellen auf die stumme Stirn. Gedämpfte Trompeten, und ein langer Zug bewegt sich zum Pantheon, dessen Ehren die Versammlung Lepeletier zugesprochen hat. Nur Fabre d'Eglantine verläßt unterwegs einmal seine Viererreihe, um eine versprechende Dame nach ihrer Hausnummer zu fragen.

Drei Tage vorher hat dieser Mord den Konvent in wilder Erregung gesehen. Schneller noch als sonst steigt den Abgeordneten das Blut zu Kopf. Denunziationen, Anschuldigungen, Anklagen schwirren; über Komplotte schreit man, verlangt außerordentliche Maßregeln, Erneuerung des Sicherheitsausschusses, Haussuchungen.

Barère gießt dazwischen Öl auf die Wogen, am Grabe des Opfers müßten die Leidenschaften schweigen; wo sollte es Freunde und Brüder geben, wenn nicht in diesem Saale? Einigkeit! wiederholt Robespierre, aber seine Augen hinter den Brillengläsern bleiben kalt: »Die Einigkeit, die uns zukommt, ist nicht die der Individuen, sondern der Prinzipien.« Pétion klagt: »Wie viele Männer in dieser Versammlung beargwöhnen und verabscheuen sich, die sich schätzen würden, wenn sie sich besser kennten! Jawohl, ich wage es auszusprechen, die Männer, die anscheinend einander ganz entgegengesetzt sind, wünschen gleichermaßen die Freiheit.«

Schon daß Pétion den Mund auftut, fährt als neuer Windstoß ins Feuer der Leidenschaften, aber da ist Danton. Rein und weiß schießt die Stichflamme der Liebe zur Republik aus seinem Herzen: »Auf diesem Grabe wollen wir schwören, der Freiheit zu dienen, unseren Posten nicht zu verlassen, ehe wir dem Volk eine Verfassung gegeben haben oder unter den Dolchen der Mörder zu sterben.«

Nach dem Auftakt, der die Gemüter bewegt, kluge Strategie. Laut und entschieden bekennt er sich, um sich festen Boden unter den Füßen zu sichern, zur Montagne. Er bestreitet Roland, ohne seine guten Absichten zu leugnen, die Möglichkeit, länger Minister zu sein, denn seit die Kommune ihn verhaften wollte, sehe er Paris nur schwarz in schwarz und stachle den Haß der Departements gegen

Paris, »und Paris ist doch die Stadt aller Departements. Paris ist die Stadt allen Lichts.«

Aber dann rütteln seine Worte an der Tür zum Herzen der Gironde: »Ich bin frei von allen Leidenschaften, ich weiß dem Ungestüm des Charakters den Gleichmut zu gesellen, der einem vom Volk zum Gesetzgeber gewählten Manne geziemt... Ich kenne kein Rachegelüst, denn ich bedarf seiner nicht.« Er bringt sofort den Beweis; gegen die Forderung der Haussuchungen, die vielen Girondins einen kalten Schauder über den Rücken gejagt hat, erklärt er sich klipp und klar. Dem Sicherheitsausschuß erhöhte Vollmachten, nicht mehr!

Grundklang: »Lenken wir all unsere Entschlossenheit, all unsere Bewegung dem Kriege zu! Wir wollen gegen Europa und nicht gegen uns selber Krieg führen!« In seinem Ministerium habe er immer für die Einheit gewirkt: »Ich beschwöre Sie, Pétion, Sie Brissot, ich beschwöre Sie alle, denn ich will, daß man mich endlich kennen lernt, ich beschwöre Sie alle, denn ich will endlich gekannt sein.«

Und der Ausklang machtvoll, aufrichtig, überzeugend: »Ich werde immer nur eine Leidenschaft haben: die, für mein Land zu sterben. Könnte mir der Himmel das Schicksal des Bürgers gewähren, dessen Verlust wir beweinen!«

Da am folgenden Tag Roland unerwartet sein Amt niederlegt, scheint ein Hindernis zur Aussöhnung weggeräumt. Danton streckt die Fühler aus, unterhandelt mit Vergniaud. Der weiß, daß manche seiner Freunde sich im Urteil über Danton mit dem jungen Géraud decken, der als Student in Paris den Seinen, einer vermögenden Familie in Bordeaux, schreibt: »Häusliche Laster, ein wenig schätzbares Privatleben, viel Schulden macht man Danton zum Vorwurf, aber zum Ausgleich bewundert man in ihm den Staatsmann, der große politische Fähigkeiten, eine unerschrockene und starke Seele, eine unwiderstehliche Beredsamkeit, Weitblick und Umsicht besitzt... Seine Fähigkeiten im Ministerium haben ihm die allgemeine Wertschätzung eingetragen.« Auch haben Danton und Vergniaud allerhand Gemeinsames, was sie einander nähert: beide

Advokaten, beide häßlich, beide blatternarbig, beide zu Zeiten faul, beide Genießer, beide sorglos in Gelddingen, beide große Redner, wenn auch verschiedenen Schlags; zum Überfluß ist auch Vergniaud bei Madame Roland schlecht angeschrieben. Im Ohr noch Dumouriez' Mahnung: Vertragt euch mit Danton! zeigt er denn viel Verständnis für die Forderung der Stunde, aber die geborene Phlipon hat den großen Bann über Danton verhängt. Von ihr, die Paris haßt, haßt, haßt, führt keine Brücke zu ihm, der sich auf Paris stützt. So scheitert der Versuch.

Danton zuckt die Achseln und fährt im Auftrag des Konvents aufs neue nach Belgien.

In der kleinen Festung Condé ereilt ihn Botschaft seines Schwagers Charpentier: Gabrielle schwer erkrankt! Danton saust im Eilwagen Paris entgegen, Tag und Nacht, im Fieber, den Atem beengt, das Herz zusammengepreßt.

Wie fliegen die Pferde! Ach, wie schleichen die Pferde!

Endlich Paris, und die Cour du Commerce, und die Treppen hinauf, und er steht wie irr in leerer Wohnung. Mitten in die Brust trifft der Stoß: Gabrielle tot, schon seit Tagen unter der Erde!

Der Bäcker unten tritt entsetzt vor die Tür, Vorübergehende hemmen erbleichend den Schritt, solches Brüllen dringt aus dem zweiten Stock. Danton liegt vor Gabriellens Schrank auf den Knien, wühlt in Kleidern und Gaze und Bändern, an denen ihr Duft hängt... Ein Filzhut, Spitzenhäubchen, ein geblümter Morgenrock, eine Pelzjacke, ein Pierrotkragen – wie kennt er das alles! Und brüllt, brüllt, vom Tode bedrohtes wildes Tier.

Nie mehr der Trost dieses klaren Gesichts, wenn er, das Blut vergiftet von Menschenverachtung, aus wüster Sitzung heimkehrt – nie mehr! Und daß Gemeinheit des Schicksals solchen Schlag gegen ihn wagt, den Unangreifbaren! Er heult, weint, zerbeißt sich die Lippen.

Kunde seines Schmerzes erschüttert Paris. Beileidsbriefe kommen, einer: »Wenn die Gewißheit, einen zärtlichen und ergebenen Freund zu haben, Dir einigen Trost gewähren kann, so biete ich ihn Dir. Ich liebe Dich mehr als je und bis zum Tode... Wir wollen die Wirkung unseres tiefen Schmerzes die Tyrannen fühlen lassen, die die Urheber unserer öffentlichen und privaten Leiden sind... Umarme Deinen Freund!« Unterschrift: Robespierre. Bei den Jakobinern stimmt Collot d'Herbois die Totenklage für ›*la généreuse femme du cityen Danton*‹ an: Die Girondisten haben sie, die Girondisten mit der steten Verleumdung ihres Gatten, auf dem Gewissen!

Aber Danton rast. Tyrannen, Gironde, Politik – alles Blech! Dreck! *Merde*! Er will nur Gabrielle! Er rüttelt wild am Gitter der Unterwelt, verlangt Gabrielle zurück!

Auf den Friedhof, wo das *Requiescat in pace* über ihrem Grab verhallt ist! Schaufeln her! Wie sich diesem Tobenden widersetzen, diesen blutunterlaufenen Augen, diesem verfallenen Gesicht, diesen geballten Fäusten, und es ist der allmächtige Danton, gestern Diktator, morgen Diktator!

Die Schaufeln wühlen. Und Danton stürzt über den geliebten Leib, küßt, küßt im Wahnsinn, was halb schon den Würmern gehört.

Ein Wink, und von ihm beordert, tritt ein Unbeholfener näher, stößt gurgelnde Laute aus, ringt mit Bewegungen um Verständigung. Der Bildhauer Claude-André Deseine, taubstumm von Kindesbeinen an, hat schon öfters auf dem Wege über die Jakobiner Büsten von Mirabeau, Robespierre, Pétion an den Mann gebracht; daher kennt ihn Danton.

Jetzt, Taubstummer, halt durch einen Abguß fest, was Danton unter allen Menschengesichtern der Welt das liebste war! Deseine, seiner Aufgabe gewachsen, begnügt sich nicht mit Mechanischem, dem Abnehmen der Maske. Er formt, modelt, bildet: nicht Totes, sprühend Lebendiges ersteht unter seinen Händen.

Wer sich in der Kunstausstellung von 1793 im Louvre den Werken Deseines zuwendet, findet neben einer Büste Lepeletier-Saint-Fargeaus die einer blühenden Frau, deren Züge denen Dantons merkwürdig ähneln. Der Katalog verzeichnet sie unter Nr. 78, ›*Portrait de la citoyenne Danton, exhumée et moulée sept jours après sa mort.*‹

IV

Verstrickung und Sturz

(1793–1794)

Krieg heißt, Krieg entscheidet das Geschick der Revolution.

Das Haus Habsburg, auf ein Tauschgeschäft großen Stils erpicht: österreichische Niederlande gegen Kurfürstentum Bayern, entsendet starke Streitkräfte unter dem Prinzen Friedrich Josias von Coburg-Saalfeld zu Wiedereroberung Belgiens. Die französischen Truppen, verzettelt und jämmerlich ausgerüstet: Infanterie ohne Schuhe, Kavallerie ohne Sättel, Artillerie ohne Bespannung, halten nicht stand. Über Paris geht Anfang März Hagelwetter von Unheilsposten nieder: Aachen Hals über Kopf geräumt, Lüttich in der Hand des Feindes, die Belagerung von Maestricht aufgehoben, Schlappen hier, Niederlagen dort, und gegen die Weichenden steht, höhnisch die Freiheitsbäume abhackend, die belgische Bevölkerung auf. Panik im Heer, Panik in Paris. Wieder scheinen die Grenzen bedroht; auf dem Rathaus weht die schwarze Fahne: Das Vaterland in Gefahr! Wut und Verzweiflung: Mangel am Nötigsten hemmt unsere Kriegführung, und in Lüttich sind hundert Kanonen, vierzigtausend Flinten dem Coburg zur Beute gefallen, von den sechzehn Geschützen, die man nebst zwei Fahnen bei Aachen verloren hat, erst gar nicht zu reden.

Lebt Danton noch? Immer, wenn das Herz Frankreichs, matter schlagend, einer Kampfereinspritzung bedarf, ruft man nicht nach Robespierre, nicht nach Marat, ruft man nach Danton.

Wieder in Belgien weilend, ist er, da es brenzlig zu riechen beginnt, am 5. März mit Delacroix ins Lütticher Land beordert worden, auf Bildung und Bewaffnung der einheimischen Nationalgarden zu drücken, aber dazu fehlt die Zeit; wichtiger die Berichterstattung in Paris! Nach Paris!

Am 8. März zuckt wegen der Wendung in Belgien Nervosität in den Gesichtern der Konventsabgeordneten. Der neue Kriegsminister Beurnonville, Landsmann Dantons aus der Aube, früherer Marquis, verliest zu Anfang der Sitzung Schreiben der Generäle Miranda, Valence und Darson, eines nichtssagender und schönfärberischer als das andere. Delacroix muß auf die Tribüne, sagen, wie's wirklich steht. Robespierre begleitet seinen Bericht mit fein gedrechselter Rede, a) göttliche Mission des französischen Volkes, die Freiheit zu schaffen, b) Notwendigkeit, den aristokratischen Geist aus den Generalstäben auszuräuchern, c) Möglichkeit, die Verräter wie Insekten zu zerquetschen. Aber über sich selbst hinausgehoben, durch Stahlspitze in blutiger Weiche emporgerissen, wird davon niemand. Bis Danton die geballten Fäuste vor sich auf die Brüstung der Tribüne legt und den Kopf in den Nacken wirft, Aufrüttler, Mutmacher, Begeisterer, Energie-Anstachler, Sporn und Peitsche. Oh, er ist kein Mann der kleinen Mittel, des Vertuschens, der Beruhigungspülverchen, des Nach-und-Nach; brutal fegt er den Vorhang zurück, und der Konvent erblickt Festungen, die sich dem Feind ergeben, Städte, in die der Österreicher einzieht, Landstraßen, auf denen sich das Durcheinander geschlagener französischer Bataillone drängt.

Aber wie im September 92 fühlt Danton sich berufen, für die Nation das Signal Sammeln, für die Nation das Signal Angriff zu blasen. Der französische Charakter bedarf der Gefahren, um seine ganze Entschlossenheit zu finden? »Nun, dieser Augenblick ist da. Ja, man muß ganz Frankreich sagen: Wenn ihr euren Brüdern in Belgien nicht zu Hilfe eilt, wenn Dumouriez in Holland eingekreist wird, wenn seine Armee gezwungen würde, die Waffen zu strecken, wer vermag die unabsehbaren Unheilsfolgen eines solchen Ereignisses zu berechnen? Die Vernichtung der Volkswohlfahrt, der Tod von sechshunderttausend Franzosen könnte die Wirkung sein. Citoyens, keine Minute habt ihr zu verlieren!«

Schneller pulst das Blut in den Adern der Hörer, Zuversicht strahlt aus den Blicken.

Unabhängig von Danton ist im Februar eine Heeresreorganisation beschlossen worden: Zusammenfassung von je einem Bataillon Linientruppen mit zwei Bataillonen Nationalgarde in einen Verband, das ›Amalgam‹, Dubois-Crancés berühmte Halb-Brigaden; ›Weißschwänze‹ und ›Kornblumen‹, wie der Lagerwitz sie wegen der verschiedenen Farben ihrer Monturen nennt, verschwinden in der einheitlich blau uniformierten Armee. Aber vorläufig steht dieses Dekret auf dem Papier derselben Nummer des ›*Moniteur*‹, in der es heißt: »Der Nationalkonvent beruft dreihunderttausend Mann ein, die in kürzester Frist zu den Heeren der Republik zu stoßen haben.« Noch klaffen Lücken neben Lücken, in Belgien gibt's Bataillone von sechzig, Kompanien von fünf bis sechs Mann.

Die Beschlüsse gilt's in die Wirklichkeit zu übertragen und ohne Säumen! Wie im vergangenen Spätsommer faßt Danton Paris als Kraftzentrum ins Auge: »Diese berühmte und vielverleumdete Stadt ist abermals ausersehen, Frankreich den Impuls zu geben, der im letzten Jahre unsere Triumphe geboren hat.« Auf seinen Antrag verfügt der Konvent Entsendung von Abgeordneten in die achtundvierzig Sektionen, damit sie die Bürger zu den Waffen rufen und zur Verteidigung Belgiens verpflichten. Aber auch in den Departements muß die Versammlung Drachenzähne aussäen, aus denen gewappnete Männer erstehen. Am 9. März liegt dem Konvent ein Dekret vor, durch zweiundachtzig Kommissäre aus seinen Reihen in ganz Frankreich die Stimmung der Massen emporzureißen und die Aushebung der Dreihunderttausend zu beschleunigen. »Ja«, ruft Danton, »möchten Sie allen Franzosen wiederholen, daß die große Streitfrage zwischen Freiheit und Despotismus ohne Verzug zum Austrag kommt!«

Wieder facht er am 10. März die Flamme: Nicht erörtern, handeln! Die Kommissäre noch heute nacht ab! Kein Augenblick zu verlieren, um alle Kräfte der Nation zu entfalten! »Wollen wir die Freiheit? Wollen wir sie nicht, so laßt uns alle sterben! Wollen wir sie, so laßt uns, wenn es nötig ist, alle marschieren!« Geschichtliche Bedeutung der Stunde, Danton begreift sie; »Europa sieht auf uns«; der Konvent hat »den Erdball als Galerie«. »Wie?« ruft er, die Hand gebieterisch ausstreckend, »Sie haben eine ganze Nation als Hebel, die Freiheit und die Vernunft als Stützpunkte, und Sie sollten nicht die Welt umwälzen?«

So strömt, Feuertrank, die Energie von Danton auf den Konvent über, vom Konvent auf Paris, von Paris auf Frankreich.

Aber der scharfe Blick des Praktikers erkennt auch den Hauptquell der Schwäche: es ist die Zweiheit, die Zusammenhanglosigkeit von Vollzugsrat und Konvent. Abgeordnete dürfen nicht Minister sein: Da steckt der Grund, weshalb so vieles lau und lässig ausgeführt wird. Zwar gibt es seit Jahresbeginn den Landesverteidigungsausschuß aus Delegierten der anderen Parlamentsausschüsse, aber dieses *Comité de défense générale* spreizt, statt eine Faust zu machen und zuzuschlagen, debattierend alle zehn Finger. Ein Konvent im kleinen ist's, im besten Fall eine Studienkommission, als Aktionsausschuß schon ungeeignet, weil zu seinen Beratungen jeder Abgeordnete Zutritt hat. Danton aber erwartet die Rettung nur von einem Machtmittelpunkt, in dem sich alle Entschlossenheit des Konvents, also der Nation, ballt. Deshalb sein kühner Vorschlag, die Minister dem Konvent zu entnehmen: »Wer unter Ihnen fühlt nicht die Notwendigkeit des Zusammenfassens, unmittelbarer Beziehungen, eines direkten, täglichen Verkehrs zwischen den Beauftragten der revolutionären Vollzugsgewalt, die die Freiheit gegen ganz Europa zu verteidigen hat, und Ihnen, die Sie die oberste Leitung der bürgerlichen Gesetzgebung und des auswärtigen Schutzes der Republik innehaben?«

Gibt der Konvent Montesquieus Lehre von der Teilung der Gewalten in ihrer ungesunden Überspitzung preis, um sich dem Rat Dantons zu erschließen, so wird das Ministerium ein oberster Ausschuß des Parlaments: Einheit von Hirn und Hand! Und sie allein tut not!

Um angesichts der Schwere der Gefahr das Vertrauen des Volkes zu beleben, streicht Danton die Fähigkeiten und Verdienste des Oberkommandierenden heraus: »Dumouriez verbindet mit dem Genie des Generals die Kunst, den Soldaten zu entflammen und zu ermutigen. Wir haben gehört, wie die geschlagene Armee laut nach ihm rief.«

Weit entfernt, für seinen Charakter zu bürgen, überläßt er der Geschichte das Urteil über jene Talente, Leidenschaften und Laster, »aber was feststeht: er ist am Glanze der Republik interessiert«.

Wohl erheben sich Stimmen, die Dumouriez für die Niederlagen verantwortlich machen, aber bei den entscheidenden Körperschaften von Staat und Stadt bleiben sie ohne Echo. Mit der Auffassung, daß jetzt, wo es gilt, eiserne Reifen um ein erschüttertes Heer zu legen, der ungünstigste Augenblick sei, den bei der Truppe beliebten Führer abzusägen, steht Danton wahrhaftig nicht allein; keine Krise innerhalb der Krise! Nicht nur Barère verkündet im Konvent: »Dumouriez allein wiegt eine Armee auf«, auch Robespierre stimmt Danton bei: »Zu Dumouriez habe ich Vertrauen... ich habe Vertrauen zu ihm, weil sein persönliches Interesse, das Interesse seines Ruhmes sogar, an den Erfolg unserer Waffen geknüpft ist.« Selbst Marat, der seit Monaten den ›hohlen Intriganten‹ ›verbrecherischer Komplotte‹ zeiht, ihn noch am 12. Februar als Söldling des Königs von Preußen hingestellt hat, nunmehr meint er, Dumouriez müsse den Oberbefehl behalten, weil man sonst das Heer zerrütte. Und wie auch der kalte unsentimentale Billaud-Varenne am Abend des 12. März Dumouriez bei den Jakobinern verteidigt, der General könne nicht mehr zurück, müsse siegen, wenn er sich nicht selbst zugrunde richten wolle, so schnellt am gleichen Tage in äußerster Erregung der Konvent auf, als der Sprecher einer Abordnung der Sektion Poissonière ein Anklagedekret gegen Dumouriez und seinen Stab verlangt. Schrie: Verleumder! Der ist vom Ausland gekauft! Führt ihn ab! Aristokrat! Verbrecher! – Marat ist's, der Verbrecher gerufen hat.

Aber während ihm das Ohr von Lobsprüchen klingen muß, tut Dumouriez an demselben 12. März einen entscheidenden Schritt von der Straße, die Pflicht und Ehre ihn zu gehen heißen. Der Unruhige und Machtgierige weiß, daß ein siegreiches Schwert in solchen Zeiten zum Zauberstab werden kann; er hat sich so manchesmal als Diktator

Frankreichs gesehen und die Stunde ersehnt, die ihn dazu machen würde. Heute ist er überzeugt, daß die europäischen Mächte dafür nicht zu haben sind. Aber ein anderes Ziel lockt: Connetable eines wiederhergestellten Königtums, der erste hinter, neben dem Thron. Und diesen Streich zu wagen, dazu fordert die äußere und innere Lage Frankreichs auf.

Aus Holland nach Belgien zurückgekehrt, durchkreuzt der General keck und bewußt die Politik, die, gestützt auf das Dekret vom 15. Dezember, der Konvent vorschreibt, und richtet, als ihm die Kommissäre auf den Leib rücken, einen Brief an den Präsidenten des Nationalkonvents – am 12. März. Einen Brief? Eine Kriegserklärung! Die Schuld an den Niederlagen schiebt er dem verflossenen Kriegsminister Pache zu, der das Heer habe verlottern lassen, verdammt das ganze System, das den Pariser Machthabern in Belgien beliebt, erhebt wegen Mißhandlung der Belgier, wegen Plünderung ihrer Kirchen Anklage, schlägt auf Danton: »Ihr seid über die Vereinigung mehrerer Teile Belgiens mit Frankreich getäuscht worden. Ihr habt geglaubt, sie sei aus freien Stücken erfolgt, weil man euch belogen hat«, und drohend ruft der aufsässige Feldherr die Weltgeschichte als Weltgericht an: »Solange unsere Sache gerecht war, haben wir den Feind besiegt. Seit Habgier und Ungerechtigkeit uns leiten, haben wir uns zum Nutzen unserer Feinde selbst zugrunde gerichtet.«

Als zwei Tage später Bréard dieses Blatt durchfliegt, zittert es ihm in der Hand. Eine Katastrophe! Doppelte, dreifache Katastrophe, wenn Konvent, Volk, Heer es erfahren; er übernimmt die Verantwortung nicht. Auch im Hotel d'Elbeuf ist das *Comité de défense générale* außer sich, lädt eilends Danton und Delacroix vor, die, aus Belgien kommend, am ehesten Bescheid wissen. Grundstimmung aller: Das ist gegenrevolutionäre Meuterei, Verhaftung des Generals heißt die Antwort. Aber es melden sich die Abers. Vielleicht treibt überstürztes Vorgehen den noch Zögernden erst recht zum Hochverrat. Danton redet am eifrigsten für einen letzten Versuch, den Unbotmäßigen zu überreden. Eine Abordnung zu Dumouriez, ausgesprochene Girondins Guadet und Gensonné dabei, ihm zu zeigen, daß ohne Unterschied der Richtung der ganze Konvent gegen ihn steht – möglich, daß er sich dann besinnt! Der Ausschuß entsendet nur Danton und Delacroix. »Wir werden«, verspricht jener im Abgehn, »ihn zur Vernunft bringen oder in die Zwangsjacke stecken.«

Danton und Delacroix – in wie anderer Stimmung fahren sie die Landstraße nach Nordosten als Anfang Dezember, wie gedrückt und hoffnungslos! Dabei kümmert sie noch nicht einmal das Gerede, das sie begleitet, Dumouriez wolle sie festnehmen und den Österreichern ausliefern, die sie dann gegen Marie Antoinette und den Dauphin austauschen könnten.

Je weiter sie in Belgien kommen, desto häufiger stoßen sie auf einzelne Flüchtlinge oder in Unordnung zurückflutende Truppenteile. Am 18. März hat, was sie erst jetzt erfahren, Dumouriez in der Ebene von Neerwinden sich dem Coburg gestellt und eine Niederlage erlitten.

In der Gegend von Löwen treffen am 20. März die Abgesandten den Oberbefehlshaber im freien Felde, Geplänkel mit den Österreichern, rings schlagen Kugeln ein, sie bekommen Pulver zu riechen, er bescheidet sie für den späten Abend in sein Löwener Hauptquartier.

An den Eingängen Posten vom 1. Husarenregiment. Vormals Berchiny, das größtenteils zu den Emigranten übergelaufen ist. Unter dem Kalpack hängen ihnen geflochtene Zöpfchen verwegen ins Gesicht, nachlässig ruht die breite, blanke Klinge in ihrem Arm. Sie schauen, als die Kommissäre eintreten, zu gleichgültig drein, um Patrioten zu sein; wahrscheinlich Deutsche, denen der ganze Kram der Revolution eins ist, solange sie ihren Sold erhalten. Um die Adjutanten im Vorraum ist, schwer beschreiblich, ein Duft von altem Regime; sie springen auch nicht allzu beflissen auf, die Citoyens aus Paris anzumelden.

Im Zimmer des Kommandierenden liegt, eilends auf den Tisch geworfen, der Generalshut so auf der Seite, daß von dem trikoloren Busch einzig die weißen Federn sichtbar werden, ein Sinnbild, und der Degen daneben eine Drohung. Dumouriez empfängt die beiden höflich, aber nervös. Er ist entschlossen. Im Begriff, sich die wohlwollende Duldung des Prinzen von Coburg zu sichern, wird er mit seinen Bataillonen, auf deren Ergebenheit er schwört, auf Paris rücken, den Konvent sprengen, die monarchische Verfassung von 1791 wiederherstellen und Ludwig XVII. zum König ausrufen. Was soll da noch Geschwätz?

Auch Danton will der leichte Plauderton nicht über die Lippen, der ihm in Paris mit dem General geläufig war. In dieser dunklen, windbewegten Märznacht stehen sich die Vertreter zweier feindlicher Mächte gegenüber: die Revolution und das militärische Condottieretum; es ist eine beschwerte, stockende, peinliche Unterhaltung. Danton möchte alle Minen sprengen lassen, erinnert an den Ruhm, den der Feldherr erworben hat, den er noch erwerben kann – im Dienste der Republik. Der andere macht ein Gesicht wie: Ach, Republik! Danton erwähnt den Konvent; der General hart und höhnisch: »Dreihundert Dummköpfe, die sich von vierhundert Verbrechern an der Nase herumführen lassen!« Danton zitiert ein Dekret des Parlaments; der General: »Wird bald nur mehr in der Pariser Bannmeile Geltung haben!« Danton, den der Zorn würgt, wagt das Wort Verhaftung; der General zuckt mitleidig die Achseln. In der Tat! Wo ist weit und breit jemand, den Haftbefehl zu vollziehen? Die Adjutanten im Vorzimmer? Sie werden schallend lachen! Die Husaren am Tor? Sie verstehen seine Sprache gar nicht! Und von seinem Kollegen Gossuin weiß Danton, daß die Soldaten in Gegenwart des Konventskommissärs dem General Hände und Stiefel geküßt haben, unter Rufen: Da ist Väterchen Dumouriez! Wir folgen ihm, wohin er will!

Alles, was Danton und Delacroix nach vielem Hin und Her erreichen, sind sechs Zeilen Dumouriez' an den Konventspräsidenten, Bitte, seinem Schreiben vom 12. März erst Folge zu geben, wenn nähere Erläuterung eingetroffen sei. Bestenfalls Zeitgewinn, sonst nichts. Als sie das Hauptquartier verlassen, verständigen sich die Freunde durch einen Blick: General über Bord! Dieser Dumouriez ist für sie, für die Revolution, für die Republik verloren!

Während Delacroix in Belgien bleibt und im Rat der zögernden Kommissäre am entschiedensten auf die sofortige Festnahme Dumouriez' drückt, fährt Danton nach Paris, um am 26. März im Landesverteidigungsausschuß über den Gegenstand der größten Sorge zu berichten. Am 28. März gehen auf Beschluß des Komitees vier Kommissäre des Konvents samt dem Kriegsminister Beurnonville nach Belgien ins Lager ab, um den Meuternden seines Postens zu entheben und zu verhaften, aber der General legt die Hand auf sie und übergibt sie als Geiseln den Österreichern. Nur scheitert sein Versuch, das Heer zu sich herüberzuziehen, an der Haltung der Artillerie: *Vive la république!!* und der Freiwilligen: *Vive la république!* Das 3. Bataillon der Yonne unter dem Oberstleutnant Davout, der dreizehn Jahre später auf dem Feld um das thüringische Auerstädt einen Herzogshut auflesen wird, hebt die Waffen gegen Dumouriez: Verräter! und mit Mühe und Not entrinnt er, kläglich gefolgt von ein paar hundert Mann, zum Coburg, Hasardeur, der die große Partie seines Lebens verspielt hat.

Der Verrat Dumouriez', schrecklicher Schlag, der viele Schwächere betäubte, warf einen Kerl von dem Knochenbau Dantons nicht um. Im Gegenteil! Erhöhte Gefahr, vermehrte Kräfte! Zur Bildung einer großen Reservearmee stachelte er an und zur Errichtung eines befestigten Lagers zwanzig Meilen von der Hauptstadt, denn da der Feind durch Angriff auf Paris Frankreich ins Herz zu treffen gedachte, galt es dem Weltall anzukündigen, ›daß Paris immer der Mittelpunkt der Freiheit sein oder daß Paris untergehen wird‹. »Der Feind«, schleuderte er in den Konvent, »wird nur durch einen Aschenhaufen in Paris eindringen«, und eitle Prahlerei dünkte es niemanden, als er finstren Blickes fortfuhr: »Und mit eigener Hand werde ich, unterstützt von allen guten Bürgern, Feuer an die Stadt legen, ehe daß sie den Feinden ausgeliefert werde.«

Auch der Gedanke, den Danton ausgestreut hatte: Ballung der Kräfte, Parlament und Regierung eins, Aktionsausschuß, keimte. Barère verlangte am 18. März Einsetzung eines Landesverteidigungsausschusses, der mit dem Vollzugsrat häufig und unmittelbarer verkehrte und ihn zum Handeln antreibe, doch dieses neue *Comité de défense générale,* fünfundzwanzig Mitglieder zählend, darunter Danton, und nicht geheim beratend, entsprach noch immer nicht dem, was Danton vorschwebte. Erst als unter den Folgen von Dumouriez' Verrat der Boden zu schwanken und die Mauern zu wanken schienen, als die Österreicher die festen Plätze Frankreichs im Norden einschlossen, Custines Rheinarmee Mainz belagert zurückließ und ins Elsaß abgedrängt wurde, die Spanier in den Pyrenäen und die Piemontesen in den Alpen zum Vorstoß ansetzten, in diesen Fieberstunden, da der Konvent in Permanenz tagte, gebar die Not das Richtige. Weil die Minister nichts verständen und, jeder für sich, zusammenhanglos handelten, schlug Garnier von Saintes am 3. April einen aus der Mitte des Konvents gewählten Ausschuß vor, dessen zwölf Mitglieder alle Arbeiten der Republik unter sich teilen und sich noch zwölf Adjunkte beiordnen sollten, »und diese vierundzwanzig Männer werden euch sagen: unsere Köpfe fallen oder das Vaterland wird frei«, und am folgenden Tage trug Isnard, im Namen des schwerfälligen und untauglichen neuen Landesverteidigungsausschusses, unter der Losung: Mehr Aktion! Mehr Energie! Mehr Einheit! auf Wahl eines neunköpfigen *Comité d'exécution* an, das die Obliegenheiten des Vollzugsrats zu erfüllen und alle durch die Umstände bedingten Maßregeln zur Landesverteidigung zu ergreifen hätte: »Packen wir endlich mit kühner, fester und reiner Hand die Zügel der Regierung! Was Formfragen! Rettung des Vaterlandes heißt es!«

Beifällig nickte Danton, daß man endlich eine neue Gewalt einsetzen wollte, um Armeen zu schaffen und Führer zu finden; »ich glaube, daß eine Republik, mag sie auch Diktatoren und Triumvirn verwerfen, deshalb nicht weniger das Vermögen und selbst die Pflicht hat, eine schreckeinflößende Gewalt ins Leben zu rufen«. Er und Barère, Isnard , Thuriot und Mathieu arbeiteten das Statut der neuen Behörde aus, und am 6. April hob der Konvent den Wohlfahrtsausschuß aus der Taufe; neun Mitglieder, geheime Beratungen, ausgedehnte Machtvollkommenheit; das *Comité de salut public* konnte Anordnungen des Ministeriums in den Papierkorb werfen, aber das Ministerium mußte die Weisungen des Ausschusses ungesäumt ausführen. Damit war der Vollzugsrat an die Wand gedrückt, und auch der Konvent büßte rasch von seinem Glanze ein. Mitglied des Wohlfahrtsausschusses hieß bald das höchste, das einflußreichste Amt. Wenn sich einer der Neun in den Gängen des Konventsgebäudes zeigte, schloß sich sofort ein Kreis achtungsvoller zuhörender Abgeordneter um ihn; wem von den Kleinen er die Hand drückte, der ging geschwellt an seinen Platz zurück. Begrüßte Marat die Gründung, um den Despotismus der Könige zu zerschmettern, müsse man den ›Despotismus der Freiheit‹ errichten, so war der Wohlfahrtsausschuß, und wurde es mit jedem Tage mehr, der Träger dieses republikanischen Despotismus.

Bei Ernennung des *Comité de salut public* bekam der glatte, mit jedem Wind segelnde Barère die meisten, 360 Stimmen, Danton stand mit 233 an fünfter, sein Freund Delacroix mit 151 an letzter Stelle. Außer Cambon gehörte dem Ausschuß Delmas aus Toulouse an, unter dem Königtum Offizier in der Miliz, der sogenannten Provinzialinfanterie, die auch Bürgerlichen die Epauletten gab, auch jetzt Militärfachmann, Bréard, aus Kanada gebürtig, Sohn eines Marinebeamten und für Marinefragen zuständig, Lindet, Advokat, fähig, eine Arbeitsbiene, aber leicht die Nerven verlierend, Guyton-Morveau, einundzwanzig Jahre *Avocat général* am Parlamentsgerichtshof der Bourgogne, auch Verfasser von Versstücken, auch in der Chemie mehr als spielerisch beschlagen, vor allem ein Forscher und Förderer der neugeborenen Luftschiffahrt, drauf und dran, die Montgolfière, den Aérostat für Kriegszwecke zu verwenden, endlich Treilhard, vom Pariser Barreau und mit Danton als Konventskommissär in Belgien näher bekannt. Abgegriffene Münzen mit verwischtem Gepräge waren sie sämtlich nicht, vor allem behauptete sich Cambon. Aber Dantons Maß hatte keiner. Danton überragte sie. Danton zwang sich ihnen auf. Danton lenkte sie, zumal er mit ungewohntem Fleiß die Sitzungen besuchte. Hartes Stück zwar, im Hotel d'Elbeuf von neun bis zwei und wieder abends von acht bis oft nach Mitternacht zu sitzen, an einem grün überzogenen Tisch, der ihm manchmal ein frischeres, ein saftigeres Grün, das des sommerlichen Aubetals vor den Blick zauberte. Aber es mußte durchgebissen werden und trug Frucht.

Bald sprach man nur vom Komitee Danton, und in der Tat war der Wohlfahrtsausschuß in diesen Monaten nichts als ein Ministerium Danton.

Halsbrecherisches Wagnis, während Frankreichs Schiff im heftigsten Sturm schlingerte, in alle Verwaltungszweige hineinzufahren, ohne daß größerer Wirrwarr herauskam, aber belebt von Dantons: Nur zu!, packte der Ausschuß seine Aufgabe beherzt an.

Zunächst Kriegskomitee, machte er Feuer hinter die Aushebung, ließ einen anderen Marineminister ernennen, setzte Generäle ab, lud Generäle zur Verantwortung vor, befaßte sich mit der Heeresgliederung, gab dem neuen Kriegsminister, dem aus Metz stammenden Bouchotte, ehemaligem Offizier in den Regimentern Royal-Cravates und Esterhazy, die Massenanfertigung von Reiterpistolen auf, betrieb den Bau von Korvetten, entsandte Kommissäre zum Heer, schickte Agenten für Gewehrkäufe in die Schweiz, verfügte die Errichtung von Gießereien zur Umschmelzung von Glocken in Geschütze, beschränkte die Zahl der Ehefrauen bei der Feldtruppe, unterrichtete sich über die royalistische Gesinnung im Dragonerregiment Nr. 14, befand über Versuche mit Gebirgsgeschützen, die auf Maultieren tragbar waren, beschaffte Feldflaschen und Eßnäpfe für eine Armee, kümmerte sich um die Verpflegung, um die Küstenverteidigung, um die Vermehrung der Kavallerie, um die Bestückung von Perpignan, um die

Versorgung der festen Plätze von Dünkirchen bis Rocroy mit Pulver – alles Erfüllung der Forderung, mit der Danton am 10. März den Konvent angeherrscht hatte: Setzen wir Frankreich in Marsch! Er selber nahm auf diese Angelegenheiten nicht nur durch den ihm ergebenen Delacroix Einfluß, der mit Delmas im Komitee das Fach Krieg verwaltete, sondern am 29. Juni betraute ihn auch, da mehr denn je die größte Aktivität im Kriegsdepartement geboten sei, der Wohlfahrtsausschuß, neben Delmas, mit der Aufsicht über die Tätigkeit des Kriegsministers und mit der Überwachung des Vollzugs aller Dekrete und Verordnungen.

Aber so sehr Danton der Nerv der Landesverteidigung sein wollte, so wenig glaubte er noch, daß der Krieg als revolutionärer Wandler der Welt das Allheilmittel sei. Der Verlust Belgiens hatte ihn ebenso stutzig gemacht wie der Verrat Dumouriez'. Durch eine Schlacht, Jemappes, waren die österreichischen Niederlande gewonnen worden, durch eine Schlacht, Neerwinden, wieder zum Teufel gegangen. Und machten Niederlagen der Republik den Garaus, so bedrohten auch Siege ihr Dasein. Am Schluß einer Reihe von Niederlagen stand das Alte Regime mit dem Galgen für die Freiheitskämpfer, am Ende einer Kette von Siegen der militärische Cäsarismus, wahrscheinlich auch mit Galgen – es war gehupft wie gesprungen. Und dieser Krieg, der nun gegen England, gegen Preußen, gegen Österreich, gegen das Reich, gegen Spanien, gegen Piemont, gegen Neapel zu führen war, glich klaffender Wunde, durch die Frankreichs beste Kraft beängstigend verströmte: der Unterhalt der zwölf Armeen, die man im Feld stehen hatte, verschlang dreihundert Millionen Livres Monat für Monat, und die Menschenverluste trafen die Republik schmerzlicher als die Koalition; diese büßte nach einem Wort Saint-Justs in jeder Schlacht nur Sklaven ein, jene Freie. Nein, ins Aschgraue durfte es so nicht weitergehen! Hatte nicht auch Robespierre sehr ernst im Konvent gesagt: »Der Krieg vermag nicht lange zu währen, es gibt eine Grenze für die ungeheuren Ausgaben einer großherzigen Nation«, und war diese Grenze nicht schon nah?

An die Seele greifend, welch stählerner Schimmer von antikem Heroismus über der Republik lag, die um ihr Leben focht! Als am 18. Juni der Konvent beriet, ob in die Verfassung aufzunehmen sei: Das französische Volk schließt mit keinem auf seinem Gebiete stehenden Feinde Frieden, wandte Mercier ein, solche Artikel würden mit der Degenspitze geschrieben oder ausgestrichen: »Schmeichelt ihr euch denn mit der Gewißheit, immer Sieger zu sein? Habt ihr einen Vertrag mit dem Sieg geschlossen?« Da unterbrach Basire, und der Konvent jubelte: »Wir haben einen mit dem Tode geschlossen!«

Bravo! Bravo! Aber dem antiken Heroismus mußte sich die moderne Diplomatie gesellen, sollte Frankreich heil aus den Gefahren hervorgehen. Danton fühlte nicht nur das Zeug zu den Künsten dieser Diplomatie in sich, sondern er hatte auch die Macht, auf diesem Schachbrett seine Züge zu tun, denn ihm übertrug der Wohlfahrtsausschuß die Führung der Auswärtigen Angelegenheiten. Gemeinsam mit Barère allerdings, aber sich seinem herrischen Willen zu widersetzen, war der Kollege aus dem Pyrenäendepartement zu südländisch weich.

Da sich das Komitee schon an der Schwelle entschloß, »Feldzugs- und Verhandlungspläne zugleich zu betreiben«, begann Danton unverzüglich die feindliche Front abzuklopfen, um die günstigste Stelle für den Durchbruch einer Friedensoffensive herauszufinden. Daß er gezwungen war, sich dabei zum Teil der Mittel und ganz der Leute der alten Schule zu bedienen, bereitete ihm kein übermäßiges Kopfzerbrechen. Nie sonderlich heikel in seinem privaten Umgang – daß sich Fabre d'Eglantine im Herbst letzten Jahres durch eine faule Stiefellieferung fürs Heer schamlos bereichert habe, erzählte man sich an jedem Kneiptisch – folgte Danton im Politischen erst recht dem unpuritanischen Grundsatz, daß man die Menschen verbrauchen müsse, wie sie einmal waren. Auf die Kraft sah er mehr als auf die Tugend. Zumal in Revolutionszeiten hatte eine Vollnatur auch ohne befriedigendes Sittenzeugnis, mit deren Leidenschaften eine geschickte Hand den Kessel der

Bewegung zu heizen verstand, unendlich mehr Wert als ein schlapper Tugendbold, der höchstens imstande war, Bäh! zu sagen.

Den frevlen Ehrgeiz eines Dumouriez – Danton hatte ihn kühn für die Republik auszumünzen gedacht, und ohne Bedenken beschäftigte er jetzt, falls sie nur in den Maulwurfsgängen der Diplomatie Bescheid wußten, allerlei Gestalten mit verdächtigem Profil und verschwimmendem Hintergrund. Hauptsache, sich von ihnen nicht übers Ohr hauen zu lassen, Hauptsache, die Zügel straff zu halten! Dazu war er der Mann.

So trafen sich in seinem Vorzimmer, verschwiegener Aufträge harrend, der belgische Bankier Proli, Bastard, hieß es, des österreichischen Staatskanzlers Kaunitz, der mit Erfolg den wilden Jakobiner spielte, der Abbé Soulavie, der aus Geheimpapieren, am 10. August in den Tuilerien erbeutet, ein Werk ›Politik aller Kabinette Europas unter Ludwig XV. und Ludwig XVI.‹ zusammenstellte, der cidevant Marquis von Poterat, Nutznießer so manchen schmutzigen Geschäfts, und Sémonville, Marquis auch er, der während der Konstituante und Legislative den Bestechungsfond des Seligen verwaltet hatte.

So wenig gut es um diese Leute roch, der Friede, in dessen Dienst Danton sie verwandte, brauchte vor niemandem die Augen niederzuschlagen; er sollte die Würde Frankreichs wahren und die Sache der Revolution fördern. Die Denkschrift ›Über einen Plan, den Frieden herbeizuführen‹, im Ministerium des Auswärtigen in der Rue Cerutty mit Dantons Ja und Amen ausgearbeitet, schärfte den ›Volksvertretern mit besonderem Auftrag bei den Armeen‹, wie es neuerdings statt Konventskommissäre hieß, so deutlich wie möglich ein, daß ohne Anerkennung der Republik, daß ohne Verzicht auf die Einmischung in die inneren Angelegenheiten Frankreichs und ohne Preisgabe der Emigranten mit dem ›Regenten‹ Grafen von Arois an der Spitze, keine Macht auf Verhandlungen mit Paris rechnen könne. Über andere, über Gebietsfragen ließ sich reden, warum nicht!

Sehr bald empfand Danton, daß die Losung des Propagandakriegs, für die er selbst unlängst noch eine Lanze gebrochen hatte, ein Haupthemmnis für die Anknüpfung mit den Gegnern sei. Großer Verächter von Schema, System und Formel, leidenschaftlicher Liebhaber des Wesentlichen, der Wirklichkeit, des Lebens, paßte er darum wieder einmal über Nacht seine Taktik einer veränderten Lage an. Im Konvent scheute er nicht vor dem Geständnis zurück, daß er die Illusion der Eroberung Belgiens eingebüßt habe, und wie war er erst vor ein paar Wochen für diese Illusion ins Zeug gegangen! Dorn im Auge waren ihm jetzt auch die Dekrete vom 19. November und 15. Dezember 1792, die den Konvent tatsächlich zu einem ›Generalinsurrektionsausschuß gegen alle Könige des Erdballs‹ machten – fort mit ihnen! Als Robespierre am 13. April die Todesstrafe gegen jedweden verlangte, der einen wie immer gearteten Ausgleich mit dem Feinde vorschlage, ging Danton auf diese Absicht ein, bog sie aber geschickt um; Todesstrafe, einverstanden, »gegen jedweden, der der Republik einen Ausgleich mit solchen Feinden vorschlägt, die nicht als Vorbedingung die Souveränität des französischen Volkes anerkennen«. Das war nicht nur ein anderer Ton, das war eine andere Melodie! Und beim Schopf nahm er die Gelegenheit, auszupacken, was er auf dem Herzen hatte: »Zeit ist es, Bürger, Europa wissen zu lassen, daß der Nationalkonvent die Diplomatie den republikanischen Tugenden zu einen versteht.« In einem überschäumenden Augenblick sei ein Dekret erlassen worden, zweifellos schön in seinen Beweggründen, da es allen Völkern Schutz verhieß, die das Joch der Tyrannei abschütteln wollten. Ein bißchen beißenden Hohnes: dieses Dekret würde uns aber verpflichten, ein paar Schwärmer zu unterstützen, die etwa in China eine Revolution anzetteln möchten! »Citoyens, wir müssen vor allem an die Erhaltung unseres Staatskörpers denken und die Größe Frankreichs begründen. Mit Festigung der Republik wird Frankreich, aufgeklärt und stark, wie es ist, ohnehin Anziehungskraft auf alle Völker ausüben.«

Einstimmig nahm die Versammlung an:

Der Nationalkonvent erklärt im Namen des französischen Volks, daß es sich in keiner Weise in die Regierung der anderen Mächte einmischen wird, aber er erklärt zugleich, daß er sich weit eher unter seinen eigenen Trümmern begraben als dulden wird, daß irgendeine Macht sich in das innere Regime der Republik einmischt und auf die Schöpfung der Verfassung, die er sich geben will, Einfluß gewinnt.

Der Konvent dekretiert die Todesstrafe gegen einen jeden, der vorschlagen sollte, mit solchen feindlichen Mächten zu unterhandeln, die nicht vorher feierlich die Unabhängigkeit und Souveränität der französischen Nation und die Unteilbarkeit und Einheit der auf Freiheit und Gleichheit begründeten Republik anerkannt haben.

Also: Zurück von der Weltrepublik zur französischen Republik! Vorwärts von der Utopie zur Realität!

Zwar blies Anacharsis Cloots, trunkener Künder der Universalrepublik, unbekümmert weiter seinen blauen Rauch in die Luft; einige Tage nach Dantons Rede und Dekret schrieb er bei Beratung der Verfassung dem französischen Volk neuerdings die Bestimmung zu, die Freiheit des Alls zu verewigen. Wie er im Konvent lauter Beauftragte des Menschengeschlechts erblickte, fand er die Souveränität im Menschengeschlecht begründet; sie sei *»une, indivisible, imprescriptible, immuable, inaliènable, impérissable, illimitée, sans bornes, absolue et toute puissante«*; er sah den Erdball von einem einzigen Volk bewohnt und rief, Sterne kommender Jahrhunderte über seinem Scheitel, verzückt aus: »Die Republik des Menschengeschlechts wird niemals und mit niemandem Streit haben, denn eine Verbindung der Planeten untereinander gibt es nicht.« Auch Robespierre wirkte an diesem Tage wie ein Cloots ohne die süße Trunkenheit. Er kam mit Verfassungsartikeln, von denen er selbst sagte, daß sie Frankreich unwiderruflich mit den Königen entzweien müßten; er hielt, wo Danton im vergangenen Spätherbst gestanden hatte, bei dem Glauben an die Kraft des Propagandakriegs; daher sein erster Paragraph: »Die Menschen aller Länder sind Brüder, und die verschiedenen Völker müssen, als seien sie Bürger des gleichen Staates, einander nach Kräften unterstützen.«

Über die Köpfe aber, die vor Weltrepublikbegeisterungsüberschwang rauchten, schüttete Robert, einig mit Danton, einen Eimer eiskalten Wassers: »Wir sind nicht die Vertreter des Menschengeschlechts, ich möchte, daß der Gesetzgeber Frankreichs einen Augenblick das Weltall vergäße, um sich nur mit seinem Lande zu befassen«. Er wagte das Wort ›nationaler Egoismus‹ auszusprechen, erläuternd: »Ich liebe alle Menschen. Ich liebe im besonderen alle freien Menschen. Aber die freien Menschen Frankreichs liebe ich mehr als alle anderen Menschen des Universums.« Frankreich, Frankreich über alles in der Welt! Und Dantons Losung zögerte nicht, in die Marmortafeln der neuen Verfassung eingemeißelt zu werden; Abschnitt XXV, Artikel eins und zwei: »Das französische Volk erklärt sich als den natürlichen Freund und Verbündeten der freien Völker! Es mischt sich nicht in die Regierung der anderen Nationen ein; es duldet nicht, daß sich die anderen Nationen in die seine einmischen.«

Daß das Dekret vom 13. April die vom 19. November und 15. Dezember zur Ungültigkeit verdammte, nahm Thomas Paine mit besonderer Billigung auf; »ich stimme«, schrieb er Danton am 6. Mai, »vollkommen mit Ihrem Vorschlag überein, sich in die Regierung keiner fremden Nation einzumengen und nicht zu gestatten, daß ein fremdes Land sich in die Regierung Frankreichs einmenge. Das Dekret darüber war eine notwendige Vorbedingung für Wiederherstellung des Friedens.« Auf Paines Vaterland zielte in der Tat der Rückzieher vom 13. April zunächst. Wohl war England jetzt der entschlossenste und gefährlichste unter allen Feinden der blauweißroten Republik und jagte sehr selbstsüchtigen Zielen nach. Sein Premierminister Pitt kündigte am 11. Februar den Beginn des Ausrottungkrieges an, und Lord Auckland, Gesandter König Georgs in Holland, tat am 8. April auf einer Konferenz der Verbündeten kühl und selbstbewußt dar, daß England nicht nur Frankreich in ein »wahres politisches Nichts« verwandeln wolle, sondern auch Eroberungen zu machen und zu behalten gedenke; nach Dünkirchen wässerte dem britischen Leoparden der Mund ebenso wie nach den französischen Besitzungen in Übersee. Jetzt erst, unter Englands Leitung, fuhr in die

Koalition: Österreich, Preußen, das Reich, Sardinien, Spanien, Portugal und Neapel, etwas wie ein einheitlicher Wille; nach altem Brauch zahlte London den kleineren und ärmeren dieser Staaten ein Handgeld, um sie als seinen Degen auf dem Festland zu verwenden.

Unter den ersten erkannte Danton, daß »der Mittelpunkt der Bewegungen unserer Feinde« das Kabinett von St. James sei, und wenn er auch nicht so scharf wie sein Freund Desmoulins in einem glücklichen Augenblick umriß, daß England nur aus Handelsneid auf das durch die Revolution gewerblich entfesselte Frankreich zum Schwert gegriffen habe, so hatte er doch eine Ahnung, daß der Kampf um Absatzmärkte gehe. Eine Denkschrift der Rue Cerutty aus dem Februar oder März 1793, ihm zweifellos bekannt, sprach unverhohlen aus, daß die öffentliche Meinung in England niemals so einmütig für den Krieg gegen Frankreich gewesen sei wie jetzt; immerhin rechnete auch sie mit der propagandistischen Wirkung einer französischen Friedenserklärung auf das britische Volk. Danton trugen die Hoffnungen auf die Fox, Sheridan und Grey noch weiter, obwohl die Freiheitspartei nur den vierten Teil jener Unterhausstimmen aufbrachte, die Pitt auf sich vereinigte. Abwürgung des britischen Handels, so wähnte Danton, führte den Sturz des Ministeriums herbei, und die Republikaner an der Themse reichten denen an der Seine die Rechte.

Noch ehe Danton an die auswärtige Politik herankam, hatte der Minister Lebrun schon einen gewissen James Tilly Matthews geheuert, Engländer mit französischer Mutter, der, mit der Opposition und den Friedensfreunden in seiner Heimat auf gutem Fuß, sich anheischig machte, zu Verhandlungen eine Bresche zu brechen. Im April reiste er nach London, um im Juni mit bündiger Abweisung des englischen Staatssekretärs zurückzukehren. Gleichwohl beschloß der Wohlfahrtsausschuß, in seinen Bemühungen nicht zu erlahmen; der aus Polen gebürtige rheinische Republikaner Georg Forster und der Citoyen Petry wurden betraut, über den General Murray, britischen Divisionär im Heere Coburgs, die Absichten Pitts zu erforschen und den

Boden nach Friedensmöglichkeiten abzutasten. Weil jedoch inzwischen Danton aus dem *Comité de salut public* ausgeschieden war, gelangten die beiden nicht sehr weit, und aus dem gleichen Grunde fand Matthews im August, abermals aus London in Paris, die Lage von Grund auf verändert. Von einem Abteilungschef im Ministerium des Auswärtigen, dem er versicherte, eines wie hohen Ansehens sich Danton in England erfreue, wurde er kühl abgespeist und kurz danach als verdächtiger Ausländer in seinem Zimmer unter Bewachung zweier Gendarmen gestellt; vergeblich hatte er sich an Danton wegen eines Passes gewandt. Aber Gebärdenspäher und Geschichtenträger erschnüffelten, daß Danton mit dem Engländer in dessen Hotel Rue Grange Bateliàre Nr. 26 bei dem berühmten Traiteur Rose gespeist habe, und zwar – haben Sie Worte, Nachbarin? – für hundert Taler das Gedeck!

Die Brücke nach Berlin zu schlagen, erbot sich der Baron Ludwig von Esebeck, Minister des Herzogs von Pfalz-Zweibrücken, der seit Februar als politischer Häftling im Militärgefängnis zu Metz seiner Entlassung harrte und die Geduld verlierend an Danton schrieb: »Mein Vertrauen und meine Hoffnung werden nicht enttäuscht werden, da ich mich an den größten Mann der französischen Republik wende. Wenn ich meinem Gefühl glaube, muß er auch der hochherzigste sein.« Nachdem Desportes, zum französischen Gesandten beim Herzog von Württemberg ernannt, Esebeck beklopft hatte, dauerte es nicht lange, und Friedrich Wilhelm II., auf Beute scharf und Beute witternd, sandte seinen Kammerherrn Baron Luxburg nach Metz. Heil uns! Aus dieser Richtung mußte die Friedenstaube herbeiflattern. War es nicht schon moralischer Gewinn, Anerkennung der neuen Staatsform in Frankreich, daß bei einer an sich gleichgültigen Unterhandlung über Gefangenenaustausch ein Schreiben von drüben die Aufschrift wies: »Der König von Preußen an die französische Republik«? Aber dabei hatte es auch sein Bewenden.

Zugleich fühlte Dantons Politik bei dem Haus Habsburg vor, das doch auf dem Festland als der unversöhnlichste

Gegner der Revolution galt, und sollten nach Dumouriez' unheilvollem Verrat die Tastversuche auch zu nichts dienen als zur Verzögerung des österreichischen Vormarsches. Zog der Generalstabsoberst Chérin, Überbringer eines Briefes der Konventskommissäre in das kaiserliche Hauptquartier, aus einer Unterredung mit dem Prinzen von Coburg am 13. April den Schluß, daß Österreich zum Frieden und zur Anerkennung der französischen Republik geneigt sei, so vernahm zur selben Zeit Custine von seinem k. k. Gegenüber, General Wurmser, etwas von Friedensneigungen des Kaisers Franz. Aber all das blieb im mehr als Unverbindlichen stecken, und auch das geheimnisvolle Projekt, dessentwegen der Abgeordnete Cusset mit besonderen Vollmachten zur Moselarmee abging, und »dessen Erfolg den größten Einfluß auf den Krieg hätte«, gedieh, ob es nun auf Österreich oder auf Preußen berechnet war, nicht zur Reife.

Nach Spanien, wo die Mönche den ›heiligen Krieg‹ gegen die Revolution predigten, nach Sardinien und dem Königreich beider Sizilien streckte die Republik nicht minder Friedensfühler aus. Da die Königin von Neapel eine Schwester Marie Antoinettes war, erschien das Schicksal der Veuve Capet hier von Bedeutung. Danton, einer Gefühlspolitik abhold, die die Entmachtete justament aufs Schafott schickte, konnte nichts willkommener sein als die Aussicht, mit der Freilassung der ›Österreicherin‹ einen Sonderfrieden oder gar ein Bündnis zu erkaufen. Entsprechend wurde Sémonville mündlich unterrichtet, als er, mit Dantons Neffen Mergez als Legationssekretär, den Gesandtenposten beim Großherzog von Toscana, einem Fürsten habsburgischen Geblüts, antreten sollte.

Auch den Gebietsschacher verschmähte, als Mittel zum Zweck, diese sehr unsentimentale Politik keineswegs. Preußen und Bayern hoffte sie durch Fetzen der zu säkularisierenden geistlichen Kurfürstentümer Köln, Trier und Mainz ködern zu können, und den Appetit Victors Amadäus von Sardinien suchte sie auf Genua und alle italienischen Gebiete zu lenken, die er, mit französischer Hilfe,

Spottblatt auf die Pöbelherrschaft.
Radierung von James Gillray (1757–1815).

Sturm auf die Tuilerien am 10. August 1792.
Gemälde von Jacques Bertaux.

Georges Danton.
Gemälde von Constance Charpentier, um 1790.

von Österreich erobern könnte. Bei Polen und der Türkei vollends ging die Staatskunst des ersten *Comité de salut public* in ihren eiskalt realpolitischen Erwägungen bis zum Zynismus. Wenn es ein Volk gab, dessen sich die französische Freiheitsrepublik leidenschaftlich annehmen mußte, waren es die Polen, die schnöde Gewalttat und frecher Rechtsbruch wie eine Sklavenherde unter die drei Nachbarstaaten aufteilte. Statt dessen das Versprechen für Friedrich Wilhelm II., daß Frankreich die Teilung Polens wenigstens stillschweigend gutheißen werde! Und wenn es einen Herrscher gab, den die französische Freiheitsrepublik leidenschaftlich befehden mußte, war es der Großtürke, für den das namenlose Elend der geknechteten christlichen Raja auf dem Balkan Fußschemel seiner Macht war. Statt dessen der Versuch, das osmanische Reich um jeden Preis als Verbündeten zu gewinnen. Schon ehe Danton das Auswärtige leitete, hatte die Rue Cerutty in Konstantinopel zu bohren begonnen, aber er, sicher von Dumouriez gelegentlich darauf hingewiesen, daß die Türkei neben Schweden zu den natürlichen Bundesgenossen Frankreichs gehöre, setzte, um die Habsburger im Rücken zu packen, diese Politik fort, ungeachtet dessen, daß sie mit Überlieferungen des Königtums behaftet war und bis zur Heirat Marias von Burgund mit Maximilian von Österreich zurückführte.

Das ganze Gemächel hinter den Kulissen schadete Danton; die allzu fein gesponnenen diplomatischen Fäden wurden Schnüre, in denen sich sein Fuß eines Tages verstrickte. Dem Lande aber brachte die Friedenspolitik keinen sichtbaren Erfolg, denn sie wurde nicht nur zu früh abgebrochen, sondern auch durch die inneren Ereignisse in Frankreich durchkreuzt, die bei den anderen Mächten den Glauben an die Dauerhaftigkeit der Pariser Regierung immer wieder wegschwemmten.

Entgegen dem Brauche der Zeit, deren Kriege meist nur den Berufssoldaten angingen und den Bürger möglichst ungeschoren ließen, beschloß Pitt, den Feind auf dem anderen Ufer des Kanals vor allem durch Absperrung und

Aushungerung niederzuzwingen. Hatte England schon Ende 1792 die Getreideausfuhr nach Frankreich verboten, so legte es mit der Kriegserklärung seine Hand auf alle französischen Schiffe in britischen Häfen und verhängte über die Republik die strengste Blockade. Da das Kabinett von St. James seine Bundesgenossen und selbst die Neutralen zu gleichem Vorgehen anzuhalten wußte, glich Frankreich mit jedem Tage mehr, wie Philippeaux es faßte, einer belagerten Stadt.

Auch der Frühling des Jahres I der Republik sah Paris heiter, bewegt und farbig. Auf den Promenaden wimmelte es von anmutig gekleideten, in Duftwolken gehüllten Damen und von sorgfältig angezogenen Herren, und ob Académie de Musique, Théâtre de la Nation, de l'Opéra-Comique, de la République, de la rue Féydeau, du Marais, de la Citoyenne Montansier, du Vaudeville, du Palais, du Lycée des Arts oder Théâtre Français comique et lyrique, die Vergnügungsstätten waren Abend für Abend überfüllt. Nur in den minder feinen Sektionen, wo verhärmte Frauen nicht wußten, daß die neuesten Wunderwerke der Mode *Robes à la Psyche, à la Ménagère oder à la Turque* hießen, und hemdärmelige Männer nicht ahnten, daß man jetzt die weiße Battistkrawatte wie einen Gürtel um den Hals schlang, aber beileibe mit zwei flatternden Enden, in den Faubourgs, den Massenquartieren, den Arbeitervierteln rissen vor den Bäckerläden die Elendspolonaisen nicht ab. Obwohl die Stadtbehörde durch einen Zuschuß von zwölftausend Livres täglich für die Unbemittelten den Preis auf drei Sous das Pfund hielt, wurde das Brot immer schlechter und immer weniger, und auch den Mangel an anderen Nahrungsmitteln und Lebensbedürfnissen bekam das abgeschnittene Land zu spüren. Hunger tat weh, und in den Müttern und Gattinnen, die schon vor Tagesgrauen anstanden, von vier Uhr früh bis weit in den Vormittag hinein, um ein armseliges Zweipfundbrot für allzu viele offene Mäuler heimzubringen, regten sich nicht die besten Empfindungen der Menschenbrust: Haß auf den, der sich den Wanst vollschlug, Neid auf den, der einen guten Rock trug, und die Männer stimmten, wenn die Weiber müde und mißmutig heimtrotteten, in die Schimpferei auf die verfluchten Geldsäcke ein.

Fortan begleiteten die Massenchöre des Hungers den Gang der Revolution.

Denn bald tauchten Wortführer der darbenden Hunderttausende auf, vom Mitgefühl getrieben, vom Ehrgeiz gepackt oder von beidem bewegt. Während Montagne und Gironde ihren Machtkampf ausfochten, zeigten sich links von beiden bedrohliche Gruppen, deren ganzes politisches Programm hieß: Wir haben Hunger, wir wollen Brot! Für die Gasse dort, wo sie schon Gosse ward, gab Jacques-René Hébert den ›*Père Duchesne*‹ heraus, der durch Unflätigkeit seiner Sprache, Gemeinheit seines Tons und Nichtswürdigkeit seiner Bezichtigungen alles in den Schatten stellte; neben diesem Blatt wirkte Marats ›*Ami du Peuple*‹ akademisch und zahm. Aber der in seiner Zeitung den mit Flüchen gespickten Argot der Vorstadtkneipen schrieb, glich im Leben keineswegs seinem ›*Père Duchesne*‹, dem Ofensetzer, der Pfeife qualmend – verdamm mich! – seine ›*grandes colères*‹, seine großen Zornausbrüche hinspuckte, sondern war ein beflissen höflicher, geschniegelter und gebügelter junger Herr mit etwas fadem Gesicht und schwelgerischen Neigungen; sein Ehegespons hatte früher als Nonne hinter den Mauern eines Karmeliterklosters geweilt.

Der Procureur der Kommune, dessen Stellvertreter Hébert war, Anaxagoras Chaumette, wandelte auf gleicher Bahn. Auch seine Losung: *Acheronta movebo!*; auch seine Schichten die kleinen Handwerker, kleinen Krämer, alle kleinen Leute, die wegen der Blockade nichts zu beißen hatten, und die die fortschreitende Assignatenentwertung wild machte.

Chaumette wiederum hielt seine Hand über einen blutjungen Postbeamten, Jean Varlet, der begeistert für die Sache der Elenden und von sich selber marktschreierisch eingenommen, in dasselbe Horn stieß. Ihn übertrumpfte am Ende der Abbé Jacques Roux, guter Vierziger mit etwas dunkler Vergangenheit. Aus der Gegend von Angoulême durch die Revolution als konstitutioneller Geistlicher nach Paris gelockt, schaffte er sich bald als Volksredner in der dichtbevölkerten Sektion des Gravilliers einen Anhang. Zum Geschworenen beim Ausnahmegericht vom 17. August gewählt, aber als Priester abgelehnt, wandte er sich furchtlos mit honigsüßer Schmeichelei an den Justizminister Danton. Dann Mitglied des Gemeinderats, war er einer der beiden Kommissäre der Kommune, die Ludwig Capet auf seiner Todesfahrt begleiteten; die Bitte des Bourbonen, seinen letzten Willen entgegenzunehmen, wies er mit viel Herzenskälte zurück: »Ich habe nur den Auftrag, Sie zum Schafott zu führen.« Diese seine Rolle am 21. Januar gab ihm bei den verbittertsten Teilen des Volkes einen Rechtstitel mehr auf Führerschaft, aber den größten Erfolg verdankte er seiner Wirkung auf die Weiber, die er im Beichtstuhl zu behandeln gelernt hatte. Er sprach, und seine Hörerinnen erschnupperten neben dem Duft von frischem Brot, das er verhieß, ein aufreizendes Geruchsgemisch von Blut und Weihrauch.

Die Massen, die Héberts, Chaumettes, Varlets und Roux' Ausfälle gegen die Reichen mit: Recht so! Gib's ihnen! begrüßten, trugen kein anderes Weltbild in der Brust als das Bürgertum auch; nur knurrte ihnen der Magen stärker. Sie dachten nicht an Wandlung der Gesellschaftsform; sie zogen den Hut vor dem Eigentum; lediglich sattessen wollten sie sich. Um nichts weiter blickten die unklaren Dolmetsche ihrer unklaren Forderungen in die Zukunft. Hébert redete höchstens einer Zerstückelung des Großgrundbesitzes in kleine Bauerngüter das Wort, Chaumette wollte dem Armen die Hoffnung geben, daß er eines Tages auch Eigentümer werde, Varlet verwahrte sich dagegen, daß er ehrlich erworbenen großen Besitz antasten wolle, und auch Roux träumte nicht vom Umsturz der Besitzverhältnisse. Für sie alle entsprang das Elend weniger einem schiefen Gesellschaftsbau als dem verderbten Gemüt reicher Selbstsüchtlinge. Nur weil Agioteurs, Accapareurs, Monopoleurs, Schieber, Aufkäufer, Großhamsterer die heilige Gleichheit nicht achteten, sondern schamlos rafften und rafften, nur darum hungerte der arme Teufel. Lösung und Erlösung? Nicht durch Umwälzung der Eigentumsordnung, sondern durch Strafbestimmungen gegen Schieber – hängt die Lumpen auf! – und durch eine Ausnahmemaßregel für eine Ausnahmezeit: den Höchstpreis auf Getreide!

Auf die Abgeordneten der Montagne hatte Roux es mit seiner Aufforderung abgesehen, »von den dritten in die neunten Stockwerke dieser revolutionären Stadt« zu steigen, um der »Tränen und Klagen einer ungeheuren Bevölkerung ohne Brot und ohne Kleider« gewahr zu werden, »die durch Wucher und Spekulation in diesen Zustand des Elends und Unglücks geraten ist, weil die Gesetze gegen die Armen grausam sind, weil sie von den Reichen für die Reichen gemacht wurden«. Aber Montagne wie Gironde waren von der Bewegung gleich unerfreulich berührt. Auch dem Berge schmeckte eine Agitation, die nur zu gern die Reglementierung des Kornhandels unter dem Alten Regime über den grünen Klee lobte, nach barer Gegenrevolution, und die Lebensmittelunruhen, die Geschäftsplünderungen des Vorfrühlings 1793 galten als Machenschaften des Auslands; das Gold Pitts und die Agenten Coburgs waren sicher im Spiel, und von oben herab meinte Robespierre: »Hat das Volk, wenn es sich erhebt, kein würdigeres Ziel als armselige Kramwaren?«

Auch gegen Höchstpreise sträubte sich die Montagne genauso wie die Gironde. Freiheit des Handels war eine der glorreichen Errungenschaften des 14. Juli. Sie antasten, hieß die Eigentümer in ihrem Vertrauen zur neuen Ordnung erschüttern, ein gefährliches Spiel, da der Verkauf der Nationalgüter die finanzielle Grundlage der Revolution bildete. Darum schroff, scharf, schneidend am 18. März ein Dekret des Konvents: Todesstrafe gegen jeden, der es unternähme, »das Agrargesetz oder andere auf den Umsturz des Grund-, Handels- und Industrieeigentums gerichtete Gesetze einzuführen«. Nur um schließlich zu verhüten, daß die Massen der Revolution entfremdet würden, entschloß sich, halb wider Willen, von der Straße gedrängt, der Konvent am 4. Mai doch für einen Getreidehöchstpreis, der von Departement zu Departement verschieden war. Aber die ›*Enragés*‹, die ›Rabiaten‹, schrien bald nach dem gleichen für alle wichtigen Lebensbedürfnisse, und als Sprecher einer Abordnung des Faubourg Saint-Antoine an der Barre des Konvents tobte Jacques Roux, weil die Todesstrafe gegen Schieber und Wucherer in der Verfassung nicht ›verankert‹ worden sei: »Bis wann werdet ihr dulden, daß die reichen Egoisten aus vergoldeten Bechern das reinste Blut des Volkes trinken?« Aber diesmal wurde er nicht nur unter Zorngeschrei von der Schranke gejagt, sondern Robespierre sorgte auch dafür, daß ihn die Jakobiner abschüttelten und selbst die Cordeliers verleugneten. Traurig begab er sich in die Rue Aumaire, wo er mit der Witwe Petit, einer Hemdennäherin, hauste, und schloß sich in seine Kammer ein, wo, Seelentrost, seine Harfe an der Wand lehnte und sein Hund ihm entgegensprang.

Danton hatte für das Wirtschaftliche nicht den feinen Nerv wie Barnave, der mit genialer Erfassung des Wesentlichen die Revolution aus ökonomischen Ursachenreihen ableitete und im »Fortschritt des beweglichen Eigentums in Europa das Element der Demokratie und den Mörtel der Einheit der Staaten« sah, oder wie Saint-Just, der in einer seiner ersten Konventsreden die »ungeregelte Ausgabe von Papiergeld« scharfsinnig für alles Elend und Unheil verantwortlich machte. Hingegen erinnerte er sich noch aus den Tagen, da ihm die Enzyklopädie das Buch der Offenbarungen geworden war, der Begriffsbestimmung des Wortes Taglöhner durch Diderot: »Handarbeiter, den man tageweise bezahlt. Diese Art Menschen bildet die Mehrheit einer Nation; ihr Los muß eine gute Regierung zuerst ins Auge fassen. Ist der Taglöhner elend dran, so ist die Nation elend dran.« Danton gestand denn, er wisse nicht groß in Finanzfragen Bescheid, aber er sei Fachmann für das Wohlergehen des Volkes.

So wenig wie einem seiner Zeitgenossen dämmerte ihm, daß die hinter der Fahne des Hungers Marschierenden Vorhut einer neuen Schicht seien, die eines Tages die

Grundpfeiler der eben herrlich aufgerichteten Ordnung erschüttern sollte. Der kleine Mann, der Habenichts, der Taglöhner, der von der Hand in den Mund Lebende war ihm »einer der Bürger, die das Glück nicht begünstigt hat«, ganz einfach. Ihnen unter die Arme zu greifen, erkannte er als Pflicht der Allgemeinheit an, nicht anders als die meisten seiner Zeitgenossen; auch ein maßvoller Girondin wie Bancal des Issarts erklärte: »Die Gesellschaft schuldet dem Armen Arbeit, wenn er kräftig, und Unterstützung, wenn er arbeitsunfähig ist.« Auf Dantons Vorschlag geschah es, daß Artikel XXIV der neuen Erklärung der Menschenrechte die Fassung erhielt, die Vergniaud als die beste von allen pries: »Die soziale Bürgschaft besteht in der Wirksamkeit aller, um jedem einzelnen Genuß und Ausübung seiner Rechte zu sichern. Sie beruht auf der Souveränität der Nation.«

Zu einer Staatshilfe für die Bedürftigen war Danton um so eher bereit, als die breite Masse auf geduldigem Buckel die ganze Revolution trug. Als es Ende Juli darum ging, die Assignaten mit dem Bild des Königs außer Kurs zu setzen, weil sie, im Hinblick auf Einlösung bei Rückkehr der Monarchie, von heimlichen Aristos höher bewertet wurden, rief er aus: »Wer erträgt das öffentliche Elend? Wer vergießt sein Blut für die Freiheit? Wer bekämpft die bourgeoise und Finanzaristokratie? Die, so nicht einen einzigen Hundertlivreschein in der Tasche haben!«

Aber wie helfen? Am 9. März kündigte er mit dem großen Wort: »Ich werde die Zerstörung der Tyrannei des Reichtums über das Elend verlangen«, eine kleine Maßregel an: die Abschaffung der Schuldhaft, die gewiß für einzelne drückend und entwürdigend war, aber die Masse kaum betraf; es handelte sich mehr um ein Sinnbild, »Schande für die Menschheit, die Gesetzgebung und die Philosophie, daß ein Bürger, der Geld empfing, mit seiner Person haften mußte!« Am Tag später deutete er auf »das Mißverhältnis zwischen dem Lohn der Armen und dem Preis der Lebensmittel«. Als am 5. April eine Abordnung der Sektion des Quatre Nations an der Barre der Nationalversammlung eine Zusatzsteuer auf die Reichen verlangte, »um allen Departements zu gestatten, wie Paris das Brot zu drei Sous das Pfund zu essen«, war ihrem Sprecher, Sébastien Lacroix, diese Forderung von Danton zugeflüstert worden. Und Danton zögerte keinen Augenblick, sie sich zu eigen zu machen: »In ganz Frankreich muß der Brotpreis in gerechtem Verhältnis zum Lohn des Armen stehen, die Mehrkosten müssen von den großen Vermögen getragen werden! Nur durch dieses Dekret sichern sie dem Volk sowohl Dasein als Würde, sie fesseln es an die Revolution, Sie erwerben seine Achtung und Liebe. Es wird sagen: Unsere Vertreter haben uns Brot gegeben, sie haben mehr getan als einer unserer früheren Könige.« Deutliche Antwort an den Abbé Roux, der immer mit der Regelung des Getreidehandels durch das Königtum hausierte, und ebenso deutliche Absage an die ›Rabiaten‹, die den Höchstpreis heischten; das Dekret, wie er es faßte, betonte ausdrücklich, daß es weder der Landwirtschaft noch dem Kornhandel schaden dürfe. Beim freien Spiel der Kräfte gedieh der einzelne, gedieh die Nation!

Gegen die Reichen erhob sich Danton, insoweit sie laue Republikaner und feige Bürger waren; ihnen hatten die Kommissäre des Konvents zu sagen: »Das Volk hat nur sein Blut, es gibt es verschwenderisch her. Los, ihr Schandkerle, gebt ihr eure Reichtümer ebenso verschwenderisch her!« Er verliebte sich in diesen Gedanken: »Da der Reiche oft nicht würdig ist, für die Freiheit zu kämpfen, möge er ausgiebig zahlen, und der Mann aus dem Volk möge marschieren!« Auf Kosten der Besitzbürger solle jeder Citoyen mit einer Pike ausgerüstet werden, und für die vielfach geforderte gestaffelte Einkommensteuer setzte er sich ein, weil sie der ewigen Gerechtigkeit und Vernunft entspräche. Als der Konvent einer Zwangsanleihe auf die Vermögenden, vom Departement Hérault beschlossen, zustimmte, dröhnte ein Wort Dantons vielen Geldsäcken als Posaune des jüngsten Gerichts ins Ohr: »Paris verfügt über unschätzbare Reichtümer. Gut, durch das Dekret, das Sie erlassen haben, wird dieser Schwamm ausgepreßt werden!«

Aber so sehr er den Schwamm auspressen und die Reichen zu den öffentlichen Lasten heranziehen wollte, Danton führte keinen Kampf gegen den Reichtum, geschweige gegen die Eigentumsordnung, auf deren Boden er fest und breitbeinig stand, nicht umzuwerfen. Vielmehr beruhigte er die Reichen, indem er dem verfemten ›Agrargesetz‹ noch einen Tritt gab; er machte den Reichen klar, daß Notopfer ihr eigenster Vorteil seien, da sie am meisten unter einer feindlichen Invasion leiden würden; er setzte den Reichen auseinander, daß das Eigentum desto mehr geachtet und geheiligt werde, zu je größerem Opfer sie sich entschlössen; er liebkoste, auch hier ein Einiger, den Gedanken, mit dem Armen den Reichen an die Revolution zu binden. Seine Losung: »Respekt vor dem Elend, und das Elend wird vor den Reichen Respekt haben!« Alle Zugriffe waren nur Ausnahmemaßregeln, weil man in einer belagerten Stadt lebte: »Solange das Staatsschiff in Gefahr ist, gehört, was ein jeder besitzt, allen!« Aber auch nur so lange! Und zu welchem Ende? »Zur Erhaltung der gesamten Gesellschaft!«

Krieg erzeugte Bürgerkrieg.

Wenn die Niederlagen der republikanischen Heere allenthalben den Gegnern der Revolution den Kamm schwellen ließen, so schlug südlich der Loire im März die Flamme hellauf. Auch hier hatten die Bauern das Jahr 1789 begrüßt, das ihnen Kirchenzehnt und Feudallasten abnahm, aber, einmal gesättigt, zeigten sie der Republik, die Steuern und Rekruten verlangte, um so eher die kalte Schulter, als sie, in die Geldwirtschaft kaum verflochten, in verkehrs- und wegearmen Strichen der Vereinzelung preisgegeben, jedes Gehöft für sich, mehr noch als Landvolk sonst vom Priester geistig abhängig waren. Die Aushebung der Dreihunderttausend faßte diese Gebiete sänftiglich genug an; die beiden Departements Vendée und Loire-Inférieure mit 735 000 Einwohnern hatten nur 11 524 Mann zu stellen, aber eine verhetzte Bevölkerung anwortete mit offenem Widerstand und brachte damit eine schon lange unterirdisch wühlende

Verschwörung zum Ausbruch, von der Adel und Geistlichkeit alle Vorteile erwarteten. Es lebe Ludwig XVII.! Es lebe die Religion!

Unter den Führern der Bewegung fanden sich obskure Männer aus der Masse wie der aus der Lunéviller Gegend zugewanderte Jagdhüter Stofflet und der Tuchhausierer Cathelineau, andere und die entscheidenden waren Cidevants: Aristokraten und Offiziere. Die Leitgedanken lieferte d'Elbée, die geschicktesten Kriegspläne tüftelte der Marquis de l'Escure aus, und Charette de la Contrie bot, mit berittenen Amazonen und galanten Abenteuern, der Legende am meisten Stoff. Die hohe Geistlichkeit vertrat bei den Insurgenten ein früherer Curé Guillot, der sich hochstaplerisch aus eigenem zum Bischof von Agra in Indien und zum apostolischen Vikar für Westfrankreich beförderte. Tat nichts, desto mehr schürten die Macher der Revolte den religiösen Aberglauben. In Somloire fand eine Stallmagd, die ohne Nahrung zu leben behauptete, viel Zulauf, weil sie, in Verzückung fallend, Gesichte hatte und Prophezeiungen spendete; anderwärts erschien die Mutter Gottes in Person; blindlings glaubten die Bauern ihren Seelenhirten, daß sie, für die gute Sache auf dem Schlachtfeld sterbend, binnen drei Tagen leibhaftig auferstehen würden. Als Beweis, vom ungläubigsten Thomas mit den Händen zu greifen, wurden drei Greise vorgezeigt, denen rings um den Hals eine blutrote Narbe lief. Wer ahnte, daß es ein Striemen war, hervorgerufen durch eine tagelang fest angezogene Schnur? Wer schwor nicht, daß durch Gottes Wunder und des Himmels Gnade den dreien das auf der Guillotine abgeschlagene Haupt wieder angewachsen sei!

Nicht in militärische Einheiten, sondern nach Gemeinden gegliedert, trugen die Aufständischen in der Vendée, in Anjou und dem Poitou statt einer Uniform das Herz Jesu aus Stoff auf die Weste genäht, die Offiziere banden sich, nachdem der junge Henri de la Rochejaquelein den Anfang gemacht hatte, zum Zeichen ihrer Würde ein rotes Taschentuch um den Kopf. Als Jäger und Wilddiebe sichere Schützen, mit ihrem meist bedeckten Gelände wohlvertraut, zeichneten sich die Vendéer im Indianerkrieg aus; Feuerüberfall aus dem Hinterhalt, und wie weggeblasen! Bei offenem Angriff trieben sie gefangene Republikaner als lebenden Schutzschild vor sich her; die Weiber hinter der Kampffront feuerten mit schrillem Geschrei die Männer an. Als Wilde hausten sie auch nach dem Siege. Was die stete Formel der Emigranten war: Nur durch Schrecken ist die Revolution zu bändigen!, schien diesen Streitern für Thron und Altar in Fleisch und Blut übergegangen. Besoffene Horden wurden zu Plünderung und Notzucht auf die Städte losgelassen, die es gewagt hatten, der Republik treu zu bleiben, und wehe dem, der auch nur bei einem konstitutionellen Priester die Messe gehört hatte; kein Erbarmen, er sprang über die Klinge. Von Opfern ging die Rede, denen die Insurgenten die Handgelenke durchsägt, von anderen, die sie lebendig begraben hatten, in dem kleinen Ort Machecoul wurden Männer, Greise, Frauen, Kinder viehisch abgeschlachtet, in kurzem 542.

Da der Westen von Militär entblößt war, bekam der Aufstand rasch in acht Departements die Oberhand; »Kreuzeszeichen und Königsstandarte«, sagte eine Proklamation der ›*Armées catholiques et royales*‹ Ende Mai, »tragen überall den Sieg über die blutigen Fahnen der Anarchie davon.« Beschränkte sich die Streitmacht der Republik anfangs auf die schwache Reservearmee, so stießen im Mai die Küstenverteidigungskorps von La Rochelle und Brest dazu, und als das Feuer der Bewegung weiter und weiter griff, warf man – mit der Eilpost! – dreißigtausend Mann von der Nord- und der Rheinarmee auf den Kriegsschauplatz. Der Konvent, endlich über die Gefahr im klaren, brannte danach, der Erhebung Herr zu werden, denn, mit Emigranten und Engländern versippt, strebten die Aufständischen als strategisches Ziel Eroberung eines Hafens wie Pornic oder Les Sables an, wo die britische Flotte einlaufen und Truppen landen konnte.

Die Niederlagen in Belgien, der Verrat Dumouriez', die Erhebung der Vendée, all das auf dem Untergrund der

Lebensmittelnot – da blieb hoher revolutionärer Wellengang in Paris nicht aus. Am 9. und 10. März verrammelten die Ordnungsbürger ihre Türen; es roch nach Putsch; die ›Rabiaten‹, Varlet an der Spitze, riefen die Sektionen auf, aber nur drei, vier, darunter Théâtre-Français, folgten; das Ganze gedieh nicht weiter als bis zur Zerschlagung der Druckpressen einiger mißliebiger Blätter.

Andere Stimmung in der Provinz. Jeanbon Saint-André, als ›Volksvertreter mit besonderem Auftrag‹ in den Departements Lot und Dordogne, berichtete, daß »der heilige Enthusiasmus für die Freiheit in allen Herzen erstickt« sei: »Überall ist man der Revolution müde!«

Da es so stand: Gefahren außen, Gefahren innen, Bürgerkrieg, Putschgelüste und Verzagtheit, holte Danton tief Atem, kräftig das revolutionäre Feuer anzublasen. Limonadenseelen, die da wähnten, die Revolution sei zu Ende! Er fühlte Sturm der Leidenschaft in den Segeln. Das Herrliche an einer Revolution, daß sie alle Leidenschaften, das hieß, alle Kräfte entkettete. Jubel und Warnung zugleich erklang es: »Eine große Nation im Zustand der Revolution gleicht dem Erz, das im Schmelzofen brodelt; die Statue der Freiheit ist noch nicht gegossen, das Erz ist im Fluß; wenn ihr den Ofen nicht zu bedienen wißt, wird die Glut euch alle verschlingen.« Die Nachrichten aus der Vendée erbitterten ihn; frech wie nie hob die Gegenrevolution das Haupt, aber er ballte die Faust: »Wer die Stirn hat, vor mir den Wunsch nach einer Gegenrevolution zu begründen und, wie es geschehen ist, die Männer der revolutionären Energie herauszufordern, der wird seinen Lohn von meiner Hand empfangen. Mag nachher mein Kopf fallen, wenigstens habe ich dann der Nachwelt ein großes Beispiel gegeben.« Die Blitze dieser Augen, der Wall dieser Brust, der Hammer dieses Arms – niemand zweifelte am Ernst der Drohung, Beifallsgewitter rollte über den Konvent. Emporgehoben durch Zustimmung aller rief Danton: »Ich verlange vom Konvent, er möge dem Erdball wie dem französischen Volk erklären, daß er eine revolutionäre Einrichtung ist, daß er die Freiheit behaupten wird, daß er entschlossen ist, alle

Schlangen, die seinen Busen zerreißen, zu erdrücken und alle Ungeheuer zu zerschmettern – auf Grund eines, so es not tut, Gesetzes, das revolutionär ist bis zu den äußersten Grenzen.« Die Sturmglocke läutete Danton: »Zeigen Sie sich schrecklich! Zeigen Sie sich dem Volk, und Sie retten das Volk!«

Immer wieder berief er sich auf das Volk. Er entstammte dem Volk, das Volk war der Mutterboden alles Gewaltigen: »Wer sich als Franzose zu erweisen wünscht, darf sich nicht vom Volk entfernen: das Volk hat uns hervorgebracht: wir sind nicht seine Väter, wir sind seine Söhne.« Aber trotz steter Huldigung: Das Volk ist groß, das Volk ist gerecht, Ehre dir, du erhabenes Volk! stand Danton anders zum Volk als Robespierre. Für den Musterschüler im Lyzeum Louis-le-Grand, der zur Revolution Zirkel und Winkelmaß brauchte und nie durch derben Fluch oder unflätige Gebärde die Kommunion mit der Gasse vollzogen hatte, war Volk eine *vis mystica*, etwas in die Metaphysik Reichendes mit einem Astralleib; seine Berufung aufs Volk schaute aus wie Gottesgnadentum mit umgekehrtem Vorzeichen. Das Volk aber, das Danton beschwor, war ein Wesen von Fleisch und Blut, atmend, essend, trinkend, scharwerkend, schwitzend, lachend, tanzend, Lieder singend und Kinder hekkend. Wenn der Rousseau-Jünger Robespierre inbrünstig an die Güte und Tugend dieses Volkes glaubte, war Danton von einem anderen desto fester überzeugt: dem Volk als Masse wohnte mehr revolutionärer Instinkt inne als all denen, die sich als große Männer aufplusterten!

Dieses Volk hatte trotz der antiken Vermummung nichts von dem stoischen Gleichmut der Römer. Dem Schrecken fiel es leicht zur Beute und, erschrocken, schrie es nach der Herrschaft des Schreckens, um auch seine Feinde zu erschrecken. Heilige Guillotine, hilf! Schon im Februar hatte sich bei den Jakobinern Sehnsucht geregt, »das Rasiermesser der Nation in Frankreich spazierenzufahren«, und die Bestürzung des Märzmonats gebar erst recht den Glauben, die Republik könne den Kopf nur oben behalten, wenn sie die Köpfe ihrer Gegner absäbelte. Nach einem Revolutionstribunal, das ganze Arbeit mache, rief die Straße; Revolutionstribunal! widerhallte es im Konvent. Am 9. März griff Carrier, bisher unbekannter Abgeordneter aus der Auvergne, Jurist, die Forderung mehrerer Sektionen nach Einsetzung eines Revolutionstribunals auf, Bourdon verlangte Neubelebung des Ausnahmegerichts vom 17. August, Levasseur, Wundarzt und Geburtshelfer aus Le Mans, entwarf ein entsprechendes Dekret. Angenommen und zur Ausarbeitung dem Gesetzgebungsausschuß überwiesen.

Als der Konvent am nächsten Tag zusammentritt, ödet keine Sonntagsstille in den Straßen; Männer mit Piken laufen herum; Angstmeier in der Reithalle spitzen die Ohren, ob nicht die Sturmglocke loslegt. Garrau erinnert, daß man sich mit der Organisation des Revolutionstribunals befassen müsse, aber die Versammlung hat mit Belgien und Dumouriez zu tun, Briefe werden verlesen, Berichte angehört, Stunden verstreichen, Garrau mahnt wieder, Cambacères, sehr entschieden: »Ich widersetze mich der Aufhebung der Sitzung, ehe wir die Organisation des Revolutionstribunals beschlossen haben«, Delacroix: Organisation des Revolutionstribunals!, Lesage und Lindet unterbreiten zwei Entwürfe, man unterhält sich, ob das Gericht Geschworene haben solle oder nicht und über die Art ihrer Ernennung, mittlerweile weist der Zeiger auf sechs, der Präsident Gensonné erhebt sich: »Die Sitzung ist geschlossen!«

In Gewirr und Geschwatz des Aufbruchs schlägt eine mächtige Stimme Bresche: »Ich fordere alle guten Bürger auf, ihre Plätze nicht zu verlassen.« Gewirr und Geschwatz wird aufgesaugt von vollkommener Stille. Die frühe Nacht ist da. Wenige Lampen erhellen den Saal nur schwach. Auch die Rednertribüne, woher die Aufforderung schallte, liegt im Halbdunkel. Aber die Stimme kennt jeder.

Und Danton, mit hallenden Worten, Hammerschlägen auf die Köpfe, macht den Gedanken des Revolutionstribunals lebendig. Nicht, weil die Straße danach schreit, nicht weil er, schwer zu erschrecken, an die Macht des Schreckens glaubt, sondern das Ausnahmegericht soll dem Volk das Vertrauen einflößen, daß etwas gegen die Verräter geschieht, soll so das Volk mit Tatkraft laden und von Ausschreitungen zurückhalten. Aus dieser politischen Erwägung macht er kein Hehl: das Revolutionstribunal hat den Zweck, die Gegenrevolutionäre dem Hochgericht der Volksrache zu entziehn: »Entreißen Sie die Feinde der Freiheit der Volksrache, die Menschlichkeit gebietet es Ihnen!«

Von den Lippen eines Abgeordneten, den das Zwielicht des Raums verschluckt – ist's nicht Lanjuinais? – fällt das eine Wort: September!

Die Schatten fahren gespenstisch an den Wänden hin. Der Zwischenrufer zur Ordnung! ertönt's von allen Seiten. Aber Danton, keineswegs entrüstet, fängt den Ball auf: »Da man an die blutigen Tage zu erinnern gewagt hat, die jeder gute Staatsbürger beklagt, so sage ich: hätte damals ein Tribunal bestanden, das Volk, dem man diese Tage so oft, so grausam vorgeworfen hat, hätte sie nicht mit Blut befleckt.« Da also das Heil des Volks große, da es schreckliche Mittel gebeut, »tun wir, was die Legislative versäumt hat, seien wir schrecklich, damit das Volk nicht schrecklich zu sein braucht! Errichten wir ein Tribunal, damit das Volk wisse, daß das Schwert des Gesetzes über dem Haupt seiner Feinde schwebt!«

Als er drei Wochen später dafür eintritt, daß der Staatsanwalt beim Revolutionstribunal von sich aus Anklage erheben könne, geschieht es wiederum nicht nur, um dem neuen Gericht Beine zu machen, sondern auch »um blutige Szenen zu vermeiden, die die Volksrache herbeiführen würden«, wenn, durch Einschaltung des Konvents in jedem einzelnen Fall, die prompte Justiz an Promptheit einbüßte.

Danton weiß, daß Mit- und Nachwelt seine Beweggründe mißdeuten, daß sie die Sektionen so wenig als Anreger nennen wird wie die Namen Carrier, Bourdon, Levasseur und Garrau, daß nur er als Schöpfer des Revolutionstribunals gelten, daß er als Bluthund dastehen wird, gleichviel, Danton nimmt wieder einmal, da er das eherne Muß der

Geschichte verspürt, große historische Verantwortung auf sich.

Dabei darf er sagen, daß vor dem ›Außerordentlichen Strafgericht‹, wie es mit dem 6. April zu arbeiten beginnt, der Angeklagte über alle Verteidigungsmittel verfügt. Im Verfahren, Vernehmung des Angeklagten, Verhör der Zeugen, Antrag der Anklage, Plädoyer der Verteidigung, unterscheidet sich das Tribunal nicht von gewöhnlichen Gerichten, aber es befindet fast nur über die Verbrechen der Emigration und der gegenrevolutionären Umtriebe, und zwar ohne die Möglichkeit eines Appells. Dantons Schatten fällt auch in der Folge nicht nur insofern über das Tribunal, als er bald im Wohlfahrtsausschuß allmächtig wird, sondern auch der öffentliche Ankläger Fouquie-Tinville, einstiger Pariser Advokat, ist unter seiner Justizministerschaft in die Magistratur geschoben worden, da er einen Bittbrief an Desmoulins als weitläufigen Verwandten gerichtet hat. Anhänger Dantons amten auch sonst in dem Gericht; glühend ergeben ist ihm vor allem der Vorsteher der Kanzlei Pâris, genannt Fabricius.

In den drei Monaten, da das Komitee Danton am Ruder ist, fällt das Messer der Guillotine einunddreißigmal, nicht öfter als jeden dritten Tag, aber in zweiundzwanzig Fällen spricht das Tribunal auch glatt frei.

In der Angst, beim Buhlen um die Gunst der Straße von den ›Rabiaten‹ überflügelt zu werden, suchte die Bergpartei den Volkszorn auf die Girondins abzulenken. Die Verräter, sie hatten gegen den Tod des Tyrannen gestimmt! Schon am 1. März schlossen die Jakobiner jeden ›Appellanten‹, jeden, der am 15. Januar für den Appell ans Volk gewesen war, aus, drei Tage später vernahmen sie ohne Mißbilligung in einer Adresse der Gesellschaft der ›Verteidiger der einen und unteilbaren Republik‹ die Forderung, daß die ungetreuen Abgeordneten nicht nur abzuberufen, sondern auch aufs Schafott zu schicken seien, und am 24. März verlangten sie im Rundschreiben an die Tochtergesellschaften, daß die Departements über Brissot, Gensonné, Vergniaud, Guadet und andere ihr Urteil sprächen; das Thermometer sank kaum noch je unter den Fieberstrich.

Weder Robespierre noch Marat dachten an Gewalt gegen die Gironde. Jener hoffte, daß die Fraktion Brissot durch die letzten Ereignisse bis auf die Knochen bloßgestellt und aus der Politik hinausgeschwemmt würde, aber seinem starren Sinn für Gesetzlichkeit blieb die ›Unverletzlichkeit der Abgeordneten‹ heilig; verhängnisvollste aller Maßregeln, die Volkvertretung anzutasten! Dieser sah nach wie vor den Herd der Verschwörung im Konvent selber, »in der Partei Roland, bei den Staatsmännern, die die Republik zerstören wollen«, aber am 12. März verwahrte er sich dagegen, daß ein Petition der Sektion Poissonière die Häupter Gensonnés, Vergniauds und Guadets heischte: »Abscheuliches Verbrechen, das auf die Auflösung des Konvents und den Untergang des Vaterlandes abzielt!«

Einen großen Schritt weiter auf der Bahn der Schonung der Gironde ging, wie stets, Danton. Einigung hieß seine Hoffnung, Einigung sein Glaube, Einigung sein Ziel.

Kein weicher Träumer war er, dem der Gedanke an Trennung von der Gironde das Herz zerriß, kein salbungsvoller Mahner: Brüderlein, liebet einander!, kein Eintrachts-Festredner mit schwimmenden Augen; Danton war nur ein Mensch mit politisch wachen Sinnen, wenn er die Notwendigkeit des Bruderkampfes bis aufs Messer bestritt. Denn statt zweier Gesellschaftsklassen, von denen der Sieg der einen, die Niederlage der andern die Logik der historischen Entwicklung erfüllte, standen sich in Montagne und Gironde nur verschiedene Ausdrucksformen ein und derselben Bewegung entgegen, die eben von Buzot bis Marat reichte. Die Gironde verkörperte den wirtschaftlichen Entfaltungsdrang, die Montagne die politische Schlagkraft der Revolution. Was beide im Tiefsten schied, sprach Barère am 18. März im Konvent aus: »Ein Teil der Versammlung glaubt, und hat damit recht, sich noch mitten in der Revolution, der andere Teil glaubt es nicht.« Verhängnis, daß jeder von beiden Teilen nur sich sah. Der Berg sah nicht, daß die Revolution ohne den wirtschaflichen Entfaltungsdrang der Gironde ihren Sinn einbüßte und elend verdorren mußte, die Gironde sah nicht, daß ohne die politische Schlagkraft des Berges die Revolution den Boden unter den Füßen verlor und jämmerlich dem Ansturm der Feinde erliegen mußte. Nur Danton sah beides. Also suchte er Berg und Gironde zusammenzuführen.

Mitte März, so erzählte man sich, mühte sich Danton in einer Besprechung mit Führern der Gironde um eine Versöhnung. Bancal war geneigt, Vergniaud geneigt, aber Guadet, der aus dem Salon Roland seine Stichworte empfing, sperrte sich, »Krieg«, schrie er drohend, »einer von uns muß untergehn!« Danton, traurig, griff nach der Hand des Unbelehrbaren und sah ihm starr in das vor Zorn gerötete Gesicht: »Guadet, Guadet, du willst den Krieg, und der Tod wird dein Teil sein!« und ließ die widerwillig in seiner Rechten ruhende Hand fallen.

Aber Geschehnis oder Erfindung, gleichermaßen beschwor Danton die Gironde auf der Tribüne des Kovents. Er wußte, wieviel Unbehagen Marats Maßlosigkeiten auf der anderen Seite erregten; darum strich er seine eigene Besonnenheit heraus. Er kannte den kalten politischen und persönlichen Haß Robespierres gegen die Brissotins; darum rühmte er, daß seinem eigenen Charakter der Haß fremd sei. Er war sich bewußt, daß ihn jene des Strebens nach Diktatur bezichtigten; darum gelobte er, für die Ernennung von Abgeordneten zu Ministern redend, daß er niemals ins Ministerium eintreten werde, solange er die Ehre habe, Mitglied des Nationalkonvents zu sein.

Was half's. Schon schrieb der *›Patriote Français‹*, die Liste des neuen Kabinetts sei fertig, Danton bekomme das Auswärtige: »Niemand zweifelte, daß Danton der erste dieser Minister zu sein wünschte, man zweifelte noch weniger, als man ihn beim Vaterland schwören hörte... Danton beim Vaterland schwören! Das Vaterland eines Ehrgeizigen! Es schien mir, als hörte man einen Atheisten beim Höchsten Wesen schwören!«

In diesen Jahren der Hetze und des Verhetztseins wucherten die Verleumdungen in tropischer Pracht; daß der politisch Andersdenkende mit dem Landesfeind unter einer Decke stecke, war der geläufigste Anwurf. In seiner ›Geheimgeschichte der Revolution‹ beschuldigte Camille Desmoulins die Gironde nicht nur, daß sie Frankreich in zwanzig bis dreißig Föderativrepubliken zerlegen wolle, sondern stellte Brissot auch als Agenten des Orleans, die Girondins als Royalisten hin und wollte sie aus dem Konvent ausgespien wissen, weil sie im Solde Pitts ständen. Dafür gingen über Danton ganze Schmutzkübel girondistischer Verleumdungen nieder. Die Föderierten der Bretagne sangen:

Quoi! sur cette place fameuse
Qui fume encore du sang breton,
On verrait la troupe hideuse
Et des Cobourgs et des Danton.

Den Abgeordneten der Meurthe, Salle, hinderte der philosophische Doktorgrad der Universität Pont-à-Mousson nicht, dem Minister des Innern Garat anzuvertrauen, die Cordeliers verhandelten mit allen Höfen, die der französischen Freiheit den Untergang zugedacht hätten. Ergebnis der Verschwörungen werde die Thronbesteigung des Herzogs von York und dessen Ermordung durch den Herzog von Orleans sein: »Orleans selber wird von Marat, Danton und Robespierre ermordet werden, und die Triumvirn teilen sich Frankreich, bis der Geschickteste von allen, und das ist Danton, die beiden andern ermordet und dann allein regiert, erst unter dem Titel Diktator und dann, ohne Verhüllung, als König!« Diesen ausgekochten Wahnwitz glaubten sonst ganz vernünftige Männer; Niederschlag ähnlicher Stimmung der Zwischenruf eines Girondins in der Sitzung vom 10. März: Du handelst wie ein König!

Erledigte Danton ihn mit der Maulschelle: und du redest wie ein Feigling!, so schüttelte er, vor Verleumdungen anderer sich sorgsam hütend, die Verleumdung durch andere meist so gleichmütig ab wie der Pudel die Regentropfen. In der einen Hand den Revolutionsblitz, in der andern den Ölzweig, erhob er stets aufs neue die Mahnung:

Wir wollen alle das Wohl des Volkes, wir haben alle das gleiche Ziel! Am 27. März enthüllte er ein Schreiben, in dem Roland Dumouriez gelockt hatte, sich mit der Gironde zu verbünden, um »die Pariser Partei und vor allem diesen Danton zu zerschmettern«, aber Vorhang zu, nichts mehr davon! »Bilden wir eine Heilige Liga, um die Freiheit zu retten! Ersticken wir, was uns trennt! Zwar keine Abküsserei, denn die privaten Abneigungen sind unüberwindlich, aber es geht hier um unser Heil, hassen wir uns nicht! Irrtümer und Leidenschaften beiseite!«

Am 30. März zieht in der Reithalle Erregung um jenen Salle ihre Kreise. Er soll den Vizepräsidenten des Direktoriums des Meurthe-Departements, Piquelet, brieflich gegen die Kommissäre des Konvents eingenommen haben. Vorlage seines Schreibens zur Prüfung wird beschlossen, Danton, Einsicht auch in Piquelets Briefe an Salle wünschend, entfesselt mit diesem einen harmlosen Satz heftigsten Unwillen der Reichen. Als habe sie auf eine Gelegenheit gelauert, schwirren die Zwischenrufe: Verlangen Sie doch gleich die Inquisition! Ein Frechdachs: Die Abrechnung! Die Abrechnung! Ein anderer: Wozu hat er den Geheimfond von vier Millionen verwendet?

Danton, zum Bericht über die belgischen Angelegenheiten auf die Tribüne tretend, bricht nicht, gereizter Stier, los. Er reckt sich auf, bereit, über alles Rechenschaft abzulegen, heraus mit eurem Flederwisch! Wer etwas gegen ihn hat oder weiß, los und keine Ausflüchte! Er bedarf weder der Gnade noch der Nachsicht, wird auf jede Anklage antworten. Unterschleife, Anklagen sonst, keine Andeutungen, aussprechen, aussprechen! Also, schlägt er vor, morgen Bericht des Vollzugsrats über die Tätigkeit der Kommissäre, dann seine eigenen Ausführungen, anschließend Erörterung – alles Vorspiel zur Klärung in zwölfter Stunde! Denn da Frankreich ganz Europa wider sich hat, ist keine Zeit mehr, sich in blinder Wut im Innern zu zerfleischen. Seid endlich einig! »Endlich möge euch die Gefahr zusammenbringen! Denkt daran, daß ihr euch in der schrecklichsten Krise befindet!« Einigkeit tut not! Gegenseitiges Vertrauen tut not! »Und haben nicht gewisse Verwaltungskörper meinen Kopf gefordert? Mein Kopf! Er sitzt noch fest zwischen den Schultern, er bleibt da auch! Und möge jeder den seinen gebrauchen, nicht um kleinlichen Leidenschaften zu frönen, sondern um der Republik zu dienen!«

Stark gepackt ist ein großer Teil der Versammlung, aber unangenehm erhebt sich die Stimme Lasources: »Trage an, den Vorschlag Dantons zu vertagen, bis Dumouriez an unserer Barre erschienen ist, denn ich betrachte, natürlich ohne jemanden anzuschuldigen, die Zerrüttung des Heeres in Belgien als Folge einer Verschwörung, auch darüber will ich Rechenschaft verlangen.« Der Konvent: Angenommen! Und Danton weiß, woran er ist.

Da in Belgien die Bombe geplatzt ist, bebt die Gironde, Dumouriez könne sie ins Verderben stürzen, denn Dumouriez ist ihr Mann, die Gironde hat Dumouriez umschmeichelt, wider den Kriegsminister Pache verteidigt und, noch unlängst, gegen Dantons und Robespierres Lob für sich in Anspruch genommen. Darum jetzt, teils nach dem Rezept: Haltet den Dieb!, teils einen Verhaßten zur Strecke zu bringen, der tückische Stoß gegen Danton, dessen Beziehungen zu dem verräterischen General vor aller Augen liegen.

Aber Danton pariert beizeiten. Am Abend des 31. März erscheint er bei den Jakobinern, wie man sich, gegen mehrere Andrängende blank ziehend, mit dem Rücken gegen eine Mauer lehnt. Von Marat aufgefordert, legt er sein Verhalten im Fall Dumouriez klar, bekennt sich zum Volk, erinnert an seinen Kampf gegen Lafayette, ruft die Montagne auf, die unteilbar sei wie die Jakobiner und die Republik, regt an, durch Appell an die Departements den Rücktritt der Abgeordneten zu bewirken, die nicht für den Tod des Tyrannen gestimmt haben: »Der Konvent ist mit ehemaligen Mitgliedern der Konstituante und mit Aristokraten verseucht; sorgen wir, daß er sich reinigt, ohne daß es zu neuen Spaltungen kommt!« Die Jakobiner, die Galerien jubeln. Marat wendet dem Redner erfreut sein gelbes Gesicht zu: »Danton, niemals wollte ich deinen Republikanismus angreifen, sondern nur deinen Mangel an Vorsicht... Danton, ich wünsche, daß du die Konventstribüne ersteigst und den Schleier zerreißt.« Danton: »Ich bin die Verpflichtung eingegangen und werde sie erfüllen.«

In der Konventssitzung des folgenden Tages heizt Marat ein, indem er der Faktion Brissot-Guadet die Schuld am Kriege und an der Entblößung der Festungen zuschiebt, Tumult, Ordnungsrufe, die Oberfläche glättet sich wieder, Verlesung von Briefen und Berichten, erster Vorstoß Pénières' gegen Danton wegen des Schreibens Dumouriez' vom 12. März, das mehrere Tage dem Konvent verborgen blieb, sachliche Erwiderung des Angegriffenen, der von neuem seine Ankläger auf die Tribüne ruft, gewiß, daß sein Kopf »statt zu fallen, das Medusenhaupt sein wird, das alle Aristokraten zum Zittern bringt!«

Jetzt, Danton, standgehalten! Jetzt prasseln die Streiche!

Wie gestern ist's der Cevennenpastor Lasource, der Danton mit Dumouriez zusammenkoppelt. Dumourieuz und Danton! Dumouriez wollte das Königtum wiederherstellen, Danton war sein Helfershelfer. Danton hat Dumouriez an der Spitze der Armee gehalten, Danton hat Dumouriez das Vertrauen des Volkes bewahrt, Danton hat die Gefahren des Vaterlandes übertrieben, um Unruhen zu erzeugen und Dumouriez den Grund zum Eingreifen zu verschaffen. Lasource heischt auf der Stelle einen Untersuchungsausschuß: »Endlich, um der Nation zu beweisen, daß wir uns nie mit einem Tyrannen einlassen werden, verlange ich, daß jeder von uns sich verpflichtet, dem den Tod zu geben, der sich zum König oder Diktator zu machen suchte!« Alles springt auf und schwört, die Gironde schwört gegen Danton.

Der sitzt, während dieser Rede, Arme verschränkt, Kopf im Nacken, Stirnadern geschwollen. Die Infamie preßt ihm die Galle ins Blut, aber um mehr geht es ihm als um Persönliches. Er fühlt wie nie, daß im Licht der großen Sache gesehen, an der Gironde Hopfen und Malz verloren ist. Die Girondins haben die Niederlagen in Belgien leichtgenommen, vor der Ergebung der Vendée die Augen geschlossen, die Forderung einheitlicher Regierungsgewalt mit Zeter und Mordio begrüßt, sich gegen das Revolutionstribunal als ›die furchtbarste Inquisition‹ verzweifelt gewehrt, alle entschiedenen Maßregeln zur Rettung des Vaterlandes, alle lehnen sie ab. Sie sind Verderber der Revolution. Die Gironde ist ein totes Glied am Leibe der Bewegung.

Wer Danton kennt und ihn so, unbeweglich, in seiner Bank sitzen sieht, weiß, was es bedeutet, wenn er manchmal verächtlich die Lippe hochzieht. Sein Blick drückt Zorn und Geringschätzung aus: Knirpse! Hin und wieder läuft ein Zucken über sein Gesicht, und als er zur Tribüne schreitet, murmelt er vor sich hin: »Diese Verbrecher wollen ihre Verbrechen auf mich abwälzen!«

Schon über seinen ersten Sätzen schlägt die Brandung erregter Zwischenrufe zusammen. Sein Wort, rüstiger Schwimmer, ringt sich wieder hoch, abermals eine Sturzwelle: Verweisung an den Ausschuß! Im Ausschuß reden, nicht hier!

Der Konvent dekretiert so, Danton würgt der Knebel im Mund. Doch als er an seinen Platz zurückkehrt, bricht die Montagne los: Zurück auf die Tribüne, weiterreden! Weiterreden! Die Galerien klatschen Beifall, Beifall schwillt, als er abermals auf der Rednertribüne steht, der stämmige Republikaner Danton, wie ihn Collot d'Herbois eben bei den Jakobinern genannt hat.

Der Präsident bedeckt sich, unterbricht die Sitzung, befragt das Haus, ob es Danton hören will; Lasource, von oben herab: Hört ihn euch an!

Danton atmet auf, und Ungewitter seines Worts tosen zwei Stunden lang peitschend über die Gironde hin.

Er gehört nicht zu den Neunmalweisen, die immer recht haben und sich, ins Unrecht gesetzt, an den Schein ihres Rechts klammern. Frank und frei gesteht er, daß er mit der Politik der Mäßigung auf dem falschen Wege gewesen sei. Zur Montagne: »Ihr habt mich der Schwäche geziehen, ihr habt recht gehabt, ich erkenne es vor Frankreich an.« Noch einmal Darlegung der Vorgänge in Belgien, gerade mit der

Stiefelspitze rührt er ›Lasources Roman‹ über sein Verhältnis zu Dumouriez an: »Warum habe ich das System des Schweigens und der Mäßigung aufgegeben? Weil es für die Besonnenheit eine Grenze gibt, weil man, angegriffen von denen, die sich über meine Zurückhaltung freuen sollten, seinerseits angreifen und die Grenzen der Besonnenheit überschreiten darf.«

Jubel des Berges, der Galerien. Dantons Stimme – wie die Alarmkanone dröhnt sie ihnen ins Ohr, die die Soldaten in die Bresche ruft.

Und der unbarmherzig gezielte Hieb gegen die Gironde: Nur die den König schonen wollten, konnten einen König wollen. »Ja, sie allein sind die Spießgesellen der Verschwörung! Und mich klagt man an! Mich! Ich fürchte nichts von Dumouriez noch von all denen, mit denen ich Fühlung gehabt habe. Wenn Dumouriez eine einzige Zeile von mir vorzuweisen vermag, die zum Schatten einer Beschuldigung ausreicht, so liefere ich meinen Kopf aus!«

Jubelsturm! Und ein Tischtuch wird zerschnitten: »Ich glaube, es gibt keinen Waffenstillstand mehr zwischen den Patrioten, die den Tod des Tyrannen gewollt haben, und den Feiglingen, die gewillt, ihn zu retten, uns in Frankreich verleumdet haben!«

Minutenlang wuchten die Wogen des Beifalls gegen die Wände des Saals.

»Darum ihr, die ihr dem Tyrannen das Urteil gesprochen habt, schließt die Reihen! Ruft das Volk auf, sich in Waffen gegen den äußeren Feind zu sammeln und den inneren Feind zu zerschmettern und vernichtet durch eure unwandelbare Charakterstärke alle Aristokraten, alle Gemäßigten, alle jene, die euch in den Departements verleumdet haben. Kein Ausgleich mehr mit denen da!«

Die Versammlung ist im Bann, im Fieber bis zu dem letzten dieser Sätze: »Man wird sehen, ob ich die Ankläger fürchte. Ich habe mich in der Zitadelle des Rechts verschanzt, ich werde mit dem Geschütz der Wahrheit einen Ausfall machen, um alle meine Feinde zu Staub zu zermalmen.«

Befremdet und enttäuscht hat die Bergpartei die Einigungstaktik Dantons so lange verfolgt, als Flaumacher ist er ihr erschienen, als Führer der ›Ebene‹. Darum wirft diese seine unwiderrufliche Kriegserklärung an die Gironde die Montagnards in Rausch und Taumel. Zu Gipfeln emporgeschleudert fühlen sie sich, ihres Sieges gewiß. Begeisterung schäumt über. Unter Umarmungen wird der Redner erstickt.

Von dieser Stunde an war die Gironde verloren, weniger, weil Danton sich gegen sie entschieden, als weil er ihr Dumouriez an die Rockschöße gehängt hatte. Schon am 5. April wetterten die Jakobiner in einem Rundschreiben an die Tochtergesellschaften gegen die Despotenhorde, die mit vatermörderischen Händen die Eingeweide Frankreichs zerreiße, und bestellten einen Regen von Petitionen aus den Departements, um die ›ungetreuen Abgeordneten‹ aus dem Konvent zu spülen. Aber die Girondins hielten die Ohren steif. Die vierzehntäglichen Präsidentenwahlen: am 18. April Lasource, am 2. Mai Boyer-Fonfrède, am 16. Mai Isnard bestätigten ihnen immer wieder ihre Mehrheit in der Nationalversammlung. Also Angriff als beste Abwehr! Keine Schonung, ereiferte sich Pétion am 12. April, keine Schwäche gegen die Verbrecher!, und ein Südfranzose, lang, mager, braun, schwarzhaarig, Guadet, holte zum Streich gegen Danton aus, den er als Königsmacher im Dienst des Orleans hinstellte, und gegen Marat, der als Unterzeichner des Jakobinerzirkulars vom 5. April auf die Anklagebank gehöre. Philippe Egalité saß hinter Schloß und Riegel, weil sein Sohn, der Herzog von Chartres, Dumouriez in Coburgs Lager gefolgt war. Der Orleanismus, wenn überhaupt je mehr, geisterte als wesenloser Spuk; Danton hatte es leicht, die Vorwürfe wie Stäubchen vom Rockärmel wegzublasen, in dem er Überweisung des Bürgers Gleichheit vor das Marseiller Revolutionstribunal verlangte und überdies Aussetzung eines Preises auf den Kopf der emigrierten Bourbonen wie auf den des Generals Dumouriez forderte. Vergeblich aber hob er hervor, wie bedenklich die gerichtliche Anklage gegen ein Mitglied des

Hauses sei, noch dazu auf Grund nicht ganz erdrückender Beweise, wie schwer an Folgen: Tasten Sie nicht den Nationalkonvent an! – mit zweihundertsechsundzwanzig gegen zweiundneunzig Stimmen wurde Marat dem Revolutionstribunal überantwortet. Als der ›Volksfreund‹ zwölf Tage später, für schuldlos erklärt, von jauchzender Menge, Bürgerkrone auf der Stirn, im Triumph in die Manege zurückgetragen wurde, pries Danton dieses ›schöne Schauspiel‹ nicht um des Angeklagten willen, dessen Unfehlbarkeitsdünkel ihm ebenso mißfiel wie seine kokette Märtyrerpose, sondern um der Ankläger willen: weil der Freispruch ein Schlag gegen die Gironde war!

Aber als hafte seine Sohle am Boden der Versöhnungspolitik, vermochte sich Danton nicht ganz von der Gironde abzukehren. Gab er auch die Handvoll Führer preis, die halsstarrisch, von Leidenschaft verblendet, dem Abgrund zutaumelten, so versuchte er es doch wieder und wieder mit einem Appell an die Masse der Abgeordneten hinter Bressot und Buzot, die er guten Gründen zugänglich glaubte: »Nähern wir uns! Nähern wir uns brüderlich! Es geht um unser aller Heil!« Als am 16. April Philippeaux mit Hinweis auf die äußeren Gefahren zur Einigkeit aufrief, vermutete man hinter seiner Rede Danton, der sich bald ganz ähnlich vernehmen ließ: »Wenn ganz Europa uns bedrängt, wie kommt es, daß wir nicht alle ein und dieselbe Phalanx bilden, da wir gemeinsam zugrunde gehen oder gemeinsam die Republik retten müssen?« Doch in einer Flugschrift unterschob Louvet der Linken die Absicht, zu zerrütten, zu plündern, zu ächten, zu metzeln und unter einem König Hampelmann zu herrschen: »Und wir sollten uns mit ihnen vertragen, wir? Niemals! Kein Waffenstillstand ist möglich zwischen stolzen Republikanern, die der Freiheit ergeben sind, und treulosen Royalisten, die sich zur Tyrannei entschlossen haben! Zwischen der Tugend und dem Verbrechen unversöhnlicher Krieg, ewiger Krieg!« Dies die Antwort der Gironde an Danton!

Seit Anfang Mai machte jeder Tag klarer, daß die Pariser Sektionen, in denen der Hunger rumorte, eine Aufstandsbewegung gegen die mißliebigen Abgeordneten schürte. Aber auch ihr boten die Girondins die Stirn. Sie beorderten ihre Anhänger in die Sektionsversammlungen; mit einem Mal zeigten sich dort in Masse Domestiken, Muttersöhnchen, Hausbesitzer, Fettwänste, Stutzer mit zwei Uhrketten, Rentner mit dicken Knüppeln, um das rabiate Kleinbürgertum durch ihre Zahl zu erdrücken. Schärfere Waffe in der Hand der Gironde wurde, schon durch seine Zusammensetzung, der Zwölferausschuß, den der Konvent am 18. Mai wählte und etwa mit den Vollmachten des Generalsicherheitsausschusses ausstattete.

Acht Tage zuvor war die Versammlung aus der Reithalle in die Tuilerien gezogen, in einen umgebauten Theatersaal des ersten Stockes, wo einst das Korps der Ballettänzerinnen vor dem Sonnenkönig auf- und abgeschwebt war, und wo man 1778 den greisen Voltaire gekrönt hatte. Zehn Bankreihen im Halbrund gehörten den Abgeordneten. Gegenüber erhob sich die Rednertribüne, überhöht vom Präsidentensitz. Aus einer Loge darüber hingen drei mächtige Trikoloren, gepflanzt auf einen Altar mit der Inschrift: *La Loi!* Die Kolossalstatuen Solons und Lykurgs starrten in den Raum, überall an den Wänden prangte das römische Rutenbündel mit dem Liktorenbeil.

Auch ins neue Heim brachte der Konvent seine krankhafte Überreiztheit mit. Ja, sie steigerte sich, denn mangels einer Lüftungsmöglichkeit atmeten die Abgeordneten zu wenig Sauerstoff und zu viel Staub ein, und da sich der Schall in überflüssigen Nischen fing, mußte man, um verstanden zu werden, schreien. Man schrie ohnehin. Man schrie sich an. Man überschrie sich. Auch konnte die Straße ganz anders in den Sitzungssaal langen, als in der Manege. Die zweitausend Zuschauer auf den vierundzwanzig Galerien, darunter viele, wie ein Abgeordneter feststellte, »in der Livrée des Elends«, schrien in erregten Augenblicken mit, drohten, schüttelten die Fäuste, zückten Waffen.

Auch unten verhinderte die Klingel des Präsidenten tolle Szenen nicht. Als Gensonné auf den neun hohen und steilen Stufen zur Rednertribüne strauchelte und unwillig ausrief: »Das ist ja die Treppe eines Schafotts!«, höhnte Carrier grimmig: »Üb' Dich schon!« Marat fuchtelte gern mit seiner Pistole herum, auch andere trugen ein Schießeisen in den Hintertaschen ihres Schoßrockes oder ließen Stockdegen sehen. Danton, da ihn eines Tages der Buckel Larevellière-Lepeaux, im übrigen ein rechtschaffner Mann, ankrähte, lachte: »Was, Du glaubst, gegen mich anzukönnen? Ich drehe Dich auf dem Daumen herum, und hast Du noch nicht genug, so fliegst Du die Tribüne herunter, wie's Deine Anmaßung verdient.«

Marat verhehlte nicht mehr, daß er die ›Fraktion der Staatsmänner‹, die ihn vor das Revolutionstribunal gebracht hatte, aufs Schafott bringen wolle, und zwar durch einen Druck der Straße auf den zurückscheuenden Konvent. Aber Robespierre mit seinem: Gesetzlichkeit über alles! enttäuschte, bremsend, die Jakobiner und erst recht die ›Rabiaten‹. Mit noch gemischteren Gefühlen als er beobachtete Danton, wie ein neuer 10. August planmäßig vorbereitet wurde; der Hunger war nicht der geringste Stachel. Aber den Anstoß gab wieder die Gironde, die üppig wurde, weil sich ihre Anhänger in Lyon, Marseille, Bordeaux, Nantes und anderwärts tatkräftig regten.

Angeschlagen und abgedrückt: Am 24. Mai verfügte der Zwölferausschuß die Verhaftung Héberts und Varlets wegen Aufwiegelung. Da Hébert Stellvertreter des Procureurs der Kommune war, beteuerte andern Tags eine Abordnung des Gemeinderats die Unschuld des Festgenommenen und forderte seine Freilassung. Isnard präsidierte, und Isnard gingen, als er eine Drohung der Straße witterte, die Nerven durch: »Wenn je der Konvent entwürdigt würde, wenn je durch einen der Aufstände, die sich seit dem 10. März unaufhörlich wiederholen...« Unterbrechungen, heftiges Murren links, Beifall rechts, Zurufe bei der Montagne: Das ist keine Antwort! Fabre d'Eglantine, sein Lorgnon fallen lassend: Ich verlange das Wort gegen Sie, Präsident! Aber Isnard setzte sich durch: »Wenn man durch diese immer wiederkehrenden Erhebungen die Volksvertretung antastete, dann erkläre ich Ihnen im Namen von ganz Frankreich...« Nein! nein! links, Ja! Ja! rechts, sprechen Sie im Namen Frankreichs! Isnard: »Ich erkläre Ihnen im Namen von ganz Frankreich, Paris würde vernichtet werden...« Lärm, Getobe, Marats gellende Stimme: herab vom Sessel, Sie entehren die Versammlung! Doch Isnard: »Und man würde an den Ufern der Seine suchen, ob es je ein Paris gegeben hat!« Tumult, Tosen, Wortmeldungen, Danton: Ich!, Schreie: Danton hat das Wort!

Aber Danton schmetterte Isnard nicht mit Keulen nieder, nannte seine Drohung nicht, wie später andere, ›Tempelschändung‹ und ›Untat‹. Wohl rügte er die ›bittere Antwort‹, so dürfe ein Präsident nicht reden. Wohl goß er Hohn über die Leisetreter in Filzschuhen: Was wäre aus der Revolution geworden, wenn es nicht Hitzköpfe gegeben hätte, wenn das Volk selbst nicht gewalttätig geworden wäre? Wohl schenkte er den allzu Behutsamen die ›große Wahrheit‹, daß, wenn man schon zwischen zwei Exzessen wählen müsse, es besser sei, sich auf die Seite der Freiheit zu werfen, als zur Sklaverei zurückzukehren. Wohl verkündete er die Glorie von Paris, »dieser ungeheuren Stadt, die sich alle Tage verjüngt«. Aber Ziel seiner ungestümen und zuversichtlichen Worte war, die Straße vom Konvent zurückzuscheuchen: »Paris sollte die Nationalvertretung antasten? Paris, das zuerst das eiserne Szepter zerbrochen hat, sollte die Bundeslade verletzen, die ihm anvertraut ist? Nein, Paris liebt die Revolution! Paris verdient durch die Opfer, die es der Freiheit gebracht hat, die Umarmung aller Franzosen.«

In den Massen aber wirkt Isnards Drohung als fürchterlicher Gärstoff. Wie, Paris dem Erdboden gleichmachen? Ein zweiter Herzog von Braunschweig! Zu den Waffen!

Nur hat die Gironde auch Waffen. Am 27. Mai setzen mehrere Kompagnien der gemäßigten Sektion Butte-des-Moulins, vom Zwölferausschuß herangeholt, auf dem Carrousel-Platz ihre Gewehre zusammen. Am nächsten Tag versichert der Sprecher einer Abordnung der Sektion der Gardes-Françaises, zur Gironde gewendet: »Nur ein Wort, und Ihr seid von Verteidigern umgeben! Dann wird sich hier der Mut der guten Bürger, dort die Feigheit und Falschheit einiger Briganten erweisen.« Aber Danton, ob dieser Reizung aus sich herausgehend, ruft dem Berge zu: Keine Bange! Ihr habt in der Republik die ungeheure Mehrheit! Siehe Paris! Und er entfaltet eine Fahne: »Es ist Zeit, daß das Volk sich nicht mehr auf die Verteidigung beschränkt, sondern alle Förderer des Grundsatzes Mäßigung angreift!«

Das ist schon, im Konvent plakatiert, der Bürgerkrieg!

Enthaftung Héberts, Abschaffung des Zwölferausschusses, Wiederherstellung des Zwölferausschusses – die Ereignisse stürzen weiter, überstürzen sich. Dabei in allem Tumult, vom Fieber geschüttelt, mit 41 Grad Blutwärme erledigt der Konvent noch die laufenden Geschäfte. Am 29. Mai erstattet für den Wohlfahrtsausschuß Barère einen Rapport über den öffentlichen Unterricht und die Verfassung; darin goldene Worte der Versöhnlichkeit: »Niemand hat das Monopol des Patriotismus; marschieren wir vereint!« Als die Gironde die Sätze beklatscht, wirft ihr Cambon zu: »Die Stelle, der ihr Beifall zollt, rührt von einem Manne her, den ihr verleumdet, von Danton.« Aber der Bericht stammt nicht von heute, ist von dem rasenden Lauf der Geschehnisse überholt.

Am Tag seiner Verlesung finden sich die Vertreter der Sektionen im Bischofspalast ein; Wahl eines neunköpfigen Aufstandkomitees; Überflutung des Rathauses; Bildung eines revolutionären Generalrats der Kommune; Ernennung, da Santerre als General in die Vendée abgeht, des früheren Stadtzollschreibers Hanriot zum Kommandanten der Nationalgarde.

Schon seit Stunden hämmern die Sturmglocken, rasselt der Generalmarsch, klumpt sich Volk mit Piken um die Tuilerien, als in kühler Morgenfrühe des 31. Mai die Abgeordneten den Sitzungssaal betreten. Danton, fast allein und sinnend, sitzt auf seiner Bank. Guadet zu Louvet: »Siehst du, welche schreckliche Hoffnung auf diesem häßlichen Gesicht leuchtet?« Antwort des klassisch Gebildeten: »Natürlich, heute treibt Clodius Cicero ins Exil!«

In der Tat, wie Robespierre, bis zuletzt zögernd, die Sache der Erhebung endlich zu der seinen gemacht hat, ist auch Danton jetzt davon überzeugt, daß der Strom der Volksbewegung sich nicht abdämmen läßt. Auch er kopfüber hinein! Schon hat er gesorgt, daß am Tage vorher Wohlfahrtsausschuß und Konvent nicht allzu lang beraten; die Nacht gehört der Vorbereitung der Insurrektion.

Aber wenn Danton dem Aufstand seinen Namen leiht und seinen Impuls gibt, derart die Revolte einer Partei in die Revolution eines Volkes verwandelnd, so haßt er doch unnötiges Blutvergießen. Keine Septembriaden! Nicht lange, und bei den Jakobinern wird ein junger Schnösel, Leclerc d'Oze, der in der ›Gesellschaft republikanischer Frauen‹ und bei ihrer Präsidentin, der Schauspielerin Claire Lacombe, Hahn im Korbe ist, empört Anzeige erstatten, daß Danton und Legendre durch ihren strafwürdigen Widerstand die Aufständischen des 31. Mai zur Mäßigung gezwungen hätten: »Legendre und Danton haben sich den revolutionären Mitteln widersetzt, die wir an diesen großen Tagen ergriffen hatten, um alle Aristokraten von Paris zu zerschmettern.« Und schon am Abend des letzten Maitags zeigt Chabot sich bei den Jakobinern beunruhigt, weil Danton seine Energie verloren habe.

Womit verdient Danton diese Vorwürfe? Als in der Sitzung des 31. Mai die Mehrheit beschließt, Hanriot an die Barre zu laden, weil er die Alarmkanone habe lösen lassen, und die Montagne etwas scheu und betreten dasitzt, weist Danton einen Weg ins Freie, der das Volk befriedigen soll, ohne den Konvent zu schänden. Anrufung des Volks, dieses ›äußersten Vorpostens der Republik‹, Anrufung von Paris, das sich um das Vaterland wohl verdient gemacht habe, aber sein Vorschlag: glatte und einfache Streichung des Zwölferausschusses, sucht den Zorn der Straße von der gesamten Gironde auf einen möglichst kleinen Bruchteil abzulenken, und es ist abermals die Stimme Dantons, der das *Comité de salut public* beherrscht, wenn Barère im Namen des Wohlfahrtsausschusses den gleichen Antrag stellt. Der Konvent stimmt zu, der Tag, mit dräuenden Gesten begonnen, endet schließlich mit etwas Gelächter und einem Fackelzug.

Zwei Tage später hat Hanriot mit fünf-, sechstausend Mann aus den entschiedensten Sektionen die Tuilerien eingeschlossen. Der Konvent berät, während Kanonenschlünde auf seinen Sitzungssaal gerichtet sind; neben jedem Geschütz ein Eisenrost mit Kohlenfeuer, um Brandkugeln zum Glühen zu bringen. Lanjuinais, zäher Bretone und nicht einzuschüchtern, klagt die Verbrecher an, die sich eine Autorität angemaßt hätten. Der Metzger Legendre wutschnaubend: Herunter von der Tribüne oder ich erschlage dich! Lanjuinais sehr verächtlich: Laß' erst dekretieren, daß ich ein Ochse bin!

Barsch fordert die Straße das Anklagedekret gegen die Abgeordneten der Gironde, fordert es zum letztenmal. Der Wohlfahrtsausschuß verfällt noch auf eine Ausflucht, vielleicht aus Dantons Hirn, Barère bringt sie vor: die der Straße verhaßten Volksvertreter, zweiundzwanzig an der Zahl, sollen, damit die Würde des Konvents gewahrt bleibe, freiwillig, na ja! freiwillig ihre Mandate niederlegen. Isnard ist bereit, Lanthenas, Fauchet auch, Lanjuinais kalt: Nein!, Barbaroux leidenschaftlich: Niemals!

Würde des Konvents? Sie ist längst zum Teufel! Posten an den Eingangstüren hindern Abgeordnete am Verlassen des Saals. Danton begehrt auf: Wer hat diese Befehle gegeben? Der Wohlfahrtsausschuß wird die beleidigte Majestät der Nation rächen!

Um die Bewegungsfreiheit des Konvents jedermann vor Augen zu führen, regt Barère einen Spaziergang an. Hérault de Séchelles als Präsident an der Spitze, bewegt sich die Versammlung durch den Freiheitssaal, einen Vorraum, die große, breite Treppe hinab und tritt in den warmen, sonnigen Frühlingstag. Draußen Geschütze, Gewehre, Piken, Nationalgarden und Volk, schwarze Zweispitze mit blauweißrotem Stutz und rote Jakobinermützen, blaue Uniformfräcke und nackte, nervige Arme. Hanriot, kein Riese von Gestalt, aber säbelrasselnd, lebhaft und wichtigtuerisch unter seinem funkelnagelneuen Generalsfederbusch, steht dem Präsidenten im Wege. Ein paar höfliche Worte des Widerspruchs aus dem Munde Héraults, knappe, harte, geringschätzige Antwort Hanriots, noch ein Versuch des Protestes, Danton sieht es in den Augen des Kommandanten aufblitzen wie Pulver auf der Pfanne, und donnerndes Kommando:

An die Geschütze!

Die Kanoniere flitzen mit brennender Lunte heran.

Hier hilft kein Gott!

Am Gitter des Tuileriengartens entlangwallend, kehrt der Konvent gedemütigt in den Saal zurück und vollzieht achselzuckend das Unvermeidliche. Couthon, dessen Beine seit geraumem völlig gelähmt sind, kurbelt seinen mechanischen Rollstuhl bis an die Tribüne, verlangt mit seiner leicht weinerlichen Stimme, daß durch Dekret Gensonné, Vergniaud, Brissot, Guadet, Pétion, Buzot, Barbaroux, Lasource, Lanjuinais, Louvet, ein Dutzend weiterer Abgeordneter, außerdem die Mitglieder des Zwölferausschusses, überdies die Minister Clavière und Lebrun, zu verhaften und in ihren Wohnungen unter Bewachung zu stellen seien.

Beschlossen! Die Gironde ist gewesen!

Selbst den verbissensten Montagnards ist bei ihrem Sieg nicht ganz wohl; das Parlament, vom Volk gewählt und feierlich berufen, der Welt das Heil zu bringen, schnöde zu verstümmeln, das heißt noch etwas mehr, als einem gesalbten König den Kopf vor die Füße zu legen. Keiner der Teilnehmer vergißt diese Sitzung des 2. Juni mit ihren beängstigenden Pausen; die Versammlung stumm vor einem schweigenden Präsidenten, minutenlang; nur von draußen Waffengeklirr und das Gemurmel der Menge.

Danton aber will es zuweilen bedünken, als trete jetzt, da die Gironde fehlt, sein Fuß ins Leere, als sei die Luft der Revolution schwerer zu atmen, als vermöge auf dem neuen Gelände seine Manövrierkunst sich nicht mehr voll zu entfalten. Doch nie der Mann, Geschehenes zu verleugnen, bekennt er sich unverzagt zu dieser Insurrektion: Ohne den 31. Mai keine Freiheit in Frankreich!

Wesensunterschied zwischen Gironde und Montagne: jene war für eine konstitionelle, das hieß: endgültige, ordnungsmäßige Friedensregierung, als sei innen- und außenpolitisch die Welt im Lot, diese hing an der revolutionären, das hieß: vorläufigen, mit Ausnahmemitteln arbeitenden Regierung, weil die Republik noch auf der ganzen Linie um ihr Leben kämpfte. War niemand tiefer von der Notwendigkeit einer revolutionären Regierung durchdrungen als Danton, Schöpfer des Revolutionstribunals und Anreger der revolutionären Diktatur, der die Aristokraten »unter die Pike der Sansculotten stellen« wollte, so fühlte auch niemand inniger die Sehnsucht nach einem konstitutionellen Dauerzustand, und niemand zum mindesten in der Bergpartei verfocht so unbedingt die Meinung, daß an den Zukunftsbau sofort heranzugehen sei; die Franzosen brauchten sich nur nach »jenem Volk des Altertums« zu richten, das »mit der einen Hand die Kelle, mit der andern das Schwert führte«.

Seine Ungeduld knirschte mit den Zähnen, weil das Verfassungswerk nicht vom Fleck kam; das Wichtigste dünkte ihn die Konstitution der Republik: in ihren Grundlagen so demokratisch wie möglich, die Ausübung der Volksrechte bis in ihre feinsten Verästelungen sichernd, der Gesetzgebung die beste Bahn bereitend und der Regierung, ohne ihr Machtanmaßung zu gestatten, ein Höchstes an Schlagkraft gebend. Unsterbliches Werk, das zugleich die innern und äußern Gefahren bannte! Erst recht ließen die Ereignisse des 31. Mai und 2. Juni nicht nur Danton nach der Verfassung als einem Schutzschild der Republik rufen.

Der Verfassungsausschuß des Konvents, dem auch Danton zuzeiten angehörte, hatte lange genug getrödelt. Die Erörterungen über den Entwurf Condorcets vom 15. Februar schleppten sich durch Wochen und Monde hin. Jetzt mußte sich Hérault de Séchelles mit Saint-Just, Couthon, Ramel und Matthieu an einen Tisch setzen, um rasche und ganze Arbeit zu machen. Obwohl die Hobelspäne nur so flogen, blieb dem munteren Epikuräer noch die Zeit, seine geistig minder beweglichen Kollegen, sei es Couthon, sei es

Saint-Just, zu verulken. Der Name des Totenrichters Minos aus der antiken Sage fiel; sofort, da die andern nicht ganz im Bilde waren, bestellte Hérault bei der Nationalbibliothek »die Gesetze des Minos, die sich in einer griechischen Gesetzessammlung finden müssen«. Aber am 10. Juni konnte er dem Konvent den fertigen Verfassungsentwurf vorlesen.

In die Aussprache griff Danton nur zweimal ein. Am 12. Juni wurde die Frage Öffentliche oder Geheime Abstimmung bei den Wahlen erörtert. Ducos, Advokat aus Bordeaux, als Girondin der Ächtung eben mit Ach und Krach entgangen, traf den Nagel auf den Kopf, dartuend, daß bei öffentlichem Votum der Fabrikbesitzer oder Großpächter einen Druck auf seine Arbeiter oder Knechte ausüben könne, aber Sprecher einer Zeit, die auf jedem Felde den Zug ins Heldenhafte aufwies, erklärte sich Danton, da Licht und Öffentlichkeit das tägliche Brot der Freiheit seien, für die unverhüllte Bekundung des politischen Willens der Wähler; vielleicht sprach auch ein wenig Sorge mit, daß sonst die Gegenrevolution starke Bataillone an die Urne bringen werde. Nur bewog ihn sein gesunder Menschenverstand, die geheime Stimmabgabe für den zuzulassen, der sie vorziehe. Seine Auffassung leuchtete dem Konvent ein.

Der gesunde Menschenverstand beriet ihn auch vier Tage später, als die Versammlung überlegte, ob zur Kriegserklärung ein Dekret, also ein Beschluß des gesetzgebenden Körpers, genüge oder ein Gesetz nötig sei, wie es nur durch Entscheid des gesamten Volkes zustande kam. Dantons Freund Thuriot, aus der friedfertigen Gesinnung des französischen Besitzbürgers heraus, fand ein Haar darin, wenn man der Volksvertretung statt dem Volk das Recht der Kriegserklärung einräume, denn bestimmten unter Umständen Prestigegründe oder vermeintliche Lebensinteressen der Nation das Parlament, so verzichtete vielleicht das Volk eher auf sein strittiges Recht als auf sein Glück und seine Ruhe. Ducos warf ein, wie denn, wenn es dem Angriff eines an den Grenzen drohenden Feindes zuvorkommen heiße? Unding, da erst Wochen und Wochen die Urwählerversammlungen zu befragen! In die Tafel der neuen Werte, die der Konvent zu beschreiben hatte, meißelte Danton zuvorderst den Satz: Niemals wird das französische Volk einen Angriffskrieg führen! Aber mit Ducos übereinstimmend: »Sehe ich den Feind auf mich anlegen, so schieße ich zuerst, falls ich kann, und verteidige mich nur.« Folgerung: Auch der gesetzgebende Körper mußte, wenn die Sicherheit des Staates gefährdet war, mit dem Recht der Verteidigung zuerst losschlagen. Jedoch im Einklang mit Thuriot: »Aber selbst der Beginn der Feindseligkeiten hindert nicht, daß dann das Volk berufen wird, über Beendigung oder Fortsetzung des Krieges zu entscheiden.« Der Konvent beschloß, daß, mit dem Vorbehalt von Dantons Ausdeutung, die Kriegserklärung eines Gesetzes bedürfe.

Der 24. Juni 1793 nahm die konstituierende Akte der französischen Republik an. Eine neue Erklärung der Menschen- und Bürgerrechte: »Zweck der Gesellschaft ist das Glück aller« an der Stirnseite, aufgebaut auf der breiten Grundfläche der Volkssouveränität, aus dem Volk, aus dem Volk alle Macht ableitend, mit der Volksabstimmung als Schlußstein, das feierlich verbürgte Recht auf Insurrektion nicht zu vergessen, erhob sie sich als stolzer Tempel der politischen Freiheit, desgleichen die Erde noch nicht geschaut hatte. Im Plebiszit wurde diese Magna Charta der Demokratie durch 1801918 Franzosen gegen 11610 bestätigt.

Am 10. August, Jahrestag des Tuileriensturms, feierliche Verkündigung der Verfassung. David hatte, mit seinem Malerauge die Massen ordnend und gliedernd, das Fest in Szene gesetzt, das mehr als eine Million Livres verschlang. Danton schritt im Zuge mit den andern Abgeordneten, deren jeder einen Strauß aus Weizenähren und Fruchtzweigen trug. Auf dem Platz, auf dem einst die Bastille den Himmel verfinstert hatte, ragte eine gewaltige Statue der Natur, ein Riesenweib, strotzende Brüste mit den Händen so haltend, daß aus jeder, Silber im Sonnenlicht, ein Wasserstrahl spritzte. Hérault de Séchelles, wie herausgeschnitten aus einem revolutionären Modeblatt, trikoloren Federbusch auf dem Hut, mit großem Säbel umgürtet, trat, Heide und Spötter und doch bewegt, vor die Gottheit: »O Natur! Nimm den Ausdruck der ewigen Zuneigung der Franzosen für deine Gesetze entgegen! Möge das fruchtbare Wasser, das deinen Brüsten entquillt, möge dieser reine Trank, der den Durst der ersten menschlichen Wesen stillte, in diesem Becher der Brüderlichkeit und Gleichheit die Eide heiligen, die Frankreich dir an diesem Tage darbringt! Keinem schöneren schien je die Sonne, seit sie in der Unendlichkeit des Weltenraums schwebt.« Streckte einen Kelch aus, füllte ihn mit dem Strahl, setzte ihn an die Lippen, füllte wieder und wieder, um ihn jedem der sechsundachtzig Greise, Vertreter der Departements, zu reichen. Weiße Haarsträhnen wehten im leichten Wind, der ›*Chant du départ*‹, Worte von Marie-Joseph de Chénier, Musik von Méhul, ertönte, Kanonen donnerten.

Auch Danton war bewegt. Wie anders hatte damals, ein Jahr zuvor, das Geschütz gedonnert! Was alles lag zwischen jenem und diesem 10. August! Wie Verheißung und Erfüllung war es, wie Saat und Ernte!

Die Verfassung war für Danton auch eine Batterie, die Feinde der Freiheit durch Kartätschenfeuer zu zerschmettern.

Daß die Verhaftung der Girondins, von der Straße erzwungen, zu Bösem führen werde, erkannte ein scharfes Auge wie das Dantons. Schlimmstem Unheil vorzubeugen, suchte das *Comité de salut public* zunächst, der Provinz die Sorge um das Leben ihrer festgesetzten Abgeordneten zu nehmen. Danton regte an, und Barère schlug für den Wohlfahrtsausschuß vor, daß sich Volksvertreter von den Bänken der Montagne den Departements als Geiseln anböten. Als Danton den Vorschlag im Konvent warm unterstützte, meldete sich Couthon: Ich bin als erster bereit!

Zu spät! Zwanzig der Verhafteten waren der lauen Bewachung in ihrer Wohnung entronnen. In ihre Wahlkreise eilend, trugen sie den Zündstoff in die Städte und aufs flache Land. Caen, Lyon, Marseille loderten als drei große Herde des Widerstands gegen Paris. Bald sprang das Feuer des Bürgerkriegs von Departement zu Departement; Eure, Calvados, Finistère, Ille-et-Villaine, Côtes-du-Nord, Morbihan, Mayenne sagten dem Konvent die Gefolgschaft auf und hoben Truppen aus. Der ganze Midi brannte lichterloh. Mitte Juni standen nur noch einige zwanzig Departements unbedingt sicher zur Jakobinerrepublik, und hinter der girondistischen Erhebung der übrigen lauerte die royalistische Gegenrevolution.

Auch durch diese Häufung neuer Gefahren ließ Danton sich nicht ins Bockshorn jagen. Im Florapavillon der Tuilerien, jetzt Pavillon de l'Egalité, wo der Wohlfahrtsausschuß nunmehr saß, zwischen Gobelins, Wandspiegeln, Marmor, Goldbronzen und ein auch mit Flaschen wohlbesetztes Buffet in Reichweite, blieb er der Kraft- und Mutquell. Wie er mehr denn je Paris als den Brennpunkt feierte, in dem sich alle Strahlen des französischen Patriotismus sammelten, so hielt er daran fest, daß die Bewegung in der Provinz nicht von der Masse ihrer Bewohner getragen, sondern nur von einer Handvoll Wühler geschürt werde. Die Departements hatten sich aufgelehnt? Mitnichten! Nur um ein paar Schufte von Administrateurs ging es. Deshalb lehnte er entschiedene Maßregeln durchaus nicht ab; sein Plan, um schnelle Hilfe an die bedrohten Punkte zu werfen: Schaffung einer Zentralreservearmee, zu der jede Urwählerversammlung zwei Mann in Waffen stellte.

Vor allem die Vendée: »Erstickt die Erhebung in diesem Teil Frankreichs, und ihr habt den Frieden!« Faßte er nach Niederwerfung der Insurrektion, politisch klug wie meist, nur für die Verführer die Todesstrafe, für die verführten Massen die ungehemmte Rückkehr nach Hause ins Auge, so kümmerte sich Danton, um die Insurrektion erst einmal niederzuschlagen, auch um die Befehlshaber im Aufstandsgebiet. Er mußte auf Verschiedenes pfeifen, wenn er den General Gontaut-Biron auf Gedeih und Verderb stützte, denn schon durch Herkunft und Vergangenheit, Herzog von Lauzun, Freund der Königin, Verfasser schlüpfriger Geschichten, flößte dieser Oberkommandierende den echten jakobinischen Eisenfressern Mißtrauen ein.

Noch enger mit Danton verknüpft war Westermann, der sich in der Vendée den Ruf eines todesverachtenden Säblers erwarb. Flog der tollkühne Elsässer der Reiterei seiner Nordlegion vorauf, den Gaul wild spornend, eine leicht gekrümmte, breite Klinge schwingend, hutlos, ohne Waffenrock und die Hemdärmel aufgekrempelt, so stoben die frommen Bauern entsetzt wie vor dem Gottseibeiuns auseinander. Aber wie der unbekümmerte Draufgänger am 3. Juli Châtillon, die Haupstadt der Erhebung, nahm, ließ er sich zwei Tage später überraschen, wurde in die Pfanne gehauen, verlor Bagage und Artillerie.

Unerfreuliches an der äußeren und inneren Front rechneten viele dem Wohlfahrtsausschuß an, und da Danton die Seele des Komitees war, sammelte sich manche Unzufriedenheit auf seinem Haupt. Wenn Marat, jetzt Wochen hindurch bettlägerig, den Konvent höhnisch fragte: »Schläft der Wohlfahrtsausschuß oder weigert er sich zu handeln!«, wenn er den ›Schlafmützen des Komitees‹ die ›Unterstützung von Aristokraten wie Biron, Bustine, Menou, Westermann‹ ankreidete, wenn er daran erinnerte, daß er sechs Monate die Sturmglocke gegen Dumouriez geläutet habe, ohne daß die Patrioten der Montagne es hörten, so nannte er Danton nicht, aber wer dachte nicht an Danton? Unmittelbarer Angriff kam am 4. Juni bei den Cordeliers, und vier Tage später stellte sich bei den Jakobinern ein republikanischer Gesinnungsprotz hin: »Dieser Abgeordnete ist nicht mehr so revolutionär wie er war. Er besucht den Jakobinerklub nicht mehr. Mich hat er eines Tages stehenlassen, um mit einem General zu sprechen!« Zwar sang Desmoulins ein Loblied auf den Bürgersinn seines Freundes, zwar wartete acht Tage später Danton selber den Jakobinern auf, beteuernd, daß er nie hinter ihnen an revolutionärem Geiste, an revolutionärer Kühnheit zurückbleiben und daß er als Jakobiner sterben werde, zwar strich in der gleichen Sitzung Robespierre das Komitee heraus, das gewiß auch einmal irren könne, doch aufrichtig das Wohl der Republik anstrebe, umsonst die vielen Worte, die Auffassung, daß der Wohlfahrtsausschuß, wie er zusammengesetzt war, verbraucht sei, griff um sich.

Am 10. Mai und 10. Juni war das Komitee Danton ohne Widerspruch erneuert worden. Aber am 10. Juli ballten sich die Zorneswolken über Westermann. Da über seinen sträflichen Leichtsinn ein Bericht der Konventkommissäre Goupilleau und Bourdon einlief, wurde seine Abberufung, seine Verweisung vor ein Kriegsgericht verlangt; der alte Rühl aus Straßburg eiferte gegen seinen Landsmann aus Molsheim: »Er ist ein Verräter, er gehört vors Revolutionstribunal, sein Kopf muß unter dem Schwert des Gesetzes fallen.« Chabots Fürsprache bewog den Konvent, den General vorderhand nur zur Verantwortung an seine Barre zu laden.

Aber einer der Blitze des Ungewitters traf den Wohlfahrtsausschuß. Offen zieh man ihn der Schuld an den Niederlagen, selbst Desmoulins, persönlich verärgert, brummte über seine Unfähigkeit, und Drouet, der Postmeister, der 1791 des Königs Flucht vereitelt hatte, scheute sich nicht, auszusprechen, daß einige Mitglieder des Komitees das Vertrauen der Patrioten nicht genössen. Meinte er Barère, der wetterfahnengleich immer mit der Macht, immer mit den Siegern sein wird, Barère, den Marat mit dem letzten Hauch seines Mundes den ›gefährlichsten Feind des Vaterlands‹ hieß? Aber Barère erhielt bei Neuwahl des Ausschusses die meisten Stimmen, genau wie Jeanbon Saint-André 192. Danton samt Delacroix kehrte nicht wieder. Statthalter seiner Anschauungen im neuen Wohlfahrtsausschuß waren Thuriot und zum Teil Hérault de Séchelles, aber mit Saint-André, Couthon und Saint-Just hatten die ergebenen Anhänger Robespierres das Übergewicht, und da ihr Herr und Meister am 27. Juli für einen Ausscheidenden in das Komitee eintrat, war es von diesem Tage an das Komitee Robespierre, eine Regierung Robespierre.

Seine Ausschiffung aus dem *Comité de salut public* rief bei Danton weder Mißvergnügen noch Kleinmut hervor. Ehrgeiz und Machthunger waren starke Spannfedern seines Wesens, aber er lachte über die Unvermeidlichen, die immer an der Spitze sein müssen. Hin und wieder packte ihn, unwiderstehlich wie die Gier nach einem Rauschgift, die Sehnsucht nach Faulheit, nach Faulsein. Aber auch politisch liebte er die Pausen, da andere sich abplagten und abnutzten, bis sich die Masse auf seine Unentbehrlichkeit besann.

Auch wenn er im Gleichheits-Pavillon kein Heimatrecht mehr besaß, im Hintergrund stand ein Danton noch lange nicht.

Als es bei den Jakobinern über ihn herging, weil er dem neuen Marineminister Dalbarade für einen wichtigen Posten einen gewissen Peyron empfohlen hatte, der voller republikanischer Zuverlässigkeit zu ermangeln schien, zeugte auch Robespierre für Danton.

Empört über so vage Denunziationen, die nur den Feinden nützten, bemerkte er bitter, man opfere vergebens sein ganzes Leben der Freiheit, »da ein Übelwollender in einer Viertelstunde das Vertrauen, auf das Sie so viel Anspruch haben, zerstören und Ihnen die Frucht Ihrer Mühen rauben kann«.

Zwei Tage danach, am 12. Juli, rechtfertigte sich Danton etwas lässig vor der Gesellschaft, er kenne besagten Peyron flüchtig, immerhin als Patrioten, er habe ihn empfohlen, doch nicht für ihn gebürgt; das einzig Wahre: derart Leute die einen durch die andern überwachen zu lassen. Weder entrüstet noch verwundert, daß man bei der Gelegenheit all die kleinen Geschichtchen über ihn verbreitete, die ihn seinen Mitbürgern verdächtig machen sollten, zuckte er kaum die Achseln. Verleumdungen – »wer sie fürchtet, taugt nicht für die Öffentlichkeit!«

Stolz war er sich seiner geschichtlichen Rolle bewußt: überzeugt, für künftige Geschlechter zu arbeiten, gewiß, vor den Augen des Erdballs zu stehen, sicher, wann immer der Tod kam, großen Namen zu hinterlassen.

Am 25. Juli erfuhr er die Genugtuung, mit 161 von 186 Stimmen für die übliche Halbmonatsfrist auf den Präsidentensitz des Nationalkonvents gehoben zu werden.

Auch vorher und nachher war er mehr als einer von siebenhundertsoundsoviel Abgeordneten und durfte auf die Wirkung seiner Persönlichkeit, die Macht seines Wortes bauen; nicht umsonst verglich Desmoulins die Beredsamkeit seines Freundes dem Nil: »Nie schöner, als wenn sie über die Ufer tritt.« Und noch fühlte Danton den Stahl, das Feuer, die Spannung in sich, die Revolution voranzutreiben.

Der Wechsel im Wohlfahrtsausschuß wendete nicht jäh die Mißgeschicke des Landes. Hiobspost über Hiobspost: am 12. Juli fiel Condé, am 22. Mainz, am 28. Valenciennes. Aber welche Bestürzung erst, als der innere dem auswärtigen Gegner die Hand reichte, als ein wichtiges Seetor Frankreichs sich dem Feind öffnete, als am 28. August Toulon, für Ludwig XVII. gegen den Konvent kämpfend, sich den Engländern und Spaniern auslieferte!

Niederlagen und Unheil entzündeten in Dantons Brust abermals die Flamme vom September 1792. Nicht gesäumt, Patrioten, an die Arbeit! Seine kräftige Lunge in breiter Brust wurde aufs neue Blasebalg der Siegeszuversicht: »Die französische Verfassung ist den Potentaten Europas mit Kanonenschüssen anzukündigen!« Ein Carnot, der in Robespierres Ausschuß, die Massenaufgebote aus dem Boden stampfend und junge republikanische Generale wie Kléber und Marceau an den rechten Fleck setzend, zum Organisator des Sieges wurde, mußte sich von Danton mächtig unterstützt fühlen. »Der Feind«, rief der aus, »hat bisher erst die Vorhut der Nation zu Gesicht bekommen. Möge er endlich das ganze Gewicht der vereinigten Anstrengungen dieses herrlichen Volkes verspüren!« Deshalb heischte er am 12. August die Aushebung von vierhunderttausend Mann, ermunterte: »Führen wir den Krieg wie Löwen!«, verlangte hundert Millionen Livres zur Anfertigung von Geschützen, Gewehren, Piken: »In allen halbwegs bedeutenden Städten darf der Hammer nur auf den Amboß fallen, um Eisen zu schmieden, das gegen den Feind gekehrt wird!«

Da immer wieder einzelne oder ganze Truppenteile von der Front fröhlich abzogen: Unsere Verpfichtungszeit zu Ende!, setzte Danton die Todesstrafe für solche eigenmächtige Entfernung von der Fahne durch. Aber er hieb nicht zu Gewaltmaßregeln herausfordernd auf den Tisch, und damit Schluß! Ungestümer Tatkraft gesellte sich stets kluge Besonnenheit: »Die Energie faßt die weitesten Pläne, die Überlegung leitet sie.« Da Soldaten ohne Brot und Waffen keine Soldaten waren, hob er hervor, was mancher andere übersah, daß die Mannschaften des Massenaufgebots nur im Verhältnis zur vorhandenen Nahrung und Ausrüstung einzuberufen seien. Auf beides legte er besonderen Wert, denn die französischen Krieger, die sich aus Patriotismus schlugen, durften nicht behandelt werden wie die Soldknechte Österreichs, denen ein Fleck auf der Montur Stockprügel eintrug: »Der Mann, der seinem Vaterland gut dient, hat ein Recht, gut gekleidet und gut genährt zu sein.« Und wenn sich Danton anheischig machte, alle Muscadins, alle ›Moschusler‹, alle des Royalismus verdächtigen Stutzer zu entkleiden, um das Heer zu bekleiden, mochte Saint-Just dessen gedenken, da er acht Wochen später als Kommissär des Konvents an die Mauern Straßburgs anschlagen ließ: »Zehntausend Mann sind bei der Armee barfuß. Ihr müßt heute noch allen Aristokraten in Straßburg ihre Schuhe abnehmen, und bis morgen früh um zehn Uhr müssen die zehntausend Paar Schuhe auf der Reise nach dem Hauptquartier sein.«

Nicht nur die Unheilskunde von der Front schleuderte das Schiff der Revolution hin und her. Am 13. Juli stieß eine Schwärmerin, die die Zerschmetterung der Gironde aus dem Gleichgewicht geworfen hatte, Charlotte Corday aus Caen, Marat ein Messer ins Herz, als er, in der Badewanne seinen siechen Leib pflegend, über den Korrekturbogen seines ›*Ami du Peuple*‹ saß. Alle Elendsviertel von Paris schüttelten sich im aufrichtigsten Schmerz, ballten die Fäuste, fletschten die Zähne, stießen heisere Racheschwüre aus. Dem Toten galten vergötternde Ehren; Kinder, Berge, Gemeinden wurden nach Marat genannt; auch die Sektion de Marseille, vormals Théâtre-Français, in der Danton wohnte, taufte sich nach dem ›Volksfreund‹ um.

Während Danton den Präsidentensitz einnahm, kündigte am 26. Juli eine Abordnung der Cordeliers dem Konvent an, daß am nächsten Sonntag in ihrem Sitzungssaal Marat ein Altar errichtet werde; die Urne mit dem einbalsamierten Herzen wurde dabei feierlich an der Decke aufgehängt. Da Danton auch präsidierte, als am 3. August die Nationalversammlung von der *Société révolutionnaire* zur Einweihung einer Marat-Büste eingeladen wurde, antwortete er: »Marat war von der Revolution wie von einem Fieber besessen, mit Recht, denn er kannte den verbrecherischen Sinn der Feinde der Revolution. Sein Tod war der Sache der Freiheit noch nützlicher als sein Leben, da er zeigte, auf welcher Seite die Mörder sind.« Obwohl dieser Nachruf durch Mangel an Überschwenglichkeit von den üblichen Dithyramben auf den Volksfreund abstach, trug ein antijakobinisches Spottlied dick auf:

Danton, ce mufle de damné
Par la nature condamné
A porter ce masque effroyable
Que n'oserait porter le diable,
Est seul digne de louanger
Ce héros qu'on vient d'égorger.

Gegen die ›Rabiaten‹ war Marat bis zuletzt aufgetreten. Varlet? Ein ›harmloser Intrigant!‹ Leclerc? Ein ›sehr gerissener Spitzbube!‹ Aber jetzt stritten zwar nicht gerade Varlet und Leclerc, doch immerhin Roux und Hébert, wer der Erbe von Marats Werk und Namen sei. Die Einschnürung Frankreichs durch die englische Blockade leitete Wasser auf ihre Mühlen. Immer länger wurden die Schlangen an den Bäckerläden, immer verdrossener die Stimmung. Während der Brotverteilung wurden Posten der Nationalgarde vor die Boulangerien gestellt, und Patrouillen streiften durch die Straßen. Schon beriet man die Einführung von Fleischkarten und regte fleischlose Tage und Wochen, einen

›*Carême civique*‹, eine Fastenzeit außerhalb der Kirchengebote, an.

Wer den Bauch leer hatte, schenkte nur zu willig dem aufregenden Wort der ›*Enragés*‹ Gehör. Roux verlangte die Verhaftung aller Bankiers, die Abwürgung »all der schlechten Bürger, die seit vier Jahren gewaltige Domänen erworben haben«. Bravo! Leclerc spielte mit dem Gedanken, »kalten Blutes hunderttausend Verbrecher der Revolution zu opfern«. Recht so! Massakers lagen in der Luft. Warum nicht? Hébert, der anfangs die Roux und Varlet befehdet hatte, zog, von Chaumette unterstützt, jetzt am gleichen Strick, um nicht seine Anhänger an sie zu verlieren; sein ›*Père Duchesne*‹ pöbelte die ›Hundsfotte von Händlern‹ an, die durch Zurückhaltung von Waren eine Hungersnot erzeugen wollten und Pitts Geschäfte besorgten. Schlagt sie! Leicht war die Straße mobil zu machen: Brot! Brot! Die Kunde: Toulon über! brachte die Massen auf die Beine; die Sektionen schwenkten drohend die Piken; als ihre Sprecher trugen die ›Rabiaten‹ politische Forderungen vor: Prozessierung Marie Antoinettens und der Girondins, Verhaftung aller Verdächtigen, Ausstoßung aller ehemals Adligen aus öffentlichen Ämtern, Aufstellung einer revolutionären Kampftruppe in Paris. Chaumette, an der Barre des Konvents, beschwor ›*la sainte Montagne*‹, der Berg Sinai der Franzosen zu werden, sich in einen Vulkan zu verwandeln, um unter glühender Lava alle Feinde der Freiheit zu begraben; ein grimmer Redner des Jakobinerklubs folgte ihm: »Es ist Zeit, daß die Gleichheit mit ihrer Sichel über alle Köpfe fährt. Es ist Zeit, allen Verschwörern Entsetzen einzujagen. *Eh bien, législateurs, placez la terreur à l'ordre du jour!*«

Um Hungerrevolten zu begegnen und die Ausnutzung der Lebensmittelnot durch die Royalisten zu hindern, verfügte der Konvent schon im Juli, daß, wer zum Zweck der Preissteigerung wichtige Waren zurückhalte, des Todes schuldig sei. Im August folgte die Errichtung öffentlicher Vorratskammern in allen Distrikten, während, von Chabot aufgegriffen, der Vorschlag Dantons: Einheitsbrotpreis von drei Sous das Pfund und Heranziehung der Reichen zu den

Mehrkosten, unter den Tisch fiel. Am 4. September endlich erklärte sich die Versammlung für das Prinzip allgemeiner Höchstpreise und legte am 29. September nach einem auf das Jahr 1790 zurückgehenden Schlüssel neben den Löhnen die Preise für alles fest, was zu des Leibes Nahrung und Notdurft gehörte.

Daß der Hébertismus diesen Sieg der Straße für sich buchen durfte, machte ihn übermütig. Er war eine Macht; er hatte die Gasse für sich, bei den Jakobinern einen lärmenden Anhang, im Kriegsministerium unter Bouchotte eine feste Stellung; in der Vendée waren der frühere Goldschmiedgeselle Rossignol als General, der ehemalige Dramaturg und Dramatiker Ronsin als Chef des Verpflegwesens, der Buchhändler Momoro und der Literat Robert, zwei Freunde Dantons aus den Tagen des Barfüßerdistrikts, als Kommissäre seine Leute. Neues Zeichen seines Triumphes: die Wahl Billaud-Varennes und Collot d'Herbois', die stark mit dem Hébertismus liebäugelten, in den Wohlfahrtsausschuß. Dafür traf die Faust der Gewalthaber den anderen Flügel der ›Rabiaten‹; Varlet wurde festgesetzt, Leclerc verschwand aus Paris, Jacques Roux, verhaftet, tötete sich mit einem Federmesser.

Wie Robespierre, der in der Schlange vor jeder Bäckerei Agenten des Royalismus witterte, betrachtete Danton die ›*Enragés*‹ mit äußerstem Argwohn; schon das Mißverhältnis zwischen Hirn und Mundwerk bei ihnen stieß ihn ab. Namentlich die rauhbeinigen Weiber um Claire Lacombe, wie sie sich bald für Einsperrung sämtlicher Venuspriesterinnen erhitzten, bald allen Frauen die rote Mütze aufzwingen wollten, waren nichts für ihn. Fabre d'Eglantine spottete über die ›irrenden Ritterinnen‹, die ›emanzipierten Jungfern‹, die ›weiblichen Grenadiere‹, die in den Klub liefen, statt sich um Küche und Kinder zu kümmern, Danton konnte sich nicht helfen, dieser Spott gefiel ihm.

Schon als Danton für die Erhebung des 31. Mai Partei ergriff, warnte er: »Wenn einige in der Tat gefährliche Menschen eine Bewegung verlängern wollen, die überflüssig wird, sobald euch euer Recht geworden ist, wird Paris sie in ihr Nichts zurückscheuchen.« Nicht, daß es galt, die Gegenrevolutionäre hart zu treffen, trennte ihn von diesen blindwütenden Schreiern und ziellosen Hetzern; auch er prägte: »Keinem Verräter Amnestie!«, aber wie er die Sucht verwarf, auf jeden Fall, um jeden Preis Schuldige herbeizuschleppen, so wollte er nur die wahrhaft Verdächtigen, die großen Verbrecher, die wirklichen Verschwörer eingekerkert sehen; lächerliches Spiel, sich wie bislang auf arme Schächer ohne alle Bedeutung zu stürzen! Auch er drohte am 5. September, als die Straße brodelte, mit einer ›dritten Revolution‹, und das Revolutionstribunal, jawohl, konnte ruhig fixer arbeiten, aber wenn seine Forderung: Jeden Tag ein Aristokratenkopf! blutrünstig klang, da im August nur jeder dritte Tag eine Hinrichtung brachte, wie bescheiden war das Maß neben dem, was die Hébertisten anstrebten und was noch kommen sollte! Als in der gleichen Sitzung Drouet tobte: »Da unsere Tugend, unsere Mäßigung, unsere Weisheit uns nichts genützt haben, wollen wir für das Glück des Volkes Briganten werden!«, wies ihn Thuriot, ganz im Sinn Dantons und die Ehre des Konvents rettend, zurück: »Frankreich dürstet nicht nach Blut, Frankreich dürstet nach Gerechtigkeit!«

Nicht nur, daß das Geheimnis jeder Regierung darin bestehe, richtig zu strafen und richtig zu belohnen, offenbarte Danton, sondern der Konvent erfuhr von ihm auch ›die große Wahrheit‹, daß jede Regierung, die nicht den Unterhalt des Volkes zu sichern wisse, Gefahr laufe, zu zerbrechen. Früh redete er der Aufnahme des gesamten Getreidebestandes im Lande das Wort, und am 17. August warf ein Dekret, hinter seiner Stirn geboren, für jeden Verheimlicher von Kornvorräten zehn Jahre Eisen aus. Am 3. September schlug der Ernährungsausschuß des Konvents einen für die ganze Republik gleichen Getreidehöchstpreis vor, aber da auch die Montagnards vom Segen der Handelsfreiheit durchdrungen waren, sprang Widerspruch auf, Preisfestsetzung für Korn heiße Hungersnot inmitten des Überflusses, das Maximum sei nicht nur unnütz, sondern auch ungerecht und gefährlich. Aber nachdem Thuriot die Bauern angeklagt hatte, die nirgends bei der Versorgung der Städte und festen Plätze besonderen Eifer bezeugten, gab Danton den Ausschlag: »Der Konvent muß sich entscheiden: für die Schieber oder für das Volk; er muß sich heute entscheiden... Wer gegen das Höchstpreisgesetz sprechen will, auf die Tribüne mit ihm! Ich werde ihn bekämpfen.« Aber niemand kam, und der Konvent dekretierte, den freien Getreidehandel untersagend, einheitlichen Höchstpreis.

An dem bewegten, gewitterschwangeren 5. September, da sich an der Barre der Tuilerien die Abordnungen drängten, und die Quais schwarz waren von aufgeregten Menschen, hielt alles ängstlich Ausschau nach dem *Comité de salut public*, das im Pavillon de l'Egalité tagte. Gleich muß sein Berichterstatter erscheinen, bitte, noch eine halbe Stunde Geduld! Aber was heißt hier Geduld, und was eine halbe Stunde! Danton packte die Gelegenheit bei der Stirnlocke. In einer Rede, nach der ihn, stets aufs neue hochflutend, der Jubel des Saals und der Galerien wieder einmal zu stolzen Gipfeln trug, versetzte er den Hébertisten einen Stoß, der sie ins Taumeln bringen sollte. Sie beherrschten die Sektionen, weil stets nur wenige Citoyens, meist Schreier von Beruf, in die Versammlungen liefen. Danton schmunzelte: man brauchte nur die Sektionsversammlungen auf zwei in der Woche, sonntags und donnerstags, zu beschränken, man brauchte nur jeden Teilnehmer für entgangenen Verdienst mit vierzig Sous zu entschädigen, und die wilden Männer wurden in der großen Masse republikanisch gesinnter, zuverlässiger Bürger ersäuft. Ohne daß Danton diesen Zweck seines Vorschlags enthüllte, errieten ihn die andern. Aber vergebens stemmte sich Romme gegen den Antrag, weil er den glühenden republikanischen Eifer der Bürger anzweifle, und als vierzehn Tage später Varlet ›im Namen der achtundvierzig Sektionen‹ gegen das Dekret krakelte, kanzelte Robespierre den jungen Mann ab, da die Zurückziehung der Verfügung nur ›den Reichen, den Ränkespinnern, den Muscadins‹, doch nicht ›den Handwerkern und der ehrenwerten Klasse der Arbeiter‹

zum Vorteil gereiche. Es blieb bei zwei Versammlungen und vierzig Sous.

Aber nach wie vor schien Danton die Zügelführung in einer Faust unerläßlich, damit nicht bald hüh, bald hott gefahren werde. Statt dessen immer noch, wenigstens der Form nach, die leidige Zersplitterung der Gewalten. »Wir werden«, machte er dem Konvent klar, »erst dann Erfolg haben, wenn wir uns daran erinnern, daß der Wohlfahrtsausschuß eine der Errungenschaften der Freiheit ist, und wenn wir ihm die Energie und Entfaltung verleihen, deren er fähig ist«; Antrag: das *Comité de salut public* wird vorläufige Regierung und erhält fünfzig Millionen Livres zur freien Verfügung. Umsonst. Abermals redete er nach dem Fall von Toulon dem Komitee gut zu, Ausgaben für Geheimzwecke nicht zu scheuen, und acht Tage später setzte er im Konvent durch, daß die Mitglieder aller Ausschüsse nach Vorschlagslisten des *Comité de salut public* ergänzt würden. Damit wurde der Wohlfahrtsausschuß erhöht über die anderen Ausschüsse, zum Komitee der Komitees, die ihm bisher auf dem Papier gleichgeordnet waren. Unheimlich stapelte sich im Gleichheits-Pavillon die Macht.

Wem floß all diese Macht zu? Robespierre! Im Komitee war Saint-Just seine rechte, Couthon seine linke Hand. Diese revolutionäre Dreieinigkeit besorgte die Regierungsgeschäfte, gab der Politik die Richtung, leitete das Ganze, während Billaud-Varenne und Collot d'Herbois zum Konvent, zu den Behörden und zu den ›Volksvertretern mit besonderem Auftrag‹ die Beziehungen unterhielten, Carnot und Prieur als Fachleute das Kriegsressort, Jeanbon Saint-André die Marine und Lindet das Verpflegungswesen betreuten. Die Minister? Das Parlament? Die Parlamentskommissäre? Das Revolutionstribunal? Stillgestanden, der Wohlfahrtsausschuß kommt! Das *Comité de salut public* war das Hirn Frankreichs, sein niedersausender Arm der Generalsicherheitsausschuß, der, mit dem trocknen, zähen, unerbittlichen Vadier als Großinquisitor an der Spitze, fast nur mehr Trabanten Robespierres aufwies, vor allem den ›Tiger des Komitees‹, den kalten, undurchsichtigen Amar, den Maler David, den frommen Jansenisten Voulland und Lebas, den Freund Saint-Justs.

Aber der Anker von Robespierres Macht ruhte nicht im Grund des Wohlfahrtsausschusses, auch nicht in seiner Volkstümlichkeit, die jede andere überschattete; sein Name in aller Mund, sein Bild in allen Schaufenstern, göttliche Verehrung ihm dargebracht von Frauen, die sich zu andern Zeiten in die Beichtstühle drängten. Wesentlicher: heftiger Revolutionswind blies noch einmal durch alle Amtsstuben; wer nicht die Bescheinigung seiner Sektion vorzulegen vermochte, daß er strammer Republikaner war, wehte hinaus. Die überkommene Kanzleigeneration, die heimlich am Alten hing, innerlich das Neue ablehnte, bis auf den Letzten wurde sie ersetzt durch eine sanskulottische Bürokratie, für die die Republik Ideal und Broterwerb zugleich war. Allein die revolutionären Sicherheitsausschüsse, vierzigtausend an der Zahl, deren Netz sich eisern über ganz Frankreich spannte, verschlangen jährlich eine halbe Milliarde Livres. Und da es im Belieben des Wohlfahrtsausschusses lag, wen immer anzustellen, davonzujagen, anzuklagen, einzusperren, hinzurichten, bewegte ein Druck Robespierres auf den Knopf diesen ganzen ungeheuren Apparat. Da Robespierre den Apparat völlig beherrschte, erklärte der Apparat auch das Geheimnis von Robespierres Macht.

Nur scheute sich Robespierre noch, zu scheinen, was er war. Dantons Antrag, das Komitee in die Regierung zu verwandeln, wehrte er mit ein paar verlegenen Redensarten ab. Er witterte Hintergedanken. Plante Danton vielleicht, den Ausschuß bloßzustellen, indem er ihm die ganze Verantwortung und Millionen zum unverantwortlichen Gebrauch aufnötigte? Der Verdacht verstärkte sich, als am 25. September, nach neuen Rückschlägen an der Nordostfront, im Konvent konzentrischer Angriff auf das Komitee begann, mit dem Ziel, es zu stürzen. Danton selbst hielt sich zwar zurück, aber Robespierre, der eben noch der Auflehnung Herr wurde, vergaß nicht, daß Dantons Spezi Fabre d'Eglantine das Manöver geleitet hatte.

Als Danton auch der Form nach alle Regierungsgewalt auf den Wohlfahrtsausschuß zu übertragen suchte, verwahrte er sich gegen die Vermutung, er wolle eignem Ehrgeiz frönen: »Ich werde niemals Funktionen in diesem Komitee annehmen, ich schwöre es bei der Freiheit meines Vaterlandes.« Doch als seine Rede vom 5. September den Konvent hinriß, rief Gaston: »Danton hat den Kopf eines Revolutionärs! Er allein kann seine Idee ausführen. Antrag, daß er, auch gegen seinen Willen, dem *Comité de salut public* beigeordnet wird.« Beifall und Annahme, aber Danton: Nein! Nein! Ich habe geschworen! und beharrte dabei: »Ich werde keinem Ausschuß angehören, aber der Sporn aller sein.« Trägheit? Unlust? Berechnung? Vielleicht von allem! Vielleicht wollte er zusehen, bis Robespierre der Atem ausging, um zu gelegener Stunde wieder nach der Macht zu greifen. Aber arg täuschte er sich. Die Republik vergönnte ihren Führern keine Schlummerpausen. Für einen Cincinnatus bot das Frankreich von 1793 keinen Raum, und der Name Danton steckte als zu hoher Aktivposten in der Revolution, als daß sein Träger ihn ungestraft hätte zurückziehen können.

Vielleicht war er auch nur müde, seelisch und körperlich. Die Revolution verbrauchte ihre Leute in Hast, grub ihnen Falten ins Gesicht, machte ihre Bewegungen fahrig. Robespierre seufzte, er sei »durch vier Jahre Revolution erschöpft«.

Auch Danton, ausgepumpt, sank aufs Krankenlager. Da ihn die Öffentlichkeit vermißte, zischelte Gezischel: Wissen sie schon? Danton emigriert! Vom Wohlfahrtsausschuß mit diplomatischen Verhandlungen im Ausland betraut, ist er nach Österreich ausgerückt.

Danton, wenn er überhaupt davon hörte, spuckte aus. Dem sich im Fieber Wälzenden fächelte ein Traum Kühlung zu: windgekräuselter Fluß, grüner Garten, sonniger Platz mit weißem Haus daran. Sein Fluß! Sein Garten! Sein Platz! Sein Haus! Kaum aus den Kissen heraus, bat er den Konvent um Urlaub: »Um meine Wiedergenesung zu beschleunigen, muß ich die Luft der Heimat atmen.«

In Arcis-sur-Aube ruft es der Nachbar dem Nachbarn über den Zaun zu: Er ist wieder da! Seit gestern! Und hat seine junge Frau mitgebracht! jedermann weiß, wer ›Er‹ ist und auch, daß er wieder ein Weib genommen hat.

Da es kalt und einsam geworden ist in der Cour du Commerce, und auch wenn er seine mutterlosen Söhne betrachtet, fliegt Danton der Gedanke einer neuen Ehe an, wurzelt und wächst, sitzt bald ganz fest. Der Entschluß wird ihm erleichtert, weil er nicht lang zu suchen, sondern nur die Hand auszustrecken braucht. Zu den Stammgästen des ›Café du Parnasse‹ gehörte ein früherer Marinebeamter, Marc-Antoine Gély. Die Familien Charpentier und Gély hatten sich angefreundet, und die Heirat Dantons zog auch ihn in diesen Kreis. Gabrielle liebte das Töchterchen der Gélys, Sébastienne-Louise, auch er bemerkte mit Wohlgefallen, wie sie gedieh, ein zierliches Ding, und als er jetzt den Drang fühlt, das Doppelbett im Schlafgemach nicht länger leer zu lassen, rufen tausend Stimmen seines Bluts: Diese!

Schwierigkeiten? Es gibt nur eine. Mama Gély ist fromm, die Tochter auch. Eine Ehe ohne den Segen eines ›richtigen‹, keines konstitutionellen Priesters dünkt sie Todsünde. Der Diderot-Jünger lacht, aber wenn er duldsam ist, so gewiß auf dem Feld des Glaubens. *Louise vaut bien une messe!* Der Abbé de Kéravant, eidweigernder Geistlicher, den er pflichtgemäß dem Revolutionstribunal anzeigen müßte, traut ihn am 12. Juni in aller Heimlichkeit mit Demoiselle Gély. Die Braut bringt zehntausend Livres mit, er selber steuert ihr, eine Tante Lenoir vorschiebend, dreißigtausend bei.

Und Louise ist sein! Erst sechzehnjährig! Ein Kind! Eine Flaumfeder! Ein Veilchenstrauß!

Hat er diese Frau genommen, wie man ein Narkotikum nimmt? Ab und zu schwindelt ihn: auf reißendem Strom saust er in steuerlosem Boot über Gefälle, an Schnellen vorbei, durch Klippen hindurch, keine Möglichkeit, zu lenken oder zu landen, nichts als Augen schließen oder sich betäuben! Danton kennt manche Räusche. Aber Wein aus der Auvergne, Wehen des Windes in der Heimat, Einsamkeit auf sonntäglich menschenleeren Feldern, Jubel der Menge zu seinem Wort, Bewußtsein: Ich mache Geschichte!, Gefühl: Ich forme Zukunft! – nichts gleicht als Trank des Vergessens dem Duft vom Nacken des Weibes!

Sébastienne-Louise! Sébastienne-Louise!

Aber Unrast und Fieber weichen von ihm, da er den kleinen Antoine und den kleinen Georges aus dem Wagen hebt und der Gattin zum Aussteigen die Hand reicht – in dem verschlafenen Aubestädtchen an diesem noch warmen, schönen Oktobertag.

Oktober heißt es freilich nicht mehr. Ein neuer, ein republikanischer Kalender gilt, erfunden von dem Windhund Fabre d'Eglantine. Von dem Dichter Fabre d'Eglantine! Denn diese Namen – Floréal: Blütenbüsche des Flieders, Fructidor: Apfelbäume, unter ihrer Fruchtlast brechend, Brumaire: Nebelfetzen, an Schleedornhecken klebend, Nivôse: Schneefeld, endlos schimmernd. Heute schreibt man noch Vendémiaire, gleich beginnt Brumaire, und merkwürdig, er, Danton, hat jetzt am 5. Brumaire Geburtstag.

Die Arciser gaffen, als die neue Citoyenne Danton zur Erde hüpft. Wirklich, eine reizende Brünette, mit feinen Zügen, frischer Gesichtshaut, lächelndem Mund, strahlenden Augen und eleganter Taille. Und Danton umarmt Mutter und Schwester und den Schwager Pierre und seine alte Amme Marguerite Hariot – ah, die Gute lebt auch noch!

Oktober oder Brumaire, gleichviel, Danton wendet sich entschlossen der Erfüllung seines Wunschtraums zu.

Paris? Liegt auf einem andern Stern! Wenn etwas summt, ist es nicht der Konvent vor erregter Sitzung, sondern der Bienenschwarm aus dem Korb. Wenn etwas rauscht, ist es nicht die Straße vor wildem Aufruhr, sondern das Mühlenwehr der Aube. Und wenn etwas angeschossen kommt, sind es keine atemlosen Kuriere von der Front, sondern Tauben aus dem Schlag.

Paris erreicht ihn nicht, den glücklichen Proprietär Danton! Zwar hat er unlängst erst im Konvent dem Bericht des

Unterrichtsausschusses über eine neue Erfindung gelauscht, Signalapparat zum Übermitteln von Botschaften, Telegraph genannt: ein Gestell mit zwei beweglichen Armen – heißt der Erfinder nicht Chappe? Über acht, neun Meilen her kam eine Depesche in wenigen Minuten an; gut, daß Arcis noch keinen solchen Mast besitzt! Die Zeitungen aus Paris sind, anlangend, immerhin zwei bis drei Tage alt, und in die Zeitungen wirft Danton kaum einen Blick. Wo jemand von Politik zu reden anhebt, winkt er heftig ab.

Ergötzlicher als den ganzen Trödel im Tuileriensaal findet er die Wildsau mit zwei Frischlingen, die er hinter einem Lattengitter hält. Stolz zeigt er sie seinen Jungens, die keine Ahnung haben, daß sie als Knirpse schon in die Weltgeschichte eingegangen sind: ihr Vater hat sie neulich im Konvent erwähnt!

Er klopft den vier gescheckten Kühen aufs Hinterteil. Er liest im Gemüsegarten Raupen ab. Er füttert die Hühner.

Er läßt von den drei schwarzen Stuten im Stall zwei vor den ›*tape-cul*‹, den ›Knochenbrecher,‹ spannen und fährt bei Bekannten herum.

Er spielt Trictrac.

Er geht mit Gefährten auf die Jagd.

Er liegt ganze Tage, während das Fischnetz ausgeworfen ist, im Nachen auf der Aube.

Oder er tut rein gar nichts, schlürft das Da-Sein, göttlich faul, und wenn die Welt sich einen wilden Danton in roter Jakobinermütze vorstellt, sehen die Arciser einen friedfertigen Danton in baumwollener Schlafmütze vor dem Tor stehen.

Manchmal gucken sie ihm durchs Fenster in den getäfelten Speisesaal und freuen sich, wie es ihm schmeckt.

Gesegnete Wochen ohne keuchende Stunden! Jede Spanne Leben vom Aufgang zum Untergang der Sonne wie ruhiger Atem eines Sorglosen!

Inzwischen sitzt, geächtet, gehetzt und von Haß zerfressen, Buzot in seinem Versteck zu Saint-Emilion und schreibt in den bitteren Rechenschaftsbericht seines Wirkens den Fluch: »Was wären Menschheit, Sitte, Tugend, wenn Robespierre, Barère und Danton friedlich in ihrem Bette stürben!«

Aber Danton spielt fast leidenschaftlich mit der Absicht, nach langem gemächlichem Erdenwallen, von Enkeln und Urenkeln umgeben, seine Tage in Arcis zu beschließen; mit Freunden erwägt er den Plan, sich in seinem verwunschenen Heimatnest auf die Dauer niederzulassen; er kauft Grundbesitz zu, für vierhundert, für zweitausend, für dreitausend Livres, und weiß doch, daß all das Einbildung, Selbsttäuschung, Traum ist, aus dem man ihn eines Morgens wachrütteln wird. Und Paris erreicht ihn, den glücklichen Proprietär Danton!

Die neuen Herren, um sich selber ihren Schneid zu beweisen, geben der Guillotine zu tun, die seit dem 10. Mai auf dem Revolutionsplatz arbeitet. Am 16. Oktober ist's Marie Antoinette Lothringen-Österreich, die Witwe Capet. Am 31. Oktober müssen die Girondins dran glauben, ihrer zwanzig; am Fuß des Blutgerüsts noch singen sie die Marseillaise, vom Himmel schüttet es, in achtunddreißig Minuten ist alles vorbei: Brissot, Gensonné, Lasource, der Danton so gehässig angegriffen hat, Vergniaud auch, mit dem Danton gelegentlich so herzlich gelacht hat. Schade um ihn! Schade um alle! Dantons Augen trüben sich bei der schlechten Zeitung, und als ein Nachbar staunt: Waren sie nicht Aufrührer?, fährt er hoch: »Solche Aufrührer sind wir allesamt. So wie sie verdienen auch wir den Tod!«

Brumaire gleitet in Frimaire hinüber, das Wetter wird rauh, Nordwind wirbelt welke Blätter vor sich her, als jäh Dantons Neffe Mergez bestaubt und außer sich im Zimmer steht. Briefe von den Freunden aus Paris! Danton, sei auf der Hut! Ränke werden gesponnen, Verleumdungen finden Glauben, Robespierre knüpft Masche um Masche an einem Netz, um es dir über den Kopf zu ziehn! Eile!

Noch einmal lehnt Danton am Brückengeländer, schaut lang in das bewegte Wasser der Aube, nimmt das Rauschen des Stauwehrs wie für immer ins Ohr auf.

Dann rascher Abschied. Er packt die Familie in einen Reisewagen, die Stiefmama zieht Antoine zu sich, die

Kinderfrau nimmt den Jüngsten auf den Schoß, der Diener auf den Bock, Danton macht den Schluß – los!

Am 18. November übernachtet man in Troyes in der Herberge ›Zur kleinen Wölfin‹, am 19. rollt man wieder über das Pariser Pflaster. Wie schmutzig, wie elend beleuchtet sind, wenn man an früher denkt, die Straßen!

In Dantons Abwesenheit hatte Robespierre die Zügel der Macht noch fester angezogen; wie einem Monarchen erstatteten ihm jeden Tag Bericht die Minister, der Vorsitzende des Sicherheitsausschusses, der Kommandant der Nationalgarde und der öffentliche Ankläger beim Revolutionstribunal.

In sein Notizheft schrieb er die Formel: »Ein einiger Wille tut not, sei er royalistisch oder republikanisch. Zur republikanischen Willenseinheit bedarf es republikanischer Minister, republikanischer Zeitungen, republikanischer Abgeordneter, republikanischer Regierung.« Er tat alles, diese Einheit zu schaffen, ganz im Einklang mit Danton, der jede Gelegenheit nutzte, die Machtsteigerung des Wohlfahrtsausschusses zu fördern: »Alles muß vom Zentrum ausgehen; das ist das einzige Mittel, das Bündel der Departements fester zu knüpfen und das föderalistische System zu vernichten«; niemand betonte schroffer: »Der Geist des Zentralismus muß Nerv und Basis der Regierung sein.« Schon ›die Volksvertreter mit besonderem Auftrag‹ waren Strahlen, die die Sonne Paris aussandte, nicht nur um in jeden Winkel zu leuchten, sondern auch um die Selbständigkeit der Departements zu schmelzen. Aber das Gesetz vom 12. Dezember begründete, indem es die Selbstverwaltung der Departements zertrümmerte und nach einem Vorschlag Dantons den Provinzbehörden Nationalagenten als Willensvollstrecker der Hauptstadt beigab, vollends die Allmacht des Wohlfahrtsausschusses.

Eifersüchtig wachte Robespierre über diese Allmacht; sie war ihm Voraussetzung zur Rettung Frankreichs. Wehe, wer gegen den Stachel des Komitees lökte! Wehe, wer gegen ihn selber aufstand! Er war die Revolution, er war die

Republik! Erschien er in der Schilderung von Madame Jullien »abstrakt wie ein Denker, trocken wie ein Stubenhocker, aber sanft wie ein Lamm«, so war er in Wirklichkeit keineswegs so abstrakt. Er bemühte sich, ›revolutionär‹ und ›politisch‹ zu sein, Kraft und Weisheit zu einen und hatte seinen festen Plan: Verteidigung der Verfassung, die freilich bis zu ruhigeren Zeiten in den Glasschrank gestellt wurde, des Konvents und des *Comité de salut public*, Zerschmetterung der Aufrührer, Bändigung der Verschwörer durch den Schrecken, Schonung der Vorurteile und Schwächen der Massen. Sein großes Plus: daß er es verstand, unbeirrt und zäh den Willen auf einen Punkt zu richten. Aber wie ihm etwas Abgezirkeltes und Mechanisches eignete, etwas Dürres und Sprödes, wie nichts an quellenden Saft in Frühlingsbirken erinnerte, so überwucherten Mißtrauen und Argwohn alle fruchtbareren Eigenschaften seines Wesens. Seine innere Unsicherheit hinderte ihn, je sachliche Gründe für ein Versagen der Revolution zu entdecken; immer und immer trug Schlechtigkeit der Menschen die Schuld. Niederlage an der Front? Verrat war im Spiel! Übergabe einer Festung? Pitts Gold hatte gewirkt! Hungerrevolte in Paris? Werk der Agenten des Auslands! Angriff auf Robespierres Politik? Schufterei von Verbrechern! Als hätte der Jünger Rousseaus von dem Verfolgungswahn geerbt, der des Meisters Gemüt umdüstert hatte, blickte er aus ängstlichen und strafenden Schulmeisteraugen durch seine grünen Brillengläser in eine Welt, die nicht viel taugte.

Robespierre sah zwei Klippen, durch die er das Schiff der Republik steuern mußte: die *›exagération‹* und den *›modérantisme‹*. Beides, übers Ziel hinausschießen und hinterm Ziel zurückbleiben, war eine Gefahr.

Die die Revolution über sich selber hinaustreiben wollten, waren nach wie vor Hébert und seine Leute. Neigt Robespierre auch dazu, »den Patriotismus selbst in seinen Irrtümern zu unterstützen«, sie gingen zu weit. Im Kriegsministerium mischten sie durch Vincent, Bouchottes Adlatus, die Karten, und in der Armee, die die Erhebung in

Westfrankreich niederkämpfen sollte, tobten ihre Anhänger sich aus. Ein neugebackener General wie Rossignol, zweifellos im Feuer gehärteter Republikaner, tapfer, freimütig, nicht allzu prahlerisch, entbehrte doch jeder Eignung für eine hohe Befehlsstelle. Dazu die andern, Ronsin, Momoro – na! Der Abgeordnete Philippeaux, sittenstrenger und gottesfürchtiger Verfasser eines ›*Catéchisme moral et religieux*‹, die Losung: Achtung vor dem Gesetz! ins Herz gebrannt, entsetzte sich als Kommissär des Konvents in der Vendée über das Treiben in den Generalstäben, in denen die Hébertisten den Ton angaben. Er urteilte ein wenig scharf, aber die Revolutionsoffiziere, die er traf, traten wirklich, mit Litzen und Tressen beklebt, säbelklirrend, schnurrbartzwirbelnd, schneidig und schnodderig auf, als hätten sie schon ein Menschenalter vor rasselnden Schwadronen attackiert. Sie brachen Flaschen den Hals und hingen Weibern am Hals; Philippeaux bezichtigte Ronsin, daß er vier Kurtisanen in kostbarer Kalesche mit einer Ehreneskorte von fünfzig Husaren zu einer Truppenschau fahren ließ, und auch sonst kam Kunde von den ›widerlichsten Dirnen‹ in den Stäben.

Diesen Schnauzbärten konnte das vergnügliche Feldleben nicht lange genug dauern. Armeen von 1 200 000 Mann, wie Frankreich sie jetzt auf den Beinen hatte – das hieß für Burschen mit Beziehungen wie die Hébertisten eine Fülle von Pöstchen, Beförderungen, Gehältern, Lieferungen und Vedienstmöglichkeiten. Goldne Epauletten, goldne Dukaten! Es lebe der Krieg! Wer auf den Frieden hinarbeitete, war ein Verbrecher, der ihren Daseinsnerv bedrohte. Nieder der Frieden!

Auch im Innern ging es ihnen nicht toll genug zu; Konvent und Wohlfahrtsausschuß – Schlafmützen! Wie langsam funktionierte die Guillotine! Am 28. Brumaire zwei Köpfe, drei Tage Pause, am 2. Frimaire wieder zwei Köpfe, Tag Pause, am 4. Frimaire abermals nur zwei Köpfe – was war das schon! Schlapp, schlapp! Und welche zarte Rücksichten! Chaumette beschwerte sich in der Kommune, daß den Verurteilten vor der letzten Fahrt ein Schluck

Branntwein gereicht werde; das machte sie fest und frech, und man brauchte, zum abschreckenden Beispiel, zitternde Opfer!

Der Hébertismus wurde durch den Hunger der Massen fett. Die Zwangswirtschaft erwies sich bald als Fehlschlag; die Widerstände waren zu groß, die Machtmittel zu gering, sie halbwegs durchzusetzen. Höchstpreise, Bestandsaufnahme, Lebensmittelausschüsse, Brotkarten, Fleischkarten, Zuckerkarten, Einheitsbrot, Verbot des Kuchenbakkens – alles linderte die Not nicht. Dafür verkaufte man Kartoffelstärke als Zucker, Holzasche als Pfeffer, Rüböl als Olivenöl, gefärbten Apfelmost als Wein – Fälschung und Ersatz, wohin man blickte. Und die Schlangen an den Bäckerläden standen.

Unklar, hohl und von großen Worten aufgebläht, bot der Hébertismus den Hungernden, statt ihnen Brot zu schneiden, nur das Messer des Meisters Sanson. Wie, es herrschte Mangel? Die Girondins brauchten nur »in den Sack zu nießen«, vertröstete der ›*Père Duchesne*‹, und »Silber, Gold, Mehl würden sich im Überfluß zeigen«. Da die Hinrichtung der Vergniaud und Genossen keine Unze Mehl hervorlockte, tobte Hébert wider »die Liga, die die Verkäufer gegen die Käufer bildeten«, und drohte, er werde den elendsten Gemüsekrämer so wenig schonen, wie den dicksten Großhändler. Dame Guillotine, »sehr hohe, sehr mächtige und sehr flinke Dame Guillotine«, hilf!

Konnten die Hébertisten dem armen Teufel den Magen nicht füllen, so nahmen sie ihm obendrein den überirdischen Trost. Für Hébert war Jesus Christus der ›radikalste Jakobiner Judäas‹, aber vom Himmel wollte der Gatte der ehemaligen Nonne nichts wissen. Nachdem es gelungen war, den konstitutionellen Bischof von Paris, Gobel, an die Barre des Konvents zu zerren, wo er sich mit seinen Generalvikaren und Curés feierlich ›entpriesterte‹, wurde es Mode, daß Geistliche am gleichen Platz Gott und Glauben abschworen. Die Kommune verfügte die Schließung der Kirchen. Notre-Dame wurde zum ›Tempel der Vernunft‹; Beifall der Mitglieder des Gemeinderats wie der

Volksvertretung, als unter Musik und Gesang in dem hohen Schiff der alten Kathedrale die ›Göttin der Vernunft‹, in langer weißer Tunika und azurblauem Mantel, eine phrygische Mütze auf gelöstem Haar und eine Pike mit Ebenholzschaft in der Rechten – es war die Citoyenne Aubry von der Oper, verdammt hübsches Frauenzimmer! –, von ihrem Thron stieg und dem Konventspräsidenten, dem häßlichen, einäugigen Laloy, einen offiziellen Kuß aufdrückte.

Lehnte Robespierre, teils als Mystiker, der den Kult des Höchsten Wesens vorbereitete, teils als Politiker, der durch überflüssigen antireligiösen Spektakel Abstoßung wenig aufgeklärter Massen befürchtete, diese plumpe Freigeisterei schroff ab, so berührte sie auch Danton nur unangenehm. Bei den Jakobinern ging Robespierre mit denen ins Gericht, »die aus dem Atheismus eine Art Religion machen wollten«; bedrohlich blitzte sein Ausspruch: »Der Atheismus ist aristokratisch«; der Gedanke eines großen Wesens, das über die unterdrückte Unschuld wache und das triumphierende Verbrechen strafe, entspräche dem Volke. Fünf Tage später wandte sich, am 26. November, Danton im Konvent gegen die ›Priester des Unglaubens‹ und die ›antireligiösen Maskeraden‹, für die die Barre der Nationalversammlung nicht der Raum sei. Robespierre wieder griff den Ausdruck auf, Gobels pomphaften Verzicht auf Priesterwürde als ›philosophische Maskerade‹ bezeichnend. Auf diesem Feld waren Danton und Robespierre ein Herz und eine Seele.

Aber auch was den Krieg anging, schien Robespierre sich zuweilen Danton mehr zu nähern als Hébert. Wußte Danton schon aus Diderot, daß der Krieg »eine mit Krämpfen verbundene, heftige Krankheit des Gesellschaftskörpers« ist, so empfand ihn auch Robespierre als ›tödliche Krankheit‹. Aber hoffte Danton, daß die Koalition der Könige, falls man nur der Kraft die Feinheit geselle, ›einen ehrenhaften Frieden‹ antragen werde, so sah Robespierre, starrer, weniger beweglich, den Sargdeckel eines Systems über sich, nur eine Möglichkeit, den Krieg erfolgreich zu beenden: Gewalt. Danton: Verständigungsfrieden, Robespierre: Siegfrieden. Während der Führer der Opposition im Unterhaus, Sheridan, für den Frieden mit der französischen Republik eine Lanze brach, zischte Robespierre Haß nicht nur gegen das Kabinett Pitt, sondern auch Haß gegen das britische Volk. Gott strafe England! Ihm klang es wie Musik, wenn Barère im Konvent den Mund weit aufriß: Zerstörung Londons! Ausrottung des englischen Volkes! oder wenn Bontemps bei den Jakobinern bramabarsierte: »Erst wenn die gegen uns verbündeten Völker auf den Knien um Frieden bitten, werden wir ihn gewähren.« Der Danton aber, der ob dieses leeren Schwadronierens höhnisch die Oberlippe hochzog und der den Kampf nicht nur mit der Diplomatie der Waffen, sondern auch mit den Waffen der Diplomatie ausfechten wollte, war das nicht ein Flaumacher?

Und wiegelte er nicht auch in der inneren Politik ab? Je länger Danton der Schreckensherrschaft zuschaute, desto mehr enthüllte sie sich ihm als die Herrschaft derer, denen selber der Schrecken in den Gliedern saß. Der dumpfe Aufschlag des Fallbeils war ein tröstlicher Laut für die flatternden Nerven unsicherer Machthaber. Auf Lyon stürzte sich im Spätherbst zügellosester Terror; die Guillotine arbeitete zu langsam; Kartätschensalven streckten in der Ebene von Brotteaux Hunderte von Schuldigen und Unschuldigen nieder. Und wer wütete hier? Der feige Fuchs Fouché, der ewig Lauernde auf leisen Sohlen! Auch in Toulon Massenerschießungen; das Messer der Guillotine lief in seinen Schienen unermüdlich auf und ab; eine Frau, dem Kindbett entrissen, ein Greis von einundneunzig Jahren – aufs Schafott! Und wer soff sich hier an Blut toll und voll? Der weibische Fréron! Danton erinnerte sich seines Kosenamens ›*lapin*‹; das Kaninchen als Tiger – es war zum Lachen und zum Heulen!

Auch hinter der starren Maske Robespierres witterte Danton Unsicherheit, Schwäche und Angst.

Danton war weder unsicher noch schwach und hatte keine Angst. Unbefangenen Auges Umschau haltend, fand er keinen Grund zur Verzweiflung. Die Sansculottenbataillone hatten den Prinzen von Coburg im September bei Hondschoote, im Oktober bei Wattignies dröhnend aufs Haupt geschlagen; die Piemontesen waren aus dem Arc-Tal, die Spanier aus dem Roussillon und dem Baskenland gejagt worden; neue, junge glühend republikanische Generale, Jourdan, Pichegru, Hoche, bedeuteten ein Unterpfand des Sieges. Seit eine Oktobernacht den regellosen Rückzug der zertrümmerten Royalisten-Armee auf das rechte Loire-Ufer gesehen hatte, war auch die Vendée keine Gefahr mehr. Marseille und Lyon gefügig gemacht, erkannten längst wieder den Konvent an; im Dezember feierte Paris Siegesfeste wegen der Rückeroberung Toulons. Ein blutjunger Kommandant der Artillerie, gerade vierundzwanzig, hatte das meiste Verdienst. Danton wußte darum. Ein italienischer Name, Buonarotti oder so, nein halt! Buonaparte hieß er.

In Summa: es stand nicht schlecht, und Danton rief dem Konvent zu: »Ist die Republik nicht all ihren Feinden fürchterlich? Steht sie nicht siegreich da, im Triumph? Habt ihr nicht, um den inneren und äußeren Feind zu unterdrükken, weitgehende und schreckliche Maßregeln getroffen? Haben sie nicht all den Erfolg gehabt, den ihr davon erwarten durftet?« Beschwörend: »Habt ihr nicht das Gefühl eurer Kraft?« Danton hatte es. Die Gegenrevolutionäre? »Sicher möchten sie das Feuer der Freiheit auf seinem glühendsten Herd verlöschen, aber die ungeheure Masse der wahren Patrioten, der Sansculotten, die hundertmal ihre Feinde zu Boden geschmettert haben, ist noch da!« Auf sie baute Danton; sie war, und sollte er sich selber ans Seil der Sturmglocke hängen, jede Stunde aufzubieten.

Auch leugnete der Schöpfer des Revolutionstribunals am wenigsten, daß es nicht ohne Terror ging. Er las dem Volk von der Stirn ab, daß es »den Schrecken auf die Tagesordnung gesetzt« wissen wollte, aber, so deutete er am 26. November im Konvent die Gefühle der Masse, »es will, daß sich der Terror nur gegen die wirklichen Feinde der Republik richtet, gegen sie allein; das Volk will nicht, daß jemand, der nicht von revolutionärer Kraft strotzend auf die Welt gekommen ist, schon deshalb als schuldig behandelt wird«. Denn das Neueste: ein Dekret reihte auch »jene, die, ohne etwas gegen die Freiheit getan zu haben, nichts für sie getan haben«, unter die Verdächtigen ein, und vom Verdacht zur Verurteilung war der Schritt winzig.

Ja, das Volk wollte Gerechtigkeit. Nicht eindringlich genug konnte Danton den Trägern der Macht über Tod und Leben einschärfen: »Seien Sie gerecht gegen alle, die nicht Ihre Feinde sind!« Aber das Dekret, das den Geschworenen gestattete, nach drei Tagen Verhandlung mit der Erklärung: Wir wissen genug! Schluß zu machen, ein Gelegenheitsdekret, das den Prozeß gegen die Girondins abkürzen sollte, ein Dekret, das von Robespierre zurechtgefeilt worden war, was hatte dieses Dekret noch mit Gerechtigkeit zu tun!

Besonders peinlich die Hinrichtung von Frauen. Am 8. November war Madame Roland zum Revolutionsplatz gefahren, erhobenen Hauptes, unerschüttert, eine Römerin – Danton wußte sich von ihr gehaßt, gleichviel, arme Manon! Um dieselbe Zeit starb Marie-Olympe de Gouges auf dem Blutgerüst, Frauenrechtlerin, die schon Monde zuvor Danton die Vertretung ihrer Grundsätze vermacht hatte. Immerhin, es waren politische Frauen, die an der Politik zugrunde gingen. Und blieb es auch ein wenig erbauliches Schauspiel, wie die frühere Kebse Ludwigs XV., ›*Jeanne Vaubernier, femme Du Barry, ci-devant courtisane*‹ unter schrillem Geschrei, kratzend und beißend auf dem Schafott mit dem Henker um ihr Leben rang, so war ihr Ende doch nicht unverdient. Aber wo der Sinn, wenn eine brave Hausmagd Catherine Clère, sechsundfünfzig Jahre, aus Valenciennes, auf die Guillotine geschleppt wurde, weil sie, süßen Weines voll, *Vive le roi!* gerufen hatte? Oder wenn eine Straßendirne, erbost, weil die Sittenpolizei sie aufgriff, und von Branntwein umnebelt, Ludwig XVII. hochleben ließ und dafür den Tod erlitt? Und neben den paar Großen all die andern armen Teufel, wirklich keine Aristokraten, sondern Schlossergesellen, Kanoniere, Weingärtner, Schreiber, die in der Trunkenheit etwas Unbotmäßiges daherlallten und prompt Denunziation, Revolutionstribunal, Guillotine! Unbedeutende Vergehen unbedeutender Menschen – traurige Rebuplik, wenn sie davor zitterte!

Nicht Menschlichkeit in erster Reihe bewog Danton, gegen solchen Mißbrauch des Schreckens aufzustehen. Robespierre war – ›sanft wie ein Lamm!‹ – gewiß nicht blutdürstiger als er, aber Danton hatte den klareren Kopf. Als die bessere Politik erkannte er die Schonung der Unschuldigen und Unwichtigen, denn jedes sinnlos vergossene Blut vergiftete das Blut einer Reihe Lebender, schuf der Republik neue Todfeinde. Getreuen Dolmetsch seiner Anschauungen fand er, als sein alter Freund Camille Desmoulins am 5. Dezember den ›*Vieux Cordelier*‹ herauszugeben begann, in bewußtem Gegensatz zu dem Barfüßerklub jetzt, in dem die Hébertisten immer maßloser ihr Unwesen trieben. Wie Danton mehr von der ›Guillotine der öffentlichen Meinung‹ erwartete als von Sansons stählernem Dreieck, so rief Desmoulins für die grausam geknebelte Presse nach der Freiheit, die der Schrecken der Schufte und Gegenrevolutionäre sei; niemals floß es dem begabten Pamphletisten mit so viel Schwung, Geist und Herzenswärme aus der Feder als auf diesen Blättern, die den Terror als einzigstes Werkzeug der Despoten brandmarkten, die Machthaber aufforderten: »Öffnet die Gefängnisse den 200000 Bürgern, die ihr verdächtig nennt!« und die Errichtung von ›Gnadenkomitees‹ verlangten. Robespierre, den Desmoulins anrief: »Du mein alter Schulkamerad!«, begleitete die beiden ersten Hefte mit einigem Wohlwollen, und da der ›*Vieux Cordelier*‹ so wenig wie Danton daran dachte, der dahinrasenden Revolution in die Zügel zu fallen, wies das Blatt einen allgemeinen und blinden Sündenablaß als gegenrevolutionär ab: keine Generalamnestie! Die ›*comités de clémence*‹ erschienen Desmoulins geradezu als wirksamste Maßregel im Dienst der Revolution!

Aber bald krümmte bei Robespierre die Katze des Argwohns fauchend den Buckel: Dieses Streben, der Guillotine Köpfe zu entziehn, richtete sich doch wohl gegen ihn, also gegen die Revolution! Mit einer automatenhaften, unheil-

Dantons Gegenspieler: Maximilien de Robespierre.
Punktierstich von Ernst Rauch, um 1825.

Der Revolutionsausschuß unter der
Schreckensregierung der Jahre 1793 und 1794.
Radierung von Carl Schleich d. Ä. nach
der Zeichnung von Fragonard d. J.

Die Hinrichtung
Ludwigs XVI. am 21. Januar 1793.
Zeitgenössischer Kupferstich.

Danton's Tod.

Dramatische Bilder

aus

Frankreichs Schreckensherrschaft

von

Georg Büchner.

Frankfurt am Main.

Druck und Verlag von J. D. Sauerländer.

1835.

Dantons Tod von Georg Büchner.
Titel der Erstausgabe aus dem Jahre 1835.

verkündenden Bewegung dreht er sein fahles Gesicht nach der Bank, auf der Danton und Desmoulins saßen, und einer seiner Trabanten, der junge, glühende Fayau, eben mit einer Wunde von der Vendéefront zurückgekehrt, schnitt eine Rede Dantons durch: »Während das Volk es nötig hat, schrecklich zu sein, lädt er zur Gnade ein!« Unerhört!

Und führte diese Taktik nicht schon zu bedenklichen Erfolgen? Der Weinhändler Pierre Gaudon war vom Strafgericht des Pariser Departements zum Tode verurteilt worden, nur weil Nachlässigkeit seines Sohnes versäumt hatte, den vorschriftsmäßig gemeldeten Bestand der Kellereien durch öffentlichen Aushang bekanntzugeben. Selbst dem Justizminister erschien der Spruch ungeheuerlich. Da die Hinrichtung nahte, erhob Danton im Konvent laut seine Stimme: Aufschub!, viele Abgeordnete fielen ein: Aufschub! Die Versammlung beschloß so, und Danton: »Man ehrt sich, wenn man einen Unschuldigen rettet. Ich eile, ihm selber das Dekret mitzuteilen, das Sie soeben beschlossen haben!« Großer Beifall folgte ihm. Auch lag der Fall klar. Auch verfügte der Konvent den Aufschub einstimmig. Trotz allem – daß sich Danton mit solchem Eifer für einen ›Schieber‹ einsetzte, war das nicht ebenfalls unerhört?

Wenn er den wilden Schrecken gehemmt wissen wollte, leitete Danton auch die Sehnsucht nach Aufbau der Republik. Ungeduldig war er; er hätte gern das Gemeinwesen betreut und wachsen sehen wie seine Bäume; ihn, der das Schwert geführt hatte, drängte es, die Kelle zu führen, »und wenn man mit der Pike zerstörte, so bedurfte man des Kompasses der Vernunft, um das Gesellschaftsgebäude auf sicherem Grund zu errichten«. Mit besonderer Zärtlichkeit drehte er darum das Unterrichts- und Erziehungsproblem hin und her, das, im Zeichen von Rousseaus ›Emile‹, diese Generation mehr als eine bewegte. Da der Plan Lepelletier Saint-Fargeaus, Vermächtnis des Ermordeten, der Unterweisung der Jugend in Schulen mit Internat auf Staatskosten vorsah, die Meinungen aufeinander platzen ließ: Die Kinder gehören den Eltern! Die Kinder gehören dem Vaterland!, zäumte Danton das Pferd richtig auf, vom Recht der

Masse auf Schulung ausgehend: »Nächst dem Brot ist die Erziehung das erste Bedürfnis des Volkes!« Er prägte: »Alles verengt sich in der häuslichen, alles weitet sich in der gemeinsamen Erziehung!« Er rief seine gallische Munterkeit zu Hilfe, ja, auch er sei Vater, »und mehr als die Aristokraten, die sich der gemeinsamen Erziehung widersetzen, denn sie sind ihrer Vaterschaft nicht sicher« (Heiterkeit), aber »mein Sohn gehört nicht mir, er gehört der Republik«. So drang er mit einem Vorschlag durch, der einen seiner beliebten Mittelwege wies: Errichtung staatlicher Erziehungsanstalten, in denen die Kinder ohne Entgelt Unterricht, Nahrung und Wohnung empfingen, und daneben Schulklassen für jene Knaben und Mädchen, die die Eltern im eigenen Haus behalten wollten. Aber den Internaten gab er den Vorzug. Obwohl er mit Leidenschaft Familienmensch war, warnte er vor dem ›gefährlichen Einfluß des Vaterhauses‹ und häufte alles Lob auf die Erziehung durch den Staat. Deren Ziel? »Alle Empfindungen eines Kindes müssen in eine einzige, alle Gedanken in einen einzigen verschmelzen, die Liebe zum Vaterland und zu den Mitbürgern: beizeiten muß es sie lieben lernen, beizeiten zu allen Opfern, selbst dem seines Lebens, bereit sein; diese Grundsätze hat es mit der Muttermilch einzusaugen«. Der sein kantiges Ich schroff behauptete, wie stark empfand er die Verbundenheit aller mit allen!

Dachte Robespierre hierin kaum anders, so schied beide die Vorstellung von dem, was der Aufbau schaffen sollte; Danton trug ein anderes Gesellschaftsbild in der Brust. Die Wortführer der Revolution redeten die Sprache kommender Jahrhunderte, wenn sie den Staat auf die Volkssouveränität gründeten, aber zu diesem Ende suchten sie die wirtschaftliche Entwicklung auf eine überholte Stufe zurückzudrücken; die politisch in die Zukunft blickten, starrten ökonomisch in die Vergangenheit. Soweit sie, wie die Mehrzahl, im Banne Rousseaus standen, der in einer Zwergrepublik kleiner Bürger und Bauern seinen Weltbegriff geformt hatte, fanden sie, ganz gleich ob Girondins oder Montagnards, Demokratie unvereinbar mit großer

Verschiedenheit der Vermögen; aus ihrer aller Herzen sprach Louvet: »Die politische Gleichheit und die Verfassung haben keinen Feind mehr zu fürchten als die ausnehmende Ungleichheit des Besitzes.« In Konstituante, Legislative und Konvent glaubten die wenigsten an einen Aufschwung des Großgewerbes, denn Monopole und Privilegien sahen sie als unerläßliche Vorbedingung dazu an, und Monopole und Privilegien waren 1789 gefallen. Aber betrachteten sie diesen Aufschwung selbst als möglich, so strebten sie, ihm entgegenzuwirken; nicht umsonst hatte Rousseau den Staat angerufen, durch Gesetze der Neigung zu wachsender Ungleichheit des Besitzes zu steuern. Wie Rousseau den Luxus als Verderber der Sitten verdammt hatte, so verfluchte Marat den Überfluß. Sein Ideal: Rückkehr zur Parzellenwirtschaft, zum Kleinhandwerk, zum Warenaustausch in engen Schranken. Und wie Rousseau, immer Rousseau, dem Ackerbau vor allen andern Beschäftigungen die Palme gereicht hatte, so hielt Billaud-Varenne eine auf Feldbestellung beruhende Gesellschaft für die beste, weil sie den Besitz nicht ins Unbegrenzte zu vermehren gestatte; niemand sollte nach ihm über eine bestimmte Zahl Morgen hinaus sein eigen nennen dürfen, und die Zerstückelung der Erbschaften gesetzlich festzulegen, auch das erschien ihm ein Weg zu einer gewissen Gleichheit der Vermögen.

Für den auf Gefolgschaft der Kleinen angewiesenen Kreis um Robespierre kam erst recht die Welt nur dann ins Lot, wenn die Landwirtschaft den Grund des Ganzen legte, der Kleinbesitz vorherrschte und es weder Arm noch Reich gab; mittlere Temperatur, ökonomische Windstille, maßvolles Behagen. Saint-Just, der Staats- und Gesellschaftsphilosoph des Robespierrismus, fand die Vollendung in einem Frankreich, das sich vom Ausland möglichst absperrte und sich so gut wie ganz aus kleinen Grundbesitzern zusammensetzte; jeder seine paar Joch Land, sein Weib, seine Kinder, weder Arme noch Reiche, Gold und Silber verpönt, der Überfluß eine Ruchlosigkeit. Begriff vom Glück? »Ein Pflug, ein Feld, eine Hütte, die gegen den Zugriff des

Staates gesichert sind, eine Familie, die gegen das Gelüst eines Räubers geschützt ist, *voilà le bonheur*.« Diese Lehre schien aus der Not des belagerten Landes eine Tugend zu machen; so schob Saint-Justs Gesellschaftsentwurf in jeden Monat neun fleischlose Tage ein. Robespierre teilte diese Ansichten; wie sein Meister Rousseau vor dem Wilden als dem Inbegriff aller Reinheit und Güte auf die Knie gesunken war, schwang er das Weihrauchfaß vor dem kleinen Mann; der Arme war ihm tugendhaft an sich, der Reiche lasterhaft an sich. Couthon verriet die Quelle dieses Kults: »Die Tugend liebte immer, in der Volksmasse zu wohnen, weil die Volksmasse der Natur näher blieb.« Während englische Karikaturen die Jakobiner als zerlumpte Menschenfresser wiedergaben, zeigte ein in Frankreich verbreiteter Stich, ›Der gute Sansculotte‹, einen Biedermann mit trikolorer Schleife am Hut, der seine bürgerliche Suppe löffelte und seinen Hund fütterte. Dieser Wackere, in dessen Vollbart die Tugend nistete und dessen irdener Napf samt hölzernem Löffel Genügsamkeit und Zufriedenheit ausstrahlte, war so recht der Republikaner nach dem Herzen Robespierres.

Danton aber erschien die Republik im Bild nicht einer dürren Vettel, die zur Enthaltsamkeit verführte, Haut und Knochen, und die Rippen zu zählen, sondern eines strotzenden Weibes mit schweren Brüsten und üppigen Hüften, von Rubens gemalt: Fülle und Fruchtbarkeit ihr Ausdruck!

Von allem, was aus Saint-Justs Staatsplan durchsickerte, gefiel dem mit Aube und Seine Vertrauten nur die Vorschrift, daß der Sechzehnjährige als Mannbarkeitsprobe einen Fluß durchschwimmen müsse. Sonst aber? Lieber Himmel! »Saint-Just«, höhnte er, »will eine Spartanerrepublik, aber eine Schlaraffenrepublik ist's, was wir brauchen!« Als witterte er, daß die Wirtschaftskräfte des bürgerlichen Zeitalters ganz andere Wunderwerke schaffen würden als ägyptische Pyramiden, römische Aquädukte und gotische Kathedralen, begeisterte er sich statt für die Abdrosselung für die volle Entfaltung, statt für das Rinnsal für den mächtig flutenden Strom.

Da die Morgenröte des neuen Geschichtsabschnitts noch nichts von der Nordpolkälte der Selbstsucht ahnen ließ, die sein wesentliches Zeichen sein sollte, blieb Danton nie kühl bei der Not der Unglücklichen. Im Konvent zürnte er, daß die Kriegsverletzten gezwungen waren, an der Barre der Versammlung um das, was ihnen zustand, zu betteln, und schlug Zuweisung von Land und Vieh in der Umgegend von Paris an sie vor, Gründung einer »Kolonie von Patrioten, die für das Vaterland gelitten haben«. Aber Torheit die Absicht, die wirtschaftliche Entwicklung auf einem Fleck festzunageln, über den sie längst hinaus war, und die Lebenshaltung aller auf ein kaum erträgliches Maß von Dürftigkeit zurückzuschrauben. Aus Diderot kannte er die Verächter von Vermögen und Luxus als Feinde des menschlichen Fortschritts; daß die großen Staaten der neuen Zeit der Reichtümer bedürfen, um ihre Macht und Größe aufrechtzuerhalten, und daß demnach ein Mann, der arbeite, um sich zu bereichern, für den Staat nützlich sei, und daß ein Reicher, der genießen wolle, vernünftig sei – stand es nicht so im Buch der Bücher, in der Enzyklopädie? In dieser Auffassung begegnete Danton sich viel eher als mit der puritanisch kümmerlichen Montagne mit der Gironde, der das Fenster ihrer Seestädte freieren Blick auf Weltmeer und Welthandel erlaubte. Am 8. Mai hatte Vergniaud im Konvent der Fanatiker gespottet, die eine arme, sittenstrenge und kriegerische Republik, ein zweites Sparta, wollten; mit Wohlgefallen vernahm Danton von seinem Kollegen aus Bordeaux, daß es gelte, den Gewerbefleiß des Volkes auszunützen, um die Quellen des Wohlstandes zu vermehren, die geographische Lage Frankreichs, um seinen Handel zu erweitern, und die Begabung der Franzosen, um Meisterwerke der Kunst zu schaffen und glorreiche Erfindungen zu machen.

Wie beredt entwickelte auch Desmoulins in seinem ›Fragment der Geheimgeschichte der Revolution‹ Dantons Anschauungen: Paris, wahrhaft zwischen Rhein- und Rhône-Mündung gelegen, durch Kanal und Hafen mit der See verbunden, Blüte Frankreichs, Entfaltung der Gesetze, der

Künste, des Handels, der Gewerbe, die frei von jeder Bindung waren. Aufschwung, der sogar England verblüffte; Volksschulen überall, in jedem Dorf statt des Geistlichen ein republikanisch gesinnter Schulmeister, den Kindern die ›Menschenrechte‹ und den ›Almanach des Vaters Gerhard‹ erklärend; unentgeltliche Kunst- und Gewerbeschulen, alles, um zu zeigen, daß die republikanische Regierung dem Handel günstig sei, der stets nur in den Republiken und im Verhältnis der Freiheit einer Nation zur Versklavung ihrer Nachbarn gedeihe. Losung: Athen! Die Reichen Galeeren ausrüstend, die Armen mit ihrem Leib dienend, aber jene von diesen geehrt und zu den Staatsämtern emporgetragen. Eine Republik, die erfüllte, was die Monarchie vor zwei Jahrhunderten umsonst versprochen hatte: Jedem Bürger sein Huhn im Topf!

So klang es auch in Danton: Freiheit und Schönheit verschwistert, die Freiheit keine Feindin des Genusses; der Reiche hatte gleichfalls Grund, sich der neuen Staatsform anzuschließen: »Wir haben keine Barbarenrepublik gegründet!« Der Franzose war heiter, lachte, trank, tanzte, von dem Versuch, ihm Robespierres magere Gleichheitssuppe aufzunötigen, empfand Danton, was Crudell in Diderots ›Unterhaltung eines Philosophen mit der Marschallin von *****‹ sagte, daß es nicht angehe, ein ganzes Volk über einen Leisten zu schlagen, der dem Charakter einiger Sauertöpfe angepaßt sei. Danton, nicht sauertöpfisch, sah ein Zeichen von der Zeiten Verderbnis darin, daß auf Geheiß des Wohlfahrtsausschusses die Blumenbeete im Tuilerien- und Luxembourggarten mit Kartoffeln bepflanzt wurden und übereifrige Kommissäre des Konvents die Rebstöcke ausrissen, um Weinberge in Kornfelder zu verwandeln. Nein, was dem Volk ziemte, waren Blumen, Wein und Spiele. Die Künstler rief Danton zur Errichtung einer Festhalle auf, wo Nationalspiele gefeiert werden sollten. Wie Griechenland seine olympischen Spiele hatte, so würde Frankreich die Festtage begehn, die Sansculottiden hießen!

Die lachende Lebensauffassung Dantons ließ Robespierre wie Essig dreinblicken. Was hatte, auf Schnelligkeit des Blutumlaufs hin betrachtet, dieser, der am Abendtisch der Familie Duplay die erbaulichsten Stellen aus Rousseau vorlas, mit jenem zu schaffen, der sich im stillen Kämmerlein an den saftigsten Kapiteln von Rabelais ergötzte! Jener war für diesen ein Mann oh! ohne Tugend. Denn von Tugend redete man im Wohlfahrtsausschuß ohne Unterlaß, und verstand man darunter zunächst auch Hingabe an die Republik, so wirkte das Tugend hinten, Tugend vorn doch auf die Dauer, als sei die Welt ein Nonnenkloster. Rettete nicht täglich die Polizei der Kommune durch Jagd auf galante Kupfer, schlüpfrige Bücher und leichte Dämchen die gefährdete Sittlichkeit? Couthon legte hin: »Wer Demokratie oder Volksstaat sagt, sagt tugendhafte Regierung an sich«, Saint-Just zog die Brauen hoch: »Eine republikanische Regierung hat die Tugend zum Prinzip, wenn nicht, den Schrecken«, und Robespierre warf sich selbstgefällig in die Brust: »Die Tugendhaften waren stets in der Minderheit!« Tugend, Tugend, Tugend – als dieses Getute Danton einmal zuviel ward, schnellte er Robespierre lachend die Lästerung ins Gesicht: Ach was! keine bessere Tugend gibt es als die, die ich jede Nacht mit meiner Frau ausübe! Der Anbeter der rousseauistischen Tugend erstarrte zum Gletscher, so oft er daran dachte. Konnte ein Politiker so ohne Moral wirklich ein Verteidiger der Freiheit sein?

Vor allem andern aber gehörten Robespierre und die Seinen zum Orden der Unbedingten. Dogmatiker waren sie, Götzendiener des Absoluten, die nichts wußten und nichts wissen wollten von der Bedingtheit alles Irdischen. Sie sahen weiß und sahen schwarz, dazwischen nichts; sie glaubten unfehlbar zu sein, Willensvollstrecker der Natur selber; mit nachtwandlerischer Sicherheit stelzten sie ihren schnurgeraden Weg. Danton aber hatte nicht nur den Sinn für Abstufungen und Übergänge, sondern auch ein Gefühl für die Relativität der Dinge. Die Welt war ewig unvollkommen, unmöglich etwas absolut gut, schon viel, es möglichst wenig schlecht zu machen. Ende Dezember saßen die Jakobiner über Philippeaux zu Gericht, der die Verantwortung für die Niederlagen in der Vendée Rossignol und seinen Kumpanen aufgebürdet hatte; die Angelegenheit war etwas undurchsichtig, Zeugnis stand gegen Zeugnis. Danton schätzte den ›Sansculottengeneral‹ Rossignol und hatte ihm sogar den Oberbefehl zuschanzen helfen; auf der anderen Seite wußte er, daß Philippeaux, von sich vielleicht etwas zu eingenommen, nichts vorbrachte, wovon er nicht felsenfest überzeugt war. Wie er es ein paar Wochen später tadelte, daß der Konvent Dekrete ohne eigene Prüfung, ohne Kenntnis der Tatsachen, nur auf Empfehlung der Komitees eins, zwei, drei annehme, so entschlug er sich darum eines abschließenden Urteils über den Fall Philippeaux-Rossignol und warf statt dessen in die Erörterung den nachdenklichen Satz: »Vielleicht gibt es hier keine anderen Schuldigen als die Ereignisse!« Keine anderen Schuldigen als die Ereignisse, die Dinge schuldig, nicht die Menschen – wer sich zu solcher Erkenntnis durchrang, wie Feuer von Wasser schied sich der von Robespierre, der nie in den Ereignissen, nie in den Dingen, immer nur bei den Menschen die Schuldigen suchte und fand!

Das Kesseltreiben gegen Danton beginnen die Hébertisten. Schon im August sucht Vincent Jakobiner und Cordeliers gegen ihn einzunehmen: »Dieser Mann mag mit großen Worten auftrumpfen, dieser Mann mag ohne Unterlaß seinen Patriotismus beteuern, aber wir werden ihm niemals auf den Leim gehen.« Statt auch die linke Wange hinzuhalten, stößt Danton derb zurück. Im Dezember erzielt sein Freund Fabre d'Eglantine, freilich nur für Tage, die Verhaftung Vincents und Ronsins, im ›*Vieux Cordelier*‹ bringt sein anderer Freund Desmoulins mit feinstem Florett Hébert die tödlichsten Stiche bei, und Danton selbst rechnet im Konvent mit den ›Ultrarevolutionären‹ ab, die so gefährlich werden könnten wie der ausgesprochenste Gegenrevolutionär. Er weiß, wie ihn Schwatz umraunt, Klatsch umzischelt, Verleumdung umdunstet. Da er in Arcis an der Heimatluft genas, hieß es, er sei in die Schweiz geflüchtet; Blödheit glaubt, er wolle sich im Namen Ludwigs XVII. zum Regenten aufwerfen; selbst die Emigration verbreitet ein Wort, das von ihm stammen soll: »Ich werde den kleinen Tiger loslassen«, nämlich den Dauphin. Bei allem gewinnt er es über sich, als im Konvent die Todesstrafe für Verleumder vorgeschlagen wird, einzuwenden: Nein! Die Revolution kennt ein Recht, selbst Abgeschmacktheiten gegen Personen zu verzapfen: »Besser, die öffentlichen Funktionäre werden verleumdet, als daß aus Angst, als Verleumder behandelt zu werden, niemand gegen sie auftritt.«

Aber am 3. Dezember zieht er doch bei den Jakobinern vom Leder, weist nach, daß der ungeheure Reichtum, den seine Feinde ihm zuschreiben, sich auf ein kleines Vermögen beschränkt, das er immer gehabt habe, beschwört den Schatten Marats, zu dessen unerschrockensten Verteidigern er jederzeit gehört habe, ruft, des Echos fast nicht mehr gewiß, in die Versammlung: »Habe ich denn die Züge nicht mehr, die das Gesicht eines Freiheitsmannes kennzeichnen?« Murren hat den einst so Volkstümlichen auf der Tribüne begrüßt, aber Robespierre steht auf. Nicht ohne Tücke reiht er zuerst alles, was an Gerüchten über Danton umherschwirrt, anschaulich wie die Perlen eines Rosenkranzes auf, dann wendet er sich zu ihm: »Danton! Weißt du nicht, daß, je mehr Mut und Patriotismus jemand hat, die Feinde des Gemeinwohls desto mehr auf seinen Untergang aus sind? Weißt du nicht, und wißt ihr nicht alle, Bürger, daß diese Methode unfehlbar ist?... Wenn der Verteidiger der Freiheit nicht verleumdet worden wäre, diente das zum Beweise, daß wir weder Priester noch Adlige mehr zu bekämpfen hätten.« Schlußapotheose! Der Präsident der Jakobiner zieht Danton feierlich an die Brust, einmütiger Beifall, und auch die Cordeliers, die ihm von Hébert oft abspenstig gemacht werden, tun drei Tage später kund und zu wissen, daß »Danton noch ebenso fest ist wie zu Beginn der Revolution«.

Noch bedarf Robespierre Dantons samt Anhang zur Bekämpfung der Hébertisten. Als Billaud-Varenne sich am grünen Tisch des Wohlfahrtsausschusses erhebt, in flohfarbenem Leibrock und mit kleiner fuchsroter Perücke noch immer der Stutzer der Sansculotterie, und die blutleeren Lippen kaum öffnet, um die Verfolgung Dantons und seiner Freunde vorzuschlagen, funkeln ihn die Brillengläser Robespierres wütend an, und eine erregt scharfe Stimme verwahrt sich dagegen, daß man die besten Patrioten vernichten wolle. Aber die andern bohren. Billaud bohrt, Collot bohrt, der Chef der politischen Polizei, Vadier, Haut und Knochen gewordenes Mißtrauen, bohrt auch, der unheimlich finstere Amar, dessen schön polierte rosige Fingernägel Tigerklauen so gar nicht gleichen, und nicht zuletzt der Maler David, den, allzu vertrauensselig, Danton immer noch als Freund einschätzt.

Ihre Gründe, Hinweise, Verdächtigungen gehen allmählich in Robespierre auf, wenn er mit seiner dänischen Dogge Brount durch den abendlichen Frieden der Champs-Elysées spazierenläuft. Vielleicht haben Billaud und die andern doch recht. Die Kritik Dantons am System wird zur Gefahr für die Revolution, die Republik, ist schon Gefahr.

Ohne daß er es weiß und will, schauen und hoffen auf Danton alle, die der neuen Ordnung spinnefeind sind; den ›*Vieux Cordelier*‹ reißen die verkappten Royalisten einander aus den Händen. Freilich erscheint die Politik der Vernunft und Mäßigung, die Danton empfiehlt, nur so lange gefährlich, als sie Fahnenspruch der Opposition ist; von der Regierung aufgegriffen, wird sie sofort zum Unterpfand der Stärke. Aber das sieht, dank seiner Scheuklappen, Robespierre nicht.

Dafür erwägt er ein anderes. Wer den Hébertismus treffen will, braucht, um in den Augen der Volksmasse nicht zu weit nach rechts zu rutschen, ein Gegengewicht. Um nach links zu schlagen, muß man, schon weil sich sonst die Billaud, Collot, Vadier, Amar und ihresgleichen sperren, auch nach rechts schlagen. Daß er den Dantonismus zu vernichten hat, um den Hébertismus vernichten zu können, wird für Robespierre ein Rechenexempel, das so überzeugend aufgeht wie zweimal zwei ist vier.

Der Zufall deckt eine Kloake auf, deren Dreckspritzer auch Dantonisten erreichen. In Paris führen zwei Brüder in der Rue Anjou Saint-Honoré ein großes Haus. Ausländer, getaufte Juden aus Mähren, die sich im Türkenkrieg an Heereslieferungen bereichert haben und von Joseph II. zu Edlen von Schönfeld gemacht worden sind, nennen sie sich Frey, seit sie in Straßburg mit ihrem Sekretär, dem dänischen Advokaten Diederichsen, die ›heilige Erde der Freiheit‹ betreten haben. Es gibt keine entschlosseneren Jakobiner; der ältere, Junius, trägt stets den Carmagnole geheißenen Kittel und an der roten Mütze eine riesige dreifarbige Kokarde, ein wahres Rad. Auch läßt er im Sommer 1793 auf seine Kosten eine ›*Philosophie sociale*‹ drucken, ein von erhabensten Grundsätzen schwangeres Buch, das sich auf die Reden des Sokrates, das Evangelium und die Schriften des ›unsterblichen Kant‹ beruft. Da bei den Freys, die vierzig- bis fünfzigtausend Livres das Jahr ausgeben, keineswegs Schmalhans Küchenmeister ist, gehen Notable der Revolution, auch Abgeordnete, in ihrem Hause aus und ein, aber ein Spitzelbericht in deutscher Sprache vermeldet von den beiden: »Sie seynd so pfiffig, daß sie ihren Gästen die Würmer aus der Nase ziehn, ohne daß sich diese etwas vermuten.« Der politischen Polizei gelten sie als Spione oder als Schieber oder als beides.

Das hält Chabot nicht ab, sich ihnen eng und enger zu versippen und schließlich mit einer Mitgift von zweihunderttausend Livres ihre sechzehnjährige Schwester Leopoldine heimzuführen, die ihn anhimmelt: »Nächst Robespierre sind Sie der größte der Franzosen!« Für seinen Teil steckt Chabot, der neuerdings in Holzschuhen herumläuft, um gesteigerte Vaterlandsliebe an den Tag zu legen, mit zwei Kollegen, Basire und Delaunay, unter einer Decke, um durch parlamentarische Machenschaften die liquidierende ›*Compagnie des Indes*‹ zu schröpfen; es gilt, durch Schreckschüsse die Aktien der Gesellschaft im Kurs herabzutreiben und soviel wie möglich aufzukaufen, um sie wieder hochzutreiben und mit gewaltigem Gewinn abzustoßen. Aber da Chabot, von Angst vor Entdeckung gefoltert, Mitte November die Schmutzerei dem Wohlfahrtsausschuß anzeigt, kommt er samt Basire und Delaunay hinter Schloß und Riegel. Auch die Gebrüder Frey folgen bald. Aus dem Luxembourg-Gefängnis beschwört der Ex-Kapuziner Danton seine, des Unschuldigen Verteidigung zu übernehmen. »Ich kenne«, beginnt das Schreiben, »mein lieber Kollege, dein Genie und demnach deine Trägheit, ich müßte fürchten, daß du mich nicht zu Ende liest, wenn ich Dir ausführlich schriebe.« Ob Danton den Brief bis zum Schluß liest oder nicht, jedenfalls enttäuscht er die Erwartungen des Häftlings auf tatkräftige Hilfe.

Doch als am 13. Januar 1794, einem trüben, regnerischen Montag, Amar, seine Spitzenmanschetten glatt streichend, dem Konvent im Namen des Sicherheitsausschusses berichtet, in der Nacht sei Fabre d'Eglantine verhaftet worden, weil er im Zusammenhang mit der Affäre Chabot ein Dekret gefälscht habe, springt Danton auf: Antrag, den Haftbefehl zwar in Geltung zu lassen, aber Fabre und den andern Beschuldigten an der Barre der Versammlung Gehör zu schenken. Erbitterung jener, die hinter Fabre seinen großen Freund zu treffen gedenken, und indem er Danton auf Umwegen des Royalismus bezichtigt, schießt Vadier vergifteten Pfeil ab: »Die Grundsätze des Vorredners brächten uns zur Verfassung von 91 zurück, die den Volksvertretern bedingungslose Unverletzlichkeit gewährte«, und Billaud-Varenne hat es gar nicht nötig, einen Namen zu nennen, jeder weiß, wen er meint, da es kalt, langsam und betont von seinen Lippen tropft: »Wehe dem, der neben Fabre d'Eglantine gesessen hat und sich noch von ihm anführen läßt!«

Zur selben Zeit zaust Robespierre bei den Jakobinern Desmoulins, erst mit Nachsicht, ihn als verzogenes Kind behandelnd, das in schlechter Gesellschaft verdorben worden sei, dann, da der Angegriffene den Vorschlag, den ›*Vieux Cordelier*‹ an Ort und Stelle dem Feuer zu übergeben, mit Rousseaus Worten ablehnt: Verbrennen ist nicht widerlegen!, fester zupackend und mit verkniffenem Gesicht; Ergebnis: die Gesellschaft, die sich jeden Tag durch Ausstoßung von Mitgliedern säubert, schließt auch Camille aus. Lucile fliegen vor Furcht die Glieder, als sie von der Szene vernimmt. Ihrem Gatten zeigt sie eine heitere Stirn, aber an Fréron in Toulon schreibt sie heimlich mit zitternder Feder: »Kommen Sie, Fréron, kommen Sie recht schnell zurück! Sie haben keine Zeit zu verlieren. Bringen Sie alle alten Barfüßer mit, die Sie treffen können, wir bedürfen ihrer aufs dringendste... Sie haben keine Ahnung, was hier vorgeht... Kommen Sie, kommen Sie bald zurück! Wir erwarten Sie mit Ungeduld.« Camille aber, sich erinnernd, daß ihm bei den Jakobinern einer zugerufen hat: Aufs Schafott!, daß anderwärts die Drohung erklungen ist: Dieser Desmoulins streift schon die Guillotine!, setzt Freunden mit etwas verzerrtem Lächeln das Wort des Korintherbriefes vor: »*Edamus et bibamus, cras enim moriemur!* Lasset uns essen und trinken, denn morgen sind wir tot!«

Von ähnlicher Vorahnung geplagt, verschleudert Hérault de Séchelles in den weißen Armen bald der blonden Suzanne, bald der braunen Adèle seine Kraft; er küßt zweckvoll, will, im Genuß wütend, an einem Tage für zehn Jahre leben: »Wenn sie mich dann dem Dasein entreißen, glauben sie, einen Zweiunddreißigjährigen zu töten, aber ich werde achtzig sein!« Am 15. März – Ade Suzanne! Ade Adèle! – sitzt auch er, angeschuldigt, einen Emigranten bei sich verborgen zu haben, im Luxembourg!

In ihrem Brief an Fréron hat die arme Lucile verzagt offenbart: »Marius findet kein Gehör mehr, er verliert den Mut, er wird schwach.« Marius – so heißt Danton in diesem Kreis. Und wie? Danton machtlos, mutlos, schwach? In der Tat schüttelt es ihn manchmal wie Ekel am Leben, an den Menschen gewiß. Er greift sich an die Kehle: »Die Menschen stehen mir bis hierhin!« Als Garat ihn trifft, spricht Danton nur vom Lande, von frischer Luft; er muß fort von den Menschen, um nicht zu ersticken. Die Macht dünkt ihn ein schaler Trank; er sehnt sich fast nach der Zeit zurück, da er jede Woche eine Flasche Tinte verschreiben mußte, um seinen Unterhalt zu erwerben.

Aber Danton nimmt auch wie alle Starken die ihm drohende Gefahr zu leicht. Robespierre? Pah! Doch der Mann mit den grünen Brillengläsern ist ein furchtbarer

Gegner, weil er keine Faulheit kennt, keine Gastereien liebt, nichts vom Angeln weiß, kein Arcis als stille Sehnsucht im Busen trägt und von dem freimütigen Bekenntnis »Ich brauche Frauen!« weltenweit entfernt ist.

Ab und zu reißt es Danton noch auf die Tribüne des Konvents. Wie in eigener Sache plädiert er dafür, daß man sich auf ganz sichere Beweise stützen müsse, um glühenden Freiheitsfreunden gegenrevolutionäre Absichten unterzuschieben. Einmal noch durchstößt immer wieder Beifall der Versammlung seine Sätze, da er, in kühner Haltung wie nur je, die Linke in die Hüfte gestemmt, die Rechte gebieterisch ausgestreckt, in den Saal schleudert: »Franzosen, erschreckt nicht, daß die Freiheit im Anfang Blasen wirft! Sie ist wie ein starker, junger Wein, der heftig gärt, bis er von allem Abschaum gereinigt ist. Niemals erschien mir die Vertretung der Nation größer als heute. Das sind die neuen Zeiten, durch den Triumph der Freiheit bezeichnet!« Als sich am Schluß der Rede der Präsident Rühl und Danton herzlich umarmen, donnert der Saal vom Jubel, von einem Jubel wie in den besten Tagen.

Leuchtende Zuversicht im Antlitz, steigt Danton die neun Stufen hinab. Von übermorgen ab, dem 1. Germinal des Jahres II, dem 21. März 1794, wird nicht nur Tallien, ein Freund, dem Konvent und Legendre, der Treueste der Treuen, den Jakobinern präsidieren, sondern vor sechs Tagen hat das Komitee auch gegen die Hébertisten Ernst gemacht.

Gerade planen sie einen Handstreich, einen Staatsstreich, eine ›heilige Insurrektion‹ gegen Wohlfahrtsausschuß und Konvent, mit Gefängnismetzeleien und wer weiß, was noch sonst, aber kaum umkleiden sie zum Zeichen des gesetzlosen Zustandes die Tafel der Menschenrechte im Cordelierklub mit schwarzem Flor, schlägt Robespierre zu. Am 13. März werden unter anderen Hébert, Ronsin, Vincent, Momoro verhaftet. Am 21. erscheinen sie vor dem Revolutionstribunal. Am 24. karrt man sie zum Schafott. Während Anarchasis Cloots, Sprecher des Menschengeschlechts und Philosoph des Weltalls, bis zuletzt seine erhabene Seelenheiterkeit bewahrt, ein Sokrates vor dem Schierlingsbecher, windet sich Hébert in wahnsinniger Todesfurcht. Als er schon auf das Brett der Guillotine geschnallt ist, wischt ihm ein Henkersknecht mit seiner roten Mütze die Nase; der Mordmob heult vor Vergnügen und johlt die Unflätigkeiten, die der ›*Père Duchesne*‹ verschwenderisch auszustreuen pflegte.

Aber Leichtsinn der Dantonisten, aufzuatmen; ihr Verderben ist zugleich mit dem der Hébertisten beschlossen; das Triumvirat des Komitees braucht freie Bahn. Schon am 5. Februar hat Robespierre im Konvent mit dürrem Zeigefinger auf die ›inneren Feinde des französischen Volkes‹ gewiesen, die, in zwei Gruppen geteilt, unter verschiedenfarbigen Bannern und auf verschiedenen Straßen zum gleichen Ziel marschierten, nämlich »der Zerstörung der Volksregierung, dem Sturz des Konvents, dem Truimph der Tyrannei«. Fortfahrend: »Die eine dieser Parteien treibt uns zur Schwäche, die andere zur Maßlosigkeit, die eine will die Freiheit in eine Bacchantin, die andere in eine Prostituierte verwandeln.« Ist's nicht deutlich genug, steht drei Wochen später Saint-Just auf der Tribüne, in seinem hellblauen Schoßrock mit goldenen Knöpfen, seiner weißen Weste, seiner hohen weißen Krawatte und mit seinen feinen, sanften, blassen Gesichtszügen wie ein Cherubim der Terreur anzuschauen; er spielt mit einer Nelke, aber in seinen blauen Augen ist kalter Glanz, und was er mit kalter Stimme darlegt, schmeckt nach Blut und Schrecken:... Mitleid mit Schuldigen ein Verbrechen... Republik kann nur auf Unbeugsamkeit gegründet sein... Die Gerechtigkeit ist nicht Milde, sondern Strenge... »Es gibt eine politische Sekte in Frankreich, die glücklich sein und genießen will.« Das geht auf Danton. »Die Hauptschuldigen wollen das Schafott zerbrechen, weil sie es zu besteigen fürchten.« Auch das zielt auf Danton. »Ich glaube eine ungeheure Kette um das französische Volk geschlungen zu sehen, deren eines Ende die Tyrannen, deren anderes die Partei der Nachsichtigen hält, um uns zu erdrücken.« Danton, immer Danton! Danton auch, als am 23. Ventôse

Saint-Just den großen Bericht über ›die Verschwörung des Auslands‹ erstattet, der der Verhaftung der Hébertisten unmittelbar vorangeht: »Die Faktion der Nachsichtigen, die die Verbrecher retten wollen, und die Faktion des Auslandes, die heult und tobt, nähern sich zuletzt, um die Freiheit zwischen zwei Verbrechen zu ersticken.« ... »Ein Patriot ist, wer die Republik im Ganzen unterstützt, wer sie im Einzelnen bekämpft, ist ein Verräter.« ... Vorschlag, durch Dekret zu Vaterlandsverrätern zu erklären auch jene, »die die Gefängnisse zu öffnen versuchen«, und jene, »die die Revolutionsregierung herabzusetzen trachten.«

Noch nicht deutlich genug?

Für Danton, scheint's, nicht!

Wohl ballt er die Fäuste, wenn Drohungen zu ihm dringen wie Vadiers hämisches Wort: »Wir werden diesen gefüllten Butt bald ausnehmen«; da schreit er David zu: »Sag diesem Lumpen, wenn ich für mein Leben fürchten müßte, würde ich grausamer sein als ein Kannibale, ihm das Hirn auffressen und in den Schädel scheißen.« Aber im Ernst rührt er sich nicht.

Freunde, die alle das Kommende wittern, suchen einen Ausgleich mit Robespierre herbeizuführen. Laignelot, der seinen Tragödien ›Agis und Cléomene‹ und ›Rienzi‹ den Sitz im Konvent verdankt, bewegt Danton zu einem Besuch in der Rue Saint-Honoré Nr. 366. Beide treten durch die Toreinfahrt, links ein Restaurant, rechts ein Juwelier, überqueren den Hof, Sägen knirschen aus der Werkstatt, es riecht nach frischem Holz, der Neffe Duplay, dessen linkes Bein bei Valmy liegt, humpelt die Treppe hinauf, sie anzumelden. Robespierre empfängt sie in dem kleinen Kabinett vor seinem Wohn- und Arbeitszimmer; eben hat ihn der Coiffeur verlassen, der jeden Morgen kommt, ihm die Haare zu kräuseln und zu pudern. Danton stößt ohne Einleitung vor: »Verständigen wir uns und retten wir die Freiheit! Sie hat schlimme Feinde; sie betrügen das Volk, das in ihnen seine Freunde sieht.« Robespierre, sich die blaugestreifte Weste langsam zuknöpfend, weicht mit eisiger Höflichkeit aus. Als Danton und Laignelot wieder das frische Holz auf dem Hof riechen, wissen sie, daß der Gang vergebens war.

Ein andermal gerät Danton wegen Philippeaux beim Verlassen des Konvents mit Vadier, Amar, Voulland und Barère in heftigen Wortwechsel, droht ihnen, aber als ein Freund ihn auffordert: Sofort in die Sitzung zurück und losgeschlagen!, weil er sonst über Nacht verhaftet werden könne, schüttelt er verächtlich den Kopf: »Sie wagen es nicht!« und, den andern lebhaft an der Rockklappe fassend: »Komm zum Essen zu uns!«

Kein Frühling ist so Frühling wie der Frühling von 1794. Tag für Tag landen jetzt die Karren auf dem Revolutionsplatz; keine Pausen mehr; was alles endet hier in diesem Monat Germinal: Postdirektoren, Abbés, Studenten, Weinhändler, Rentner, Generale, Wachtmeister, Bischöfe, Staatsanwälte, Kaufleute, Drucker, eine Karmeliternonne und ein neunundsiebzigjähriger Benediktinermönch! Aber der leichte Lenzwind wirbelt rosa Kastanienblüten aus dem Tuileriengarten bis aufs Gerüst der Guillotine, und jede Wiese um Paris ist gelb von Butterblumen. Danton hat in Choisy einen Landsitz gemietet, eine Zuflucht, ein Nest, eine Liebeslaube. Bald entweicht er dorthin, bald auf das Besitztum seines ersten Schwiegervaters nach Sèvres, in grüne Einsamkeit. Wie Wein betört dieser Frühling. Deinen Mund her, Louise!

Freunde kommen hinaus, zu warnen, zu warnen. Danton schwankt zwischen schicksalsergebener Laßheit und trügerischer Sicherheit. »Besser guillotiniert als Guillotineur«, antwortet er dem einen, dem andern: »Sehen Sie sich meinen Kopf an! Sitzt er nicht noch fest zwischen den Schultern?« Und tröstet sich immer wieder, halb müde, halb überzeugt: »Sie wagen es nicht!« Delacroix, Desmoulins stürmen auf ihn ein, sich in Sicherheit zu bringen, ins Ausland zu flüchten; abwehrende Handbewegung: »Man nimmt das Vaterland nicht an den Stiefelsohlen mit!«

Am 30. März abends sind, wie stets vor wichtigen Entscheidungen, die beiden sogenannten Regierungskomitees, Wohlfahrts- und Sicherheitsausschuß, in den Gleichheits-Pavillon berufen. Ein Feuer flackert im Kamin; Couthon hat sein kleines Windspiel auf den gelähmten Knien; die meisten wissen nicht, um was es geht. Bis Saint-Just, von Robespierre mit Stoff versorgt, seinen Bericht verliest, eiskalt, messerscharf, Gift in der rechten Dosis.

Dantons Kopf wird verlangt!

Stumm hören es die andern, nur Carnot hat Bedenken: »Überlegt es euch gut, ein Kopf wie der Dantons zieht viele nach!« Auch Lindet weigert seine Mithilfe: »Ich bin da, um die Bürger zu ernähren, nicht um gute Patrioten zu töten.« Ebenfalls versagt sich der alte Rühl, eingedenk der Umarmung von eben. Die übrigen, als erster triumphierend Billaud-Varenne, unterfertigen den von Barère geschriebenen Haftbefehl gegen Danton, Delacroix, Camille Desmoulins und Philippeaux. Mitten unter anderen Namen versteckt sich fast mit winziger, wie verschämter Schrift der, der auch unter der Erklärung stand: »Ich liebe Dich mehr denn je und bis zum Tode.«

Danton, neuerdings gewarnt, wird diese Nacht von schwarzen Ahnungen heimgesucht. Er ist müde, so müde. Aber es lohnt nicht mehr, sich zu Bett zu legen. Während Louise angstvoll bei ihm wacht, streckt er sich in einen Lehnstuhl, mit geschlossenen Augen zu harren, bis sie kommen. Manchmal murmelt er vor sich hin: »Sie wagen es nicht!« Es wird fünf Uhr früh, halb sechs, über den Dächern der Cour du Commerce muß es bald dämmern.

Dann ist der Lehnstuhl leer, der schwere Schritt der Gendarmen auf der Straße verhallt, und in der öd und still gewordenen Wohnung kauert Louise, erfüllt von einem Entsetzen, das sie nur selten losgeworden ist, seit dieser schreckliche Mann sie zum erstenmal wohlgefällig angeschaut hat.

V

Ende

(1794)

Von der großen Turmuhr des Einheits-Pavillons der Tuilerien fallen zehn Schläge. Zehn Uhr morgens am 11. Germinal des Jahres II der Republik. Gleich muß die Sitzung des Konvents beginnen.

Um die Verkaufsbuden im Tuileriengarten das übliche Gewimmel. Nicht nur Wein, Kaffee, Tabak, Pastetchen, Früchte sind zu haben, auch Bücher und Broschüren über Tagesfragen werden feilgeboten, Bilder Robespierres, ein Stich; die Hinrichtung Marie Antoinettes, kleine Gipsbüsten Marats und Lepeletier Saint-Fargeaus. Wer unter diesen Bäumen einen Stand hat, muß in seiner Sektion gut angeschrieben sein. Denn dieses Gelände ist amtlicher Boden, Vorhof zum Tempel der Republik; an jedem Gittertor, an jedem Eingang zum Gebäude stehen, Bajonettgewehr bei Fuß, ernst und ehern die Grenadier-Gendarmen des Konvents: gelbes Lederzeug über blauem Rock mit rotem Latz und roten Epauletten, gelbe Hose und Weste, schwarze Knöpfgamschen bis zum Knie und hohe Bärenmütze mit rotem Stutz.

Aber mehr als gewöhnlich surrt und summt es heute um die Tuilerien. Gerüchte flattern auf. In der Nacht ist Atemraubendes, Unerhörtes geschehen. Näheres weiß man nicht. Den Namen Danton wagt man kaum zu flüstern. Selbst die Grenadier-Gendarmen sind von der Erregung gepackt; unter ihren Bärenmützen fassen sie jeden ankommenden Abgeordneten fragend ins Auge: Was hat sich zugetragen? Was geht vor? Was liegt in der Luft?

Ohne Ansehn, ohne Willen, ohne Kraft gleicht der Konvent in diesen Monaten nervenzerreißender Spannung längst einer Hammelherde, die sich beim Gewitter zusammendrängt. Seine Macht hat er in die Hände des *Comité de salut public* abgedankt; zu allem, was der Ausschuß vorlegt, vorschlägt, nicken die Abgeordneten pagodenhaft: Ja! Jeder, auf Schritt und Tritt belauert und bespitzelt, zittert in der Angst, gerade auf ihn könne das furchtbare Auge des Sicherheitsausschusses fallen, gerade nach ihm der furchtbare Arm des Sicherheitsausschusses greifen. Man ist mit Bewußtsein feig, man will nur eins: leben!

Aber heute herrscht, ehe die Sitzung beginnt, nicht wie sonst das Gefühl stumpfer Ergebung, zweckloser Anwesenheit, beschämter Langeweile vor. Der Konvent, seit langem zum erstenmal, brodelt. Statt Gleichgültigkeit Bestürzung auf vielen Gesichtern; Gruppen in lebhaftem Gespräch da und dort; durch die Bänke läuft es wie ein Stichwort. Der Wohlfahrtsausschuß hat Unerhörtes gewagt! Man muß endlich mit dem Wohlfahrtsausschuß...

Die Klingel Talliens: »Die Sitzung ist eröffnet!«

Delmas meldet sich zum Wort. Auf der Liste der Verdächtigen, die Robespierre mit der Genauigkeit eines Buchhalters führt und ergänzt, steht er als *›ci-devant noble‹*, als ›anrüchiger Ränkespinner‹, als Bundesgenosse Dantons obenan. Sein Antrag zur Tagesordnung: die Mitglieder der Ausschüsse sofort in die Plenarsitzung! sieht harmlos aus, aber mit Recht wittern die Anhänger Robespierres dahinter einen Vorstoß, Versuch, den Archiv-, den Dekrete-, den Markt-, den Assignaten- und Münzausschuß, die Komitees für Kriegswesen, für Finanzen, für Gesetzgebung, für Schulwesen, für Marine und Kolonien, kurz alle andern neunzehn Kommissionen gegen die beiden allmächtigen Regierungskomitees auszuspielen. Ein besonders Beflissener saust ab, dem Meister Meldung zu erstatten.

Die übrigen öffnen den Mund zu Zwischenrufen, als ein Hüne die Tribüne hinaufhastet, der Metzger Legendre, Dantons ›Leutnant‹. So oft hat er die Beine unter den Tisch dessen gestreckt, den sie vor wenigen Stunden geholt haben, daß er ihm jetzt, *›in extremis‹*, die Treue halten muß. Daß der Antrag Delmas' leicht durchgedrungen ist, macht ihm Mut.

Aller Augen fühlt er in ungewöhnlicher Erwartung auf sich gerichtet, da er loslegt: »Citoyens, vier Mitglieder dieser Versammlung sind heute nacht verhaftet worden. Ich weiß, daß Danton dabei ist; ich kenne die Namen der andern nicht...Bürger, ich halte Danton für so rein und lauter wie mich, und ich glaube nicht, daß irgendwer mir eine Handlung vorwerfen kann, geeignet, auch das mimosenhafteste Rechtsgefühl zu verletzen.«

Gemurr, aber Clauzel fordert den Präsidenten auf, die Meinungsfreiheit zu schützen. Tallien, und es ist kein Zweifel, gegen wen seine Sätze ihre Schneide kehren: »Ja, ich werde die Meinungsfreiheit aufrechterhalten; ja, jeder wird frei seine Gedanken aussprechen; wir werden hier versammelt bleiben, um die Freiheit zu retten!«

Der Beifall für Tallien stärkt Legendre das Rückgrat. Er erinnert an Dantons Rolle 1792: »Der Feind stand damals vor den Toren von Paris. Danton kam, und seine Einfälle retteten das Vaterland... Ich wiederhole, ich halte Danton für so rein wie mich selber.« Sein Antrag: die Verhafteten an die Barre zu laden, damit der Konvent sie vernehmen, anklagen oder freisprechen könne!

Händeklatschen; Rufe: Nieder die Diktatur! Wind der Auflehnung weht durch den Saal.

Unruhe bei der Leibgarde Robespierres, und im Wohlfahrtsausschuß etwas wie Panikstimmung, als ihn die Kunde erreicht. Klar, daß es sich um abgekartetes Spiel handelt! Leicht vorstellbar die Szene, wenn Danton vor der Versammlung donnert, das magische Fluidum seines Willens ausströmen läßt, die schwankenden, die ängstlichen Abgeordneten mitreißt – gegen das Komitee! Heute abend sitzen dann wir, Robespierre, Couthon, Saint-Just, in dunkler Zelle!

Robespierre rafft seine Papiere zusammen: Gefahr im Verzug!

Da ist Robespierre. Tallien: »Robespierre hat das Wort.«

Mit automatenhaften Bewegungen hat er die Rednertribüne erklommen, steht oben, streift, den Kopf mechanisch drehend, mit seinen blitzenden Brillengläsern die Gesichter in den Bankreihen entlang, verweilt ein, zwei Herzschläge länger bei einem, dem er mißtraut – wie Hypnose des Schlangenbändigers ist's; Gemurmel und Rufe frieren zu tödlicher Stille ein. Er vertauscht die Brille, durch die sein kurzsichtiges Auge in die Weite sieht, mit der andern, die er für die Papiere auf dem Pult vor sich braucht, und beginnt, sicher, mit Aufmerksamkeit, mit Achtung, mit Angst angehört zu werden.

Scharfe, trockene, anmaßende Rede, gestimmt auf den Ton: Keine Vorrechte für Abgeordnete! »Legendre hat von Danton gesprochen, weil er zweifellos glaubt, daß sich an diesen Namen ein Privileg knüpft. Nein, wir wollen keine Privilegien mehr, nein, wir wollen keine Götzenbilder mehr.« Die Robespierristen klatschen. »Wir werden heute sehen, ob der Konvent ein seit langem verfaultes Götzenbild zu zerbrechen vermag, oder ob es in seinem Sturz den Konvent und das französische Volk zerschmettern wird... Welches Privileg hat Danton denn? Wodurch steht er über seinen Kollegen Chabot und Fabre d'Eglantine, seinem vertrauten Freunde, dessen glühender Verteidiger er gewesen ist? Wodurch steht er über seinen Mitbürgern?«... Freunde Dantons seien bemüht gewesen, ihn, den Redner, einzuschüchtern, ihn durch die Erinnerung an die alte Verbundenheit mit jenem umzustimmen, all das habe seine Seele nicht einmal gestreift. »Ich war auch der Freund Pétions; sowie er die Maske abgeworfen hat, habe ich ihn verlassen. Ich hatte auch Beziehungen zu Roland; er wurde zum Verräter, und ich habe ihn denunziert. Danton will ihren Platz einnehmen; er ist in meinen Augen nur mehr ein Feind des Vaterlands«... Was man gegen die Verhaftung vorgebracht habe, sei ein Vorzeichen für den Untergang der Freiheit und den Verfall der Grundsätze. Wer wage es, in diesem Saal aus persönlichen Gründen, vielleicht aus Furcht, die Interessen des Vaterlandes zu opfern?... »Man fürchtet Willkür gegen die Verhafteten; man mißtraut also der Justiz des Volkes, den Männern, die das Vertrauen des Nationalkonvents erhalten haben, man mißtraut also dem Nationalkonvent, der ihnen dieses Vertrauen geschenkt, und der öffentlichen Meinung, die es bestätigt hat.« Drohend und schneidend: »Ich sage, schuldig ist, wer in diesem Augenblick zittert, denn niemals scheut die Unschuld die Überwachung durch die Öffentlichkeit!«

Pause. Er vertauscht, während Beifall braust, bedächtig abermals die beiden Brillen, und Legendre spürt, wie sich die kalten Gläser auf ihn richten. Den Kraftkerl überläuft ein Schauer, er fühlt das Messer der Guillotine im Genick, er fängt an zu beben. Legendre duckt sich! Duck dich nur, Legendre! Alt werden wirst du zwar auch so nicht, aber wenigstens harren deiner noch ergötzliche Nächte im Bett der berühmten Louise Contat von der Comédie-Française, in dem vor dir Marquis, Grafen und selbst der leibliche Bruder des Königs geschlafen haben!

Legendre tut mehr, als sich schweigend ducken, stottert einen verlegenen Rückzieher, fern liege es ihm, um eines Einzelnen willen die Freiheit zu opfern, dann drechselt nach dem von Robespierre gelieferten Muster Barère, Venedigs und Genuas Senat zum Vergleich heranziehend, ein paar elegante Redensarten gegen die ›neue Aristokratie‹ derer, die, angeklagt, an der Barre erscheinen wollen, und dann duckt sich auch der Konvent: Danton und Genossen werden nicht gehört werden!

Wieder Stille, als striche der Engel der Vernichtung mit kaltem Hauch durch den Saal; zierlichen Schrittes hat Saint-Just die Tribüne bestiegen; da steht er, in seinem blauen Leibrock mit den goldenen Knöpfen und der hohen weißen Battistkrawatte, mit seiner reinen Stirn, seinen sanft geschwungenen Lippen, seinem unschuldigen Fräuleinsantlitz, aber in sich geschlossen und kühl wie Marmor, bereit zum Bericht im Namen beider Komitees.

Viele Stimmen in seiner Brust könnten ihm zurufen: Halt! Du, Saint-Just, hast kein Recht, unerbittlich zu sein! Du nicht!

Erinnert er sich nicht des Gefängnisses, das er, noch keine acht Jahre sind's, kennenlernte, weil er, von Hause ausreißend, das Silberzeug der Familie mitgehen ließ? Gedenkt er nicht seines ellenlangen epischen Gedichts ›*Organt*‹, das, dilettantisches Machwerk im übrigen, nach den Moralbegriffen des Wohlfahrtsausschusses schlüpfrig und unsittlich ist, mit Aufforderung zu libertinem Lebensgenuß:

Dans une tendre et pétillante orgie,
Oh! qu'il est doux de presser tour à tour
Contre son sein sa bouteille et sa mie,
Jvre à la fois et de vin et de l'amour?

Weiß er nicht, daß sich die Verleumdung an jeden heranwagt? Daß ihm selber im vergangenen Jahr ein Flugblatt der ›*Enragés*‹ vorgeworfen hat, er frühstücke, während das Volk hungere, Tag für Tag sehr üppig? Daß Couthon, der in den bescheidensten Verhältnissen lebt, bezichtigt wird, bei Clermont ein Gut gekauft zu haben?

Ahnt er nicht, daß auch einen Robespierre, fast altjüngferliches Vorbild von Korrektheit und Solidheit, die Beschuldigung einholen wird, ein Trunkenbold, ein Dirnenläufer, ein Beischläfer der Eleonore Duplay zu sein? Hindert all das Saint-Just nicht, bei seinen politischen Gegnern kleine menschliche Schwächen zu ungeheuren Staatsverbrechen aufzubauschen?

Nein, dieser sechsundzwanzigjährige Fanatiker erinnert sich an nichts, weiß nichts, ahnt nichts, vernimmt keine anderen inneren Stimmen als die eine, die ihm herrisch zuruft: Die Republik ist in Gefahr! Vernichte ihre Feinde!

Den ersten Bericht Saint-Justs, vor Wohlfahrts- und Sicherheitsausschuß erstattet, hat Robespierre aus seinem Geheimschrank ergänzt, hat den Pfeil, der jetzt von der Sehne schnellt, in das tödliche Gift Curare getaucht. Oft Zeile für Zeile, oft Wort für Wort folgt Saint-Just diesen Angaben, da er mit schwacher, doch fester Stimme in geziert gleichgültigem Ton zu lesen anhebt, das Manuskript in der Linken, die Rechte hebend und wieder fallen lassend – immer diese gleiche Bewegung, die den Hörern den Gedanken eingibt, es fahre das Messer der Guillotine nieder.

Nach kurzen einleitenden Allgemeinheiten spitzen sich die Sätze Saint-Justs zu gegen die »Männer, die seit langem die Sache des Volks verraten, die gegen euch Krieg geführt haben im Bunde mit allen Verschwörern, mit Orleans, mit Brissot, mit Hébert, mit Hérault und ihren Spießgesellen, und in diesem Augenblick mit den gegen die Republik geeinten Königen konspirieren«.

Springt keiner von all denen auf, die es besser wissen: Saint-Just, du redest irr? Schlägt keinem von den Freunden Dantons die Röte der Empörung bis in die Stirn?

Keinem! Der Konvent schweigt und kuscht.

Und Saint-Just denunziert »die letzten Anhänger des Königtums, die seit fünf Jahren der Freiheit gefolgt sind, wie ein Tiger seiner Beute folgt«. Die gleichbleibend leidenschaftslose Stimme führt England an, das Gewissen kauft... die Partei des Herzogs von Orleans... Dumouriez... Cloots, »der das Weltall liebte, mit Ausnahme Frankreichs.«... das Ausland, das überall seine Hand habe... die Gruppe hinter Fabre d'Eglantine, diesem »Kardinal von Retz der Gegenwart«... Hébert und Chaumette, die die Unsterblichkeit der Seele angegriffen hätten.

Ein gestrichener Eßlöffel Schmeichelei für den Konvent: »Gibt es auf Erden eine Macht, die so aufrichtig, die dem Volk so zugetan, die dem Volk so dankbar wäre wie Sie?«

Dann Danton! Ihn redet Saint-Just an, als säße er vor ihm auf seiner Bank. Aber dem heiklen Experiment, in Anwesenheit der Beschuldigten den Konvent entscheiden zu lassen, hat der gewitzte Vadier mit Recht widerraten. Saint-Justs: Du, Danton! richtet sich an einen leeren Platz, da sitzt niemand, den Kopf trotzig in den Nacken zu werfen, voll Hohn die Oberlippe zu verziehn, im Zorn die Brauen zu runzeln, dem Ankläger mit einer Stimme, die die Scheiben zum Klirren bringt, ins glatte Gesicht zu schleudern: Schuft! du lügst!

Nein, da sitzt niemand, und ganz ohne Gefahr ist es, Mirabeau zu erwähnen, den Herzog von Orleans, Dumouriez, und: »Danton, wagst du zu leugnen, daß du an diese drei Männer, die heftigsten Verschwörer gegen die Freiheit, verkauft warst?«... »Was soll ich davon sagen, daß du stets in Krisen die Sache der Allgemeinheit im Stiche ließest?«... »Du hast Fabre während deines Ministeriums bereichert«...»Die Partei Brissots klagte Marat an; du erklärtest, du seiest sein Feind; du trenntest dich von der Montagne, wenn sie in Gefahr war, du rechnetest es dir zum Verdienst an, daß du niemals Gensonné, Guadet und Brissot denunziert hast; du strecktest ihnen ohne Unterlaß den Ölzweig hin, Unterpfand deines Bündnisses mit ihnen gegen das Volk und gegen die strengen Republikaner«...

»Du entsandtest Fabre zu Dumouriez unter dem Vorwand, ihn mit Kellermann zu versöhnen; das Ergebnis war die Rettung der preußischen Armee, zu geheimen Bedingungen, die dein späteres Verhalten aufklärte«... »Du sagtest, der Haß sei deinem Herzen unerträglich, doch ist es nicht ein Verbrechen, die Feinde des Vaterlands nicht zu hassen?«

Aber es gibt doch glorreiche Verdienste, auf die Danton sich zu berufen vermag: er war der Beflügler des nationalen Widerstandes im September 1792, im März 1793! Verdienste? Saint-Just macht ebensoviel Verbrechen daraus: »Bei deiner Rückkehr aus Belgien schlugst du zur Verteidigung der Grenzen die Massenaushebung der Patrioten vor.«Tükkische Hinterlist, um Paris von Revolutionären zu entblößen! »Wenn das geschehen wäre, wer hätte sich der Aristokratie widersetzen können, die mehrere Erhebungen versucht hatte?«

Treibt die Empörung noch immer niemanden hoch? Lacht niemand schrill und höhnisch über diese ungeheuerlichen Verzerrungen?

Niemand! Der Konvent kuscht und schweigt.

Daß der Redner nur eine große Vergangenheit mit spitzen Fingern hämisch zerzupft hat, daß er jeden blöden Anwurf der Girondins und der Hébertisten gegen Danton fruchtbar macht, daß er alle Beweise für die Anklage schuldig bleibt – tut nichts. Der Konvent geht der Lockung auf den Leim: Wie schön und friedlich die Welt, wenn erst »die Reste der Faktion Orleans« ausgerottet sind! Der Konvent gehorcht der Mahnung: »Seien Sie unbeugsam!« Der Konvent schluckt ohne Laut des Widerspruchs das Dekret, das Danton und Gefährten als royalistische Verschwörer in Anklagezustand versetzt. Die Abgeordneten, aufatmend, weil einer Gefahr entronnen, sie beklatschen sogar dieses Dekret.

Von der großen Turmuhr des Einheits-Pavillons der Tuilerien fallen vier Schläge. Vier Uhr nachmittags am 11. Germinal des Jahres II der Republik. Die Sitzung des Konvents ist zu Ende.

Im Augenblick von Dantons Festnahme zählt Paris über siebentausend politische Häftlinge, deren Akten beim *Comité de sûreté générale* liegen, um von dort zum Revolutionstribunal zu wandern. Für solchen Andrang reichen längst die alten Gefängnisse Conciergerie, La Force, l'Abbaye, Saint Lazare, Bicêtre und Salpétrière nicht mehr aus; als Notquartiere benutzt man Klöster, Krankenhäuser, Kasernen, Kollegs und ein Palais, den Luxembourg. Unter den ›*Prisons muscadines*‹ steht der einstige Palast der Maria von Medici vornean; der Luxembourg gilt als das hoffähigste Gefängnis, das von Herzögen, Duchessen, Grafen, Marquis, Vicomtessen und einfachen Adligen wimmelt, und da die Gefangenen tagsüber miteinander frei verkehren dürfen, sind die guten Formen und der feine Ton des Alten Regimes Trumpf; nichts verpönter als die Anrede Citoyen, die sich draußen überall durchgesetzt hat. Wer zahlen kann, trauert in diesem mondänen Kerker nicht bei Wasser und Brot. Arthur Dillon, Graf, General, von den Pflanzern der Insel Martinique in die Konstituante gesandt, erst Befehlshaber der Nordarmee, dann Divisionär unter Dumouriez, mit Desmoulins befreundet, trinkt sich jeden Tag mit gutem Rotspon einen an; was sollte er auch Gescheiteres tun! Andere vertreiben sich die Zeit mit Kartenspiel, Musik, Gesellschaftsklatsch oder mit Romanzen- und Coupletgereime. Auch spinnt sich im Schatten des Schafotts manch sentimentales, manch frivoles Liebesabenteuer an; da jeden Abend der Oberschließer Vernet die Namen derer verliest, die am andern Morgen vors Revolutionstribunal kommen, verliert manche vordem unnahbare Dame die Scheu und holt mit hastig leidenschaftlichen Umarmungen nach, was sie durch Jahre erzwungener Enthaltsamkeit in der Freiheit versäumt hat.

Als Danton und seine Freunde eingeliefert werden, verbergen die ›Ci-devants‹ ihre höhnische Freude nicht. Stehen und gaffen und grinsen. Da Delacroix, groß, stattlich und aufrecht, vorbeigeführt wird, sagt einer anerkennend: »Hätte einen trefflichen Kutscher abgegeben.« Doch um den verdammten Aristos zu zeigen, daß er und die Seinen nicht schwach sind und daß ihre Verhaftung das Los der Spottenden nicht bessert, wendet sich Danton leichthin an die Gaffer: »Machen die Menschen Dummheiten, lacht man drüber... Sie alle aber bedauere ich, denn kehrt die Vernunft nicht bald zurück, so waren Sie bisher noch auf Rosen gebettet!« Dann: Sieh da, Thomas Paine; als Freund der Girondins sitzt er seit Januar im Luxembourg und schreibt ein Buch ›*The age of reason*‹. Auf seinen fragenden Blick antwortet Danton englisch: »Was du für Glück und Freiheit deines Landes getan hast, habe ich umsonst für das meine versucht; ich hatte weniger Glück, aber schuldig bin ich deshalb nicht.« Das Weitere gilt auch den Aristos: »Man schickt uns aufs Schafott; schön, ich werde den Weg heiter zurücklegen.«

Hérault de Séchelles spielt im Hof *à la galoche*, indem er sich müht, mit einem Geldstück ein anderes von einem Flaschenkork herabzuschnellen; staunend läuft er herzu und wirft sich in die Arme seiner Freunde.

Da der Haftbefehl für die Dantonisten verfügt: Getrennt und in Geheimhaft zu verwahren!, wird jeder in eine Zelle gesperrt. Der ernste, sittenstrenge Philippeaux wandelt sich, seine Frau auf einem Zettel bittend, ihm ein halbes Pfund Tabak zu besorgen, um ein Haar zum Genießer: »Seit gestern abend habe ich keinen mehr, und ich möchte beinahe wie der gute Schweizer sagen, es ist, als ob man kein Brot hätte.«

Aus der Nachbarzelle vernimmt Desmoulins Stöhnen, meldet sich, nennt seinen Namen, da hört er deutlich die Stimme Fabre d'Eglantines: »O Gott, du hier? Also hat die Gegenrevolution gesiegt!« Aber Desmoulins wagt keine Unterhaltung; ihm ist nicht zu Mut danach; er hat auch keinen Trieb, sich in Youngs ›Nachtgedanken‹ zu versenken, die er bei der Verhaftung in die Tasche gesteckt hat, Buch, in dem die schwarze Blume Melancholie am Abgrund der Nichtigkeit alles Irdischen blüht. Von anderm sind ihm Kopf und Herz voll. Er verwünscht die menschenfressende Hexe Politik, wehmütig bekennend: »Ich war geschaffen, Verse zu machen.« Er weiß, daß er, von einigen Sticheleien gegen nachtragende Konventskollegen abgesehen, wegen seiner Freundschaft mit Danton geopfert wird, und ist gleichwohl geneigt, seinen Mördern fast zu danken, daß sie ihn gemeinsam mit Danton und Philippeaux in den Tod schicken; man kann nicht leicht in besserer Gesellschaft sein. Aber wie widerwärtig das Sterben selbst, solange es eine Lucile gibt!

Arme, arme Lucile! Sie bringt für ihren Camille die Suppe, ohne ihn zu Gesicht zu bekommen; sie irrt unter den Bäumen des Luxembourg-Parks umher, an denen Schilder mahnen: Weitergehn, ohne zu den Gefängnisfenstern aufzuschaun!; um diese harte Weisung kümmert sich ebensowenig eine verschleierte alte Dame, die dort tagtäglich auf einer Bank sitzt, Mutter, deren Sohn Hérault de Séchelles heißt. Als ahne Desmoulins die Nähe der geliebten Gattin, breitet er sehnend die Arme aus, sie an die Brust zu pressen; fiebernd bedeckt er Bogen um Bogen mit seinen feinen Schriftzügen: »*Adieu, ma Lolotte, mon bon Loup!*« Er fühlt, wie ihm das Gestade des Daseins entgleitet, wie er hinausgetrieben wird auf das hohe Meer: »Adieu, Loulou, mein Leben, meine Seele, meine Gottheit auf Erden!«

Unberührter bleiben, keine weichherzigen Poeten, Danton und Delacroix. Wenn sie die Stimmen anstrengen, können sie sich von Zelle zu Zelle verständigen; sie schreien sich, ohne jeden Respekt vor allen Gewalthabern, ihren Ingrimm, ihre Wut zu. Delacroix: »Oh, wenn ich gewußt hätte, daß sie mich verhaften wollten!« Danton, halb zerknirscht und zornig auf sich selber: »Ich hab's gewußt, ich war gewarnt und hab's nicht glauben wollen!«

Am 12. Germinal mittags Verhör Dantons in einem Saal des Palais; nur um dem Buchstaben des Gesetzes zu genügen; lästige Formsache, die man rasch, rasch zu Ende treibt. An einem Rokokotischchen sitzt Denizot, Richter am Revolutionstribunal, früher am Gerichtshof des Fünften Arrondissements, neben ihm, das Tintenfaß schon zurechtgerückt, Girard, Protokollführer. Frage, ob Danton gegen das französische Volk konspiriert habe, um die Monarchie einzuführen, die Nationalvertretung und die republikanische Regierung zu vernichten. Zusammen zuckt Denizot vor dem Blitz dieser finsteren Augen, dem Donner dieser grollenden Stimme: »Ich war Republikaner selbst unter der Tyrannei, ich werde als Republikaner sterben!« Nur schnell zum Schluß! Frage, ob er einen Verteidiger habe; Danton: »Ich bin mir selbst genug!« Gut, fertig, Girard liest vor; bitte unterschreiben! Danton greift nach dem Federkiel und haut brüsk seinen Namen hin, mit einem Schnörkel, so wuchtig wie ein Säbelhieb. Diese Unterschrift verheißt nichts Gutes.

Noch am selben Abend, spät, wird ihm und seinen Freunden die Anklageschrift zugestellt. Also morgen! Philippeaux legt, als er sie erhält, den Helvetius hin, an dem er sich erbaut hat, und schreibt seiner angetrauten Marguerite-Françoise: »Wenn dieser Brief den letzten Kuß unserer Ehe auf Erden darstellt, so gibt es einen anderen Aufenthalt, wo sich die tugendhaften und liebenden Seelen wiederfinden dürfen.« Desmoulins, da er das Verhängnis unaufhaltsam näher schreiten sieht, schäumt in ohnmächtiger Verzweiflung.

Danton und Delacroix aber rufen sich Lästerungen zu. Den anderen Gefangenen läuft eine Gänsehaut über den Rücken, als sie jenen lachend fragen hören: »Was sagst du zu dem Wisch?« »Daß ich mir die Haare abschneiden werde, damit Sanson sie nicht anrührt!« Dantons Lachen klingt noch unheimlicher: »Liebliche Zeremonie, wenn Sanson uns die Halswirbel zerknackt!«

Am anderen Morgen Abfahrt zur Conciergerie. Fabre ist so schwach und elend, daß er in den Wagen gehoben werden muß. Desmoulins scheint träumerisch, nachdenklich, schmerzlich bewegt. Hérault nimmt von seinen Schicksals- und Standesgenossen mit der Höflichkeit des Weltmanns so Abschied, als träte er eine Lustfahrt an. Danton und Delacroix verlassen den Luxembourg laut, lachend, lärmend, als zögen sie von einer in die andere Schenke.

Der Weg führt an der Grenze von Dantons Sektion vorbei; die Cour du Commerce ist nah. Vertraute Straßen, vertraute Geräusche, vertraute Gerüche. Unfromme Gedanken bestürmen ihn. Ganz unvermittelt fällt ihm ein Kalendervers ein, den er unlängst gelesen und behalten hat:

Le riant Germinal féconde les semences
Promet, fait concevoir de douces espérances.

Jawohl, verheißende Saaten, süße Hoffnungen, wenn man an der Conciergerie, dem ›Vorzimmer des Todes‹, abgeladen wird!

Lange sind sie nicht in Einzelzellen eingeschlossen, als ein Kanzlist des Revolutionstribunals, gefolgt von Gendarmen, sie holen kommt. Durch einen langen Gang, in dem die Schritte widerhallen, eine düstere Treppe empor, der Verhandlungssaal.

Erstaunt sehen sich die Angeklagten an: Was sollen die in unsrer Gemeinschaft? Ganz von selbst zerfallen sie in drei Gruppen. Da sind die Politischen, des Hochverrats angeschuldigt: Danton, Delacroix, Desmoulins, Hérault, auch Philippeaux, dem Robespierre heimzahlt, daß er die Majestät des Wohlfahrtsausschusses wegen des Feldzugs in der Vendée anzugreifen gewagt hat. Was in aller Welt verbindet sie mit dem zweiten Schub, Fabre d'Eglantine, Basire, Chabot, Delaunay, rein Kriminelle, die sich wegen Schiebungen und Fälschungen verantworten müssen! Zwanglos gliedert sich ihnen höchstens der Abbé d'Espagnac an, Heereslieferant, Großschieber und Spekulant. Aber Methode steckt in diesem ›Amalgam‹, man verkoppelt Träger großer politischer Namen mit simplen Schelmen und Schuften, um jene durch diese in den Augen der Öffentlichkeit herabzuwürdigen. Zu der Behauptung vollends, daß die dritte Gruppe mit der ersten oder auch mit der zweiten das Geringste zu schaffen habe, erdreistet sich nicht einmal die Anklage. Aber die Vernichtung erst der Hébertisten, dann der Dantonisten ist eine Tragödie in zwei Akten unter dem Titel: Die Verschwörung des Auslands; keine bessere Deckung bei tückischem Überfall auf einen politischen Gegner als die Beschuldigung, er besorge die Geschäfte des

Feindes. Um die Massen von selber auf solche Spur zu bringen, gesellt man, wie den Hébertisten, so den Dantonisten Ausländer auf der Anklagebank; die gewünschte Färbung geben dem Prozeß Danton die Gebrüder Frey als Österreicher, ihr Sekretär Diederichsen als Däne, Andrès Maria de Guzman, Oberst und Abenteurer mit unbekannten Geldquellen, als Spanier.

Der Sessel, der eigentlich dem Hauptangeklagten gebührt, wird Fabre d'Eglantine wegen seiner Hinfälligkeit zugebilligt. Chabot, der versucht hat, mit Sublimat dem Fallbeil zuvorzukommen, ist wieder so weit wohlauf, daß er mit den andern die primitive, in Stufen ansteigende Bank teilt. Danton sitzt zwischen einem Freund und einem Schubjak, zwischen Delacroix und Delaunay.

In diesem Saal hat Hérault einst als junger Generaladvokat des Parlamentsgerichtshofs in roter Robe plädiert. Aber wie verändert ist der Raum, seit er *Salle de la Liberté* heißt! Geblieben ist die in Blau und Gold ausgemalte Decke und der schwarzweiße Marmorfußboden, verschwunden die samtne Wandbekleidung mit eingestickten Silberlilien, und Dürers ›Christus‹ ward durch Marat, Lepeletier und Brutus in Gips und durch zwei Papptafeln mit der neuen Verfassung und der Erklärung der Menschenrechte ersetzt. Selbst der helle Frühlingsmorgen bannt Düsterkeit nicht ganz, unfrohes Licht fällt durch die Fenster, die auf den dunklen Conciergeriehof sehen.

Danton achtet weniger auf den Raum als auf die Menschen, mit denen er's zu tun hat. An der Querseite des ausgedehnten Saales, links im rechten Winkel zur Anklagebank, der Richtertisch. Beisitzer außer Denizot, den Danton vom Verhör gestern kennt, Bravet, ehemals Richter im Departement Hautes-Alpes, Masson, früher Gerichtskanzleibeamter, und der einstige Gestütsverwalter Foucault, dem man die Maxime nachsagt: »Wir brauchen Blut! Das Volk will Blut!« Den Vorsitz führt Herman, hübsch, gepflegt, vierunddreißigjährig, Jurist, über verschiedene richterliche Posten hierher gelangt. Kein Sadist, kein Blutsäufer, kein Unmensch; seine Neigung gilt den Büchern und dem Gartenbau; mit Zärtlichkeit denkt er in manchen Augenblicken aus dem Verhandlungssaal nach Hause, wo sein Söhnchen Aristide in der Wiege zappelt. Aber, starrer Paragraphendiener und unbeugsamer Republikaner, steht er auf Robespierres Liste als »rechtschaffener und entschlossener Mann, zu hervorragenden Ämtern geeignet«. Herman schwört auf Robespierre; was Robespierre anordnet, ist richtig. Sind es nicht ein bißchen viel Köpfe, die für das Heil der Republik fallen müssen? Ach, in jedem kleinen Gefecht an der Front sterben fünf- bis sechshundert Patrioten schuldlos!

Vor der Estrade der Richter, an einem mit Akten bedeckten Tisch, der öffentliche Ankläger: Fouquier-Tinville! Bleiches Gesicht, schwarze Haare, sehr dichte Brauen von gleicher Farbe, und ein Kopf rund wie der einer Katze, rund wie eine Kegelkugel. Auch er seit Jahrzehnten in der Juristerei, auch er kein Kannibale, auch er ein Mann von sanften häuslichen Sitten, ehrbare Ehe mit seiner zweiten Frau Henriette führend, nur ein Bürokrat, der pflichteifrigste, genaueste, gewissenhafteste Bürokrat des Schreckens, der ohne Leidenschaft tötet, aus Pflichtgefühl; es ist sein Amt! Gedanken mögen sich andere darüber machen; er erfüllt seine Dienstobliegenheit wie nur ein Pensionsberechtigter. Entschuldigung vor sich selber: »Der Wohlfahrtsausschuß will es so!«

Fouquier trägt nicht etwa eine rote Jakobinermütze, sondern, wie auch die Richter, die vorgeschriebene strenge Magistratstracht: zum schwarzseidenen Mäntelchen einen vorne aufgekrempten schwarzen Hut mit großen schwarzen Federn; trotz der Medaille mit Inschrift *La Loi*, die ihnen an blauweißrotem Band auf die Brust hängt, sehen sie ein wenig wie Leichenkutscher aus.

Der Anklagebank gegenüber Tisch und Lehnsessel der Geschworenen, heute sieben an der Zahl: der Lautenmacher Renaudin, fanatischer Anhänger Robespierres, zur Leibgarde des ›Unbestechlichen‹ gehörend, die ihn stets auf der Straße begleitet, der Holzpantinenfabrikant Desboisseaux, der Musiker Lumière, einst Sekretär Fouquiers, ein Mann mit dem revolutionären Spitznamen ›Dix-Août‹, der durch gewalttätigen Eifer seine Vergangenheit als Marquis Leroy de Montflobert auszuwischen trachtet, der Perückenmacher Ganney, für den es schwer einen Unschuldigen vor dem Tribunal gibt, der Schreiner Trinchard, jakobinischer Heißsporn, erprobt im Prozeß gegen Marie Antoinette, stolz, verurteilt zu haben, wie er seinem Bruder mitteilte, *»celle que lon califioit si deven de Raine«*, schließlich der Wundarzt Souberbielle, der unter Dantons Blick die Lider senkt: er schämt sich.

Recht und Gesetz überlassen die Zusammensetzung der Geschworenen dem Zufall einer Auslosung, aber was heißen Recht und Gesetz in diesem Verfahren! Damit man sicher gehe, hat Fouquier in seiner Kanzlei gesichtet und gesiebt; sind die Geschworenen ohnehin geneigt, jeden Angeklagten von vornherein als Feind der Republik, also als persönlichen Feind zu betrachten, so hat man heute ganz Zuverlässige, eine Jury, die in der Hand des Anklägers ist, »was die Axt in der Hand des Holzfällers«.

Hinter der brusthohen Schranke des großen Zuschauerraums drängt sich eine dichte Menge, setzt sich fort über den Vorraum, die Korridore, die Treppen, die Höfe. Den Quai des Morfondus, die Place Dauphine, den Pont-Neuf, den Quai de Conti bis zur Münze und darüber hinaus füllen, Kopf an Kopf, Tausende und wieder Tausende, die einen schaulustig, hörbegierig, die andern innerlich bewegt, die einen für, die andern gegen die Männer auf der Anklagebank.

Das Gesumm im Saal bricht ab, als der Aufruf der Angeklagten, die Feststellung der Personalien beginnt; Chabot, Basire, Fabre d'Eglantine – Desmoulins, auf die Frage nach seinem Alter: »So alt wie der Sansculotte Jesus bei seinem Tod, ein kritisches Alter für die Patrioten!« Danton, nach seiner Wohnung befragt, wirft das Haupt in den Nacken: »Bald im Nichts, und mein Name im Pantheon der Geschichte!«

Dann lehnt sich der Vorsitzende in seinen Sessel zurück, und der Gerichtsschreiber verliest eintönig die Anklageschrift; vor allem Amars Konventsbericht vom 20. Ventôse gegen Fabre d'Eglantine und Genossen, ein übergangs- und beweisloser Ausfall wegen der gleichen Sache gegen Hérault und Desmoulins, am Schluß die unbestimmte und allgemeine Bemerkung: »Danton und Delacroix sind nicht untadelhafter als die Männer, deren Vergehen eben geschildert wurden.«

Aber ehe einer der Angeschuldigten auch nur den Mund auftun kann, Herman: »Die Sitzung ist geschlossen!« Den Hörern soll der Eindruck bleiben, daß auch Danton mit Gefährten in Schiebung und Schufterei verwickelt sei.

Die Conciergerie, in deren Zellen sie zurückgebracht werden, ist kein Luxembourg. Uralter, tiefgelegener Kerker zwischen dicken Mauern, die vor Feuchtigkeit schwitzen, wenn die Seine steigt, mit kleinen Fenstern, im ewigen Halbdunkel, mit unheimlichen Gängen und dräuenden Gittern; dazu die aufrichtig nach Schnaps riechenden Schließer mit ihren großen Hunden, der Brechreiz erregende Gestank der Kotkübel, ›*griaches*‹ im Gefängnisjargon, das nervenzerrüttende Zuschmettern der schweren, eisenbeschlagenen Türen – hier heißt es, um nicht der drückenden Umwelt zu erliegen, innere Widerstandskräfte zusammenraffen!

Aber Danton hat so viel von Wiese, Fluß und Baum in der Seele, daß er andern Morgens unzerbrochen die Treppe zum Freiheitssaal emporgeführt wird: »Will sehn, wie die Kerle vor mir bestehen werden!«

Die Angeklagten haben sich über Nacht um einen vermehrt. Da die Gelegenheit günstig ist, hat der Wohlfahrtsausschuß Westermann verhaften lassen, der als der Degen der Dantonisten gilt, und Fouquier schiebt ihn, ohne das gesetzlich vorgeschriebene Verhör, auf die Anklagebank. Wie, ohne Verhör? Herman lächelt süß: Unerheblich! Unnütze Form! Aber Danton begehrt auf: »Wir sind doch hier, um die Form zu wahren!« So wird die Sitzung unterbrochen, und Denizot muß Protokolles halber in einem Nebenzimmer dem General die üblichen zwei Fragen vorlegen. Unterdessen beugen sich Vorsitzender und Staatsanwalt angelegentlich über ihre Akten, aber ihre Betroffenheit können sie kaum verhehlen, als sich Dantons Donnerstimme erhebt: »Wenn wir nur ungehindert das Wort bekommen, bin ich sicher, meine Ankläger zu zerschmettern, und wenn das französische Volk ist, was es sein sollte, werde ich gezwungen sein, um Gnade für sie zu bitten.«

Tropf, der du dir einbildest, hier ungehindert das Wort zu bekommen!

Da ist der Elsässer zurück; mit großartiger Geste wendet er sich mehr ans Volk im Zuschauerraum als ans Tribunal: »Ich möchte hier vor aller Welt die Kleider abwerfen, damit man mich betrachte. Ich habe sieben Wunden erhalten: alle von vorn! Nur eine ward mir von hinten beigebracht; diese Anklage!«

Verlesung der Anklageschrift gegen Danton und Genossen, Abklatsch des Saint-Justschen Berichts. Zeugenaussage Cambons in der Affäre der ›Indischen Gesellschaft‹. Danton geht es ganz und gar nichts an, aber als er den Kollegen gewahrt, ruft er ihm zu: »Cambon, glaubst Du, daß wir Verschwörer sind? Sehen Sie, er lacht, er glaubt es nicht. Nehmen Sie zu Protokoll, daß er gelacht hat!« In der Tat belastet das Gutachten dieses Finanzfachmannes neben dem flüchtigen Julien Delaunay und d'Espagnac schwer, aber von Danton und Delacroix bekundet er, daß sie gegen Dumouriez aufgetreten seien, sobald sie seinen Verrat hätten argwöhnen können; im April 1793 habe er selbst Befürchtungen wegen des Erfolgs der Revolution gehegt, doch Danton und Delacroix hätten ihn beruhigt, die Republik werde eins und unteilbar bleiben und werde trotz großer Krisen triumphieren.

Im Kreuzverhör verlangt Fabre d'Eglantine Vorlage des Originals, damit ihm seine angebliche Fälschung nachgewiesen werde. Delaunay, Chabot, Basire, auch d'Espagnac suchen sich als arme Sünder herauszureden, Cambon zerreißt ihr Gewebe von Lüge und Unverschämtheit.

Jetzt spitzen sich die Ohren hinter der Zuschauerschranke, heben sich die Füße auf die Zehen: Dantons Verhör! Verhör? Dantons Vorstoß! Beschlagener Anwalt, der er ist, überreicht er zunächst dem katzenköpfigen Fouquier eine Liste der Entlastungszeugen, deren Ladung er heischt; es sind die Konventsmitglieder Simond, Gossuin, Legendre, Fréron, Panis, Lindet, Calon, Merlin von Douai, Courtois, Laignelot, Robin, Goupilleau, Lecointre von Versailles, Brival und Merlin von Diedenhofen. Delacroix fügt hinzu: Pache, Jazot, Guyton-Morveau und, unter lebhafter Zustimmung Dantons, den Traiteur Rose aus der Rue de la Grange-Batelière, Besitzer des Restaurants mit den sagenhaften Frühstücken zu hundert Talern.

Herman jedoch zeigt kalte Entschlossenheit, den Vorstoß Dantons abzufangen, indem er ihn zehnmal vergeblich mit einer Lektion über guten Ton zuzudecken sucht: Wie benimmt sich der wohlerzogene Angeklagte entsprechend vor Gericht? Danton platzt vor Entrüstung, Blut hämmert in Dantons Schläfen, Dantons Antworten sind Vulkanausbrüche, jedesmal ertönt die Klingel des Präsidenten, und sanfte Stimme mahnt mit leisem Vorwurf: »Danton, die Dreistigkeit eignet dem Verbrecher, die Ruhe der Unschuld. Die Verteidigung muß maßvoll sein und sich in den Grenzen der Schicklichkeit halten.« Aber Danton, drei Schritt von der Guillotine, vor seinen unbarmherzigen Richtern und nicht im Salon: »Wenn ich sehe, wie schwer, wie ungerecht ich angeschuldigt werde, vermag ich da dem Gefühl der Empörung zu gebieten, das mich gegen meine Anschwärzer aufbringt? Darf man von einem so ausgesprochenen Revolutionär wie mir eine kalte Antwort erwarten?« Neue Explosion, Klingel, neue Mahnung.

Da Danton im Hintergrund Vadier, Amar und David herumschleichen sieht, drängt es ihn, seine großen Gegner, diesen Saint-Just, diesen Robespierre, diesen Couthon, vor die Klinge zu bekommen, Auge in Auge mit ihnen zu stehn, sich mit ihnen zu messen: »Her mit ihnen, und ich schleudere sie in das Nichts zurück, dem sie niemals hätten entsteigen dürfen... Schäbige Betrüger, heraus, und ich will euch die Maske abreißen, die euch dem Spruch der Allgemeinheit entzieht!« Klingel und würdevolle Verwahrung des Präsidenten gegen die ›unziemlichen Ausfälle‹

wider Männer, die »die Achtung der Öffentlichkeit genießen«.

Guter Ton, Anstand, Schicklichkeit, Benehmen, Form, Ziemlichkeit, Mäßigung, Ruhe, und es geht doch ums Leben, ums Leben!

Aber gerissene Taktik Hermans ist's, sich auf Äußerlichkeiten zu versteifen. Schon seit geraumer Weile schielt er in den Zuschauerraum und bemerkt mit steigendem Unbehagen, wie das, was Danton sachlich zu erwidern hat, einschlägt. Danton ist eben DANTON, Volkes Danton, Held der Cordeliers, Mann des 10. August, kein Schieber, kein Verräter, kein Streber, vor allem keine Memme, vor dem Schafott zitternd; alles glaubt ihm den großen Ekel: »Das Leben ist mir zur Last; ich sehne mich, es loszuwerden!«

Vorwurf der Bestechlichkeit? Er reckt sich: »Männer meines Schlages sind nicht zu bezahlen, ihrer Stirn ist in unverwischbaren Zeichen das Siegel der Freiheit, das Wesensmal der Republik aufgedrückt.«

Einverständnis mit Mirabeau? Verächtliches Achselzukken: »Alle Welt weiß, daß ich Mirabeau bekämpft, daß ich seine Pläne durchkreuzt habe, sowie ich glaubte, daß sie für die Freiheit verhängnisvoll seien.«

Empfehlung, Barnave und Lameth zu folgen? Seine kleinen Augen funkeln: »Falsche Behauptung! Beweise her!«

Übereinstimmung mit Guadet, Brissot und Barbaroux und der ganzen geächteten Partei? Abwehrende Handbewegung: »Barbaroux verlangte den Kopf Dantons, Robespierres und Marats!«

Verbindung mit Dumouriez? Schroff: »Ich habe ihn nur einmal gesehen!«

Verbrecherische Zurückgezogenheit in Arcis-sur-Aube vor Augenblicken der Entscheidung, vor dem 10. August? Hohn in der Stimme: »Wo sind denn die Männer, die auf Danton einen Druck ausüben mußten, damit er sich an diesem Tage zeigte? Wo sind diese begnadeten Wesen, bei denen Danton sich Energie ausleihen mußte?« Halb zu der Schranke, an der mit angehaltenem Atem die von der

Straße kleben: »Seit zwei Tagen kennt das Gericht Danton. Morgen hofft er im Schoß des Ruhmes einzuschlafen. Niemals hat er um Gnade gebettelt, und man wird sehen, wie er zum Schafott geht, mit jener Seelenheiterkeit, die einem ruhigen Gewissen zukommt.«

Mit Entsetzen nimmt Herman, nimmt Fouquier wachsenden Beifall der Hörer wahr; jedes der markigen Worte Dantons widerhallt draußen, pflanzt sich wie ein elektrischer Schlag bis zu den letzten, fernen Ausläufern der gewaltigen Menge fort, die auf dem Platz, den Brücken, den Gassen der Verhandlung beiwohnt. Wehe, wenn diese Masse die Schranke durchbricht und Danton jubelnd auf die Schultern hebt! Dann ist es um Robespierre geschehen, um den Wohlfahrtsausschuß, und um Herman und Fouquier auch. Ängstlich suchen die Blicke der beiden Juristen einander, jener schickt diesem ein tröstendes Zettelchen zu: »In einer halben Stunde werde ich Dantons Verteidigung unterbrechen.«

Den aber beflügelt der Beifall: »Ehe drei Monate um sind, wird das Volk meine Feinde in Stücke reißen!«

Händeklatschen, Zurufe, steigende Erregung. Klingel des Präsidenten und fast väterlicher Tonfall: »Danton, Sie sind ermüdet, Sie bedürfen der Ruhe. Sie werden morgen fortfahren.«

Die Sitzung wird geschlossen – zur rechten Zeit!

Aus seiner Zelle vermag sich Danton mit Westermann zu verständigen, mit dem er Wand an Wand sitzt. Kernworte, Flüche, aber auch, da irgendein Geruch ihn an das Wasser der Aube erinnert, wehmütiger Stoßseufzer: »Besser ein armer Fischer sein, als die Menschen regieren!«

Immerhin schläft Danton dem 15. Germinal ruhiger entgegen als Herman und Fouquier, über die diese Nacht ein Alpdruck wälzt. Was wird der nächste Tag bringen? Noch am Abend ist der öffentliche Ankläger zum Wohlfahrtsausschuß geeilt. Man hat die Köpfe zusammengesteckt, denn wenn morgen Dantons unverwüstliche Lungen das Kartenhaus der Anklage umblasen, was dann? Namentlich Saint-Just und Billaud-Varenne sind außer sich: Die Republik ist verloren! Fouquier scheidet bedrückt; die Weisung, die Entlastungszeugen – die fehlten gerade noch! – auf jeden Fall aus dem Spiel zu lassen, erleichtert ihn nicht; woher die juristische Handhabe nehmen?

Gleich zu Beginn der Verhandlung steht Danton auf; herrisch: ob seine Zeugen geladen seien. Fouquier, mit starken Hemmungen vor der Wahrheit, entschuldigt sich fast, er warte den Entscheid des Wohlfahrtsausschusses ab. Was? ergrimmt Danton, über einen Schritt, den das Gesetz ihm verbürgt, sollen seine erbittertsten Feinde befinden! Robespierre? Und der Geck Saint-Just? Und Couthon? Und der alte Gauner Vadier? Er schlägt, während die Klingel Hermans vergebens: Ruhe! wimmert, Krach, unterstützt von Delacroix: Schöne Justiz! Schöne Gerechtigkeit!

Fouquier, stechenden Blick auf die Angeklagten heftend, die Stirn runzelnd, mit hoher, scharfer Stimme: »Es ist Zeit, diesem Streit, der das Gericht wie die Hörer skandalisiert, ein Ende zu machen; ich schreibe an den Konvent, um seinen Willen zu erfahren, der genau befolgt werden wird.«

Gut! Allgemeines Einverständnis! Herman atmet auf, die Verhandlung geht weiter, während der öffentliche Ankläger den Kiel eintunkt: »Ein schreckliches Ungewitter grollt seit Sitzungsbeginn: Die Angeklagten verlangen wie rasend die Vernehmung der Entlastungszeugen; sie appellieren ans Volk wegen der Zurückweisung, die sie angeblich erhalten haben. Trotz der Festigkeit des Präsidenten und des ganzen Gerichts stört die Häufung ihrer Beschwerden die Sitzung; laut kündigen sie an, daß sie nicht schweigen werden, wenn man ihre Zeugen nicht vernimmt, und noch dazu ohne Dekret; wir bitten Sie, uns endgültig unser Verfahren über diese Beschwerde vorzuschreiben, denn die Prozeßordnung gibt uns kein Mittel an die Hand, eine solche Weigerung zu begründen.« Gezeichnet: Herman, Fouquier. Durch Eilboten zum Wohlfahrtsausschuß!

Ist nicht seitdem schon eine Stunde verstrichen? Fouquier wirft immer öfter unruhige Blicke nach der Tür, ob das erlösende Wort nicht eintrifft; unangenehm warm wird ihm unter dem Hut mit den nickenden schwarzen Federn.

Inzwischen wehrt Danton geringschätzig, wie mit Fußtritten einen zudringlichen Straßenköter, die ›abscheuliche Verleumdung‹ ab, daß er am 31. Mai gegen den Aufstand des Volkes gewesen sei: »Ich fordere aufs neue Ladung der Zeugen, die mich anklagen können, wie auch die Vernehmung derer, die geeignet sind, mich zu entlasten.« Delacroix rechtfertigt sich entrüstet gegen den Vorwurf, ›der Freund der Könige‹ gewesen zu sein, Philippeaux fällt dem öffentlichen Ankläger stolz ins Wort: »Es ist Ihnen gestattet, mich zu vernichten, aber ich verbiete Ihnen, mich zu beleidigen«, Westermann macht eine Bewegung des Unwillens, da ein Toter, untauglich für das kontradiktorische Verfahren, gegen ihn angeführt wird, Hérault, wegen Beherbergung eines Emigranten verhaftet, wird nach diesem Vergehen nicht einmal befragt, Diederichsen wirkt anständig und unbedeutend, all das plätschert so dahin, als ein Huissier Fouquier ins Ohr flüstert.

Aufspringen, hinauseilen, prallt im Korridor auf Amar und Voulland. »Nun?« »Hier, was du verlangst, ein Dekret!« »Weiß Gott, es war Zeit!« Nimmt das Papier und wieder hinein.

Dieses Papier dem Konvent abzupressen, ist Saint-Just vorgeschickt worden. Die ›Revolte der Schuldigen‹ hat er in düsteren Farben gemalt, die Dreistigkeit der Angeklagten als Beweis für ihr schlechtes Gewissen angeführt, das Parlament aufgerufen zum letzten Stoß »gegen die Partei, die für eure Feinde duldsam war und heute ihre Leidenschaft wiederfindet, um die Freiheit zu bekämpfen«. Aber sein Haupttrumpf: »In diesem Augenblick konspiriert man in den Gefängnissen zu ihren Gunsten ... Dillon hat erklärt, die Gattin Desmoulins' habe Geld erhalten, um eine Bewegung zur Ermordung der Patrioten und des Revolutionstribunals zu entfesseln.«

Gefängnisverschwörung, was ist damit? Im Luxembourg steckt seit ein paar Tagen ein gewisser Laflotte, ganz offensichtlich, was das Sträflingsrotwelsch einen ›Hammel‹ heißt, ein Spitzel als Gefangener unter die anderen Gefangenen gemischt, um sie auszuhorchen. Zur guten Stunde für die bedrängten Machthaber hat dieser *›mouton‹* sich gemeldet, der General Dillon, jener, der täglich einen sitzen hat, habe ihn ins Vertrauen gezogen: es sei etwas im Werk, die Dantonisten, angesichts der Stimmung der Zuhörer für sie, dem Tribunal mit Gewalt zu entreißen; auch, daß Dillon an Lucile Desmoulins tausend Ecus überwiesen habe, um eine Menge um den Jusitzpalast zu scharen, hat Laflotte zu Protokoll gegeben; was will man mehr! Kaum ist dieser Bericht verlesen, summt der Konvent von Gerüchten, Absicht der Verschwörer, das *Comité de salut public* niederzumetzeln und den Konvent zu sprengen, Dantons Plan, mit einem Stoßtrupp den Temple zu stürmen und den kleinen Capet auf den Thron der Tyrannei zu heben. Folge: Einstimmige Annahme des Dekrets.

Da Fouquier das Papier entfaltet und vorliest, Ermächtigung des Konvents für den Vorsitzenden, »alle durch das Gesetz gebotenen Mittel anzuwenden, um seiner Autorität und der des Revolutionstribunals Achtung zu erzwingen und um jeden Versuch der Angeklagten, die öffentliche Ordnung zu stören und den Gang der Justiz zu hemmen, zu unterdrücken«, und Verfügung, »daß jeder Angeklagte, der sich der Gerichtsbarkeit der Nation widersetzt oder sie beschimpft, auf der Stelle von der Sitzung ausgeschlossen wird«, da der öffentliche Ankläger mit triumphierendem Funkeln unter den buschigen Brauen dieses mörderische Dekret vorträgt, sind nicht nur die auf der Anklagebank wie mit Keulen niedergewuchtet.

Danton wirft zuerst seine massige Gestalt in die Höhe, brüllt, Klingel des Präsidenten, auch die übrigen Angeklagten springen auf die Bänke, Lärm im Zuschauerraum, drohende Worte gegen die Tyrannei, Klingel des Präsidenten, Danton ruft Richter, Geschworene, Volk zum Zeugnis auf, ob er und seine Freunde Widerstand geleistet, eine Revolte versucht haben, Lärm, Geschrei: Verrat! Perfidie! Klingel... gerade noch gelingt es Herman, Sitzungsschluß zu verkünden. Fouquier wischt sich die niedere Stirn. Es ist nicht sehr gut gegangen, aber es ist gegangen. Drei Tage herum! Und das Dekret! Man kommt übern Berg!

Als Charles-Henry Sanson an diesem Vormittag die Conciergerie betritt, zu schauen, wie's mit der Arbeit steht, schlägt ihm ein Gendarm lachend auf die Schulter: »Großwild heute!«

Dieser 16. Germinal des Jahres II, dieser 5. April 1794 leuchtet von lauter Frühling; in leichtes, lockendes Licht getaucht ist Paris: Plätze, Paläste, Gassen, Fluß und Brükken. Wie immer weiden am Rondell der Champs-Elysées die Schafe; an den Bäckerläden stehen die Schlangen; Straßensänger, mit Chansons die wirren Zeitläufte begleitend, ziehen umher; die Restaurants von Ruf, Beauvilliers im Palais-Egalité, Venua in der Rue Saint-Honoré, Méot in der Rue des Bons-Enfants warten mit Köstlichkeiten auf, warme Aalpastete, Ragout von Hahnenkamm und -nierchen, Kapaun mit Reis, Artischocken mit weißer Sauce, Hammelschlegel mit Rübchen, Eierkuchen mit feinen Kräutern, dazu erlesenste Weine, Chablis, Beaune, Graves, Richebourg, l'Hermitage, Champagner Sillery; der jüngere Robespierre empfiehlt brieflich seinem großen Bruder zuverlässige Patrioten, darunter ›den Citoyen Buonaparte, Artilleriegeneral von ganz ungewöhnlichem Verdienst‹; ein gutgesinnter Großbauer stiftet der Pariser Kommune zwanzig Ochsen; Vadier stellt im Tuileriensaal ohne Widerspruch fest, daß sich der Konvent ›fast ganz‹ aus tugendhaften Männern zusammensetze; vieltausend Dirnen schminken sich, um auf den Strich zu gehen; in sechzig Ballsälen wird abends die Tanzmusik fiedeln; die Theater spielen, in der Oper Erstaufführung ›Die Einweihung der französischen Republik‹, und um fünfeinhalb Uhr führt im ›Amphithéâtre d'Astley‹ im Faubourg du Temple der weltberühmte Stallmeister Franconi mit seinen Kindern und Schülern Reitkunststücke vor, Hohe Schule, Tanz auf dem Pferderücken ›mit mehreren Szenen und Einlagen zum Lachen‹.

Aber um fünfeinhalb Uhr wird auch Danton sterben!

Als die Verhandlung dieses Tages einmal begonnen hat, saust sie auch auf glatter Bahn dahin. An ihrer Schwelle die unwillig wiederholte Frage Dantons: Wo bleiben die Entlastungszeugen? Ja, wo bleiben Simond, Gossuin, Legendre, Fréron, Panis, Lindet, Calon, die beiden Merlins, Courtois, Laignelot, Robin, Goupilleau, Lecointre, Brival, Pache, Jazot, Guyton-Morveau und der Traiteur Rose? Kalte, sichere Antwort Fouquiers: Wir könnten auch Belastungszeugen in Fülle beibringen, aber wir kommen überhaupt ohne Zeugen auf Grund schriftlicher Beweise aus!

Noch schnappen die Angeklagten mühsam nach Luft, ist schon die kurze Vernehmung der Brüder Frey vorüber, und der öffentliche Ankläger, unter Berufung auf das Dekret vom 7. Brumaire, fragt die Geschworenen, ob sie hinreichend unterrichtet seien.

Das ist zuviel!

Danton, aufgeschnellt, schreiend, und auch die andern im Chor: Tyrannei! Justizmord! Verhandlung hat kaum begonnen! Abwürgung! Spart euch eure Beratung! Mörder! Ab mit uns aufs Schafott!

Auf diesen Ausbruch hat Fouquier gelauert; sein Antrag – siehe das Dekret von gestern! –, die Angeklagten wegen Beleidigung des Tribunals aus dem Saal zu entfernen. Gerichtsbeschluß; Gendarmen zerren die Widerstrebenden von den Bänken; am verzweifeltsten wehrt sich Desmoulins.

Die Geschworenen sind schon wieder da; jawohl, die Jury ist genügend im Bilde! Herman legt, wie einen Köder, die Fragen vor: Sind Delacroix, Danton, Desmoulins, Philippeaux, Hérault de Séchelles und Westermann überführt, an einer Verschwörung zur Wiederherstellung der Monarchie teilgenommen zu haben?

Überführt? Sie sind dieses Verbrechens nicht einmal richtig angeschuldigt! Keine Beweise, keine Tatsachen, keine Zeugen, die ganze Verhandlung eine einzige Stimmungsmache. Da beißen selbst diese Geschworenen nicht sofort an, obwohl sie in den Pausen von Vadier, Amar und David geknetet wurden. Aber im Beratungszimmer wird ihnen – pst! streng vertraulich! Staatsgeheimnis! – ›ein Brief aus dem Ausland an Danton‹ gewiesen, mysteriöses Schriftstück, das durch Zauberschlag auftaucht, durch Zauberschlag verschwindet. Was steht darin? Wer hat es fabriziert? Gleichviel, die Jury läßt sich überzeugen: da sie ihre Plätze im Verhandlungssaal wieder einnimmt, hat in ihrem Namen Trinchard für alle Schuldfragen ein wütendes: Ja!

Was braucht sich das Gericht zur Urteilsfällung erst zurückzuziehn, und weshalb die Angeklagten zur Verlesung des Verdikts erst vorführen? Vor leerer Anklagebank leiert Herman herunter, daß auf Grund des Gesetzes vom 25. Ventôse in Verbindung mit Teil II, Titel 1, Abschnitt 5, Artikel 7 des Code Pénal Fabre d'Eglantine, Delacroix, Danton und so weiter und so weiter zum Tode verurteilt sind, daß ihr Vermögen zugunsten der Staatskasse eingezogen wird und daß der Spruch binnen vierundzwanzig Stunden auf dem Pariser Revolutionsplatz zu vollstrecken und im Druck in der ganzen Republik anzuschlagen ist.

Schluß!!!

Während Herman, befriedigt und einer Belobigung durch Robespierre gewiß, heimschreitet, um sich zärtlich über die Wiege des kleinen Aristide zu beugen, und während auf Hanriots Befehl die erste, zweite und dritte Legion der bewaffneten Macht von Paris für alle Fälle Reserven bereitstellen, werden die Verurteilten, einer nach dem andern, in die Kanzlei der Conciergerie geführt, die Entscheidung zu vernehmen. Als der Gerichtsschreiber Ducray den Koloß vor sich sieht, dessen Name jetzt schon halb Legende ist, setzt er etwas stockend an, aber Danton fährt ihm barsch über den Mund: »Unnötig! Man kann uns so zur Guillotine fahren! Dein Urteil? Behalt's für dich! Ich pfeif drauf!«

Vorletzte Station der Raum neben der Kanzlei, in dem die Verurteilten auf den Scharfrichter zu warten pflegen, manchmal Stunden, darum stehen Stühle herum, manchmal eine ganze Nacht, darum liegt eine Matratze hier und da. In diesem düsteren Gelaß hat vor etlichen Wochen Dantons Schützling, der General Biron, ci-devant Herzog von Lauzun, als Henkersmahlzeit mit gutem Appetit frische Austern geschlürft und hat, als Sanson eintrat, höflich gebeten, ihm doch das letzte Dutzend zu vergönnen.

Desmoulins geht der Sinn nicht nach Austern. Er erinnert sich nicht einmal an einen früheren Strauß mit dem Mann; der gleich seines Amtes an ihnen allen walten wird, vor mehr als vier Jahren; da hat Sanson den Herausgeber der ›*Révolutions de France*‹ wegen Beleidigung verklagt, weil er in dem Blatt ›der Henker von Paris‹ genannt ward; nichts Henker, er ist Beamter, sein geziemender Titel ›Vollstrecker der Strafurteile‹. Philosophische Betrachtungen über die späte und grausame Genugtuung, die Sanson jetzt erhält, liegen Camille fern. Was immer an Gedanken und Gefühlen in ihm aufstrudelt, überschattet die würgende Vorstellung: alles, alles zu Ende! Er will nicht sterben. Da ihm der Knecht naht, die langen, schwarzen Locken im Genick zu schneiden, wehrt er sich wild; kräftige Fäuste müssen ihn auf den Stuhl niederpressen; seine Jacke zerreißt an der Schulter; er jammert: »Lucile! Komm, Lucile!« Bei einem Rest von Überlegung ahnte er, in wie schauerlicher Weise die Ärmste, von Saint-Just als Verschwörerin denunziert, zu ihm kommen, ihn einholen wird. Unter der Decke des Gewölbes widerhallt es gellend: *Lucile! A moi, Lucile!*

Delacroix ist niedergeschlagen. Der Doktor Guillotin empfahl einst seine Maschine als Wunderwerk der Humanität, der Hinzurichtende verspüre nichts als ein leichtes Kältegefühl im Nacken. Aber wer vermag das ganz sicher zu sagen?

Fabre d'Eglantine war schon einmal zum Tode, zum Galgen verurteilt, 1777 in Namur, wegen Entführung der kleinen molligen Cathérine Deresmond, genannt Catiche. Denkt er daran und schließt, daß man seinem vorbestimmten Schicksal nicht entgeht? Von anderen Gedanken wird er gefoltert, jetzt wie schon seit Wochen. Unter seinen Papieren, die man bei der Verhaftung zusammengepackt und versiegelt hat, befindet sich ein fast vollendetes Stück, auf das er große Hoffnungen setzt, ›Die Malta-Orange‹. Hat Collot d'Herbois es entdeckt, der Stümper, der Schmierer, der Kitschist ist imstande und läßt es als eigene Schöpfung aufführen! Erntet den Ruhm, der Fabre gebührt! Hölle und Teufel! Fabre begehrt, während man ihm die Haare schneidet, stürmisch nach Fouquier. Fouquier ist längst beim Mittagstisch daheim. Dann sein Stellvertreter! Auch nicht zugegen. Da schäumt der Literat, ruft Schicksalsgenossen, Scharfrichter, Schließer, wie sie da sind, zu Zeugen seines öffentlichen Protests ›gegen die Infamie der Verbrecher des Komitees‹ an: »Eine Komödie haben sie mir gestohlen, die nichts mit meinem Prozeß zu tun hat, und behalten sie!«

Philippeaux, da ihm die Schere über den Nacken fährt, stöhnt auf: »Mein Weib! Mein Weib! Mein Sohn! Ich soll euch also nicht mehr wiedersehen!« Dann kommt eine Ruhe über ihn, die nicht mehr von ihm weichen wird.

Auch in Danton arbeitet es mächtig, aber den Gefährten, den Henkersknechten, den Gendarmen und Kanonieren, die mit blanker Klinge am Gitter stehn, verrät kein Zeichen eine Gemütserschütterung. Fast behaglich sitzt er da, plaudert bei der letzten Toilette, als säße er zum gewöhnlichen Haarschnitt in der Barbierstube, prophezeit mit grimmem Humor Böses: »Jetzt geht's schief! Dieser Wohlfahrtsausschuß! Couthon ein Krüppel und Robespierre ein Eunuch! Könnte ich dem einen meine Beine und dem andern meine Hoden vermachen, klappte es vielleicht noch eine Weile! Aber so? Frankreich wird in einem Mischmasch von Blut und Scheiße aufwachen!«

Von draußen das Gemurmel ungeheurer Menschenmenge, das Stampfen der Gäule vor den wartenden Karren, das Klirren der Säbelscheiden der Gendarmerieeskorte.

Punkt vier Uhr verlassen die beiden Karren, Danton mit den Politischen auf dem ersten, den Hof des Justizpalastes, auf dem er einst mit der Basoche den Maibaum gepflanzt hat – wieviel Jahrhunderte sind seitdem verflossen!

Langsam rollen sie über den Pont-au-Change; er blickt in das Geglitzer der Seine; in diesem heftigen Frühling wird das Wasser bald warm genug sein zum Schwimmen, aber damit ist's auch vorbei!

Schwerfällig biegen die Karren links ein. Wie drängen sich am Quai de la Mégisserie die Menschen! Und keiner rührt eine Hand, in die Räder zu greifen. Geschmeiß!

Am Ende des Stadens spürt Danton einen Ruck am Herzen, wie damals, als im nahen ›Café du Parnasse‹ Gabrielle an der Kasse saß und er als hochgemuter Freier kam. Die Brust wird ihm eng.

Viertelswendung nach rechts. Rue de la Monnaie, dort das ›Kaffee zur Münze‹, Stelldichein der echten ›Revolutionäre‹, der *›purs‹*.

In der Rue du Roule läuft Dantons Blick an den Häusern hoch. Die Fenster voller Köpfe. Vor einem, und das berührt ihn mehr, im Holzkäfig ein Stieglitz, der Vogel hat den Schnabel weit geöffnet, singt sein fröhliches Lied, aber vom Stimmgewirr der Schaulustigen wird es verschluckt.

Ehe der Zug links in die Rue Saint-Honoré einschwenkt, haftet der Blick Dantons halb gedankenlos auf einer ragenden Kirche im Hintergrund; es ist Saint-Eustache.

Was für hohe und schmale Häuser in dieser Straße, gerade ein, zwei Fenster breit! Und wieviel Gaffer! Eine Stockung! Hier an der Ecke der Rue de l'Arbre sec steht ein alter Brunnen; in armdickem Strahl fließt das Wasser. So wird gleich ihr Blut aus den kopflosen Rümpfen stürzen, da hinten. Und in der Tat, war nicht früher dieser Fleck eine Richtstätte?

Desmoulins, der zwischen den gefesselten Händen eine blonde Locke Luciles hält, windet sich verzweifelt in seinen Banden, sucht das Volk rings umher aufzurütteln: »Ich bin der erste Apostel der Freiheit! Laßt mich nicht ermorden! Hilfe!« Aber nur gnadenlos neugierige Köpfe recken sich, und Danton: »Sei still! Hoffst du, diese elende Kanaille erweichen zu können?«

Wie langsam drückt sich der Karren vorwärts, und wie rasch ist man schon am Palais-Egalité! Als der Besitzer dieses Palasts exekutiert ward, stand in der Menge ein unbekannter Neger und weinte, und am Tag der Hinrichtung Ludwigs XVI. sprang eine Frau in die Seine und ein Perückenmacher der Rue Culture Sainte-Cathérine schnitt sich den Hals ab: für sie war die Welt zu Ende! Danton schüttelt den Kopf: seinetwegen wird sich niemand die Adern öffnen. Aber weinen – ja, die arme Mutter in Arcis wird weinen, bitterlich weinen, auch seine Schwester Anne-Madeleine und die andere Schwester Marie-Nicole, die Nonne, wird sogar für sein Seelenheil beten – drollig eigentlich!

Und die arme Louise! Schatten fliegt über seine Stirn, die Netzhaut wird ihm heiß. Aber niederkämpfen! Nicht schwach werden! Den Hunden diesen Triumph nicht gönnen!

Sie lauern darauf, denn dort ist das ›Café de la Régence‹ und wer sitzt da, Zeichenblock auf dem Knie und Stift in der Hand? Tatsächlich David, mit seinem neugierigen Knabengesicht, seinem Wuschelkopf, seinen greifenden Augen. Sicher will er Danton in seiner schlimmsten Stunde festhalten, elend, ohnmächtig, gebrochen, damit die im Komitee ein Ergötzen haben. Ein Wort zu ihm hinüber wie ein Peitschenhieb: »Lakai!«

Aber weil David als großer Künstler dem unerbittlichen Gesetz der Wahrheit unterworfen bleibt, gelingt ihm keine Karikatur, sondern er bannt aufs Papier, was sein unbestechlicher Blick in diesem Gesicht liest: Trotz, Stolz, Hohn, doch auch Ekel an der Gemeinheit des Daseins, Scham, so übertölpelt zu sein, und da Danton ein Mensch ist, gebändigt die menschliche Angst vor dem Tode.

Der Knecht Robespierres ist für ihn erledigt, Danton dreht den Kopf zu den Gefährten, flüstert Camille eine Tröstung zu, gewahrt, wie Hérault einem Bekannten lächelnd zunickt, schaut auf Westermann: der preßt die Lippen zusammen, lebt noch einmal den 10. August 1792 nach, da er an das Gitter des Tuileriengartens herangeritten ist und in seinem Elsässer Ditsch die Schweizer zur Übergabe aufgefordert hat. Wie nah ist ihm damals, wie nah oft später der Schlachtentod gewesen! Und jetzt das Ende unterm Eisen des Henkers!

Auf den Stufen der Kirche Saint-Roch hält in schaulustigem Gewoge eine Vettel freudestrahlend ein Kind hoch, ihm das Schauspiel zu zeigen; Danton widersteht der starken Versuchung, dem Balg die Zunge herauszustrekken, damit es eine Erinnerung für lange hat.

Wieder eine Stockung – vor der Nr. 364, und da ist Nr. 366! Was, das ist ja, Fenster und Läden abweisend geschlossen, das Haus Robespierres, des Verruchten! Wut überschwemmt Dantons Hirn, mit dick benagelten Sohlen trampelt er auf den Boden des Gefährts, reckt sich, tobt: »Du versteckst dich vergebens! Du kommst auch dran! Und Dantons Schatten wird im Grabe vor Freude brüllen, wenn du auf diesem Karren sitzt!« Mit Anstrengung rückwärts gewendet, da die Gäule schon wieder angezogen haben: »Man wird dieses Haus zerstören, man wird Salz an seiner Stelle säen!«

Ach, hätte er die Gabe des zweiten Gesichts, ihm erschiene ein Tag, der nicht mehr fern ist, im Thermidor, im Juli: da steht Robespierre, fahlgrün die Wangen, vor dem entfesselten Konvent und will reden, und wüster Lärm übertönt seine Stimme, und er fühlt: Alles stürzt ein! und setzt wieder zum Sprechen an, vergebens, und Garnier aus dem Departement Aube ruft ihm zu: »Dantons Blut erstickt dich!«

Durch die Erregung schlägt Danton eine Welle Hitze bis in die Stirn; mitleidslos sagt einer am Häuserrand: »Rot ist er wie ein Hummer!«

Nach rechts ein Blick zum Pikenplatz, wo er als Minister geamtet hat, und unwiderruflich biegen die Karren, die Pferdeköpfe von Mücken umtanzt, in die Rue Royale. An ihrem Ende ragt, zwei lange, schmale Balken, dazwischen das stählerne Dreieck, die unheimliche Silhouette.

Die Guillotine wartet!

Danton geht es nicht anders als allen bei dieser Entdekkung: das Blut schießt ihm jäh zum Herzen, Blässe flutet über seine Züge, aber gleich zieht er die Oberlippe hoch, und eitel Verachtung ist wieder sein Blick.

Wieviel Umdrehungen der Räder noch?

Die Place de la Révolution ist mit Menschenköpfen wie gepflastert; nur um das Gerüst, das sich zwischen dem Sockel der Freiheitsstatue, ehedem Denkmal Ludwigs XV., und dem Tuileriengarten erhebt, ist durch Gendarmen und Soldaten ein Kreis frei gehalten. Die Pferde, sie sind's gewohnt, stehen von selbst. Man klettert von den Karren. Hier pflegt man Abschied von den Freunden zu nehmen, von dem Rest.

Sanson kennt die Reihenfolge, Sanson ruft einzeln auf.

Diederichsen ist der erste. Von den übrigen vierzehn senken einige die Lider, andere schauen entschlossen auf die Bühne, auf der ein paar stämmige Gestalten schweigend und handwerksmäßig hantieren. Aber alle durchfährt der Dreiklang, der das: Vollbracht! kündet: Niederklappen des Kippbretts, Einschnappen des Halseisens, Aufschlag des Messers. Keine Sekunde zwischen Geräusch und Geräusch: Zack! – Klirr! – Wumm!

Delaunay steigt die Treppe hinauf, Basire, der ältere Frey und der jüngere. Und stets, kaum, daß einer oben erscheint, kippt das Brett, schließt sich die Lunette, fällt das Messer. Und der Ruf Tausender: *Vive la République!* und Fetzen der Marseillaise.

Desmoulins bittet den Scharfrichter, Luciles Locke, letzten Trost, seinem Schwiegervater zu bringen. Hérault lächelt nach einem Fenster der ehemals königlichen Schatzkammer; von dort winkt ihm, wie verabredet, eine weiße Hand.

Den schaurigen Dreitakt vom Schafott hört Danton vierzehnmal. Und steigt als letzter, die Hände auf den Rücken geschnürt, mit freiem Hals, selbstbewußt die zehn Stufen zur letzten öffentlichen Tribüne seines Lebens hinan. Und steht im rauchenden, klebrigen Blut seiner Gefährten.

Tiefer Atemzug, letzter Blick, der sich festklammern will, links die Bäume des Tuileriengartens, rechts die Bäume der Champs-Élysées, dahinter das magische Verglühen eines Frühlingstages, seine Nase glaubt den Geruch der nahen Seine zu erschnuppern. Da er schon Fäuste an Schultern und Armen fühlt, eine Wendung zu Sanson; gebieterisch: »Zeig meinen Kopf dem Volk! Es lohnt!«

Zack! – Klirr! – Wumm!

Elf Tage zuvor hat man für die Opfer des Revolutionstribunals, da die Gruben um die Madeleine-Kirche übervoll sind, den neuen Friedhof Les Errancis eröffnet, weit draußen bei den Trümmern der Naumachie, im Faubourg de la Petite Pologne, in tiefer Einsamkeit ein grünes Feld mit Vogelsang in Busch- und Baumwerk. Dorthin werden, mit nicht mehr Feierlichkeit, als sie der Schinder für verrecktes Vieh aufwendet, die Leichen des 16. Germinal gekarrt, und rasch wandelt sich, was eben noch Danton hieß, in nicht allzuviel Wasser, Kohlensäure und etwas Ammoniak.

Das Fallbeil hat Sébastienne-Louise mit kaum achtzehn Jahren zur Witwe gemacht. Aber bald heiratet sie den Herrn Claude-François Dupin, Sohn eines Advokaten aus Metz und einer geborenen de Corny, der es unter Napoleon zum Präfekten, Offizier der Ehrenlegion und Baron de l'Empire bringt. Sie erlebt den 9. Thermidor, das Direktorium, den 18. Brumaire, das Konsulat, das erste Kaiserreich, die Rückkehr der Bourbonen, die Hundert Tage, die Restauration, die Julirevolution, das Bürgerkönigtum, die Februarrevolution, die zweite Republik, den 2. Dezember, das zweite Kaiserreich und stirbt, eine Achtzigerin, im Jahre des Pariser Friedens 1856. Aber in all den Jahrzehnten erwähnt sie nicht einmal den Mann, dem sie einst gehört hat, und den um sie herum Überlieferung, Geschichte und Parteistreit in Schimpf und Glimpf hunderttausendfach nennen; als sei eine Erinnerungsparzelle aus ihrem Hirn gelöst, bleiben die Lippen Louisens ein Menschenleben lang geschlossen für den Namen Danton.

Nachwort

Ein Grenzfall

Als Joseph Roth in seinen ›Briefen aus Deutschland‹, die Ernst Glaeser in seine berühmte Reportagesammlung ›Fazit‹ (1929) aufgenommen hat, seinen Besuch in der ehemaligen Reichsstadt Metz schildert, notiert er über seinen kundigen Stadtführer: »Ein Grenzfall, dieser W.«[1]

Vordergründig verweist das auf das ambivalente Nationalempfinden des in Metz geborenen und aufgewachsenen Hermann Wendel, der durch zwei politische und kulturelle Einflußsphären geprägt worden war, aber darüber hinaus wird von Roth auch mit der Doppeldeutigkeit des Begriffes gespielt: Der ›deutsche Schriftsteller‹ Wendel (Roth) war nämlich selbst in Zeiten der bewegten und ungewöhnlichen Lebensläufe, wie sie die Weimarer Republik gerade unter den Intellektuellen kannte, ein ›Grenzfall‹, da er sich jeder Festlegung und Einordnung widersetzte.

Daß Hermann Wendel heute fast völlig vergessen ist, daß wir seine Werke nicht mehr kennen und die hier nachgezeichneten Lebensspuren nur mühsam gefunden werden konnten, ist nicht nur durch Emigration und Totschweigen im Dritten Reich bedingt, sondern vor allem durch jene ›Grenzfall‹-Situation, die dem Lebenden eine klare Zuordnung und dem Toten ein historisches Nachleben erschwerte.

Wendels Leben mangelt es offensichtlich an einem Zentrum, von dem es bewertet werden könnte und das ihm wahrscheinlich einen Platz in der Überlieferung gesichert hätte: Er war nicht nur ein passionierter Reisender, der sich in vielen Orten und Gegenden Europas zu Hause fühlte, sondern auch ein geistiger ›Grenzgänger‹, der neuer Reize bedurfte und sich auf unterschiedlichen Gebieten zu betätigen suchte. Verbunden war mit einem solchen Leben einmal eine gewisse Heimatlosigkeit und auch die Preisgabe schon errungener Positionen; andererseits ermöglichte es persönliche Freiheit und Selbständigkeit, die wichtige Voraussetzungen für Wendels Wirkung waren.

Wir finden Wendel vielfach erwähnt – als Freund, Mitarbeiter, Politiker, Schriftsteller und Journalist –, aber nicht selten nur mit karger Namensnennung. So sehr das verständlich wird aus dem vorher Gesagten, so sehr ist es dennoch verwunderlich bei einem so reichen Lebensschicksal, dem wir das in solchen Fällen gern benutzte schmükkende Beiwort ›schillernd‹ zuschreiben könnten, würde darin nicht eine Abwertung mitschwingen. Gerade das Gegenteil möchte jedoch die folgende Skizze bewirken: Sie will einen Mann und sein Werk der Vergessenheit entreißen und sie für eine Geschichte des deutschen Geistes gewinnen, die von Engagement und Mut, von demokratischer Überzeugung und persönlicher Opferbereitschaft zeugen kann.

Zu einem ›Grenzfall‹ wurde Hermann Wendel vordergründig durch die politischen Folgen des Jahres 1871, die seinem aus Preußen stammenden Vater eine mittlere Beamtenlaufbahn bei der Reichspostverwaltung im neu gewonnenen ›Reichsland Elsaß-Lothringen‹ ermöglichte. Hermann Wendel hat uns in seinen ›Jugenderinnerungen eines Metzers‹ (1934) über diese Zeit anschaulich informiert und darin behauptet, in Metz habe er den ›Grund zum guten Europäer‹ in sich gelegt (S. 75). Frühzeitig versuchte er, sich französische Lebensart und die damit verbundene Weltläufigkeit zu erobern. Der 1884 in Metz Geborene gab sich so um die Jahrhundertwende einem bohemehaften Treiben hin, bei dem Kunst und Literatur eine wichtige Rolle spielten.

Was der Schüler noch als freies Spiel sich formender Kräfte genoß, versuchte der Student in festere Bahnen zu lenken. Während des Studiums der Geschichte und Philosophie, das er in Straßburg aufnahm (1901/02) und später in München fortsetzte, schloß er sich einer Gruppe Gleichgesinnter an, die sich gegen moralische Spießbürgerlichkeit, künstlerische Kompromisse und politischen Konservatismus empörte. Kampfgefährten dieser Straßburger ›Revolution‹ waren u. a. René Schickele, Ernst Stadler und der aus Metz stammende Otto Flake. Der Name der erstmals im Juli 1902 herausgegebenen Literatur- und Kulturzeitschrift ›Der Stürmer‹ verrät den hohen Anspruch dieser Studentengruppe, die sich auch als ›Jüngstes Elsaß‹ bezeichnete – in

Anlehnung an das ›Jüngste Deutschland‹ der Naturalistengeneration. Diese Jungen maßen die Welt mit dem herausfordernden Blick einer aggressiven und selbstbewußten Jugend: »Unverbrauchte Kraft aber ist Jugend, unverbrauchte Kraft sehnt in den Morgen, ringt mit dem neuen Gott um neue größere Thaten, unverbrauchte Kraft hebt sich glühend aus Götzendämmerungen in die Sonne.«[2]

René Schickeles aufrührerisch-expressives Pathos der Einleitung zum ersten Heft des ›Stürmer‹ – in Gestus und Intention noch dem naturalistischen Protest verpflichtet – erhob sich für ein ›neues Reich‹, ›ein freies, volles Menschentum‹ und eine ›Geistesrepublik‹.[3] Die herrschende Grundstimmung beschreibt später Hermann Wendel: »Wir wurzelten in der deutschen Kultur, aber da wir als Elsässer französisches Erbe und französische Nachbarschaft hatten, empfanden wir den Beruf, das deutsche Gesicht nach Europa zu wenden.«[4]

Natürlich läßt sich hier der schon den Naturalisten und dann wieder den Expressionisten gemachte Vorwurf wiederholen, die Schriftsteller seien zu sehr in ihre revolutionäre Pose und ihr polemisches Pathos verliebt gewesen; andererseits sollte dabei nicht übersehen werden, daß auch so das Bewußtsein für soziale und politische Vorgänge geschärft werden kann. Es spricht für die Ernsthaftigkeit der Bemühungen und ist zugleich ein sinnfälliger Ausdruck für das europäische Selbstverständnis der Gruppe, daß zwei der Mitglieder den Weg in die aktive Politik fanden: Salomon Grumbach wurde Deputierter im französischen und Hermann Wendel Abgeordneter im deutschen Parlament.

Das scheint für Wendel kein gradliniger Weg gewesen zu sein, hat er doch anscheinend die bekannten Skrupel eines Intellektuellen verspürt, der sich an die Öffentlichkeit und das politische Geschäft ›verkauft‹ sieht. Sein ehemaliger Straßburger Mitstreiter Otto Flake erinnert sich an eine depressive Phase und kommentiert mokant Wendels Entwicklung zum Politiker: »Es gibt viele Häfen, in die ein Dreißiger einlaufen kann; einmal hatte er sich selbst aufgegeben.«[5] Spürbar wird da jene Verachtung, die dem Handelnden entgegenschlagen kann, da er leicht Gefahr läuft, die hehren Ideale an die Pragmatik des politischen Alltags zu verraten. Es bedürfte einer Nachprüfung, ob auch René Schickele Wendel treffen wollte, als er sich in seiner Romantrilogie ›Das Erbe am Rhein‹ (1925–31) – besonders im dritten Band mit dem anzüglichen Titel ›Der Wolf in der Hürde‹ – und in seinem Essay ›Caillaux oder die Wollust der Politik‹ über den Typ des politischen Karrieristen hermachte.

Wir müssen es hier noch unbeantwortet lassen, was Wendels Entscheidung für die Politik letztlich ausgelöst hat; jedenfalls finden wir den 21jährigen, von dem die Freunde eine glänzende bürgerliche Laufbahn erwartet hatten, auf der Seite sozialistischer Parteipolitiker wieder: Der ehemalige Verbindungsstudent und Reserveoffizier ist 1905 als Mitarbeiter der ›Sächsischen Arbeiterzeitung‹, 1906 als Redakteur der ›Volksstimme‹ in Chemnitz und 1907 bei der berühmten ›Leipziger Volkszeitung‹ nachweisbar. Hermann Wendel war damit an die Seite des großen und nunmehr auch schon alten Kulturpolitikers der SPD Franz Mehring getreten, der ihn zudem als freien Mitarbeiter für ›Die neue Zeit‹ verpflichtete. (Schließlich wurde Wendel auch Mitarbeiter des ›Vorwärts‹). Eine verblüffende und ungewöhnliche Karriere, wenn wir uns vor Augen halten, daß der 19jährige Wendel noch Lyrik unter dem bekennerischen Titel ›Rosen ums Schwert‹ (1903) vorgelegt, sich für den Subjektivismus eines François Villon, Hermann Conradi und Detlev von Liliencron begeistert und sich mit einer ›Hymne‹ an Dionysos im ›Stürmer‹ als Nietzsche-Adept gezeigt hatte.

Der junge Hermann Wendel muß eine stürmisch-energische Natur gewesen sein, die andere in ihren Bann zu schlagen wußte. Sein Freund Jakob Altmaier erinnert sich 1948: »Mit dreiundzwanzig Jahren jubelten ihm die Massen in den Volksversammlungen zu. In den Fabriken reichten die Arbeiter seine Artikel von Hand zu Hand, von Werkbank zu Werkbank. In Zehntausenden von Exemplaren wurden seine Broschüren und Pamphlete verschlungen, worin er in selten erreichter Kühnheit und Höhe der Sprache die preußischen Großgrundbesitzer und die deutschen Militaristen, die Brotwucherer und Schlotbarone, die nationale Herrenkaste und die internationale Reaktion, die kleinbürgerlichen Hasen und die alldeutschen Jäger zu Paaren trieb. Zu jener Zeit strotzte es in der sozialistischen Bewegung von Köpfen und Sternen. August Bebel war der Führer der Partei. Da waren Scheidemann und Ledebour, Kautsky und Bernstein, Franz Mehring, Rosa Luxemburg und Liebknecht, Hugo Haase, Ludwig Frank, Eduard David, Vollmar, Molkenbuhr, Hilferding und Stampfer, Legien und die Gewerkschaftsführer, um nur einige herauszugreifen, und dennoch schoß um 1910 der Name Wendel kometengleich in die Höhe. In der ›Neuen Zeit‹ und im ›Vorwärts‹ spielte er wöchentlich den Feinden des Fortschritts und der Arbeiterklasse zum Tanze auf. »Hängt ihn«, schrie damals vor Wut die ›Kreuzzeitung‹, das Blatt der Fürsten und adligen Finsterlinge. Der Staatsanwalt beschnüffelte jedes Wort seiner Reden und Aufsätze, beschlagnahmte seine fettesten Broschüren und hängte ihm Prozesse an. Mit 27 Jahren war er der jüngste Reichstagsabgeordnete. Die Reichstagsfraktion schickte ihn als einen ihrer großen Redner auf die Tribüne des Parlaments, von der er im Frühjahr 1914 in der historischen Etatsdebatte und zum Skandal aller Nationalisten in die Lande rief: ›Nieder mit dem Krieg, es lebe das deutsche Volk – vive la France!‹«[6]

Mögen wir auch gegenüber diesem hymnischen Nekrolog skeptisch sein, so sprechen doch die nüchternen Tatsachen eher für als gegen Altmaiers Aussagen: Nach dem Wechsel an die ›Volksstimme‹ in Frankfurt am Main im Jahre 1908 wurde Wendel schon 1910 dort Stadtverordneter und überzeugte 1911 im Wahlkampf die Wähler im sächsischen Freiberg von seiner politischen Qualifikation und errang damit den Wahlkreis für die SPD zurück. (Sein Vorgänger war Mitglied der ›Konservativen Partei‹). Von 1912 bis 1918 war Wendel Reichstagsabgeordneter.

Der Parlamentarier Wendel trat für die deutsch-französische Aussöhnung ein; ebenso wie der Schriftsteller Wendel, dessen ›Heine‹-Biographie im Kriegsjahr 1916 den Leser mit dem Ausruf provozierte: »Es lebe Deutschland! Vive la France! Es lebe die deutsch-französische Verständigung!« Darüber hinaus entwickelte er sich zum Experten für ›Südosteuropäische Fragen‹ (so der Titel einer Publikation von 1918). Die Parteileitung vertraute ihm die wichtige Aufgabe an, über den jüngst verstorbenen August Bebel einen biographischen Abriß zu schreiben, der 1913 mit dem Untertitel erschien: ›Ein Lebensbild für deutsche Arbeiter.‹

Jakob Altmaier scheint auch nicht allzusehr übertrieben zu haben, wenn er Redekraft und Wortgewalt des Freundes rühmt. Hier sei nur ein Beispiel aus einer Rede von 1910 als Beleg angeführt. Die anschließende Publikation erschien unter dem ketzerischen Titel ›Hie Fleischwucher! – Hie Gottesgnadentum!‹ und zog den Verdacht der Majestätsbeleidigung auf sich. Angegriffen wird vor allem die ›Junkersippe‹ und deren derb-kapitalistisches Gebaren: »Wie kommt es denn, daß eine Handvoll Schweinezüchter und Schnapsbrenner ein intellektuelles und hochentwickeltes Industrievolk von 63 Millionen ungescheut bis aufs Hemd ausplündern und mit Sporen und Peitsche regieren kann? Das kommt daher, werte Anwesende, daß wir in Deutschland niemals eine richtige Revolution gehabt haben.«[7]

Und doch wäre es falsch, in Wendel nur den »junge(n) Radikalen aus Mehrings Schule« zu sehen, wie ihn sein Parteigenosse, der Chefredakteur des ›Vorwärts‹, Friedrich Stampfer, in seinem Nachruf vom 11. Oktober 1936 apostrophiert. Die ›Grenzfall‹-Situation machte auch dem Politiker Wendel zu schaffen und hat wahrscheinlich für das rasche Ende seiner politischen Karriere gesorgt. Obwohl Wendel sich energisch in seiner Frühjahrsrede gegen den Krieg ausgesprochen hatte – »die Massen sind das Kanonenfutter, wenn es zum Klappen kommt« –, stimmte er dann doch für die Kriegskreditbewilligung und versuchte dies 1915 seinen Freiberger Wählern mit seiner ›Vaterlandsliebe‹ und der ›Stunde der Gefahr‹ zu erklären und sich selbst in die Idee einer weiterbestehenden europäischen Kulturgemeinschaft zu retten.[8] Ja, Wendel glaubte sich sogar der Pflicht zum Militärdienst nicht entziehen zu dürfen, »denn er könne doch nicht zu Hause sitzen, wenn das ganze Volk um seine Existenz ringe«.[9]

Durch dieses Schwanken verdarb es Wendel anscheinend mit den Linken und den Rechten in seiner Partei gleichermaßen. Es wird ihn getroffen haben, daß ausgerechnet sein geistiger Ziehvater und Förderer Franz Mehring für sein Verhalten im Jahre 1914 das bitter-harte Wort von der ›Harlekinade‹ geprägt hat. Zugleich aber zog Wendel auch das Mißtrauen der Parteiführung auf sich. Darüber sind wir bislang einzig durch Leopold Schwarzschilds Nachruf im ›Neuen Tagebuch‹ (10. Oktober 1936) unterrichtet.

Ehemalige Parteifreunde wie Friedrich Stampfer haben Wendels Rückzug aus der Politik, wie er nach 1919 erfolgt ist, gern mit der eigenwilligen Persönlichkeit des ›Künstler(s), Kämpfer(s) und Forscher(s)‹ erklären wollen. Wendel habe an einem ›Kreuzweg‹ gestanden: »Der eine Weg führte in das Parlament, der andere in die Literatur. Wendel haßte den parlamentarischen Alltag mit seiner ungeistigen Betriebsamkeit.«[10] Dokumentiert sich hier zunächst die bekannte Schwierigkeit der SPD im Umgang mit Künstlern und Intellektuellen, so steckt doch mehr dahinter. Stampfers scheinbares Verständnis und seine Großzügigkeit umfassen auch Wendels Frühjahrsrede von 1914 mit ihrem Versöhnungsappell, verschleiern aber damit wahrscheinlich gerade die Folgen für den Redner. Lesen wir die Version Leopold Schwarzschilds, der Wendel schon als Mitarbeiter für ›Das Tagebuch‹ und danach auch für das Pariser ›Neue Tagebuch‹ gewonnen hatte und seinen Autor anscheinend gut kannte: »Mehrfach ist nach seinem Tode diese Episode erwähnt worden. Man zitierte sie als charakteristisch für den lothringischen Grenzdeutschen, den Sprößling zweier Kulturen, den Eiferer um die deutsch-französische Verständigung. Nicht aber wurde erwähnt, daß dieser Ausruf zugleich das Ende des Politikers Wendel war. Er blieb noch in diesem Reichstag, so lange er bestand. Aber für seine eigene Partei, die Partei des Friedrich Ebert, war er von da an ›untragbar‹ geworden. Niemals mehr konnte er hervortreten. Niemals mehr wurde er als Kandidat aufgestellt, nicht zur Nationalversammlung 1919, nicht zu den Reichstagswahlen der Republik. Das Erlebnis blieb in ihm haften. Es war ihm die große Lehre. Von da ab schwand ihm der fröhliche Glaube an so manches. Er wurde skeptisch, und aus dem enttäuschenden Markt zog er sich in die verläßliche Umzirktheit des Arbeits- und Studierzimmers, in die untrügliche Betrachtung der Menschen und der Geschichte, in das Werk an seinen vielen Büchern und Aufsätzen und in die Erbauung am ›kleinen Glück‹ zurück.«

So einfach, wie es manche ehemalige Freunde sehen wollten, läßt sich Wendel also nicht auf den Karrieristen festlegen. Dafür spricht auch die Ablehnung des ihm 1920 angetragenen Botschafterpostens in Belgrad. Zwar wird in Wendel auch der Freiheits- und Abenteuerdrang gegen den Zwang zur politischen Ein- und Unterordnung rebelliert haben, aber es ist schwer vorstellbar, daß ein Mann, der von allen Freunden als ein überaus ernsthafter und gewissenhafter geistiger Arbeiter charakterisiert wird, der anscheinend zäh und ausdauernd bei einer Sache aushalten konnte, so schnell resignieren sollte.

Es spricht vieles dafür, daß Wendel weiterhin ein offenes Auge für die politischen Vorgänge behielt und sich keineswegs resignierend-verletzt zurückgezogen hatte. Von der deutschen Republik, deren Anfänge seine Partei so entscheidend mitgeprägt hatte, fühlte er sich schon 1921 enttäuscht. Seinem kämpferischen Naturell entsprechend, versuchte er eine Aufklärungsfunktion zu übernehmen. In einer öffentlichen Ansprache geißelte er im Juni 1921 die herrschenden Zustände. Im Titel der gedruckten Rede machte Wendel dann seinen übergreifenden Standpunkt deutlich: »Neues Deutschland – Neues Europa«. Beklagt wird die konservative Ausrichtung des Militärs (»Unser Staat ist eine Republik, aber die bewaffnete Staatsmacht ist nicht republikanisch«), kritisiert wird die einseitige Rechtsprechung (»An jedem deutschen Gerichtsgebäude müßte heute die Inschrift stehen: Wenn zwei dasselbe tun, dann ist es nicht dasselbe!«), und schließlich stört sich der Redner auch an den traditionellen Schulbüchern. Die Zersplitterung der sozialistischen Bewegung schmerzt ihn – »Vier sozialistische Parteien – das ist in seiner Wirkung nicht viermal Sozialismus, sondern Sozialismus geteilt durch vier« – und läßt ihn zu einem radikalen Schluß gelangen: »Von der deutschen Revolution ist kaum der Anfangsbuchstabe R zu Ende geschrieben.«[11]

Diese revolutionäre Ungeduld ist nicht untypisch für das Verhalten der linken Intelligenz in der Weimarer Republik, und es ist auch nicht untypisch, daß politische Enttäuschung und Überdruß sich Kompensation in Kunst, Kultur oder Abenteuer suchen. Auf den ersten Blick scheint auch Wendel diesen Ausweg gewählt zu haben, bei näherem Betrachten wird jedoch erkennbar, wie sehr beim Publizisten und vor allem beim Journalisten Wendel das politische und soziale Engagement fortbestehen. Auf das Konto des kunstempfänglichen und kulturbegeisterten Schriftstellers gehen allerdings manche Einseitigkeiten und sozialromantische Übersteigerungen. Zugleich erklärt aber gerade diese Begeisterungsfähigkeit die Wirkung Wendels, rühmen doch seine Zeitgenossen den ›mitreißenden‹ und ›packenden‹ Stil und seine gewinnende Emphase. Wendels feste Überzeugung, daß Kunst und Kultur wichtige Funktionen im gesellschaftlichen Leben zu übernehmen hätten, ja, daß sie letztlich die eigentlichen Garanten für Humanität und Toleranz seien, gab seinen Plädoyers Leidenschaft und Wirkungskraft. Das macht unter anderem die Stärke seiner schriftstellerischen Arbeiten aus, daß er den Blick für das Soziale behält und zugleich versucht, eine Brücke zwischen Kunst und Leben, zwischen Idealität und Realität, zu schlagen. Mit Worten, die auch heute nichts von ihrer Aktualität verloren haben, greift er den Typus des politischen Pragmatikers an. In einem kleinen Panegyrikus hat er sein Ideal mit der Figur des tschechoslowakischen Staatspräsidenten Masaryk verbunden: »In unseren Tagen haben wir zur Genüge jene ›praktischen‹ Politiker kennengelernt, deren hilfloser Opportunismus aus der Hand in den Mund lebt und im Großen wie im Kleinen kläglich versagt, und erleben ebenso schaudernd die ›Idealisten‹, deren Idealismus eine Bretterwand vor der Welt der Wirklichkeit ist. In Masaryk aber verschmolz der wahre Idealist mit dem wahren Pragmatiker zur gelungensten Einheit.« Daß »alle Politik auf einem Ethos fußen müsse«, war Wendels feste Überzeugung.[12] Kunst und Kultur, Philosophie und Geschichte waren ihm deshalb niemals Selbstzweck, sondern immer auch Teil einer umfassenden Anstrengung, Menschlichkeit und Toleranz zu fördern. Das hat sich schon in seinem ›Heine‹-Buch von 1916 gezeigt und wiederholt sich in allen literaturkritischen und -historischen Arbeiten. Dabei ist Wendel durchaus eigenwillig mit der Literatur und ihren historischen Repräsentanten umgegangen. Da Sympathie eine so wichtige Rolle bei seinen Annäherungen spielte, sind seine Schriften immer zugleich auch autobiographische Zeugnisse.

Die Freunde haben gern Wendels ›Kraftnatur‹ und das ›Dionysische‹ in seinem Wesen hervorgehoben. Seine Lieblingsverse stammten aus Johann Christian Günthers ›Studentenlied‹: »Das Haupt bekränzt, das Glas gefüllt!/So leb ich, weil es Leben gilt.« Als Wendel dann 1921, in der Phase seiner politischen Desillusionierung, eine Auswahlsammlung dieses Dichters herausgab, formte er in der Einleitung Günther nach seinem Ideal und mischte zugleich viel Autobiographisches ein. (Das gilt für die meisten biographischen Arbeiten, ganz besonders auch für den ›Danton‹.) Wendel sieht bei Günther nicht den gescheiterten Versuch, eine bürgerliche Künstlerexistenz zu begründen, sondern vor allem das Kraftgenie, den herausfordernden Subjektivisten und Provokateur der etablierten Mächte. »Aber das ›sich akkommodieren‹ paßte zu Johann Christian Günther wie der Käfig zum Falken.«

Solche Anpassungsschwierigkeiten hatte auch Wendel, und im Bild des Falken schwingt auch seine Sehnsucht nach

Freiheit und Unabhängigkeit mit. Tatsächlich ging Wendel in diesen Jahren auf Distanz – im doppelten Wortsinn: Er wurde unabhängiger Schriftsteller und entfernte sich zugleich häufig von Deutschland. Schon vor dem Krieg hatte er einige Reisen nach Südosteuropa unternommen, von 1919 bis 1925 zog es ihn nun jedes Jahr dorthin. Früchte dieser z. T. abenteuerlichen Exkursionen sind eine Fülle von journalistischen Arbeiten und eine Reihe von umfangreichen Publikationen: ›Aus und über Südslawien‹ (1920), ›Aus dem südslawischen Risorgimento‹ (1921), ›Von Marburg bis Monastir‹ (1921), ›Von Belgrad bis Buccari‹ (1922), ›Kreuz und quer durch den slawischen Süden‹ (1922), ›Aus drei Kulturen‹ (1923), ›Südslawische Silhouetten‹ (1924), ›Die Habsburger und die Südslawenfrage‹ (1924), ›Der Kampf der Südslawen um Freiheit und Einheit‹ (1925), ›Aus der Welt der Südslawen‹ (1926), ›Bismarck und Serbien im Jahre 1866‹ (1927).

Es wäre ein voreiliger Schluß, hier nur von Flucht zu sprechen, obwohl sicherlich auch solche Momente ein Rolle spielen, denn anders als bei manchen deutschen Schriftstellern der 20er Jahre, die vor den heimatlichen Querelen ins Ausland flüchteten – auch Tucholsky ist dafür ein Beispiel – und dabei in Resignation fielen, hat Hermann Wendel anscheinend von solchen Reisen Kraft für ein neues Engagement mitgebracht. Für den überaus fleißigen Journalisten und Publizisten, der z. B. auch Mitarbeiter der kulturell tonangebenden ›Frankfurter Zeitung‹ war, bleiben die politischen und sozialen Momente immer noch die wichtigsten Antriebe zum Schreiben. Seine Schriften haben nichts von der Emphase und dem Engagement verloren, die zuvor seine politischen Reden ausgezeichnet hatten. Diese Reisen waren selbst schon ein Politikum, stand doch die Idee dahinter, in Deutschland Verständnis zu wecken für ein Volk, das für den Beginn des Krieges verantwortlich gemacht wurde. Die Universität Belgrad dankte Wendel dafür 1929 mit der Verleihung der Ehrendoktorwürde.

Wendels starkes didaktisches Anliegen ist aus allen seinen Schriften herauszulesen. »Den moralischen Leitgedanken«, hat Joseph Roth z. B. auch in der biographischen Essaysammlung ›Französische Menschen‹ (1931) erkannt: »Und die scheinbare Harmlosigkeit des Titels ›Französische Menschen‹ erhält unversehens beinah' einen didaktischen Sinn: ›Seht, so sind französische Menschen!‹ oder: ›So können französische Menschen sein!‹ und somit erhält das ganze Buch einen anderen, will sagen: einen beinahe aktuell-politischen Sinn.«[13] Damit sind Wendels Intentionen vorzüglich umschrieben, lag ihm doch daran, Verständnis für das Fremde zu wecken und zugleich im Fremden soviel Identifikationsanreiz zu geben, daß sich jeder angesprochen und betroffen fühlen konnte. Gerade deshalb hat Wendel wohl auch das biographische Genre für sich erobert. Mit und an Personen konnte er sein politisches und soziales Anliegen verdeutlichen und einen Leseanreiz über die Personalisierung erreichen. Seinem ›Bebel‹ (1913) und ›Heine‹ (1916) ließ er in den 20er Jahren eine Reihe biographischer Skizzen folgen, die immer wieder vorbildliche Menschen ins rechte Licht rücken wollten. Dabei spielte Wendel seine doppelte Veranlagung und seine Erfahrungen aus: Er porträtierte sowohl Politiker als auch Künstler und wagte dabei weite historische Exkursionen. Die ›Kämpfer und Künder‹, so der Titel einer Essaysammlung von 1928, lagen ihm am Herzen, für sie wollte er zeugen und streiten. Eine ungewöhnliche Variante biographischer Arbeit ist eines seiner bekanntesten Werke (es ist als einziges heute noch erhältlich), das 1936 im Europa-Verlag in Zürich erschien und den Untertitel ›Biographie einer Hymne‹ trägt: ›Die Marseillaise‹. Haben wir damit in groben Strichen den schriftstellerischen Rahmen angedeutet, so fehlt jetzt noch der Abschluß der biographischen Skizze.

Es bedürfte noch einer gründlicheren Recherche, als sie mir bisher möglich war, um Wendels Weg in den 20er und 30er Jahren nachzuzeichnen. Wir wissen, daß Wendel von einer Vortragsreise im Ausland 1933 nicht mehr nach Deutschland zurückgekehrt ist und sich in Paris niedergelassen hat; in der Stadt, die er immer besonders geliebt hat. Wendel hat anscheinend seine politischen Beziehungen zu europäischen Sozialisten gepflegt und gleichzeitig weiter journalistisch gearbeitet, u. a. unter dem Pseudonym Leo Parth in Leopold Schwarzschilds ›Neuem Tagebuch‹. Im Oktober 1936 ist der erst 52jährige Wendel in Paris gestorben und auf dem berühmten Friedhof Père Lachaise beerdigt worden. Darin scheint nochmals symbolhaft jene ›Grenzfall‹-Situation auf, ruht Wendel doch zwischen den Kommunarden von 1871 und einigen Größen des europäischen Kulturlebens. Auch mit den Totenreden wurde seiner Doppelnatur Rechnung getragen: Den Politiker und Sozialisten würdigten Vertreter sozialistischer Parteien, dem Schriftsteller huldigte der Literaturkritiker Alfred Kerr. Reaktionen auf seinen Tod fanden sich, wie Freunde berichten, vor allem in der französischen und jugoslawischen Presse, während deutsche Stimmen ausblieben. (Einzig der ›Neue Vorwärts‹ und Schwarzschilds ›Neues Tagebuch‹ brachten umfangreichere Würdigungen.[14]) Mit dem Rückzug aus der politischen Öffentlichkeit hatte Wendel sich – trotz seines starken schriftstellerischen Engagements – anscheinend isoliert. (Natürlich spielte auch die Emigration dabei eine wichtige Rolle.) Der tote Hermann Wendel wurde rasch vergessen, weil sich niemand so recht als sein Sachwalter empfand. Und doch verdient es der Schriftsteller Wendel, wieder gelesen zu werden. Das gilt ganz besonders für seine biographischen Werke.

Daß Wendel sich gerade dem biographischen Genre zuwandte, war nicht so verwunderlich in einer Zeit, die neue Vorbilder brauchte und Beispiele menschlicher Selbstverwirklichung suchte. Es scheint manchem so gegangen zu sein wie dem Kulturphilosophen Theodor Lessing, der in seiner Überlegung ›Geschichte als Sinngebung des Sinnlosen‹ ein tiefes Mißtrauen gegenüber dem geschichtlichen *Prozeß* bewies und sich deshalb mehr an den wirkenden *Menschen* hielt: »Ich scheue (...) nicht das Bekenntnis, daß ich für die echteste und wahrhaftigste Form der Geschichte die Biographie (...) halte.«[15] Man hat für das 20. Jahrhundert und besonders für die Zeit nach dem 1. Weltkrieg von einer ›biographischen Mode‹ gesprochen.[16] Tatsächlich tritt die Biographie ihren Siegeszug in Europa (und auch in Nordamerika) in den 20er Jahren an und beherrscht bis heute einen wichtigen Sektor des literarischen Marktes. Zwei Ausländer und zwei deutschsprachige Schriftsteller sorgten für den endgültigen Durchbruch: Lytton Strachey, dessen boshaft-demaskierende Skizzen ›Eminent Victorians‹ 1918 erschienen, und André Maurois, der mit ›Ariel ou la Vie de Shelley‹ (1923) sich und der Gattung den Erfolgsweg bahnte; Emil Ludwig und Stefan Zweig gewannen ein breites internationales Lesepublikum. Ludwigs ›Goethe‹ (1920), ›Napoleon‹, ›Wilhelm II.‹ (1925), ›Bismarck‹ (1926) und ›Der Menschensohn‹ (1928) und Stefan Zweigs Trilogie ›Baumeister der Welt‹ (1919, 1925, 1926), ›Joseph Fouché‹ (1929), ›Marie Antoinette‹ (1932) und ›Maria Stuart‹ (1935) erreichten ungewöhnliche Auflagenhöhen. In ihrem Kielwasser folgte eine Fülle von biographischen Arbeiten, wobei das Spektrum sich von der fachwissenschaftlichen Biographie bis zur ›biographie romancée‹ erstreckt, die sich dem historischen Roman so verwandt zeigt. Hier seien die wichtigsten Werke genannt, um die Vielfalt des Angebots zu belegen: 1918 erschien Ernst Bertrams ›Nietzsche‹; 1920 Alfred Döblins ›Wallenstein‹; 1921 Arno Schirokauers ›Mirabeau‹; 1922 der zweite Teil von Guido Kolbenheyers ›Paracelsus‹ und die zweite Auflage von Friedrich Gundolfs ›Goethe‹ (zuerst 1916); 1923 Berthold Vallentins ›Napoleon‹; 1924 Franz Werfels ›Verdi‹; 1925 Lion Feuchtwangers ›Jud Süß‹; 1926 Werner Hegemanns ›Fridericus oder das Königsopfer‹, dem er 1927 seinen ›Napoleon oder ‚Kniefall vor dem Heros'‹ und 1930 sein ›Jugendbuch vom großen König‹ folgen ließ; gleichfalls 1926 erschienen Alfred Neumanns ›Der Teufel‹ und Bruno Franks ›Trenck‹; 1927 Paul Wieglers ›Wilhelm I.‹, Ernst Kantorowicz' ›Friedrich II.‹ und Valeriu Marcus ›Lenin‹, dem 1928 eine ›Scharnhorst‹-Biographie folgte; 1928 Walter von Molos ›Mensch Luther‹ und Herbert Eulenbergs ›Die Hohenzollern‹; 1929 Otto Flakes ›Hutten‹ und Jakob Wassermanns ›Christoph Columbus‹; 1930 Reinhold Schneiders ›Das Leiden des Camoës‹ (1931 ›Philipp II.‹, 1932

›Fichte‹, 1933 ›Die Hohenzollern‹); 1931 erschienen Gerhart Ritters und Franz Schnabels ›Stein‹-Biographien; 1932 Franz Bleis ›Talleyrand‹. Zu den erfolgreichsten biographischen Romanen gehörten außerdem noch die Übersetzungen der Werke Dmitri Mereschkowskis (›Dante‹, ›Julian Apostata‹, ›Leonardo da Vinci‹, ›Michelangelo‹, ›Napoleon‹). Genannt werden muß natürlich auch noch Heinrich Manns ›Henri Quatre‹, der 1931 begonnen wurde und dann 1935 und 1938 erschien.

Die Biographen gehörten fast alle der Generation der zwischen 1880 und 1890 Geborenen an, die durch den sozialen, politischen und vor allem ökonomischen Wandlungsprozeß geprägt worden war und die den Ersten Weltkrieg als aufrüttelndes Erlebnis empfunden hatte. Herausgerissen aus jener ›machtgeschützten Innerlichkeit‹ (Thomas Mann) versuchten sie eine Brücke zu schlagen von der Kunst zum Leben und von der isolierten Künstlerexistenz zum politischen Bürger. So befreiten sich z. B. Emil Ludwig und Stefan Zweig aus ihren neuromantischen und symbolistischen Anfängen und demonstrierten pazifistisches Engagement und weltbürgerliche Offenheit. Eine Gemeinschaft der Völker, zusammengehalten durch die Bande der Humanität, der Kultur und des Geistes setzten sie dem verbreiteten Chauvinismus entgegen.

Der 1884 geborene Hermann Wendel paßt zunächst vorzüglich in dieses Raster. Die Übereinstimmungen z. B. mit Ludwig und Zweig erstrecken sich bis in persönliche Verhaltensmuster, die vielleicht wiederum mit der ›Grenzfall‹-Situation am besten umschrieben werden können. Denn bei allen dreien ist ein gewisses Außenseitergefühl unverkennbar – erklärbar durch die Grenzlanderfahrungen des einen und die Prägung durch eine jüdische Herkunft bei den anderen –, das eindeutige Entscheidungen so schwer werden ließ und für das Schwanken zwischen Kunst und Politik, zwischen forcierter Subjektivität und ersehnter Geborgenheit in der Gemeinschaft verantwortlich ist. (Das war vor allem ein Problem der assimilationswilligen Juden.) Jene ›Mischung von Weltmann und Künstler‹, die sich Emil Ludwig zusprach,[16] charakterisiert auch Wendel treffend, doch ist sie wohl nicht zuletzt auch (erzwungene) Attitüde. Die biographischen Werke der drei Autoren – vor allem die von ihnen geschätzte biographische Essayistik, die als stilistisches Pendant zur herausgestellten Weltläufigkeit verstanden werden könnte – zeugen von ihrem Bemühen, den nationalen Rahmen zu sprengen und Vorbilder auch außerhalb Deutschlands zu suchen. Zweigs Trilogie ›Baumeister der Welt‹ (1919–1926) und Emil Ludwigs ›Genie und Charakter‹ (1924) führen den Deutschen jenen Typus des ›Kämpfers und Künders‹ vor, den auch Wendel in der schon genannten Essaysammlung von 1928 herausstellt.

»Gibt es überhaupt eine Wesensgemeinschaft«, fragt Wendel darin, »zwischen einem verschwärmten Träumer wie Hölty und einem ehrenfesten Hochschullehrer wie [Fr. Chr.] Schlosser, zwischen einem unirdischen Magus wie [E. T. A.] Hoffmann und einem ganz irdischen Politiker wie [Johann] Jacoby, zwischen einem verzückten Propheten wie Saint-Simon und einem scheinbar kühlen Artisten wie Flaubert?« Für Wendel waren sie alle ›Kämpfer und Künder‹ – und das hieß für ihn: sie stritten für Humanität, Kultur und vor allem für eine gesellschaftliche Gleichberechtigung aller Menschen. Unverkennbar ist, daß Wendel sich seine Vertreter eines auf Menschenwürde und Toleranz ausgerichteten Kämpfertyps vor allem aus dem Bürgertum suchte.

Ihm daraus einen Vorwurf zu machen oder gar seine sozialistische Gesinnung zu bezweifeln, wäre nicht nur beckmesserisch, sondern auch ungerecht, lag Wendel (ähnlich wie Franz Mehring) doch daran, die Geschichte des Bürgertums nutzbar zu machen für seine Gegenwart und damit auch für die sozialistische Idee. Wendel kannte keinen nostalgischen Blick in die Vergangenheit, er suchte keine Zuflucht in ihr, sondern wollte die revolutionären Epochen einer bürgerlichen Geschichte beleben, die seinen Zeitgenossen als Anreiz zur Nachahmung dienen konnten. (Ob Wendel damit nicht letztlich die bestehende Abhängigkeit der SPD vom bürgerlichen Kulturdenken verstärkt und so auch für eine Trennung von bürgerlicher Ästhetik und proletarischer Politik gesorgt hat, ist dagegen eine sehr berechtigte Frage und hat auch innerhalb der SPD zu heftigen Kontroversen geführt.[17]) Damit bekannte sich Wendel zur didaktischen Funktion der Geschichte und setzte sich in Gegensatz zur herrschenden Meinung der Historiker, die gern auf die Unwiederholbarkeit und Einzigartigkeit geschichtlicher Vorgänge verwiesen und mit der scheinbaren Demutsgebärde des ›historia non docet‹ jede Wirkung und zugleich jede Verantwortung ihres wissenschaftlichen Tuns leugneten. Daß Wendel allerdings auch nicht auf bloße Aktualisierungssucht, simplen historischen Parallelismus oder gar auf Zeitgeschichtsschreibung im historischen Kostüm festzulegen ist, wie so mancher historische Roman der 20er und 30er Jahre, beweist seine beste schriftstellerische Leistung, die hier nach über 50 Jahren wieder vorgelegt wird. Sein ›Danton‹ stellt eine glückliche Verbindung von historischer Vergewisserung, gewünschtem Gegenwartsbezug und nicht zuletzt persönlicher Anteilnahme dar.

Bei aller Animosität gegenüber den ›Mandarinen der Geschichtswissenschaft‹, wie sie sich schon im Geleitwort zum ›Danton‹ kundtut, fühlte sich Wendel durchaus als Historiker; er hat die Faszination durch die Geschichte niemals geleugnet und sich immer bemüht, auch einem wissenschaftlichen Anspruch gerecht zu werden. Soweit ich sehe, ist ihm das für den ›Danton‹ nur durch den konservativen Otto Forst de Battaglia streitig gemacht worden, während sonst ›die gründliche Beherrschung des gesamten Stoffes‹ (Leo Friedjung) und der Autor als ›guter Kenner Frankreichs, ausgezeichnet belesen in den Quellen zur Revolutionsgeschichte‹ (Hedwig Hintze), gelobt werden.[18] Auch von namhaften Vertretern der Fachwissenschaft hat Wendel Zustimmung erfahren: Der Revolutionshistoriker, Dantonforscher und Herausgeber der ›Annales Historiques de la Révolution Française‹ George Lefebvre hat 1932 in seinem Forschungsbericht ›Sur Danton‹ Wendel die gründliche Quellenkenntnis bescheinigt, auch wenn er in manchem zu anderer Beurteilung gelangt. Wichtig für die Einschätzung und Bewertung der Wendelschen Leistung ist Lefebvres Trennung des ›Danton‹ von dem Typus der Emil Ludwigschen Biographik, denn damit bestätigt er eine Beobachtung, die 1931 schon der Marburger Historiker Wilhelm Mommsen publiziert hat: »Wendels Arbeit über Danton beruht auf reicher Kenntnis und benutzt zum Teil auch bisher unbekanntes Material. Wenn die Schrift auch äußerlich etwas den Charakter der sogenannten ›historischen Belletristik‹ hat, so ist sie dieser Gattung scheinhistorischer Literatur durch Sachkenntnis und Materialbeherrschung weit überlegen. Dantons Persönlichkeit wird anschaulich aufgebaut und verständlich gemacht aus den Verhältnissen, in denen er aufwuchs und wirkte. Dagegen tritt freilich die Einordnung Dantons in die politischen Ideen der Zeit etwas in den Hintergrund.«[19]

Festzuhalten gilt hier dreierlei: Einmal die anerkannte Wissenschaftlichkeit des Vorgehens (was nicht unbedingt auch die Darstellungsart einschließen muß), zum zweiten die Trennung von einer bestimmten ›historischen Belletristik‹ und zum dritten der Hinweis auf die Einarbeitung der Verhältnisse – Lefebvre spricht bildkräftiger von einem ›panorama de la Révolution‹.

Die wissenschaftliche Leistung bedürfte heute, nach fast einem halben Jahrhundert, sicherlich einer kritischen Überprüfung; höchstwahrscheinlich wäre auch eine Reihe von Korrekturen und Ergänzungen notwendig. Nehmen wir den ›Danton‹ jedoch nicht nur als Geschichtswerk, das auf den aktuellen Stand der Geschichtsforschung befragt wird, sondern akzeptieren Wendels eigene Festlegung aus dem ›Geleitwort‹, die der Biographie eine Sonderstellung zwischen Kunst und Wissenschaft einräumt, dann sind wir mitten in einer gattungstheoretischen Diskussion, die zwar ihre historische Dimension hat, aber keineswegs bis heute abgeschlossen ist. Ja, im Blick auf die heute wieder so moderne literarische Biographik – denken wir nur an die Werke von Günter de Bruyn, Hans Magnus Enzensberger,

Ludwig Harig, Peter Härtling, Wolfgang Hildesheimer, Dieter Kühn, Adolf Muschg – gewinnt Wendels ›Danton‹ eine verblüffende Aktualität, ist er doch eine überaus aufschlußreiche Übergangsform, die uns die Entwicklung der literarischen Biographik im 20. Jahrhundert besser verstehen läßt.

Mit der ›historischen Belletristik‹ ist die Flut der z. T. oben genannten Biographien und historischen Romane gemeint, die auf heftige Kritik der Fachwisschenschaft gestoßen ist. Stellvertretend für alle wurde besonders der erfolgreiche Emil Ludwig attackiert. Daß hier viel Wissenschaftlerhochmut im Spiel war, daß es sich zudem auch um eine politische Kontroverse handelte, in der monarchistisch gesinnte Historiker gegen demokratisch fühlende Literaten standen, und daß schließlich viele der gemachten Einwände auch auf die Arbeiten der Historiker selbst anzuwenden wären, kann hier nur erwähnt werden.[20] Als Hauptvorwürfe der Historiker sind auszumachen: die Vorherrschaft des Psychologischen und damit des ›Seelenporträts‹; die zu starke Personalisierung und damit der Verlust der Umwelt; die Bedenken gegenüber dem Wissenschaftsverständnis und auch der ›Kunst‹ der Darstellung. Beziehen wir diese Kritik auf Wendels ›Danton‹, dann wird erkennbar, wie sehr sich diese Biographie von den Werken der Ludwig und Zweig unterscheidet.

Der ›Danton‹ zeigt einerseits, daß sein Verfasser durchaus der Vorliebe seiner Zeit für das Psychologische und die ›Seelenkunde‹ entspricht, indem er auch den ›Menschen‹ neben den Politiker treten läßt, aber – anders als bei Ludwig und Zweig – doch für ausgewogenere Proportionen sorgt. Wir lernen zwar den ›Kraftkerl‹ Danton mit der an ihm immer wieder bestaunten ›Leidenschaft‹ und seinem ›Ungestüm‹ kennen und auch den privat-beschaulichen, heimattrunkenen »glücklichen Proprietär« (S. 309), finden aber diese Charakterzüge auch auf den politisch Handelnden angewandt. Wendel ist auch keineswegs abgeneigt, den Leser mit mancher Eigenart der biographie romancée zu locken, indem er z. B. dem Erotisch-Sexuellen seinen

Platz einräumt und uns einen Mann vorführt, der »Nacht für Nacht seine herzhafte Freude an dem glatten Kernfleisch des appetitlichen, jungen Weibes« hat (S. 29). Anders jedoch als bei der ›historischen Belletristik‹, wo solche Szenen gern das Zentrum ausmachen, fügen sie sich bei Wendel in die Ausführungen zu einem Persönlichkeitsentwurf ein, dem es um Facetten und Nuancen geht.

Wenn gegen Emil Ludwig von Eckart Kehr eingewendet wurde, er lasse Geschichte als die Vita intima der handelnden Personen erscheinen,[21] so entgeht Wendels ›Danton‹ diesem Vorwurf, indem er dem Menschlichen seinen Stellenwert im Politischen zuweist, es aber nicht absolut setzt. Gegenüber einer puristischen Geschichtsschreibung, die entweder dem Historisch-Politischen oder dem Ideengeschichtlichen den Vorrang einräumte, ist das ein wichtiger Fortschritt. Die sogenannten ›menschlichen‹ Aspekte sind in der Biographik immer ein wichtiger Leseanreiz und auch eine Brücke zur gewünschten Identifikation. Die ›historische Belletristik‹ hat – im Blick auf eine breite Leserschaft – eine allen verständliche psychologische Grundstruktur ihrer ›Helden‹ entworfen, ist aber damit der Gefahr erlegen, die Singularität zur Typik zu verschieben. Gefährdet war dadurch allerdings auch der angestrebte Lernprozeß, sollten doch z. B. die Biographien von Ludwig das demokratische Selbstverständnis in der jungen Republik stärken helfen. Zum Lernen gehört aber auch das Erkennen des Fremden bzw. Neuen, das sich einer Beurteilung stellt und sich eventuell als überzeugend und nachahmenswert erweist. So richtig es ist, daß man im anderen auch das Ich entdecken soll, ebenso wichtig ist aber auch das Erkennen des anderen, denn nur so stellt sich – aus der Erfahrung der Differenz – ein Selbstbewußtsein ein.

Wendels Danton bietet eine didaktisch kluge Mischung von Typik und Singularität, von Bekanntem und Fremdem, an: In der personalen Struktur – in Dantons Vitalität ebenso wie in seinem gelegentlichen Schwanken und Zaudern – gibt es eine Fülle von Identifikationsansätzen, die jedoch nicht Selbstzweck ist, sondern den Zugang zur historischen

Singularität des ›Helden‹ erleichtert. Diese erhält Wendels Danton ganz entscheidend durch die starke Berücksichtigung des historisch-politischen Umfeldes. Was vordergründig als Abschweifen von der Person erscheinen mag, führt immer wieder auf sie zu. Klingt das zunächst paradox, weil man eher geneigt ist, jenem Typus der ›Individualbiographie‹, wie er von Ludwig und Zweig vertreten wird, die besondere Berücksichtigung der Individualität zuzusprechen, so zeigt eine genauere Analyse, daß gerade durch den Rekurs auf das ›Menschliche‹ und die ›Seele‹ das Individuelle verdrängt wird. Einmal stellt sich eine Art anthropologischer Typenkonstanz ein, die eine Gleichheit der Affekte und Handlungsweisen über Jahrhunderte behauptet; nicht selten erfolgt ausdrücklich der Hinwies auf das ›Ewig-Menschliche‹. Zum anderen verstärkt diese Art der Reduktion einen in der modernen Gesellschaft deutlich auszumachenden Erfahrungs- und Sinnverlust, die besonders durch die zunehmende Komplexität der Welt bedingt sind. Statt dem mit einer Aufklärungsfunktion und einer erweiterten Weltsicht zu begegnen, neigen die ›historischen Belletristen‹ dazu, die eingeschränkte Sicht ihrer Leser beizubehalten, um diese nicht zu überfordern, und geben dann noch diese Partialität als ein Ganzes aus: Festgeschrieben wird so der weitverbreitete Rückzug ins Private, statt Hilfen für eine (notwendige) Wert- und Sinnbestimmung zu geben, die das Personale ins Soziale weiten. Denn erst in der Verschränkung von personaler und sozialer Selbstverwirklichung, so lehren uns die moderne Sozialpsychologie und Sozialwissenschaft, konstituiert sich eine Ich-Identität. Will der Biograph also die Identität einer historischen Person ergründen, so hat er beide Bereiche zu erforschen. Gerade darin liegt die Stärke des Wendelschen ›Danton‹, daß hier der entscheidende Schritt von der sogenannten ›Individual-‹ zur Sozialbiographie getan wird.

Wendels ›Danton‹ ist, wenn ich es richtig sehe, die erste Biographie, die der Forderung nach sozialhistorischer Ausweitung nachkommt. Siegfried Kracauer, Soziologe und kritischer Zeitgenosse Wendels, hat frühzeitig das Dilemma der ›historischen Belletristik‹ erkannt, indem er die ›Biographie als neubürgerliche Kunstform‹ einstufte, die sich scheue, sich ›ohne jede ideologische Schutzhülle an die Bruchstelle unserer Gesellschaftskonstruktion‹ zu begeben.[22] In seiner 1937 erschienenen ›Jaques-Offenbach‹-Biographie, die den bezeichnenden Zusatz ›und das Paris seiner Zeit‹ trägt, beschreibt Kracauer die neue Art der Biographie: »Es ist eine Gesellschaftsbiographie. Eine Gesellschaftsbiographie in dem Sinne, daß es mit der Figur Offenbachs die der Gesellschaft erstehen läßt, die er bewegte und von der er bewegt wurde, und dabei einen besonderen Nachdruck auf die Beziehungen zwischen der Gesellschaft und Offenbach legt.« Ersetzen wir Offenbachs Namen durch den Dantons, so haben wir eine vorzügliche Beschreibung der Wendelschen Biographie.

Denn gerade jenes ›panorama de la Révolution‹, von dem Lefebvre spricht, schafft das von Kracauer geforderte dialektische Verhältnis von Person und Umwelt. Kracauer und Wendel bekennen sich damit zu einer marxistischen Sicht, wie sie z. B. von Marx in den ersten Passagen von ›Der achtzehnte Brumaire des Louis Bonaparte‹ formuliert wurde: »Die Menschen machen ihre eigene Geschichte, aber sie machen sie nicht aus freien Stücken, nicht unter selbstgewählten, sondern unter unmittelbar vorgefundenen, gegebenen und überlieferten Umständen. Die Tradition aller toten Geschlechter lastet wie ein Alp auf dem Gehirne der Lebenden.« In diesem Sinne werden im ›Danton‹ die Rahmenbedingungen skizziert, unter denen ein Danton agieren mußte: Der Leser erhält z. B. Aufklärung über die Funktion der Pariser Distrikte (S. 48ff.), die Rolle der Kirche, Justiz, Armee (S. 83ff.), die Verfassungsorgane (S. 168ff.), die politische Parteienbildung (S. 178ff.), die Außenpolitik (S. 252ff.) und immer wieder über soziale und ökonomische Probleme.

Es darf jedoch nicht übersehen werden, daß Wendels ›Danton‹ auch einige Schwächen der traditionellen Biographik beibehält. Da ist vor allem die Faszination und Suggestion, die der ›Helden‹-Typ auch auf den Autor ausübt.

Zwar weiß dieser um die Macht der Verhältnisse (»Kein Einzelner, sei er noch so willensgewaltig, schafft die Ereignisse«, S. 120) und doch paralysieren Begeisterung und Sympathie solche Einsichten: »Ein Bildhauer vor einem Klumpen nassen Lehms (...), so stand Danton vor dem Staat.« (S. 63)

Unterstützt wird dieser Eindruck durch den handelnden Danton, der ja ein rigider Verfechter des bürgerlichen Individualismus und Subjektivismus ist und der keineswegs die heraufziehende Macht derjenigen erkennt, »die eines Tages die Grundpfeiler der eben herrlich aufgerichteten Ordnung erschüttern« werden (S. 262f.). Sowenig der Autor Wendel solche Züge seines ›Helden‹ verschweigt, so treibt ihn die generelle Zuneigung immer wieder in eine Verteidigerposition.

Schon Lefebvre hat darauf aufmerksam gemacht, daß die Vorwürfe der Bestechlichkeit Dantons (S. 93ff.), das eigenwillige Finanzgebaren (S. 205) und die geheimen Verhandlungen mit den feindlichen Mächten (S. 250ff.) eine differenziertere Beurteilung erforderten. Es spricht für den Historiker Wendel, daß er solche (möglichen) Schattenseiten seines ›Helden‹ – und auch der Revolution selbst – nicht unterschlägt, es geht jedoch auf das Konto der persönlichen Sympathie, wenn er in allem nur ›Mittel zum Zweck‹, d. h. zum Wohle der Republik, und eine »sehr unsentimentale Politik« (S. 256) sehen kann.

Sympathie, emotionale Anteilnahme und Einfühlungsversuche können den historischen Erkenntnisprozeß durchaus fördern, darin ist Wendel zuzustimmen, der im ›Geleitwort‹ etwas pathetisch ›innere Gesichte‹ beschwört; aber gefördert wird dadurch auch allzuleicht eine einseitige Sicht, und nicht selten gerät die Biographie sogar zur verkappten Autobiographie. Von Stefan Zweigs ›Erasmus‹ (1934) wissen wir z. B., daß sich der Verfasser im tatgehemmten und der Kontemplation zuneigenden Humanisten gespiegelt hat. Nach Kenntnis des Wendelschen Lebenslaufes dürfen wir vermuten, daß sich auch in Danton Züge des Autors wiederfinden lassen.

Der Genießer Danton, voller Ungestüm und Kraft, ist ganz offensichtlich ein Mann nach dem Idealmaß Wendelscher Vorstellungen, ein ›Kämpfer und Künder‹, bei dem sich Ethos und Politik, heitere Weltzugewandtheit und ernste Geistesanstrengung zur Harmonie vereinen. Er verkörpert wie der von Wendel porträtierte Masaryk die ideale Mischung von wahrem Idealisten und wahrem Pragmatiker; ein Mann von energischer Emphase, der mehr mitreißt als überzeugt, und doch zugleich ein Mann des politischen Kalküls und klaren Augenmaßes, »bei dem politische Leidenschaft den Wagen voranriß, aber politische Besonnenheit auf dem Kutschbock saß« (S. 188). Auch der freie, nur sich selbst verpflichtete Revolutionär, der sich zu seiner Natur bekennt – »Mein Naturell ist einmal so«, heißt es schon bei Georg Büchner – und deshalb schließlich auch scheitert, hat viel Ähnlichkeit mit Wendel selbst und kann wie dieser also auch als ›Grenzfall‹ charakterisiert werden. So berechtigt Hedwig Hintzes Frage in ihrer Rezension ist, ob mit Danton – gerade wegen der gegen ihn erhobenen Vorwürfe – die richtige Vorbildfigur gewählt worden sei, so ist es bei Hermann Wendel doch die falsche Frage: Nicht der gradlinig-selbstgerechte Robespierre konnte ihn reizen, sondern einzig jene schillernde Figur des Danton. Nur hier konnte Wendel auch gelingen, was Georg Büchner, dem der ›Danton‹ ja gewidmet ist, für sich selbst gefordert hat: »Der dramatische Dichter ist in meinen Augen nichts als ein Geschichtsschreiber, steht aber *über* letzterem dadurch, daß er uns die Geschichte zum zweiten Mal erschafft und uns gleich unmittelbar, statt eine trockene Erzählung zu geben, in das Leben einer Zeit hinein versetzt, uns statt Charakteristiken Charaktere und statt Beschreibungen Gestalten gibt. Seine höchste Aufgabe ist, der Geschichte, wie sie sich wirklich begeben, so nahe als möglich zu kommen.« (28. VII. 1835) Wie sehr diese Festlegung auch für Wendel gilt, beweist ein Blick ins ›Geleitwort‹, wo Kunst und Wissenschaft zusammengeführt werden.

Andererseits ist aber nicht zu übersehen, daß bei gleicher Arbeitshypothese bei Büchner und Wendel schließlich doch ein unterschiedliches Personenporträt entstanden ist. Zwar ist bei beiden Danton ein Epikureer und Hedonist, aber bei Büchner verzweifelt und resigniert er, ›kokettiert‹ mit dem Tod und fühlt sich »von unbekannten Gewalten am Draht gezogen« (II, 4); Wendels Danton erscheint durchweg als dynamischer, sich selbst bestimmender Handelnder, der zwar unterliegt, aber bis zum Schluß von der Richtigkeit seines Tuns überzeugt bleibt. Wenn Büchner die historische Nähe fordert, dann entspricht der Wendelsche Danton ohne Zweifel mehr als der Büchners dem historischen Revolutionär. Was Hans Mayer für Büchner als Defizit konstatiert, beschreibt zugleich Wendels Leistung als Historiker: »Und gar der historische Danton! Nur schwer erkennt man in dem Helden des Büchner-Dramas den Mann wieder, der die Agitation im Palais Royal führt, den Zug der Frauen nach Versailles inspirieren half, den Führer des Clubs der Cordeliers, den Justizminister des September, den großen Propagandisten tatkräftiger Maßnahmen zur Verteidigung der Revolution, revolutionärer Kriegsführung, den Mann der großen Gebärde und der großen Maßnahmen, der ›Kühnheit, nochmals Kühnheit und abermals Kühnheit‹ gefordert hatte. Die Danton-Gestalt Büchners hat keine derartige Vergangenheit; sie hat nichts getan, um sich diese ungeheure Popularität bei den Massen der Pariser Arbeiter und Kleinbürger zu erwerben, von der man im Stück beständig hört, die man aber nicht recht versteht.«[23]

Damit sollte kein literarisches Werturteil abgegeben, sondern einzig auf die unterschiedliche Konzeption bei Büchner und Wendel verwiesen werden. Begründet liegt die Wendelsche Leistung vor allem in einem veränderten Gegenwartsinteresse und natürlich auch im anderen Temperament. Wendel suchte einen ›Kämpfer und Künder‹, einen Idealisten und Pragmatiker, und ›fand‹ alles in Danton. Mit einem solchen Gegenwartsbezug muß nicht unbedingt eine Vergewaltigung der Geschichte verbunden sein, sondern Auswahl und Akzent werden durch das Interesse bestimmt. Das gilt übrigens auch für die Fachhistoriker, nur gestehen das nicht alle so freimütig ein, wie z. B. Franz Schnabel, der im Vorwort zu seinem ›Stein‹ (1931) schreibt: »Mein Buch stützt sich auf Dokumente. Es sucht die politischen Schicksale und Gedanken Steins herauszuarbeiten und mit unserer eigenen Gegenwart zu verbinden, die mit der preußischen Reformzeit so viele verwandte Züge aufweist.« Erkennbar wird darin eine besondere Form von Aktualisierung der Geschichte, die auch Wendel vertritt: Es geht nicht um die direkte Parallelität oder gar um eine verschlüsselte Zeitgeschichtsschreibung, sondern nur um jene ›verwandten Züge‹, die den Leser zum Nachdenken, Vergleichen und Urteilen drängen wollen. Ein Sozialist wie Hermann Wendel sucht natürlich ein anderes geistiges Erbe als die preußische Reformzeit; er verlängert die gewünschte Traditionslinie bis zur großen bürgerlichen Revolution.

Wollte man alle Bezüge im ›Danton‹, die dem Gegenwartsinteresse dienen konnten, aufweisen, so bedürfte es einer gründlicheren Überprüfung, als es hier geschehen ist. Ich möchte nur einige Beispiele zur Stützung dieser These beibringen: Die Gemeinsamkeiten gehen von allgemeinen historischen Entwicklungen – »Was am Ende die Monarchie zur Republik abstürzen ließ, war nicht die Verbreitung republikanischer Meinungen und Losungen, sondern das Verhalten des Königtums, das sich selbst das Wasser abgrub.« (S. 95) – über utopische Entwürfe – »Frankreich als Republik eingegliedert in das europäische Staatensystem« (S. 229) – bis zu Detailübereinstimmungen, so wenn z. B. Justiz und Militär als ›Bollwerke‹ der ›Gegenrevolution‹ charakterisiert werden (S. 84f.) oder in diesem Zusammenhang auf die weiterbestehende Macht der ›Ci-devants‹ verwiesen wird. Vor allem aber sind die Gegenwartsbezüge im Zwist und ›Machtkampf‹ der demokratischen Parteien zu fassen, die die Republik anfällig werden lassen für extreme Gruppen, denen jede politische Programmatik abgeht (S. 285f.).

Wenn es einen Leitgedanken in Wendels ›Danton‹ gibt, dann den, daß »die revolutionäre Einheitsfront« gewahrt werden müsse (S. 180). Und kein anderer als Danton ist der Garant für solche Einheitspolitik. Hier verschmelzen historische, autobiographische und zeitgeschichtliche Aspekte: Wendels Danton ist zwar ein »großer Verächter von Schema, System und Formel« (S. 251), aber dennoch ein planvoll Handelnder, dem »Sehen, Erkennen, Wollen, Handeln« eins sind (S. 134). Wenn immer wieder Dantons Bemühungen vorgeführt werden, »den Ausgleich der Gegner herbeizuführen, die Revolutionsfront lückenlos zu machen« (S. 230), dann glaubt man dahinter den Hermann Wendel von 1921 zu erkennen, der ›Sozialismus geteilt durch vier‹ so schmerzhaft empfunden hat.

So sehr Wendels ›Danton‹ durch seine stoffliche Ausweitung überzeugt und darin sehr moderne Züge trägt, so sehr ist er andererseits in seinem künstlerischen Verfahren konservativ geblieben. Die ›Mittel des Künstlers‹, zu denen Wendel sich im ›Geleitwort‹ bekennt, sind im ›Danton‹ leicht auszumachen: Der Erzähler hat eine überaus starke Position und hält im wesentlichen die auch von Historikern bevorzugte ›Vogelschau‹-Perspektive bei, die den Eindruck von Übersicht, Einordnungskraft und Urteilssicherheit entstehen läßt. Gelegentlich gestattet uns der Erzähler auch einen Blick ins Innere des Helden (»Unfromme Gedanken bestürmen ihn«, S. 251 f.) und zuweilen streift er gar die Kolportage (»Tränen feuchten die Wimpern ihrer schönen braunen Augen«, S. 36). Wie schon der politische Redner neigt auch der Schriftsteller Wendel zu einer bildhaften und ausdrucksstarken Sprache. Vor allem fällt jedoch der emphatische Stilgestus auf, der mit Exklamationen, Verkürzungen, Tempuswechsel für eine erzählerische Komprimierung und einen vorwärtsdrängenden Prosarhythmus sorgt. Diese dramatische Konzeption wird schon äußerlich sichtbar durch die klare Fünfteilung, wobei die Überschriften einer Poetik der Tragödie entnommen sein könnten: I. Anstieg, II. Sammlung und Durchbruch, III. Höhe, IV. Verstrickung und Sturz, V. Ende.

Solche Stil- und Kompositionseigenheiten haben Wilhelm Mommsen in der schon zitierten Beurteilung des

›Danton‹ von einer ›äußerlichen‹ Übereinstimmung mit der ›historischen Belletristik‹ sprechen lassen. Tatsächlich gehören dramatische Konzeption, eine gleichbleibende Perspektivik, ein gradliniger, meist chronologischer Handlungsablauf und ein überschaubares Figurenensemble zu den vorherrschenden literarischen Techniken z. B. von Ludwig und Zweig. Erzeugt wird damit eine Illusion von Geschlossenheit und Harmonie. Hinzu tritt die demonstrative Wissenschaftsgebärde – sei es als Bekenntnis im Vor- oder Nachwort oder als Quellenzitat im Text oder als Literaturverzeichnis –, die sich – im Gegensatz zu Wendels Selbstverständnis – als bloße Legitimierungsgeste gegenüber dem Zuschauer erweist, der auf die Sicht des Autors verpflichtet und zu dem eine Vertrauensbindung hergestellt werden soll. Insgesamt wird durch die Reduktion auf das Private und Persönliche und die ästhetisch erzeugte Geschlossenheit der Schein von historischer Wahrheit und Plausibilität des Erzählten, von Objektivität und Gültigkeit erzeugt. Dem Leser, der sich durch die Beschäftigung mit der Geschichte eine Unterstützung bei seiner existentiellen Sinnbestimmung erhoffen sollte, wird, wie schon gesagt wurde, in Wirklichkeit keine Hilfe zuteil: Die erzählerische Komprimierung und die spannende Lektüre, die von Autoren wie Ludwig und Zweig eigentlich als ›Transportmittel‹ für ihr didaktisches Anliegen – die Stärkung des demokratischen Bewußtseins – gedacht waren, werden funktionslos. Dem (meist kleinbürgerlichen) Leser wird mit der Teilhabe am bürgerlichen Bildungsprozeß geschmeichelt; und die literarische Form, Relikt erzählerischen Selbstbewußtseins des 19. Jahrhunderts,[24] stützt diese Illusion. Statt einer gewünschten Aufklärung wird gerade das Gegenteil erreicht: Die Flucht in die Sekurität vergangener Epochen stellt sich als ›Verführung narrativer Harmonisierung‹ heraus, wie Peter Szondi dieses Verfahren so treffend benannt hat.[25] Darüber hinaus gerät die Welt in den Biographien der Ludwig und Zweig meist zur Reproduktion kleinbürgerlicher Einstellungen. So schließt sich endlich der circulus vitiosus von Unverbindlichkeit und Wirkungslosigkeit.

Solche Gefahren sind durch die Wahl der literarischen Darstellungstechnik auch bei Hermann Wendel erkennbar, wie z. B. mit der Heldenverehrung schon angedeutet wurde, doch durch die *stoffliche* Ausweitung und den *funktionalen* Einsatz der literarischen Technik gelingt Wendel eine sehr modern anmutende Mischung von Kunst und Wissenschaft, von Sinnlichkeit und Rationalem, von Fiktion und Dokumentation, die Fantasie und Intellekt des Lesers gleichermaßen anregen und so beitragen will, die Fähigkeit zur Wirklichkeitserfassung und zur eigenständigen Erkenntnisleistung zu fördern.

Anders als die modernste Biographik, z. B. von Dieter Kühn, die sich ähnliche Ziele gesteckt hat, aber sich der modernen Romantheorie verpflichtet zeigt, energisch die Auflösung der ästhetischen Harmonie, des schönen Scheins, betreibt und der erschwerten Weltsicht mit einem differenzierten Erzählgestus begegnet, stellt Wendels ›Danton‹ einen Kompromiß dar: Hier wird ästhetische Tradition und sozialhistorische Wissenschaftlichkeit zu verschmelzen versucht. Im Blick auf die – auch heute noch – bevorzugte ›historische Belletristik‹ ist diese Mischung vielleicht eine Notwendigkeit, um ein breites Lesepublikum anzusprechen. Vielleicht täten der Gegenwart Biographen gut, die, wie Wendel, sich sowohl als Idealisten als auch als Pragmatiker empfinden. In diesem Sinne scheint mir die Neuauflage des ›Danton‹ nicht nur historisch gerechtfertigt.[26]

Helmut Scheuer

Anmerkungen zum Nachwort

1 Joseph Roth: Briefe aus Deutschland. In: Ernst Glaeser (Hrsg.): Fazit. Ein Querschnitt durch die deutsche Publizistik (1929). Kronberg/Ts. 1977 (= Reihe Q, Bd. 4), S. 14. Auch in: Joseph Roth: Werke. Hrsg. von H. Kesten. o. O. o. J., Bd. 3, S. 724ff.

2 Hier zitiert nach: Gunter Martens: Stürmer in Rosen. Zum Kunstprogramm einer Straßburger Dichtergruppe der Jahrhundertwende. In: R. Bauer u. a. (Hrsg.): Fin de siècle. Zu Literatur und Kunst der Jahrhundertwende. Frankfurt/Main 1977, S. 486.

3 Ebd. S. 485.

4 Ebd.

5 Otto Flake: Es wird Abend. Bericht aus einem langen Leben. Gütersloh 1960, S. 199.

6 Jakob Altmaier: Hermann Wendel zum Gedächtnis. In: Neuer Vorwärts, 9. Okt. 1948.
Weitere biographische Angaben habe ich gefunden in: Neuer Vorwärts, 5. März 1954 (›Erinnerung an Hermann Wendel. Ein deutscher Sozialdemokrat europäischen Namens und Formats‹); H. Wendel: August Bebel. Eine Lebensskizze. Offenbach/Main 1948, S. IXf.; Neuer Vorwärts, 11. Okt. 1936 (F. St. Cd. i. Friedrich Stampfer: Hermann Wendel zum Gedächtnis); Neues Tagebuch, 3. März 1934 (Glückwunsch zum 50. Geburtstag); Neues Tagebuch, 10. Okt. 1936 u. 17. Okt. 1936 (Nachrufe); Franz Osterroth: Biographisches Lexikon des Sozialismus. Bd. 1: Verstorbene Persönlichkeiten. Hannover 1960, S. 331f. und Tafel 46 (Photo). Das Archiv der sozialen Demokratie der Friedrich-Ebert-Stiftung in Bonn-Bad Godesberg besitzt einige Materialien, u. a. eine Reihe von Werken, darunter einige Reden Wendels. Das biographische Handbuch der Emigration, das vom Institut für Zeitgeschichte, München, herausgegeben wird, hat auch Wendel aufgenommen.

7 Die Broschüre erschien in der 2. Aufl. 1911. Die 1. Aufl. (1910?) wurde wegen des Verdachts der Majestätsbeleidigung beschlagnahmt. Die 2. Aufl. gibt dazu einige der Dokumente. Ein Exemplar befindet sich im Archiv der sozialen Demokratie (Anm. 6).

8 H. Wendel: Weltkrieg und Sozialdemokratie. Eine Rede an die Freiberger Wähler am 5. Mai 1915. Dresden o. J. (Archiv für soziale Demokratie [Anm. 6]).

9 Hier nach: Neuer Vorwärts, 5. März 1954 (Anm. 6).

10 In: Neuer Vorwärts, 11. Okt. 1936 (Anm. 6).

11 H. Wendel: Neues Deutschland – Neues Europa. Rede vom 12. Juni 1921. Frankfurt o. J. (Archiv für soziale Demokratie [Anm. 6]).

12 Leo Parth (d. i. Hermann Wendel): Der Führer. In: Neues Tagebuch, 2. März 1935, S. 205-207.

13 J. Roth: Französische Menschen. In: J. Roth, Werke (Anm. 1), Bd. 4, S. 406-408.

14 S. dazu Anm. 6.

15 Theodor Lessing: Geschichte als Sinngebung des Sinnlosen. Hamburg 1962, S. 188 (zuerst 1919).

16 S. dazu: Michael Kienzle: Biographie als Ritual. Am Fall Emil Ludwig. In: A. Rucktäschel u. H. B. Zimmermann (Hrsg.): Trivialliteratur. München 1976 (UTB 637), S. 230-248; Bernd Neumann: Utopie und Mimesis. Kronberg/Ts. 1978 (Kap. 2.1: Die Biographie-Debatte in Deutschland); eine ausführliche Darstellung in: Die deutsche Biographik vom 18. bis zum 20. Jahrhundert. Studien zur Funktion und zum Wandel einer literarischen Gattung. Stuttgart: Metzler 1979. Zitat: E. Ludwig: Geschenke des Lebens. Berlin 1931, S. 125.

17 S. dazu: Georg Füllberth, Proletarische Partei und bürgerliche Literatur. Neuwied u. Berlin 1972 (Slg. Luchterhand 60).

18 Otto Forst de Battaglias Rezension befindet sich in: Die neue Literatur. Hrsg. von W. Vesper. 33. Jg. (1932), S. 131; Leo Friedjung in: Die Bücherwarte. Zeitschrift für sozialistische Buchkritik. H. 4, 1931, S. 67; Hedwig Hintze in: Die Gesellschaft. Internationale Revue für Sozialismus und Politik. 9. Jg. (1932), S. 458f.

19 George Lefebvre: Sur Danton. In: Annales Historiques de la Révolution Française. 9 (1932), S. 385-424 (Wendel wird auf den Seiten 385-389 behandelt.); Wilhelm Mommsen, Geschichte der neuesten Zeit. In: Vergangenheit und Gegenwart. 131, S. 285.

20 S. dazu Anm. 16.

21 Eckart Kehr: Der neue Plutarch. Die ›historische Belletristik‹, die Universität und die Demokratie. In: Die Gesellschaft. Internationale Revue für Sozialismus und Politik. 7. Jg. (1930), S. 180-188.

22 Siegfried Kracauer: Die Biographie als neubürgerliche Kunstform. In: S. Kracauer: Das Ornament der Masse. Essays. Frankfurt/Main 1977 (suhrkamp taschenbuch 371), S. 78.

23 Hans Mayer: Georg Büchner und seine Zeit. Berlin o. J., S. 188.

24 S. dazu: Hans Robert Jauß: Geschichte der Kunst und Historie. In: Geschichte – Ereignis und Erzählung. Hrsg. von R. Koselleck und W.-D. Stempel. München 1973, S. 175-209. Auch in: H. R. Jauß: Literaturgeschichte als Provokation. Frankfurt/Main 1970 (edition suhrkamp 418), S. 208-251. S. auch: Siegfried Kracauer: Geschichte – Vor den letzten Dingen. Frankfurt/Main 1971 (suhrkamp taschenbuch wissenschaft 11).

25 Peter Szondi: Für eine nicht mehr narrative Historie. In: Geschichte – Ereignis und Erzählung (Anm. 24), S. 542. S. auch: S. Kracauer, Die Biographie als neubürgerliche Kunstform (Anm. 22).

26 Die vorliegende Ausgabe ist inhaltlich identisch mit der 1930 im Rowohlt-Verlag (Berlin) erschienenen Ausgabe.

Anhang

Zeittafel

1759 12. August: König Friedrich II. von Preußen unterliegt bei Kunersdorf den französischen und russischen Truppen.

13. September/18. Oktober: Britischer Sieg über die Franzosen in Kanada. Quebec kapituliert.

26. Oktober: Jacques-Georges Danton als Sohn des Procureurs Jacques Danton und seiner zweiten Frau Jeanne-Madeleine, geb. Camut, in Arcis-sur-Aube geboren.

1760 2. März: Camille Desmoulins geboren.

25. Oktober: Georg II. von England gestorben. Sein Enkel Georg III. wird König von England und Kurfürst von Hannover.

1761 15. August: Dritter ›bourbonischer Familienvertrag‹. Französisch-spanisches Bündnis (›Lateinische Union‹).

1762 *Vater Jacques Danton gestorben.*

5. Januar: Tod der Zarin Elisabeth von Rußland. Peter III. wird Nachfolger auf dem Thron.

5. Mai: Zar Peter schließt Frieden mit Preußen.

Juli: Staatsstreich Katharinas. Peter III. ermordet. Katharina II. wird Zarin von Rußland.

Jean-Jacques Rousseau: ›Du Contrat social‹ (›Über den Gesellschaftsvertrag‹).

1763 10. Februar: Friede von Paris zwischen England/Portugal einerseits und Frankreich/Spanien andererseits. Frankreich verliert den größten Teil seines nordamerikanischen Gebiets. England wird führende Kolonialmacht.

15. Februar: Friede von Hubertusburg zwischen Österreich, Preußen und Sachsen. Ende des Siebenjährigen Krieges. Schlesien bleibt in preußischem Besitz.

Voltaire: ›Traité sur la tolérance‹ (›Abhandlung über die Toleranz‹).

1765 18. August: Kaiser Franz I. gestorben. Sein Sohn Joseph II. wird römisch-deutscher Kaiser.

James Watt baut die erste Dampfmaschine.

1766 23. Februar: Mit dem Tod des ehemaligen Polenkönigs Stanislaus Leczinski fällt das Herzogtum Lothringen an Frankreich.

1768–1774	Russisch-türkischer Krieg.
1769	15. August: Napoleon Bonaparte in Ajaccio/Korsika geboren. Richard Arkwright konstruiert eine Baumwoll-Spinnmaschine und gründet später in Nottingham die erste moderne Fabrik.
1770	19. April/16. Mai: Der französische Thronfolger Ludwig heiratet Marie Antoinette von Österreich. Hochzeitsfeiern in Wien und Versailles.
	James Cook entdeckt die australische Ostküste und nimmt sie für die englische Krone in Besitz.
1772	*Danton kommt als Externer auf die Schule der Oratorianer in Troyes (Collegium Trecense).*
	5. August: Erste Teilung Polens zwischen Österreich, Preußen und Rußland.
1773	8. Juni: Marie Antoinette zieht in Paris ein.
	21. Juli: Aufhebung des Jesuiten-Ordens durch Papst Clemens XIV.
1774	10. Mai: Ludwig XV. gestorben. Sein Enkel Ludwig XVI. wird König von Frankreich.
1775–1783	Nordamerikanischer Unabhängigkeitskrieg.
1776	4. Juli: Unabhängigkeitserklärung der dreizehn nordamerikanischen Kolonien (›Vereinigte Staaten von Amerika‹).
1777	Jacques Necker wird französischer Finanzminister.
1778/79	Bayerischer Erbfolgekrieg.
1778	6. Februar: Handels- und Bündnisverträge zwischen Frankreich und den Vereinigten Staaten. Frankreich tritt in den Krieg gegen England ein.
	30. Mai: Voltaire (François-Marie Arouet) gestorben.
	2. Juli: Tod Jean-Jacques Rousseaus.
	James Cook entdeckt die Hawaii-Inseln.
1779	13. Mai: Der Friede von Teschen bedeutet das Ende des Bayerischen Erbfolgekrieges. Österreich erhält das Innviertel von Bayern.
	8. August: Abschaffung der Leibeigenschaft auf den königlichen Besitzungen in Frankreich.
	Spanien tritt in den Nordamerikanischen Unabhängigkeitskrieg ein.
1780	*Danton kommt erstmals nach Paris. Studium der Jurisprudenz bei Maître Vignot.*
	29. November: Kaiserin Maria Theresia gestorben.
	Frankreich entsendet Soldaten zur Unterstützung des amerikanischen Unabhängigkeitskampfes.
1781	Jacques Necker erstellt den ersten Staatshaushalt (›Compte rendu au Roi‹) in Frankreich.
	Entlassung Neckers.

19. Oktober: George Washington siegt bei Yorktown/Virginia. Kapitulation der britischen Armee.
Beginn der Josephinischen Reformen in Österreich.
Immanuel Kant: ›Kritik der reinen Vernunft‹.

1782 Jean-Jacques Rousseaus ›Bekenntnisse‹ (›Les Confessions‹) erscheinen posthum.

1783 Februar: Erdbeben in Messina.
5. Juni/21. Oktober: Erster Aufstieg eines Heißluftballons der Brüder Jacques und Joseph Montgolfier (›Montgolfière‹). Jacques Charles startet einen Wasserstoffballon (›Charlière‹).
3. September: Friede von Versailles. England erkennt die Unabhängigkeit der Vereinigten Staaten an.
29. Oktober: Jean le Rond d'Alembert gestorben.

1784 *Abschlußdiplom ›Licencié en Droit‹ in Paris.*
April–September: Danton studiert an der Universität Reims. Tätigkeit als Advokat.
20. Mai: Friede von Paris. Ende des englisch-niederländischen Seekriegs.
31. Juli: Denis Diderot gestorben.

1785/86 ›Halsband-Affäre‹ um die französische Königin Marie Antoinette.

1786 17. August: Friedrich II., der Große, in Sanssouci gestorben. Sein Neffe Friedrich Wilhelm II. wird König von Preußen.
Edmund Cartwright erfindet im gleichen Jahr den mechanischen Webstuhl.

1787–1792 Letzter Krieg Rußlands und Österreichs (1788–1791) gegen die Türkei.

1787/88 ›Adelsrevolution‹ in Frankreich. Wirtschaftskrise.

1787 22. Februar–25. Mai: Französische Notabelnversammlung in Versailles (erstmals seit 1626).
25. Mai: Ludwig XVI. löst die Notabelnversammlung auf.
12. Juni: Danton wird ›Avocat aux Conseils‹.
14. Juni: Heirat mit Antoinette-Gabrielle Charpentier.
Danton übernimmt die Pariser Kanzlei von Maître Huet de Paisy.
6. August: Das Parlament von Paris verweigert die Registrierung der königlichen Steuergesetze und fordert die Einberufung der Generalstände.
14. August: Vorübergehende Verbannung des Parlaments nach Troyes. Aufruhr in Paris.
17. September: Die Verfassung der Vereinigten Staaten wird vom amerikanischen Konvent verabschiedet.

1788 8. Mai: Ludwig XVI. erzwingt eine Reform des Justizwesens und entmachtet die Parlamente. In der Folge Unruhen in mehreren Landesteilen.
Mißernte und Teuerung in Frankreich.
Necker wird als Finanzminister zurückberufen.
Die Parlamente erhalten ihre Rechte wieder.
6. November–12. Dezember: Notabelnversammlung.

1789 Jahresanfang: Abbé Emmanuel Joseph Sieyès veröffentlicht seine Schrift ›Qu'est-ce que le tiers-état?‹ (›Was ist der Dritte Stand?‹).
25. April: Dantons erster Sohn gestorben.
30. April: George Washington zum Präsidenten der Vereinigten Staaten gewählt.
5. Mai: In Versailles treten die französischen Generalstände zusammen (erstmals seit 1614).
17. Juni: Der Dritte Stand konstituiert sich in Versailles als Nationalversammlung (1789–1791 Verfassunggebende Versammlung).
20. Juni: Schwur im Ballhaus-Saal.
11./12. Juli: Finanzminister Necker wird entlassen.
14. Juli: Sturm auf die Pariser Bastille. Danton führt eine Abteilung der Bürgerwehr. – Beginn der Franz. Revolution.
Juli/August: Einsetzen der Adels-Emigration.
4. August: Die französische Nationalversammlung schafft die Standesprivilegien ab.
26. August: Erklärung der Menschen- und Bürgerrechte in Frankreich.
12. September: Marats Zeitung ›L'Ami du Peuple‹ erscheint erstmals.
Ab Oktober: Gründung der Jakobinerklubs in Paris, dann in ganz Frankreich. Danton und Desmoulins führen die Gruppe der ›Cordeliers‹ an.
5. Oktober: Marsch der Pariser Marktfrauen nach Versailles.
6. Oktober: Die königliche Familie wird zur Übersiedlung nach Paris gezwungen.
8. Oktober: Marschall Laudon erobert mit seinen Truppen Belgrad für Österreich.
10. Oktober/2. November: Verstaatlichung der Kron-, Kirchen- und Emigrantengüter.
Dezember: Ausgabe von Assignaten (Papiergeld).

1790 Jahresanfang: Unabhängigkeitserklärung der Österreichischen Niederlande (›Vereinigte Belgische Staaten‹).
15. Januar: Frankreich wird per Dekret in 83 Departements eingeteilt.

20. Februar: Kaiser Joseph II. gestorben. Sein Bruder Leopold II. wird Nachfolger auf dem Thron.
17. März: Haftbefehl gegen Danton (nicht vollzogen).
30. Mai: Danton tritt im Palais-Royal erstmals als Redner auf.
18. Juni: Sohn Antoine geboren.
19. Juni: Die Nationalversammlung schafft den erblichen Adel ab.
12. Juli: Zivilverfassung der französischen Geistlichkeit. Verstaatlichung der Kirche, Priesterwahl, Aufhebung der Klöster.
14. Juli: ›Föderationsfest‹ auf dem Pariser Marsfeld.
August: Die Meuterei des Schweizer Regiments Château-Vieux in Nancy wird blutig niedergeschlagen.
9. Oktober: Leopold II. in Frankfurt am Main zum römisch-deutschen Kaiser gekrönt.
Oktober: Danton wird einer der 36 Administrateurs des Departements Paris.
27. November: Ein Großteil der französischen Geistlichkeit lehnt den Eid auf die Verfassung ab.
2. Dezember: Österreichische Truppen besetzen Brüssel.
Edmund Burke veröffentlicht ›Reflections on the Revolution in France‹.

1791 *April: Danton erwirbt ein Haus in seiner Heimatstadt Arcis-sur-Aube.*
2. April: Gabriel-Honoré de Riqueti, Graf von Mirabeau, gestorben.
20.–25. Juni: Die französische Königsfamilie flieht aus Paris und wird in Varennes zur sofortigen Rückkehr gezwungen.
17. Juli: Blutige Zusammenstöße zwischen Bürgern und Nationalgarde auf dem Marsfeld.
Danton muß wegen eines Haftbefehls untertauchen und Paris verlassen.
27. August: ›Pillnitzer Deklaration‹. König Friedrich Wilhelm II. von Preußen und Kaiser Leopold II. kommen überein, die französische Monarchie zu unterstützen.
3. September: Die von der französischen Nationalversammlung erarbeitete neue Verfassung tritt in Kraft.
13. September: Amnestie für die Aufrührer.
14. September: König Ludwig XVI. leistet den Eid auf die Verfassung.
30. September: Auflösung der französischen Nationalversammlung (Konstituante).
1. Oktober: Die Gesetzgebende Versammlung (Legislative) wird einberufen.

29. November: Priester, die den Eid auf die Verfassung verweigern, verlieren Bürgerrechte und Unterhaltsansprüche.
6. Dezember: Danton wird Stellvertreter des Procureur Syndic der Kommune.
Thomas Paine: ›The Rights of Man‹ (›Die Rechte des Menschen‹).

1792–1797 Krieg Frankreichs gegen Österreich und Preußen (Erster Koalitionskrieg).

1792 *20. Januar: Rede Dantons für die konstitutionelle Monarchie.*
2. Februar: Sohn François-Georges geboren.
7. Februar: Bündnis Preußen-Österreich.
1. März: Leopold II. gestorben. Sein Sohn Franz II. wird Kaiser des Reiches.
20. April: Frankreich erklärt Österreich den Krieg.
20. Juni: Erster Sturm auf die Tuilerien.
14. Juli: Franz II. wird in Frankfurt am Main zum Kaiser gekrönt.
25. Juli: Der Herzog von Braunschweig, Befehlshaber der preußisch-österreichischen Truppen, verkündet ein Manifest zur Rettung des französischen Königs.
10. August: Erstürmung der Tuilerien.
11. August–29. September: Danton Justizminister.
19. August: Die Invasionsarmee unter Führung des Herzogs von Braunschweig dringt bei Redingen nach Frankreich ein.
2.–6. September: Massaker in den französischen Gefängnissen (›Septembermorde‹).
Die zweite Welle der Adels-Emigration setzt ein.
5.–19. September: Wahlen für den Nationalkonvent. Danton mit großer Mehrheit zum Abgeordneten gewählt.
20. September: Kanonade von Valmy. Rückzug der preußischen Truppen. Das Revolutionsheer besetzt das linke Rheinufer.
21. September: Der Nationalkonvent tritt zusammen. Offizielle Abschaffung der Monarchie.
22. September: Beginn des Jahres I nach dem republikanischen Kalender.
17. Oktober: Gründung des Sicherheitsausschusses.
6. November: Französischer Sieg bei Jemappes. Besetzung der Österreichischen Niederlande (Belgien).
11. Dezember: Der Prozeß gegen Ludwig XVI. beginnt.
30. November/1. Dezember: Danton, Camus, Gossuin und Delacroix überprüfen in Belgien die Versorgung des französischen Heeres.

1793 *12. Januar: Danton und Delacroix kehren aus Lüttich zurück. Heeresreform unter Mitwirkung von Danton und Delmas.*
4./23. Januar: Rußland und Preußen verständigen sich über die zweite Teilung Polens.
17. Januar: Verkündigung des Todesurteils gegen den König.
21. Januar: Ludwig XVI. von Frankreich wird hingerichtet. England, Holland, Spanien, Portugal und mehrere italienische Staaten schließen sich daraufhin der antifranzösischen Koalition an.
31. Januar/1. Februar: Kriegseintritt Englands und Hollands.
Februar: Ehefrau Gabrielle gestorben.
7. Februar: Frankreich erklärt Spanien den Krieg.
Erneuter Aufenthalt Dantons in Belgien.
Frühjahr–Herbst: Royalistischer Aufstand in der Vendée.
Anfang März: Danton wieder in Paris zur Berichterstattung über die Lage in Belgien.
10. März: Das Revolutionstribunal wird gebildet.
18. März: Niederlage der französischen Truppen unter General Dumouriez bei Neerwinden.
22. März: Das Reich erklärt Frankreich den Krieg.
6. April: Gründung des Wohlfahrtsausschusses. Als Mitglieder werden vom Konvent gewählt: Barère, Delacroix, Cambon, Delmas, Bréard, Lindet, Guyton-Morveau, Treilhard; Danton übernimmt den Vorsitz.
4. Mai: Der Konvent beschließt Getreidehöchstpreise.
31. Mai–2. Juni: Unruhen in Paris. Sturz der Girondisten.
12. Juni: Danton heiratet in zweiter Ehe Sebastienne-Louise Gély.
Juli: Danton und Delacroix verlassen den Wohlfahrtsausschuß.
13. Juli: Jean Paul Marat von Charlotte Corday ermordet.
23. Juli: Preußische Heereseinheiten erobern Mainz.
24./27. Juli: Robespierre wird in den Wohlfahrtsausschuß gewählt und erhält den Vorsitz in diesem Gremium.
23. August: Dekret über die allgemeine Wehrpflicht in Frankreich. Der Nationalkonvent beschließt die ›Levée en masse‹.
25. August: Die Revolutionsarmee nimmt Marseille ein.
27. August: Englische Truppen besetzen Toulon.
5. September: Beginn der ›Schreckensherrschaft‹ in Frankreich.
17. September: ›Gesetz gegen die Verdächtigen‹.
29. September: Der Konvent setzt Höchstpreise für die wichtigsten Lebensmittel fest.

Oktober–Mitte November: Danton zieht sich mit seiner Familie nach Arcis-sur-Aube zurück.
9. Oktober: Gesetz über die Ausübung der Kulte.
16. Oktober: Königin Marie Antoinette von Frankreich hingerichtet.
30./31. Oktober: Hinrichtung von zwanzig Girondisten.
19. Dezember: Französische Einheiten unter General Napoleon Bonaparte erobern Toulon zurück.

1794 13. Januar: Fabre d'Eglantine, Freund Dantons, verhaftet.
13./24. März: Hébert und seine Anhänger werden festgenommen und hingerichtet.
24. März: Aufstand in Warschau.
29.–31. März: Verhaftung von Danton, Delacroix, Desmoulins und Philippeaux.
5. April: Georges Danton und seine Freunde werden hingerichtet.
18. Mai/26. Juni: Österreichische Niederlagen bei Tourcoing und Fleurus/Belgien.
8. Juni: ›Fest des Höchsten Wesens‹.
10. Juni: Gesetz von 22. Prairial. Verschärfung des Terrors.
15. Juni: Preußen besetzt Krakau.
27. Juli. Sturz Robespierres.
28. Juli: Robespierre und Saint-Just werden hingerichtet.
6. November: Russische Truppen nehmen Warschau ein.

Literaturverzeichnis

Ungedruckte Quellen:

Die Kartons A F^{II} 48, BB^{14}702, C 164, 242, 244, 274, W 342, 526, 554 der Archives Nationales zu Paris

Gedruckte Quellen:

Aachener Zuschauer, Aachen 1793
Aegerter, La vie de Saint-Just. Paris 1929
Almanach National de France. Paris, l'An II de la République
Almanach Royal. Paris 1792
Almèras, Fabre d'Eglantine. Paris 1905
Annales Historiques de la Révolution Française. I–VI. Reims 1924–29
Annales Révolutionnaires. III–VI. Paris 1910–13
Arnaud, Le fils de Fréron. Paris 1909
Aulard, Études et leçons sur la Révolution Française. I–IX. Paris 1893–1924
– Histoire politique de la Révolution Française. Paris 1921
– La Révolution Française et le régime féodal. Paris 1919
– Les orateurs de la Révolution. I–III. Paris 1905–06
(–) La Société des Jacobins. I–VI. Paris 1889–97
(–) Recueil des actes du Comité de salut public. I–VI. Paris 1889 ff.
Avenel, Anacharsis Cloots, l'orateur du genre humain. I, II. Paris 1865
– La vraie Marie-Antoinette. Paris
Babeau, La province sous l'ancien régime. Paris 1894
– Paris en 1789. Paris 1892
Bailly, Mémoires d'un témoin de la Révolution. I–III. Paris
Barère, Mémoires. I–IV. Paris 1842
Barras, Memoiren. I. Stuttgart 1895
(Barrière), Bibliothèque de mémoires relatifs à l'histoire de France VIII. Paris 1863
Barthou, Mirabeau. Stuttgart 1913
Belloni, Le Comité de sûreté générale. Paris 1924
Béraud, Le 14 Juillet. Paris 1929
– Mon ami Robespierre. Paris 1927

Billaud-Varenne, Mémoires. Paris 1893
Biré, Journal d'un bourgeois de Paris pendant la Terreur. I–V. Paris 1907
Blanc, Histoire de la Révolution Française. I, II. Paris
Bloch, Études sur l'histoire économique de la France 1760–1789. Paris 1900
Boguslawski, Das Leben des Generals Dumouriez, I, II. Berlin 1879
Bonald, François Chabot. Paris 1908
Borgnet, Histoire des Belges à la fin du XVIII siècle. I, II. Bruxelles, Paris 1861/62
Bos, Les avocats du Conseil du Roi. Paris 1881
Bougeart, Danton. Paris 1861
– Les Cordeliers. Caen 1891
– Marat. I, II. Paris 1865
Bournand, L'amour sous la Révolution. Paris 1909
Boutiot, Histoire de la ville de Troyes. I–IV. Paris 1870–80
Braesch, La Commune du dix août 1792. Paris 1911
Brewer, Geschichte der französischen Gerichtsverfassung. II. Düsseldorf 1837
Brissot, Mémoires. Paris 1877
Buchez et Roux, histoire parlementaire de la Révolution Française. I–XXXII. Paris 1834–1837
Buzot, Mémoires sur la Révolution Française. Paris 1823
Carnot, Mémoires. I, II. Paris 1861/63
Casenave, Etude sur les tribunaux de Paris de 1789 à 1800. Paris 1873
Champion, La France d'après les cahiers de 1789. Paris 1921
Cheslay, La Convention nationale. Paris 1884
Choudieu, Mémoires et notes. Paris 1897
Chuquet, Dumouriez. Paris 1914
– Les guerres de la Révolution. I–X. Paris 1886–1894
Claretie, Camille Desmoulins, Lucile Desmoulins. Paris 1875
Clemenceau-Jacquemaire, Vie de Madame Roland. I, II. Paris 1929
Compardon, Le Tribunal Révolutionnaire de Paris. I, II. Paris 1866
Courtois, Rapport fait au nom de la commission chargée de l'examen des papiers trouvés chez Robespierre et ses complices. Paris, An III de la République
Couthon, Correspondance (1791–1794). Paris 1872
Crétineau-Joly, Histoire de la Vendée militaire. I–IV. Paris 1865
Cunow, Die revolutionäre Zeitungsliteratur Frankreichs während der Jahre 1789–1794. Berlin 1908
Danton, Discours. Édition critique par André Fribourg. Paris 1910
– Discours civiques. Paris 1920
Dard, Hérault de Séchelles. Paris 1907
– Le général Choderlos de Laclos. Paris 1905

Dauban, Les prisons de Paris sous la Révolution. Paris 1870
– Paris en 1794 et en 1795. Paris 1869
Daudet, Histoire de l'Emigration. Paris 1890
Description des ouvrages de peinture, sculpture etc exposés au Sallon du Louvre. Paris, l'an 2 de la République
Desmoulins, Oeuvres. I, II. Paris 1906
Diderot, Oeuvres complètes. I–XX. Paris 1876
Dodu, Le parlementarisme et les parlementaires sous la Révolution (1789–1799). Paris 1911
– Trois mois à Paris sous la Terreur. Paris 1921
Dubost, Danton et la politique contemporaine. Paris 1880
Dubreuil, Histoire des insurrection de l'Ouest. Paris 1929
Dumouriez, Mémoires. Paris 1802
Durand de Maillane, Histoire de la Convention nationale. Paris 1825
Dussane, La Célimène de Thermidor. Paris 1929
– La Comédie-Française. Paris
Fabre d'Eglantine, Oeuvres politiques. Paris 1914
Faguet, L'oeuvre sociale de la Révolution Française. Paris 1910
Fleischmann, La guillotine en 1793. Paris 1908
– Les femmes et la Terreur. Paris 1910
– Les pamphlets libertins contre Marie-Antoinette. Paris
– Robespierre et les femmes. Paris 1909
Fleury, Mémoires. I–VI. Paris 1835–38
Forster, Ansichten vom Niederrhein. Leipzig
Fouquier-Tinville, Réquisitoires. Paris 1911
(Frey), Philosophic sociale. Par un citoyen de la section de la République Française, ci-devant du Roule. Paris 1793
Funck-Brentano, L'Ancien Régime. Paris 1926
Gallier, La vie de province au dix-huitième siècle. Paris 1877
Glagau, Reformversuche und Sturz des Absolutismus in Frankreich (1774–1788). München 1908
Goethe, Sämtliche Werke. XIV. Leipzig
Gomel, Histoire financière de l'Assemblée Constituante. I, II. Paris 1896/97
– Histoire financière de la Législative et de la Convention. I, II. Paris 1902/05
Gottschalk, Jean-Paul Marat. Paris 1929
Guadet, Les Girondins. I, II. Paris 1861
Hamel, Histoire de Robespierre. I–III. Paris 1865–67
– Histoire de Saint-Just. Paris 1859
Hauréau, La Montagne. Paris 1834
Hébert, Le Père Duchesne. Réimpression. Paris 1922 ff.
Hentig, Robespierre. Stuttgart 1924
Hérault de Séchelles, Oeuvres littéraires. Paris 1907
Hérissey, François Buzot

Jaurès, Histoire socialiste de la Révolution Française. I–VIII. Paris 1922–27
Jovanović, Vodji francuske revolucije. Beograd 1920
Jung, Dubois-Crancé. I, II. Paris 1884
Kautsky, Die Klassengegensätze von 1789. Stuttgart 1889
K. u. k. Kriegsarchiv, Krieg gegen die Französische Revolution 1792 bis 97. Wien 1905
Kropotkin, Die französische Revolution 1789–1793. I, II. Leipzig
Kuscinski, Dictionnaire des Conventionnels. Paris 1917
– Les députés à l'Assemblée Législative de 1791. Paris 1900
Lacour, Trois femmes de la Révolution. Paris 1900
Lallemand, Histoire de l'éducation dans l'ancien Oratoire de France. Paris 1888
Lameth, Mémoires. Paris 1913
Larevellière-Lépeaux, Mémoires. I–III. Paris 1895
La Révolution Française. Revue. I–LXXXIII. Paris 1881–1930
Launay, Barère. Paris 1929
Lecomte, La vie amoureuse de Danton. Paris 1927
Lennox, Danton. Paris 1878
Lenotre, La guillotine pendant la Révolution. Paris 1927
– Le drame de Varennes. Paris 1926
– Le Tribunal Révolutionnaire. Paris 1908
– Les massacres de Septembre. Paris 1928
– Paris Révolutionnaire. Paris 1928
– Vieilles maisons, vieux papiers. VI. 1930
(Lescure), Mémoires sur les Comités de salut public, de sûreté générale et sur les prisons (1793–1794). Paris 1878
– Mémoires sur les journées révolutionnaires. Paris 1875
Lévy-Schneider, Le Conventionnel Jeanbon Saint-André. Paris 1901
Lichtenberger, Le socialisme et la Révolution Française. Paris 1899
Lintilhac, Vergniaud. Paris 1920
Liste des victimes du Tribunal Révolutionnaire à Paris. Paris 1911
(Lockroy), Journal d'une bourgeoise pendant la Révolution 1791–1793. Paris 1881
Madelin, Danton. Paris 1914
Marcère, Une ambassade à Constantinople. I, II. Paris 1927
Marion, Dictionnaire des institutions de France. Paris 1923
Mathiez, Autour de Danton. Paris 1926
– Danton et la paix. Paris
– Etudes Robespierristes. I, II. Paris 1927, 1918
– L'affaire de la Compagnie des Indes. Paris 1920
– La Révolution et les étrangers. Paris 1918
– La Révolution Française. I–III. Paris 1927–29
– La vie chère et le mouvement social sous la Terreur. Paris 1927
– Le Club des Cordeliers. Paris 1910

– La victoire en l'An II. Paris 1916
– Robespierre terroriste. Paris 1921
Mautouchet, Le Conventionnel Philippeaux. Paris 1900
– Le gouvernement révolutionnaire. Paris 1912
(Maugras), Journal d'un étudiant pendant la Révolution. Paris 1890
Mège, Le Conventionnel Bancart des Issarts. Paris
Mellié, Les sections de Paris pendant la Révolution Française. Paris 1898
Mémoires de la société académique d'agriculture, des sciences, arts et belles-lettres du département de l'Aube. XXXXV. Troyes 1881
Mercier, Le nouveau Paris. Paris
– Tableau de Paris. Paris 1781
Michelet, Histoire de la Révolution Française. I–IX. Paris
Miles, Correspondence on the French Revolution. I, II. London
Minutoli, Der Feldzug der Verbündeten in Frankreich im Jahre 1792. Berlin 1847
Mirabeau et La Marck, Correspondance. I–III. Paris 1851
Monchanin, Dumouriez. Paris 1884
Mortimer-Ternaux, Histoire de la Terreur 1792–1794. I–VIII. Paris 1868–1881
Niessner, Zwanzig Jahre Franzosenherrschaft am Niederrhein 1794 bis 1814. Aachen 1907
Notice des pièces authentiques relatives aux principaux Agents de la faction de l'Etranger, qui ont conspiré contre la souveraineté du Peuple français et contre la représentation nationale. Paris, An Deux de l'ère républicain
Nourisson, Trois révolutionnaires: Turgot, Necker, Bailly. Paris 1885
Perraud, L'Oratoire de France. Paris 1865
Pollio et Marcel, Le bataillon du 10 août. Paris 1881
Pottet, La Conciergerie du Palais de Paris. Paris 1926
Reichardt, Vertraute Briefe über Frankreich. Berlin 1792/93
Réimpression de l'ancien Moniteur. I–XX. Paris 1858–1870
Revue de paris. XXXIX. Paris 1857
Revue Historique de la Révolution Française et de l'Empire. III. Paris 1912
Robespierre, Discours et rapports. Paris 1908
Robinet, Danton. Mémoire sur sa vie privée. Paris 1884
– Danton emigré. Paris 1887
– Danton homme d'État. Paris 1889
– Dictionnaire historique et biographique de la Révolution et de l'Empire. I, II. Paris
– Le procès des Dantonistes. Paris 1879
Rosenkranz, Diderots Leben und Werke. 1, 2. Leipzig 1866
Roujon, Ce bon Monsieur Danton. Paris 1929

Saint-Just, Oeuvres complètes. I, II. Paris 1908
Saunier, Louis David. Paris 1903
Scheiber, Die Septembermorde und Danton. Leipzig 1912
Scheins, Aachen vor hundert Jahren. Aachen 1887
Schmidt, Tableaux de la Révolution Française. I–III. Leipzig 1867 bis 1870
Sorel, L'Europe et la Révolution Française. I–III. Paris 1908–13
Stéfane-Pol, Le Conventionnel Le Bas. Paris
Stern, Anacharsis Cloots. Berlin 1914
Tableau des prisons de Paris sous le règne de Robespierre. I–IV. Paris 1795
Talleyrand, Correspondance diplomatique. Paris 1889
Thénard et Guyot, Le Conventionnel Goujon. Paris 1908
Thévenot, Notice généalogique et biographique de Danton. Arcis-sur-Aube 1904
Tourneux, Bibliographie de l'histoire de Paris pendant la Révolution. I–III. Paris 1890–1900
Tournier, Vadier. Paris
Tuetey, Répertoire général des sources manuscrites de l'histoire de Paris pendant la Révolution Française. XI. Paris 1914
Turreau, Mémoires. Paris 1824
Vialay, Les cahiers de doléances du Tiers-Etat. Paris 1911
– La vente des biens nationaux. Paris 1908
Villiaumé, Histoire de la Révolution Française. I–IV. Paris 1850
Wallon, Histoire du Tribunal Révolutionnaire de Paris. I–VI. Paris 1880–82
– La révolution du 31 Mai et le fédéralisme en 1793. I, II. Paris 1886
Zinkeisen, Der Jakobiner-Klub. I, II. Berlin 1852/53

Personenregister